U0885623

本系列由华盛顿大学中国研究中心(China Studies Program, University of Washington)赞助

伊沛霞　姚 平　主编

当代西方汉学研究集萃

思想文化史卷

本卷主编　张 聪　姚 平

上 海 古 籍 出 版 社

图书在版编目(CIP)数据

当代西方汉学研究集萃. 思想文化史卷/伊沛霞，姚平，张聪主编. —上海：上海古籍出版社，2016.4
(当代西方汉学研究集萃)
ISBN 978-7-5325-8018-7

Ⅰ.①当… Ⅱ.①伊… ②姚… ③张… Ⅲ.①汉学—研究—世界—文集②思想史—中国—文集③文化史—中国—文集 Ⅳ.①K207.8-53②B2-53③K203-53

中国版本图书馆CIP数据核字(2016)第049791号

当代西方汉学研究集萃
伊沛霞　姚平　主编
思想文化史卷
张聪　姚平　主编
上海世纪出版股份有限公司
上 海 古 籍 出 版 社 出版
(上海瑞金二路272号　邮政编码200020)
(1)网址:www.guji.com.cn
(2)E-mail:guji1@guji.com.cn
(3)易文网网址:www.ewen.co
上海世纪出版股份有限公司发行中心发行经销
江阴金马印刷有限公司印刷
开本890×1240　1/32　印张15　插页5　字数450,000
2016年4月第1版　2016年4月第1次印刷
印数1—1,400
ISBN 978-7-5325-8018-7
K·2175　定价:68.00元
如有质量问题,请与承印公司联系

总序
美国的中国史研究趋向

伊沛霞(Patricia Ebrey)
姚　平　译

1966 年是中国“文革”肇始之年;在美国,大学校园反越战运动也正进入初期阶段。对我来说,1966 则是我第一次选修中文和中国史课的年份。在那段时光里,中国似乎是另一个世界。美国与中国还没有建立外交关系,中国仍被普遍地称为“红色中国”(Red China)。虽然我的老师中有的曾在 30 年代和 40 年代居住在中国,但我很明白我不可能有去中国的机会。

在 1966 年,有关中国研究的英语著作已经相当可观。从 19 世纪起,不少学者在辛勤多年的基础上编成中英字典、翻译中国经典著作和主要文学作品。在进入 20 世纪后的一段时间内,大部分中国研究的主导人物是欧洲人,如理雅各(James Legge)、戴闻达(J. J. L. Duyvendak)、卫德明(Helmut Wilhelm)、威利(Arthur Waley)、高本汉(Bernard Karlgren)等。此外,在 20 世纪 60 年代时,已有十几份学术杂志定期刊登中国史论文,如《亚洲专刊》(*Asia Major*)、《通报》(*T'oung Pao*)、《哈佛亚洲学刊》(*Harvard Journal of Asiatic Studies*)、《亚洲研究杂志》(*Journal of Asian Studies*)以及《美国东方学会杂志》(*Journal of the American Oriental Society*)等。同时,美国的中国研究也正在逐渐发展,已有几十所美国大学设有中国史课。1962 年贺凯(Charles Hucker)编辑出版了《中国:评论性目录》(*China: A Critical Bibliography*),书中所列书籍论文已达二千余种。当时,有关中国的书籍颇受欢迎，而我的老师们则一致认为驳倒魏复古（Karl A. Wittfogel）1957年出版的《东方专制论》（*Oriental Despotism: A Comparative Study of Total Power*）事关重大。魏复古著作的挑战对象是马克思的“亚细亚生产方式”和韦伯有关中国和印度宗教的研究。他提出，理解官僚政治社会的关键是灌溉型农业以及这种生产方式所必需的有召集大量劳力、建造并维持水利工程能力的强大政权。当时最受欢迎的反魏复古论点的著作是中国思想研究委员会（Committee on Chinese Thought）出版的学术讨论会论文集，如费正清（John King Fairbank）编《中国的思想与制度》（*Chinese Thought and Institutions*, 1957年）及倪德卫（David S. Nivision）、芮沃寿（Arthur F. Wright）编《儒学表现》（*Confucianism in Action*, 1959年）等。

在过去的四十年中，美国的中国史研究领域迅速壮大，而且其发展过程还反射了中美关系的变化、中国本身的变化、人文和社会科学研究议题的变化以及学者成份的变化。本系列各卷编辑将在各分卷前言中讨论相关课题研究中的变化（如妇女史研究的兴起和对宗教课题的渐趋关注等），但我想在总序中概括一下这四十年中影响着中国史众多课题研究的趋向当不无益处。

不言而喻，对历史学家来说，导致他们研究中国的原因往往影响其研究的方向和方法。在我1966年至1971年间作为本科生和研究生修中国史课时，我的教授们选择研究中国的原因颇为特别。许多人（men 那时的教授们几乎全是男性）在二战或朝鲜战争中在美国军队受东亚语言训练，有的参与情报活动，还有一些则曾在美军驻日期间在日本工作。这一代的教授一般从冷战的角度来看全球态势。因此，在越战之类不少议题上教授和学生们的观点往往有极大分歧。

与这些学者年龄相当的美籍华人则组成了当时美国最领先的中国史课目的第二批教授。他们中有些是在20世纪30年代或40年代来美国读博士并在1949年后留在美国的，还有些是离开大陆到台湾，然后再来美国留学的。这批学者中不仅有传统的人文学家，还有不少是深切关心中国现状的知识分子，他们希望借助西方理论和观念来探究中国的过去。这类学者包括萧公权、杨联升、瞿同祖、张仲礼、刘子健、许绰云、何炳棣等，他们发表了不少有关中国政治、经济制度化以及阶级结构的里程碑式的研究成果。

此外，在20世纪的60年代晚期和70年代早期，大学中仍有一批教授是在二战前就与中国有关连的。他们中有些出生于传教士家庭，从小在中国长大。比如，我在哥伦比亚大学读研究生时，富路德（L. Carrington Goodrich）早已退休，但他每天来校，在他的办公室里编写《明代名人传》（*Dictionary of Ming Biography*）。他儿时在北京居住，曾亲身经历义和团运动。其他一些教授则在上世纪20年代或30年代期间萌生了研究中国的兴趣。当时美国能提供高级中文和中国史课的大学屈指可数，而对美国人来说，在中国住上几年、请私人教师强化自己的汉学功底花费并不大。

我想我自己这一代中国史学者可以被称为"越战代"（Vietnam War generation）或"国防外语奖学金代"（National Defense Foreign Language Fellowship generation）①。在20世纪60年代，随着政府奖学金机会的增加，尤其是当这类研究生奖学金意味着可以推迟服兵役时，进入美国大学研究生院学中国史的学生数骤然上升。当然，越战的影响并不只在于给男生一个留在学校逃避征兵的机会，不少反对越战的青年视亚洲研究为真正改变世界的切实可行的途径之一。但是"越战代"历史学家不能去中国大陆做博士论文研究，因此，他们只能选择其他亚洲地区：研究当代中国的博士生大多去香港；以中文流利为首要目标的或希望在"传统化"中国做实地考察的往往去台湾；也有一些博士生选择去日本，师从当时成就卓著的日本中国史专家。

70年代之际，美国历史学家的就业机会直线下降，其主要原因是当时的人口模式。70年代之前的二十年中，美国大学竭力扩大师资以适应二战后的"婴儿潮"（baby-boomers），到了70年代，大学各系多已

① 1958年美国国会通过国防教育案（National Defense Education Act），旨在加强大学的跨文化课程。

人员齐备,而打算在几年内退休的教授又不多,所以我们这一代中有不少顶尖的研究生毕业后去金融界、商业界或政府部门工作,他们不愿意或没有经济能力为一个合适的职位等上好几年。最后留在历史学界的往往都经受了沉重的心理负担,但不愿意放弃自己的专业,坚信唯有学术界才是他们的用武之地。

这套翻译系列中的许多文章出自越战代/国防外语奖学金代学者之手,但更多的则是他们之后的一代学者的研究成果。这新一代可以统称为"中国开放代"(Opening to China generation)。1979 年中美关系正常化后,美国研究生去中国学习及中国学生申请美国研究生院终于成了一种可能。虽然在初期阶段双方都带有一点试探心理,但是 80 年代期间,美国的中国史领域显然有一个重要的变迁。至 80 年代末,绝大多数重要的博士点在招收中国学生,而这些博士点所收的美国学生又大多在中国生活过几年,或是教英语,或是在一些国际组织工作。因此,在博士课程中,语言训练已不再举足轻重。

中国的开放不仅改变了中国史研究者的身份组合,而且它还对中国史研究的课题选择有很大的影响。从 80 年代到 90 年代,在中国做研究的机会逐渐扩大:档案馆愈来愈愿意让外国研究者使用档案资料;政府机构也逐渐接受面谈、民意调查及驻地考察等要求。所有这些使学者们更容易研究那些依赖于文献、珍本和考古材料的课题。这些变化不仅在很大程度上决定了这一时期进研究生院的博士生论文的课题,而且前一代学者也迅速地利用这些新机会来修正他们的研究项目。由于去日本留学的博士生越来越少,日本学术界对中国史研究的影响普遍下降,而中国学术界的影响则相应上升。

上世纪 80 年代大量中国研究生来美国时,正是美国学界历史研究理论框架的转型阶段。在 60 年代期间,社会史研究占绝对优势。许多社会历史学家非常钦佩法国年鉴派的理论,他们探索能了解贵族层以下的平民百姓生活的研究方法,并力图发掘以计量证明的史料。当时最有影响的著作之一是何炳棣在 1962 年发表的《明清社会史论》(*Ladder of Success in Imperial China*: *Aspects of Social Mobility*, 1368—

1911)。此书以进士名册为据,考察明清时期的科举制度及其影响,它提出,明清时期上层社会成员的社会流动的可能性远大于我们的想象。

至80年代,所谓的“语言学转向”(linguistic turn)已全面展开,越来越多的历史学家选择文化史(而不是社会史)课题。同时,在历史学家选择和设计研究课题时,他们往往从理论(特别是文学和人类学理论)框架着手。从中国来的研究生并不需要像美国研究生那样化大量的时间来对付史料阅读课,因此,他们往往选修一些与中国或亚洲并没有直接关系的理论课。从而,这一时期的中国史研究的论著渐渐倾向于申明它们的理论性判断和主张。

在这些人文和社会科学的大趋向之外,中国研究领域本身也有不少动态性变化。最值得一提的是学术讨论会及讨论会论文集的巨大作用。一些著名的基金会(如洛克菲勒[Rockefeller]、福特[Ford]、梅隆[Mellon]基金会等)认为中国研究领域需要额外的资助;而从1951年起,中国思想研究委员会在以后取名为亚洲研究学会(Association for Asian Studies)的赞助下,积极鼓励学者们合作研究一些高优先性课题。当时有不少基金会赞助的中国史专题学术讨论会。这些讨论会往往持续几天,并以详细评点个人论文为主要形式。当时著名的历史学家几乎都或多或少地参与了这类讨论会,包括哈佛大学的费正清、史华慈(Benjamin Schwartz)、杨联陞,哥伦比亚大学的狄百瑞(Wm. Theodore de Bary),普林斯顿大学的牟复礼(Frederic Mote),宾夕法尼亚大学的卜德(Derk Bodde),斯坦福大学的芮沃寿、倪德卫,加大伯克莱分校的列文森(Joseph Levenson)和艾博华(Wolfram Eberhard)等。此外,一些美国以外的著名学者也参与了这些讨论会,如杜希德(Denis Twitchett)、傅海波(Herbert Franke)、王赓武等。

这种学者间合作创立了一个很好的模式,不久,美国学术团体(American Council of Learned Societies)中的中国文明委员会(Committee on Chinese Civilization)和社会科学研究协会(Social Science Research Council)中的当代中国委员会(Committee on Contemporary China)接受

这一资助学术讨论会的传统[①],从而保持了讨论会对中国史研究领域的重大影响。在70年代的十年中,斯坦福大学出版社出版了七册中国社会研究论文集。虽然这些论文集并不以历史为中心,但其内容多是历史学家所关注的,如妇女研究、城市研究、宗教研究、经济组织研究等。此外,每册论文集中至少包括了一篇历史研究的文章。当时学术界一致认为,专题研究不能局限于一个单独的时间段,它应该是跨学科的。在这套丛书中,《中国社会中的妇女》(*Women in Chinese Society*, 1975年)和《明清时期的城市》[②](*The City in Late Imperial China* ,1977年)对历史学家的影响尤其重大。从1982年起,中国联合委员会赞助的讨论会论文集陆续在加利福尼亚大学出版社出版,这些论文集是该社中国研究丛书中的重要组成部分。到目前为止,加大出版社的这套丛书已有28册,我们这套翻译丛书中有两篇文章来自加大中国研究丛书中最有影响的论文集之一——《明清时期的通俗文化》(*Popular Culture in Late Imperial China*,1985年)。

参加这些委员会或各大学赞助的学术讨论会成为中国史学者组成学术圈的重要途径之一。在讨论会之外,他们经常切磋交流,相互阅读、评点手稿。在历史学界的其他领域里,讨论会论文集的文章多被视为无足轻重,但在中国史领域中,学者们往往将自己最出色的论文在学术讨论会上发表,这不仅仅是因为他们希望得到有益的反馈,而且还因为文章被收入这类论文集确保了他们有大量的读者。我们这套丛书中有好几篇文章最初就是在这类论文集中发表的。

中国史领域的另一个显著特点是学者们与中国的历史学家及其他领域的中国专家关系密切。这一方面是由汉学传统决定的:早几代的历史学家往往化很长时间学中文,他们与研究中国文学、政治、人类学及其他学科的学生同进共出课堂多年。另一方面,它也反映了美国亚洲研究学会的特点:这个亚洲学中最有权威的学术团体每年召开年

① 这两个组织在80年代早期合并成当代中国联合委员会(Joint Committee on Chinese Studies)。

② 或译作《中华帝国晚期的城市》。

会,使研究中国的历史学家有机会与其他领域的中国学专家相聚一堂,并促使学者们去组织一些跨学科研究的讨论小组。不过,最重要的原因可能是60年代美国政府和福特基金会对“区域研究”(area studies)模式的鼓励。“区域研究”的根本信条是:仅仅掌握某种语言是不够的;也就是说,一个打算研究中国政治学和方法论的学者必须在懂得语言之外熟悉中国的历史和文化。对美国人(或中国人之外的其他种族的人)来说,这种全面训练的最快途径是选修中国研究课程。不过,至90年代,“区域研究”模式受到了大多数社会科学领域的猛烈抨击。许多院系不再愿意招聘“中国政治学家”(China political scientist)或“日本经济学家”(Japan economist)。区域研究专家往往在系里低人一等。大多数在社会科学院系教书的区域研究教授教的是公共课,他们每年往往只有一次机会教有关中国的课程。所幸的是,中国史教授们大多躲过了这场对区域研究专家的攻击。在历史系,教授们专治一个区域和一个时期是理所当然的事,因为只有这样他们才能全面、深入地掌握原始资料及其相关知识。因此,自90年代以来,历史学家和文学研究专家成了大多数区域研究课程的中坚力量。

美国的中国史领域是否比其他历史领域发展的更快?我想这个问题的答案应该是肯定的,尤其是考虑到四十年以来这一领域所得到的额外的研究基金。至少我可以毫无疑问地说,在过去的四十年中,中国史研究的成果在成倍增长。我在1969—1970年期间准备我的博士资格考试时,学校对我的要求是熟悉过去四、五十年中出版的所有有关中国史的论著。当时复印机还没有普及,我坐在图书馆里翻遍所有的重要期刊,寻找有关历史的文章,做笔记,居然也还应付过来了。时至今日,英语的历史期刊数不胜数,有些刊物还是中国断代史方面的,如《早期中国》(*Early China*)和《明清史研究》(*Late Imperial China*)等(这两份期刊在我们这套翻译系列中占很大的比例)。除此之外,专题著作和讨论会论文集的出版也更趋频繁。今天的中国史研究生在准备资格考试时很少有试图看遍有关某一个朝代的英语著作的。所幸的是,综合性著作进展尚快。在过去的三十年中最重要的出版项目是集体合作编写的多卷本《剑桥中国史》(*Cambridge History of China*)。它不仅是一套详尽的中国政治史,而且还分析性地介绍了有关社会史、思想文化史和经济史研究中的最新成果。

当今中国史研究仍然受制于整个学术界和大环境的影响。从这套丛书的各卷目录中我们显然可以看出,在过去十年中吸引着其他人文和社会科学领域的课题也正是中国史学家们所十分关注的。我想,对中国史研究中英语研究成果的趋向的回顾以及这套丛书的编辑促使我们去思考许多问题,如:身份标识(identities)及其形成过程和形成原因;文化、民族、地区的界域,这些界域的重要性和它们的相互跨越性;以及本土视角(local perspectives)等。与此同时,中国的形势仍然影响着美国的中国历史研究。中国二十年以来经济上的突飞猛进不仅给我们在中国做研究创造了更舒适的条件,而且还造成了大学中中国史课需求量的增加,从而间接地为中国史学家提供了更多在大学供职的机会,为研究性大学中国史博士点设立的扩大提供了更充分的理由。

目　　录

CONTENTS

前　　言

张　聪　姚　平

这部集子是《当代西方汉学研究集萃》系列的一册，以思想文化史为主题。

近代西方对中国的了解与研究始于耶稣会士在中国的活动。从17至20世纪上半期，耶稣会士和新教传教士在欧美出版了大量介绍中国地理、历史、语言文字、哲学宗教思想及其个人在华经历的书籍。这些出版物不仅造就了欧洲第一代早期汉学家（proto-sinologist），而且提高了公众对中国的兴趣，对欧美某些思想家和政治家也产生过一定的影响。从19世纪上半期开始，欧洲国家相继出现亚洲研究团体，一流的大学及研究机构随后开始设置东方语言文化课程，聘用教学研究人员，专业学术刊物也逐渐增多。这些都标志着汉学作为一门学科的逐步成型。

欧洲汉学家最早的研究兴趣之一是儒家思想文化。这与耶稣会士的宗教背景及其传教策略密切相关。很多耶稣会士认为，相较于宋明儒学，先秦儒家思想更接近天主教义。所以最早被介绍到西方的中国典籍多是先秦儒家著作。在系统翻译传播中国思想文化方面贡献最大的人物之一当推英国人理雅各（James Legge）。理氏曾定居香港三十年，回到英国后成为牛津大学第一任汉学讲座教授。其间他与人合作出版了长达50卷的介绍亚洲国家重要宗教和哲学思想的《东方圣典》（*Sacred Books of the East*，1879—1910）。这部巨著中包括了理雅各主持翻译的《尚书》、《孝经》、《易经》、《论语》、《大学》、《中庸》、《孟子》、《诗经》、《左传》、《道德经》、《庄子》等书的全部或部分章节。理雅各的译文长期以来受到学者们的重视。他的翻译实践也激励了一代又一代西方研究中国思想文化的学者投身其中,借助翻译注释来表达他们对经典文本的不同理解。从同一文本被反复翻译诠释的角度来看,西方中国史研究的任何其他领域都无法与思想文化史相比。其中,对先秦儒家、道家经典的兴趣更是长盛不衰。据不完全统计,《老子》已有近百种西文版本,《论语》的英文版本也有六十种。单在20世纪90年代,就有六种新的《论语》英文译本出版。这些译本尽管质量参差不齐,对某些概念的解释有时可以说是大相径庭,却是欧美近二三百年研究中国,特别是早期哲学和思想文化在规模和深度方面最好的见证之一。

西方的中国研究中心于二战之后由欧洲转移到美国。战后美国第一代中国史家大多曾在中国生活过,亲身经历了20世纪上半期中国巨大的社会政治变革。他们的学术兴趣因此集中在近现代及帝制晚期的政治、社会结构和秩序方面。正因为如此,这些学者对中国传统思想文化的思考多源于对现实问题的关注。他们对儒家思想多持否定批评态度。费正清(John King Fairbank)在《美国与中国》[①]中就提出儒家思想的保守性导致了中国社会政治结构稳定,阻碍了中国的近代化进程。列文森(Joseph R. Levenson)在其著名的《儒教中国及其现代命运》[②]中更细致地描述了儒家在晚清和近代步步失守,成为博物馆陈列品的命运。此外,他还将儒家传统在近现代中国的失败归结为儒家文化所推崇的非职业化的人文理想。李约瑟(Joseph Needham)在他多卷本的《中国科学技术史》中解释中国近现代科学技术落后的原因时,也从科技史的角度指出儒家传统的缺陷:儒家的人文主义传统妨碍了对自然的探索和科技推广。

---

① 费正清(John King Fairbank),《美国与中国》(*The United States and China*),哈佛大学出版社,1948年。

② 列文森(Joseph R. Levenson),《儒教中国及其现代命运》(*Confucian China and its Modern Fate*),加利福尼亚大学出版社,1958—1965年。

与对近现代史的关注相比,20 世纪 70 年代以前美国专门从事中国古代思想文化史研究的学者屈指可数,专著的数量也很有限。最权威的中国思想通史可以说是卜德(Derk Bodde)翻译的冯友兰《中国哲学史》①。断代史研究则承袭汉学研究的传统,兴趣集中于先秦思想。威利(Arthur Waley)的《中国古代的三种思想方式》②和牟复礼(Frederick W. Mote)的《中国思想之渊源》③都以先秦主要思想流派,包括儒家、道家、墨家和法家为研究对象。这两部书篇幅很短,但时至今日仍然是研究中国古代思想文化的必读书。顾立雅(H. G. Creel)的《孔子其人及其神话》④和芬格莱特(Herbert Fingarette)的《孔子:即凡而圣》⑤虽然都以孔子其人及其思想作为研究对象,但写法却有很大差别。顾立雅把他的书看作一次寻找"真实孔子"的尝试,为此,他把孔子作为教师、学者、哲学家和改革家分章加以描述分析。芬格莱特的兴趣则是诠释《论语》中礼的范畴和意义,并强调孔子之礼浓厚的人性色彩。

70 年代前后中国思想文化史领域最重要的变化之一是有关新儒学(Neo-Confucianism)方面研究的崛起。在此之前虽有一些专著译文,但这一领域的真正起步得益于陈荣捷和狄百瑞(William de Bary)两位先生。陈先生在美国多所大学教授中国哲学几十年。从 60 年代开始,集中研究朱熹,并于 1982 年在夏威夷主持召开"国际朱子会议"。他中英文著述甚丰,英文有关朱熹的重要著作有《朱熹与新儒

① 冯友兰著、卜德译,《中国哲学史》(*A History of Chinese Philosophy*)。该书的上卷曾于 30 年代在北京出版。其两卷本在 1952 和 1953 年由普林斯顿大学出版社出版。

② 威利(Arthur Waley),《中国古代的三种思想方式》(*Three Ways of Thought in Ancient China*),斯坦福大学出版社,1939 年。

③ 牟复礼(Frederick W. Mote),《中国思想之渊源》(*Intellectual Foundations of China*),诺普夫(Knopf)出版社,1971 年。

④ 顾立雅(H. G. Creel),《孔子其人及其神话》(*Confucius: the Man and the Myth*),约翰·戴(John Day)出版社,1949 年。

⑤ 芬格莱特(Herbert Fingarette),《孔子:即凡而圣》(*Confucius: the Secular as Sacred*),哈珀(Harper)出版社,1972 年。

学》[①]、《朱熹的生活与思想》[②]、《朱熹新探索》[③]等。他的研究多强调朱熹在完成儒家道统之说、编注四书和集儒家思想之大成方面的贡献。狄百瑞教授的儒学研究最早始于翻译黄宗羲的《明夷待访录》,至今已是著作等身,最重要的有《明代思想中的自我与社会》[④]、《新儒学的展开》[⑤]、《新儒学的正统与心学》[⑥]、《中国的自由传统》[⑦]、《新儒学中心的概念》[⑧]、及《为己之学》[⑨]等。狄百瑞不同意很多西方学者关于儒学保守性及其导致社会停滞的观点,这一立场从他早期的《新儒学的再评价》[⑩]一文中可以清楚地看到。相反,他主张从儒学自身历史发展过程中去寻找其传统价值的本质,并强调儒家传统中的自由主义取向和主体创造精神。狄百瑞从道统概念的提出、朱熹对理的规定、儒家个人主义及其教育思想等多方面阐述了这种自由主义取向。另外,他还通过发掘程朱理学中的心学因素重新审核程朱理学与陆王心学之间的关系。

特别值得提到的是陈荣捷和狄百瑞两位先生在中国古代思想史资料翻译方面所作的贡献。陈先生早于60年代就把《阳明传习录》和

---

① 陈荣捷,《朱熹与新儒学》(*Chu Hsi and Neo-Confucianism*),夏威夷大学出版社,1986年。

② 陈荣捷,《朱熹的生活与思想》(*Chu Hsi:Life and Thought*),香港中文大学出版社,1987年。

③ 陈荣捷,《朱熹新探索》(*Chu Hsi:New Studies*),夏威夷大学出版社,1989年。

④ 狄百瑞(William de Bary),《明代思想中的自我与社会》(*Self and Society in Ming Thought*),哥伦比亚大学出版社,1970年。

⑤ 狄百瑞,《新儒学的展开》(*The Unfolding of Neo-Confucianism*),哥伦比亚大学出版社,1975年。

⑥ 狄百瑞,《新儒学的正统与心学》(*Neo-Confucian Orthodoxy and the Learning of the Mind-and-Heart*),哥伦比亚大学出版社,1981年。

⑦ 狄百瑞,《中国的自由传统》(*The Liberal Tradition in China*),香港中文大学出版社,1983年。

⑧ 狄百瑞,《新儒学中心的概念》(*The Message of the Mind in Neo-Confucianism*),哥伦比亚大学出版社,1989年。

⑨ 狄百瑞,《为己之学》(*Learning for One's Self:Essays on the Individual in Neo-Confucian Thought*),哥伦比亚大学出版社,1991年。

⑩ 狄百瑞《新儒学的再评价》(*A Reappraisal of Neo-Confucianism*),收于芮沃寿(*Arthur Wright*)主编,《中国思想研究》(*Studies in Chinese Thought*)芝加哥大学出版社,1953年。

朱熹、吕祖谦的《近思录》翻译成英文。他编选的《中国哲学资料汇编》[①]长达八百多页，至今仍然是美国大学哲学、历史、宗教、东亚研究系常用的的教科书。另外一部大部头的资料汇编是狄百瑞、陈荣捷和华兹生（Burton Watson）合作的两卷本《中国传统的源流》[②]。这部书历时十年完成，其中思想文化史的比重最大。

继陈荣捷和狄百瑞的开创性工作之后，儒学研究从80年代以来深入发展。这特别体现在围绕新儒学（Neo-Confucianism）一词用法的讨论上。这一词汇最早在17、18世纪就为传教士们使用，用来区别不同于先秦儒学的"新"的儒家思想。它虽然在19世纪末20世纪初也偶尔被使用，但在学术界取得很大影响还是在冯友兰《中国哲学史》英文版问世之后。作为一个源于西方的概念，新儒学在不同学者的著作中具体含义往往不同。有鉴于此，一些学者开始避免使用这一词汇，并建议继续使用它的学者说明其具体含义。田浩（Hoyt Cleveland Tillman）在《功利主义儒家：陈亮对朱熹的挑战》[③]和《儒家话语与朱子说的主流化》[④]及其他论著中都特别强调，为了能够反映宋代思潮的丰富多样性，建议用"道学"一词来代替新儒学。本集中收集的田浩和狄百瑞的两篇论文反映了这一论争的一些情况，稍后还会提及。

田浩的提议及其被逐步接受反映了学者们的一个共识：即新儒学一词在外延和内涵上的差别使其具有一定的局限性。而在研究中过分突出新儒学地位的后果是把历史上复杂的思想文化发展变化简单化。很多学者的注意力从80年代以来转向研究宋明儒学中"新儒家"以外的人物，并着眼于用历史的眼光考察儒学的发展。田浩在《儒家

---

① 陈荣捷，《中国哲学资料汇编》（*A Sourcebook in Chinese Philosophy*），普林斯顿大学出版社，1963年。

② 狄百瑞、陈荣捷和华兹生（Burton Watson）编，《中国传统的源流》（*Sources of Chinese Tradition*），哥伦比亚大学出版社，1960年。

③ 田浩（Hoyt Cleveland Tillman），《功利主义儒家：陈亮对朱熹的挑战》（*Utilitarian Confucianism: Ch'en Liang's Challenge to Chu Hsi*），哈佛大学出版社，1982年。

④ 田浩，《儒家话语与朱子说的主流化》（*Confucian Discourse and Chu Hsi's Ascendancy*），夏威夷大学出版社，1992年。

话语与朱子说的主流化》一书中认为,要想更清楚地理解宋代思想的历史语境,必须研究朱熹的批评者。他并主张加强对道学的研究,探讨它如何从一个思想不完全一致,但有很多共同政治目标的群体演变成一个以朱熹为正统的学说。包弼德(Peter K. Bol)的《斯文:唐宋文化中的思想变迁》[①]则关注唐宋时期"士"对价值观的思考。他研究的重心不是道学的胜利,而是 8 到 11 世纪士人精英对个人修养、写作、社会政治责任、道德与文化的思考。他笔下的欧阳修、王安石、司马光和苏轼代表了不同的儒学思想倾向。包弼德并特别强调苏轼哲学对程颐的挑战,指出正因为程朱学说后来取得的"正统"地位,苏轼才仅仅被看作是诗人、散文家。

学者们对朱熹学派以外的哲学家的研究成果进一步说明了唐宋以来思想流派的复杂多元性。巴瑞特(T. H. Barrett)的《李翱:佛家,道家,还是新儒家》[②]、陈弱水的《柳宗元和唐代中国的思想变迁》[③]、蔡涵墨(Charles Hartman)的《韩愈与唐代对统一的追求》[④]反映了唐代三教在语言词汇和思想方面的互相交融,从不同角度反映了道教和佛教对唐宋儒学复兴的影响。麦大维(David McMullen)的《唐代国家与学者》[⑤]研究表明,安禄山之变后,私人著书立说及写作成为唐代学术的主流。儒学正统思想虽然在宋代得到发展,但多数宋代士人对儒家思想系统化并未表现出太大的兴趣,很多人在其私人空间中信佛崇道。伯德维斯特(Anne D. Birdwhistell)的《向新儒学过渡:邵雍有关知识

---

① 包弼德(Peter K. Bol)《斯文:唐宋文化中的思想变迁》(*This Culture of Ours: Intellectual Transitions in T'ang and Sung Culture*),斯坦福大学出版社,1992 年。

② 巴瑞特(T. H. Barrett),《李翱:佛家,道家,还是新儒家》(*Li Ao: Buddhist, Taoist, or Neo-Confucian?*),剑桥大学出版社,1992 年版。

③ 陈弱水(Chen Jo-shui),《柳宗元和唐代中国的思想变迁》(*Liu Tsung-yuan and Intellectual Changes in T'ang China*),剑桥大学出版社,1992 年。

④ 蔡涵墨(Charles Hartman),《韩愈与唐代对统一的追求》(*Han Yu and the T'ang Search for Unity*),普林斯顿大学出版社,1986 年。

⑤ 麦大维(David McMullen),《唐代国家与学者》(*State and Scholars in T'ang China*),剑桥大学出版社,1988 年。

和现实象征研究》①、谢善元的《李觏的生活与思想》②、罗文(Winston Wan Lo)的《叶适的生活与思想》③、韦栋(Don J. Wyatt)的《洛阳隐士:邵雍和早期宋代思想中的道德进化》④等著作从多方面显示了宋代思想的多元复杂性及思想家们之间的学术及人际网络。

20世纪80年代以来思想文化史研究的大趋势是研究视角的日趋多元,以及研究范围逐步扩大。很多学者抛弃单纯从哲学、宗教层面研究儒学的方法,转而从政治、社会、思想文化等方面来综合考察国家与社会的关系、儒家精英的集体心态、政治社会关怀,及其重建地方社会的努力。这一方面的著作占了宋史研究的很大比例,如包弼德的《历史上的理学》⑤、伊沛霞(Patricia Buckley Ebrey)的《宋代的家庭和财产:〈袁氏示范〉研究》⑥和《朱熹的〈家礼〉》⑦、韩明士(Robert Hymes)和谢康伦(Conrad Schirokauer)主编的《燮理天下:宋代的国家与社会研究》⑧、刘子健(James T. C. Liu)的《中国转向内在》⑨,以及

---

① 伯德维斯特(Anne D. Birdwhistell),《向新儒学过渡:邵雍有关知识和现实象征研究》(*Transition to Neo-Confucianism: Shao Yung on Knowledge and Symbols of Reality*),斯坦福大学出版社,1989年。

② 谢善元(Shan-yuan Hsieh),《李觏的生活与思想》(*The Life and Thought of Li Kou*)。旧金山:中文资料中心,1979年。

③ 罗文(Winston Wan Lo),《叶适的生活与思想》(*The Life and Thought of Yeh Shih*),佛罗里达大学出版社,1974年。

④ 韦栋(Don J. Wyatt),《洛阳隐士:邵雍和早期宋代思想中的道德进化》(*The Recluse of Loyang: Shao Yung and the Moral Evolution of Early Sung Thought*),夏威夷大学出版社,1996年。

⑤ 包弼德,《历史上的理学》(*Neo-Confucianism in History*),哈佛大学出版社,2008年。

⑥ 伊沛霞(Patricia Buckley Ebrey),《宋代的家庭和财产:〈袁氏示范〉研究》(*Family and Property in Sung China: Yuan Tsai's Precepts for Social Life*),普林斯顿大学出版社,1984年。

⑦ 伊沛霞,《朱熹的〈家礼〉》(*Chu Hsi's Family Rituals: A Twelfth-Century Chinese Manual for the Performance of Cappings, Weddings, Funerals, and Ancestral Rites*),普林斯顿大学出版社,1991年。

⑧ 韩明士(Robert Hymes)、谢康伦(Conrad Schirokauer)编,《燮理天下:宋代的国家与社会研究》(*Ordering the World: Approaches to State and Society in Sung Dynasty China*),加利福尼亚大学出版社,1993年。

⑨ 刘子健(James T. C. Liu),《中国转向内在》(*China Turning Inward: Intellectual-Political Changes in the Early Twelfth Century*),哈佛大学出版社,1989年。

狄百瑞与贾志扬(John Chaffee)主编的《新儒学教育的形成阶段》①等。此外,魏希德(Hilde de Weerdt)的新著《协商帝制中国的科举考试标准》②以宋代科举作为一个政治思想文化领域,详细论述了教师、政府、学生、学者和出版商在科举内容标准方面的激烈竞争,并最后导致道学成为主流的过程。

社会史、政治史和思想文化史的结合在明清史研究领域表现同样明显。周启荣(Kai-wing Chow)的《帝制晚期儒家仪式主义的兴起》③、窦德士(John W. Dardess)的《儒学与专制制度:职业精英与明代的建立》④、艾尔曼(Benjamin A. Elman)的《从理学到朴学:帝制中国晚期的思想与社会变化》⑤和《经学、政治和宗族——帝制中国晚期常州今文经学派研究》⑥,以及魏伟森(Thomas A. Wilson)的《道统:帝制中国晚期儒家传统的建构与应用》⑦都代表了这种尝试。

本集中的多篇文章进一步反映了上述变化与趋势。这些论文绝大多数都发表在80年代以后,关注的主要是宋代以后的历史,其中明

---

① 狄百瑞、贾志扬(John Chaffee)编,《新儒学教育的形成阶段》(*Neo-Confucian Education: The Formative Stage*),加利福尼亚大学出版社,1989年。

② 魏希德(Hilde de Weerdt),《协商帝制中国的科举考试标准》(*Competition over Content: Negotiating Standards for the Civil Service Examinations in Imperial China*),哈佛大学出版社,2007年。

③ 周启荣(Kai-wing Chow),《帝制晚期儒家仪式主义的兴起》(*The Rise of Confucian Ritualism in Late Imperial China: Ethics, Classics, and Lineage Discourse*),斯坦福大学出版社,1992年。

④ 窦德士(John W. Dardess),《儒学与专制制度:职业精英与明代的建立》(*Confucianism and Autocracy: Professional Elites in the Founding of the Ming Dynasty*),加利福尼亚大学出版社,1983年。

⑤ 艾尔曼(Benjamin A. Elman),《从理学到朴学:帝制中国晚期的思想与社会变化》(*From Philosophy to Philology: Intellectual and Social Aspects of Change in Late Imperial China*),哈佛大学出版社,1984年。

⑥ 艾尔曼,《经学、政治和宗族——帝制中国晚期常州今文经学派研究》(*Classicism, Politics, and Kinship: The Ch'ang-chou School of New Text Confucianism in Late Imperial China*),加利福尼亚大学出版社,1990年。

⑦ 魏伟森(Thomas A. Wilson),《道统:帝制中国晚期儒家传统的建构与应用》(*Genealogy of the Way: The Construction and Uses of the Confucian Tradition in Late Imperial China*),斯坦福大学出版社,1995年。

清史占了很大比重。从整体上看，这些论文均与儒家思想文化有关。不过，它们又可以进一步划分为三个大的主题：前五篇文章集中讨论儒家思想的发展及儒家的宗教性；中间的三篇从不同角度考察明清的科举考试制度及文化；后五篇涉及帝制晚期社会的各个方面，包括正统价值观念的确立与传播、精英文化与大众文化的共通性、"公共领域"的发展、跨文化知识传译等。

田浩的《儒学研究的新方向》发表在 1992 年的《东西方哲学》(*Philosophy East and West*)杂志上。该文的主要观点是，"新儒学"作为一个西方人创造的概念，在不同学者的著作中往往含义不同。田浩因此主张摈弃"新儒学"这一用法，通过儒家思想发展的历史过程研究宋代思想发展的脉络。他特别主张从道学的角度关注宋代儒学的发展。其原因之一是"道学"一词在宋代即已通行，用来称呼当时以重建圣人之教化为己任的儒家团体(fellowship)。田浩认为，对道学作为一个团体的关注意味着儒学研究应北宋、南宋并重，而非集中于南宋，特别是朱熹的思想。学者们也因此可以更多地了解朱熹与他同时代人的交流及他们对朱熹的影响。这样做的结果会突出朱熹对当代命题进行回应的一面，进而说明朱熹哲学成为儒家正统不应被当作预料之中的结局。此外，田浩还主张从道学发展的角度来阅读宋代文本，这样不仅有助于避免把聚焦点停留在导向朱熹哲学的一条单线上，进而导致许多宋代文本被看作与宋代儒学发展不相干，这样做同时还有助于研究这一团体内部的重大哲学分歧。

田浩的文章在指出新儒学一词的模糊性时，强调狄百瑞及其主持的哥伦比亚大学新儒学讲座在扩大这一词汇的影响方面所起的作用。他特别指出陈荣捷、冉云华和狄百瑞在使用新儒学时所指有很大差别。狄百瑞一年以后以《新儒学的使用》为题在《东西方哲学》上回应田文。狄百瑞同意田浩关于探讨道学丰富内涵的重要性，但不同意"新儒学"这一词汇存在内在缺陷。他认为，将儒学的发展称为"新儒学"，并不一定意味着宋代儒学"与儒学传统的剧烈分离"。相反，"新儒学"一词是对儒学传统在受佛教冲击后重建创新的有力肯定。它忠实地反映了宋代是儒学发展的一个新阶段,与前代既有连续性又有非连续性的现实。况且,“新儒学”一词在20世纪上半期以前已被研究宋明思想的西方学者广泛使用,其原因恰恰在于道学、理学、心学虽然突出表达了宋明儒家新学派的关键性观念,却无法充分代表或全面体现儒学发展运动的主要特征。狄百瑞并指出,因为田浩教授主要研究宋代和中国思想,“新儒学”一词的意义可能还不太明显。但“新儒学”一词对宏观考察从宋到19世纪的儒学思想发展及其对其他国家的影响(特别是朝鲜和日本)则意义重大。

狄百瑞还指出,新儒学并非源于西方的唯一概念。因为有了儒学(Confucianism),才可能有新儒学。在西方中国研究中通行的很多其他词汇如“传统中国”(traditional China)、“早期现代”(early modern)、“帝制中国晚期”(late imperial China)都是西方史学的产物,但使用这些词汇并没有妨碍西方的中国学者继续使用中国朝代名称(如“明史研究”[Ming Studies]或“清史研究”[Ch'ing(Qing)Studies])。“帝制中国”(Imperial China)概念的生成也并未妨碍大家以朝代为中心研究断代史。狄百瑞认为,就像这些新词汇旨在强调中国思想文化的连续性一样,以“新儒学”来形容宋明儒学思想不会阻碍对“宋学”、“道学”等为儒学发展做出贡献的思想家和学派的全面探讨。

有关新儒学一词的讨论反映了20世纪80年代以来唐宋明思想史研究在方法和角度上的变化。一些学者们在此之后使用新儒学时会有意识地解释它的用法;另一些人则倾向使用道学或理学。这些变化从包弼德的《宋明理学与地方社会:一个12至16世纪间的个案》(Neo-Confucianism and Local Society, Twelfth to Sixteenth Century: A Case Study)一文中可见一斑。包文继续使用了Neo-Confucianism一词,但作者明确提出他所指的是狭义的新儒学,即程朱理学和道学。他关注的问题也不仅是理学自身的历史,而是士人如何运用这些思想传播价值观念,以之作为自身的身份标识,并鼓励士人承担社会责任、创建地方社会、挑战朝廷的道德和文化权威。从这种意义上说,婺州的道学复兴是地方的复兴。但道学的复兴不是为了贩卖地方运动;相反,道学家们是在努力使地方变成全国范围的道学复兴的基础。在政府内部,这体现了两派倾向的竞争:一派倾向于中央集权,另一派则是地方士人所想象的分散的社会,在各州各县由道德使命感和社会责任感较强的士人来领导。

包弼德的文章集中反映了作者近年来对唐宋思想文化史及宋元地方社会变迁的兴趣。魏伟森的《孔子祭祀与儒家的仪式思想》(The Cult of Confucius and Confucian Ritual Theory)则反映了作者对儒家的宗教性的关注。该文是魏伟森为他主编的《在圣地上:文化、社会、政治及孔子祭祀》[①]所写的序言。他指出,虽然孔庙是儒家在帝制中国文化景观中占据重要地位最明显的标志之一,我们对孔子祭祀却知之甚少。在过去几个世纪中,西方的中国观察家们很难把孔庙祭祀与孔子作为伦理人本主义集大成者的形象调和起来。但各派势力根据自己的需要把孔子定位为异教哲学家(耶稣会士)、宗教怀疑论者(新教传教士)、不可知论者(现代学者)。魏伟森认为西方对儒家的研究"太过偏重于历史和哲学取向"、关注儒家的伦理观和形而上学思想。研究社会史的学者则强调儒家士绅在地方上起到的社会控制作用,忽视了其"宗教和精神层面",比如文人士绅生活中的祭祀实践层面。魏伟森认为,考察儒家宗教性的性质之所以困难,原因之一在于很多研究早期儒家思想的西方学者几乎完全依赖《论语》。而想要纠正这个趋势,则应把《论语》和其他儒家典籍,如《诗经》、《礼记》等一起解读,以更好地理解关于"礼"的概念在孔子思想体系中的中心地位,及仪式理论和实践在儒家思想体系中的重要性。魏伟森同时强调,儒家传统的多样性和中国社会不同阶级、阶层对礼仪和崇祀物在理解及实践方面存在巨大差别,因此,孔庙祭祀本身也是一个竞争诠释权的场地。但由于朝廷不断对祭孔仪式的检视和对仪式文本的规范化,与大多数庙宇相比,孔子祭祀的仪式要统一得多。

---

① 魏伟森编,《在圣地上:文化、社会、政治及孔子祭祀》(*On Sacred Grounds: Culture, Society, Politics, and the Formation of the Cult of Confucius*),哈佛大学出版社,2002年。

高万桑(Vincent Goossaert)的《1898 年:中国宗教终结的开端?》(1898: The Beginning of the End for Chinese Religion?)侧重研究清末和民国初年政治和宗教事务之间的紧密联系,从另一个角度强调儒家的宗教性。高万桑对 1898 年前后有关宗教话语的各种变化和 20 世纪初年的"庙产兴学"运动的研究表明,这段时间内发生的有关宗教的争论和对宗教迷信的攻击往往不是理性的无神论者与信徒之间的对立,而是不同的宗教观的彼此对立。这种对立特别体现在高万桑称为"儒教原教旨主义"(Confucian fundamentalism)和"反教权主义"(anticlericalism)一方与反迷信(antisuperstition)一方的对立。儒教原教旨主义和反教权主义是两个互不相同又部分重合的意识形态,代表了帝制晚期宗教思想中的重要因素。儒教原教旨主义话语并不摈斥整个中国宗教,而是建议以回归儒教精粹来改良中国宗教。反教权话语则强调宗教从业人员道德上和智力上的低劣以及对整个社会的坏影响。出现于 19、20 世纪之交的反迷信运动与上述的不同之处在于,它集中反对与"可接受的"宗教相对立的"不理性的"、"落后的"和"不可接受的""迷信"观念和行为。在这个过程中,精英们反迷信话语中最突出的新事物不是它对释道二教或其他地方神祇崇拜的憎恶,而是他们对儒教生活的怀疑。从 1898 年前的儒教原教旨主义和反教权主义到 20 世纪早期反迷信的转变原因很复杂。这其中包括重要历史事件(戊戌变法、义和团运动)的影响、思想宗教潮流(基督教和西方影响、关于宗教和迷信概念的引入)的变化和社会政治的发展。大多数知识分子共有的危机意识造成他们中许多人对传统中国社会怀有深深的不满。这种普遍的情绪促成了精英社会从传统的儒教原教旨主义倒向反迷信。而反迷信本身也是一项宗教事业,其最重要的结果之一便是毁庙办学。清朝的最后十年及民国的三十年中,超过半数的祠庙被摧毁。这一过程不仅是社会和政治现代化的副产品,更是宗教政策的结果。毁庙办学运动反映了中国社会中国家和士绅与地方社会围绕祠庙祭拜存在的对立。高万桑同时强调,地方精英参与反迷信和庙产兴学运动因地区差别在各地的开展情况有很大差异。

近三十年美国史学界对帝制时期的科举与教育制度表现了极大的兴趣,很多学者从社会、文化、思想和政治的角度关注了这个问题。重要的专著有贾志扬(John Chaffee)的《棘闱:宋代科举考试的社会史》①、狄百瑞和贾志扬主编的《新儒学教育的形成阶段》②、李弘祺(Thomas H. C. Lee)的《宋代官方教育与科举》③、艾尔曼的《帝制中国晚期科举考试的文化史》④和魏希德的《协商帝制中国的科举考试标准》等。本书中有三篇文章从不同角度研究这一题目。艾尔曼的《科举考试与帝制中国晚期的政治、社会与文化》(Political, Social, and Cultural Reproduction via Civil Service Examinations in Late Imperial China)发表于1991年的《亚洲研究杂志》上。作者指出,在此之前的研究多关注两点:一是科举与社会流动的关系;二是批评儒家教育体系无法培养专门人才,妨碍科技发展。艾尔曼在文章中强调,宋、明、清三代都致力于维护科举制度及新儒学的正统文化地位,使之成为在公众及私人生活中传播儒家文化的工具,因此,历史学家必须把科举与教育、社会、政治进行综合考察。他认为,宋以来的科举考试制度是一个有效的遴选机制,能满足国家官僚机构在知识、社会、政治方面的需要,同时支持帝制中国晚期的阶级结构。科举考试就像一个"教育陀螺",把帝制国家、士绅社会和新儒家文化紧密地交织在一起。它不仅保证历朝能够拥有衷心能干的臣子,同时导致士绅阶级垄断国家认为正统合法的文化和语言资源。而其成员因此又可以将社会和经济力量转化为科场的成功,这种成功又反过来将他们与对地方的文化资源的控制更紧密结合在一起。从理学的角度来看,它为统治王朝提供了

---

① 贾志扬(John Chaffee),《棘闱:宋代科举考试的社会史》(*The Thorny Gates of Learning in Sung China, a Social History of Examinations*),剑桥大学出版社,1985年。

② 狄百瑞、贾志扬编,《新儒学教育的形成阶段》(*Neo-Confucian Education: The Formative Stage*),加利福尼亚大学出版社,1989年。

③ 李弘祺(Thomas H. C. Lee),《宋代官方教育与科举》(*Government Education and Examination in Sung China*),香港大学出版社,1985年。

④ 艾尔曼,《帝制中国晚期科举考试的文化史》(*A Cultural History of Civil Examinations in Late Imperial China*),加利福尼亚大学出版社,2000年。

政治合理性;为统治者群体提供了社会优越性。

科举考试的政治、社会、文化功能显然保证了这一制度本身的延续,但同样不能忽视的是从唐以来即已存在的反抗科举制度的传统。倪德卫(David S. Nivison)的《反抗传统与传统的反抗》(Protest against Conventions and Conventions of Protest)一文考察从宋到清对从考试科目到教育标准、从科举不能培养才智到它对个人道德品行的影响的批评。倪德卫发现,虽然科举和教育的结合确保了儒家经典的传统统治地位,而士人们对科举的批评又恰恰是从儒家的道德、审美和政治理念出发的。倪德卫列举了从韩愈、朱熹到王阳明等对科举的批评,指出对科举的厌恶在历代考生中普遍存在。不过,多数人并未从原则上质疑科举制度的价值。他们的批评往往针对科举所引起的激烈的考试竞争,或源于他们对完美的社会和政治秩序所抱有的理想,而科考制度的存在破坏了他们所憧憬的美好图画。到了清代初期,顾炎武则开始针对科举对考生写作和思考造成的不良影响,并指责科举无法认可或鼓励真正扎实的学问。

顾炎武的指责从某种程度上反映了当时科举的现状。正像艾尔曼指出的那样,因为科举竞争极其激烈,地方精英家族大量投资促成其子弟的成功。这样做的途径很多。周启荣的《为功名写作:晚明的科举考试、出版印刷与思想变迁》(Writing for Success: Examinations, Printing, and Intellectual Change in Late Ming China)一文考察出版印刷业的发展与科举的关系。周文集中讨论了五个问题:第一,在晚明的市场经济中,印刷将教育与学术转化成另一种商品。应试者可以利用大量科举参考书增加自己成功的机会。第二,商业印刷业为许多才华横溢却考场失意的文人提供了新的职业机会。第三,教育机会的扩充以及各种低价书籍的普及又使得科举考试的竞争益发激烈。第四,通过对印刷科举参考书的控制,书坊与专业作家在形塑科举的过程中,扮演了重要的角色。第五,商业印刷的扩张创造了在科举考试中开放地、多元地解释儒家经典的环境,并促进了晚明思想领域的扩张和新思潮的传播。

司马富（Richard J. Smith）的《清代的占卜》（Divination in Ch'ing Dynasty China）原载于司马富和郭颖颐（D. W. Y. Kwok）主编的《宇宙观、本体论和人的效验》①一书。司马富认为，在中国整个帝制时期，占卜是国家及家庭最为重要的宗教仪式中不可分割的一部分。在清代，上至知识精英，下到平民百姓，几乎每一个人都相信占卜。流行的占卜术多种多样，包括推命、梦占、相人、相面、拆字、堪舆、风水、扶乩等。官方发行的时宪书和民间历书都承认向祖先和神灵求卜前程的可行性。占卜在中国经久不衰、广受接纳的原因在于它体现了中国传统文明中最基本的特征，例如重视仪式，尊崇古代儒家价值观，强调天、地、人之间的精神联系等。卜言中常用的历史典故、神话传说，以及有象征意义的色彩、数字、草木鸟兽，能引起问卜者强烈的共鸣。而占卜借调整日常生活中的礼仪与节奏维护了社会秩序。同时，清廷及各级政府强调世代相承的宇宙观，将正统占卜术奉若神明，更强化了占卜的地位。司马富在该文中还强调卜人的作用和地位，称这些人是社会交往方式的基点和重要的文化中介人。他们不仅在平民与上层人士之间起到了桥梁作用，而且通过鼓励问卜人接受传统的价值观，强化了占主导地位的文人文化。因此，很多卜人对清代官吏及社区领袖极具使用价值，也为这些人进入主流社会生活创造了可能性。

司马富文中描述的对占卜的信仰和卜人在传播传统价值观念方面的作用，从一个方面证明了清代社会的高度同质性。这种信仰及其相关的理念和仪式能为社会精英和众多的下层民众接受，反映出明清社会信息传播与沟通已经相当发达，很多信息自然是通过口耳相传传播留存下来的，但同样重要的是通过文本流传灌输的理念与价值观。这个问题是姜士彬（David Johnson）《明清社会的信息沟通方式、阶级与意识》（Communication, Class, and Consciousness in Late Imperial China）关注的中心，此文探讨了明清时期信仰、观念、价值观等在不同人

---

① 司马富、郭颖颐（D. W. Y. Kwok）编，《宇宙观、本体论和人的效验》（*Cosmology, Ontology, and Human Efficacy*），夏威夷大学出版社，1993 年。

群之间的流动。姜士彬把这种流动划分为文字和口述两个领域;他们之间虽然没有无法逾越的障碍,但这种分野对信息沟通的过程乃至群体意识(group consciousness)的生成都有很大影响。姜士彬提出,一个人所能听懂的方言和他所能理解的文本在很大程度上决定了他的知识结构和表达方式,也就是其意识的形式和内容;人们意识的不同又同时取决于他们在所谓的"权力结构"(the structure of dominance)中的位置。根据人们受教育程度和维持生计的能力,他把明清社会分为九个不同的社会-文化群体。这一模式显示,学者们通常定义的大众/"大众文化"与精英/"精英文化"既不准确又很困难。姜士彬认为,只有通过研究某一社会群体所独有的文本,即在这个群体中所流行的各种思想体系的特定版本,并找出他们在形式和内容上的共同之处,我们才会逐步对这个群体的集体心态有更深的了解。

代表统治阶级利益的价值观和理念在很大程度上渗透到大众意识中去是明清文化的一个重要特征。这种渗透是国家政权、政府官员和社会精英阶层长期努力的结果。其目标是以意识形态上为官方接受提倡的成分取代民间文化中所谓"伤风败俗"和"迷信"的成分。姜士彬和司马富的文章都涉及到这一点。中国历史发展的轨迹证明,这是一种很有效的文化整合方法。但这一过程并不是人与人相互接触进行文化交流的自然结果。刘广京(Kwang-Ching Liu)的《作为正统的社会伦理观:一个研究视角》(Socioethics as Orthodoxy: A Perspective)一文说明,这一过程是在一种正统信仰占统治地位的基础上进行的。刘广京强调中国历史上的正统信仰有三个特点:第一,正统信仰由各个朝代政权(而非某种宗教)所拥立,其主要观念往往在形成之后,由国家基于务实的理由,而加以选择、支持;第二,任何长期赓续的正统信仰必须能为政府的主导体制(dominant institutions)服务;第三,国家礼教的正统观念在中国传统中具有很大的灵活变通性。刘先生通过分析从汉到明的历史发展得出上述结论。他认为汉代以儒家道德礼教为中心的正统典范已形成。这一价值观念体系把天意作为社会生活的道德标准,认为任何企图否认天的道德力量、挑战社会道德礼仪规范的人和思想都是背离正统,因此被视为异端。刘先生认为,尽管儒家的终极关怀具有浓厚的宗教色彩,但它在本质上却是社会性的。它的重点在于将天道落实在实质的人际关系当中,而儒家对孝道、妇德和忠君的提倡都证明了这一点。刘先生进一步指出,从汉末至隋唐的三百多年在中国历史上是一个"以礼入法"的渐进过程。这其间三纲、十恶等概念不仅被纳入律法,亲族关系与官僚价值更安然度过佛教、道教的挑战。后者甚至创造了自己的词汇来支持儒家礼教,推崇孝道。宋廷承袭前代传统,继续表彰孝行与妇德。在宗教宇宙观与社会道德伦理方面,宋代理学保留了汉代礼教正统的元素。比起汉代的信仰,理学更强调形而上的以及精神的层面。但这一礼教典范历经从宋到明的变迁能够延续下来,更重要的原因在于支撑礼教与道德于不坠的社会习俗和体制,而非理学的形而上思想。作为文人精英的宗教(the literati's religion),理学对于知识分子内在思想与外在行为的规范与要求,使得理学思想成为政府极佳的统治工具。理学随着明朝于1368年建立而占有更为中心的位置。同时从宋代即已开始的儒家教义普及化在元、明继续进行。刘广京同时强调,中国历史上正统理念的中心地位导致佛、道二教调整其话语与策略,它们与儒家伦理道德的冲突在宋、元以后越来越小。

罗威廉(William T. Rowe)的《近代中国的公共领域》(The Public Sphere in Modern China)与包弼德和高万桑的文章都关注精英行动主义(elite activism),有助于我们了解中国历史上国家与社会的关系、地方社会精英势力的不断扩张,以及各地区政治、经济、文化发展的不平衡性。罗威廉的文章分为三个部分:第一部分介绍德国社会学家哈贝马斯(Jürgen Habermas)关于"公共领域"(the public sphere)的论述。罗威廉承认中国历史研究者对哈贝马斯概念的使用可能不会得到作者本人的认可,因为哈贝马斯认为公共领域这一概念不仅具有时间特定性,而且具有文化独特性。但罗威廉同时指出,帝制晚期的中国和近代早期的欧洲之间在社会和体制发展方面确有很多相似之处。因此中国学者借助这一概念研究帝制晚期及近现代历史也是可以理解的。在文章的第二部分，罗威廉讨论了"public"（及其在其他欧洲语言中的同源词）与"公"在语言学上的平行对应。与"public"一样，"公"的含义不是一成不变的，到了清代中期，已有几个相互竞争、甚至相互冲突的关于"公"的政治概念在同时起作用。清末和民初时期，"公"的用法进一步得到拓展，并被日益频繁使用。这其中既有政府意义上的"公"，又包括非政府意义上的"公"。罗威廉在文章的第三部分介绍了近年来欧美中国史学对公共领域的研究。他特别提到在使用哈贝马斯理论时有两种倾向：其一是在帝制晚期政治参与急剧扩展的情况下，"公"这一概念所起到的作用；其二是把"公"作为官僚体系以外的一个物资和社会服务管理的领域来进行集中研究。这样一来，"公"作为公共利益在"国家"和"私人"之间占据一个日益显著的位置。从19世纪中期以来，政府官僚系统越来越多地把一些"公共职能"移交给地方精英管理。"公共领域"（public realm）的转型和扩张在20世纪更加明显。这一过程极大地改变了地方一级组织中的支配和从属关系。罗威廉预测，清末民初的大变动使像"公"这样一个含义丰富又可灵活运用的概念在帝制晚期和近现代中国研究领域大有用武之地。

与高万桑、罗威廉一样，范发迪的探讨重心也是晚清时期的社会和文化。不过，他更关心的是，西方思想对中国社会政治的影响日益增大以及在中国的西人的增多给晚清中国所带来的变化。在《汉学与博物学》（Sinology and Natural History）一文中，范发迪指出，西方外交和传教机构在19世纪后半期迅速增加的结果是更多的欧洲人长期生活在中国。这一趋势导致汉学的发展，并为博物学研究提供了人才和组织。这些学者以中文文本为基础的研究，导致了汉学与博物学之间的跨学科对话，并有助于重绘19世纪博物学的学术地图。更重要的是，对汉学博物学家进行跨文化知识传译研究涉及到学术界对知识、权力、政治和文化传统交叉领域的研究。范发迪的研究表明，西方博物学家在翻译传播的过程中预设了西方科学及语言在认知能力和语言结构上的内在优越性。他们还利用该优越性来肢解中国的知识传统，以便从中挑选他们认定为事实的资料。这一倾向不能简单地用帝国主义意识形态、文化沙文主义和东方主义来解释。这是因为,任何一个鉴定植物和动物的过程都涉及到综合不同的文本资料、语文学、地理学和史学知识,运用汉学家的背景与技术和借助西方博物学的技巧。只有了解这个复杂的过程,我们才可以理解这些博物学家的具体的论述和观点。也只有这样,我们才有可能深入了解博物学和汉学相交产生的这样一个特定论述领域。它既可以用来支持或修正西方博物学的既存观点,又可以帮助解决汉学研究中的问题。

本集中的论文最早是由伊利诺伊大学周启荣教授选出的。每篇文章的译者都花费了大量时间和精力力求译文的准确性及可读性。弗吉尼亚大学(University of Virginia)历史系为本集的翻译提供了部分资助。在此 并致谢。

儒学研究的新方向：对“新儒学”与“道学”之区别的考察途径

田浩(Hoyt Cleveland Tillman) 著
陈丹丹 译

一、前　言

如果学者们将“新儒学”(Neo-Confucianism)这一术语放到一边，并且将诸如此类的术语统统视为“道学”，我们能够期待更鲜活、有益的观点出现么？我之所以建议这一讨论(或说是一种“正名”)，并不只是为了抠字眼。这里所涉及的是儒家传统的确切内容，它们是怎样被陈述的，怎么进展的。我们对以前的哲学研究所做的贡献充满感激，但不能因此忽略在历史研究中以“语境化”的方式来理解儒学。弄清楚了儒家思想产生的历史语境和发展脉络，还能进一步丰富我们对其哲学内容的领会。尽管自20世纪80年代初以来，我们之中一小部分人已经对“新儒学”的使用持保留态度，但现在仍需要系统化地提出这一术语问题。这篇文章力图就此方向推动对话。

尽管近几十年的学术作品无论其质量或数量都洋洋可观，但对于儒学新潮流或“学派”的标示仍不够明晰，特别是对那些兴盛于宋代(960—1279)的学派而言。“新儒学”术语的普遍使用遮蔽了人们对这一问题的充分认识。这个过于方便的名称被各式各样的人用来指涉非常不同的哲学家圈子与立场。这一术语无处不在的渗透性钝化了我们对这些差异的认识，此外，那些使用它的人很少能澄清它们的个别含义。对参照系的模糊认识往往使得作者与读者假定他们之间所沟通的是具有同一本质的内容。

有时候,术语用法的矛盾极为明显。比如,陈荣捷教授(Wing-tsit Chan)已经指出,在女真金(1115—1234)的统治下,新儒学并不存在,但冉云华教授(Jan Yun-hua)则告诉我们,在金朝,新儒学是中国知识分子的主流哲学①。在如何看待金统治下的思想世界这一问题上,两位资深学者的观点看上去好像完全相反。然而这种矛盾仅仅是表面上的,通过仔细阅读与比较我们会发现他们对金代儒学的看法其实是相似的,只不过一位将金代思想定义为“新儒学”,而另一位否认了这一定性。但这两位资深权威所指涉的“新儒学”根本不同。这种对术语理解的分歧,无疑表明其用法内在的模糊性。此外,这种隐性的混淆必定会阻碍儒学研究持续、有效地发展。

认识到让术语使用更清晰的必要性,狄百瑞教授近年来对广义的“新儒学”与作为程朱理学的“新儒家正统”(Neo-Confucian orthodoxy)作了一个区分。狄教授微妙含蓄地把他自己对“新儒学”的使用与陈荣捷教授将“新儒学”等同于程颐开启、朱熹完成的哲学综合的传统看法作了区分②。狄教授的“改编”是如此微妙和含蓄,以至刘子健(James T. C. Liu)在他最近的书中仍旧认为狄教授与陈教授都将新儒学等同于朱熹正统③。即便狄教授可以说服整个学术领域采用他的

---

① 陈荣捷,《朱熹与元代的新儒学》(Chu Hsi and Yüan Neo-Confucianism),收录于陈学霖(Hok-lam Chan)、狄百瑞(Wm. Theodore de Bary)编,《元代思想:蒙古统治下的中国思想与宗教》(*Yüan Thought: Chinese Thought and Religion Under the Mongols*),哥伦比亚大学出版社,1982 年,第 199—200 页;亦参见冉云华(Jan Yun-hua),《李屏山及其对理学批评佛教之驳议》(Li Ping-shan and His Refutation of Neo-Confucian Criticism of Buddhism),收录于阿莫尔(Roy C. Amore)编,《佛学思想的发展:加拿大人对佛学研究的贡献》(*Developments in Buddhist Thought: Canadian Contributions to Buddhist Studies*),加拿大劳里埃大学(Wilfrid Laurier University)出版社,1979 年,第 170 页。陈荣捷把程朱看作是一种智慧的延续和思想学派。

② 特别参见狄百瑞为其与金滋炫(JaHyun Kim Haboush)合编《新儒学在朝鲜的兴起》(*The Rise of Neo-Confucianism in Korea*)所做《导言》,纽约,哥伦比亚大学出版社,1985 年。

③ 刘子健(James T. C. Liu),《中国转向内在:十二世纪早期的思想政治变迁》(*China Turning Inward: Intellectual-Political Changes in the Early Twelfth Century*),哈佛大学东亚研究委员会,1998 年,第 10—11 页、44—45 页、131—150 页。(该书翻译为中文出版时,名为《中国转向内在:两宋之际的文化内向》——译者注)

区分,他对“新儒学”这一术语的使用,仍然包括一系列错综多样的思想家。自宋以降的任何一个自我认定是儒家的学者似乎都能被包容在狄教授的新儒学范畴内。这样一个扩散性的范畴对探索宋代已降的儒家思想的多面丰富性与复杂性真的有用么?“新儒家”是否真的在“儒家”这个通用范畴外添加了某种实质性的东西?

学者们在宋代儒学内部发生了重大变化这一点上已达成共识,但同时期是否真有儒学传统的根本断裂?一些从更早朝代研究儒学的专家,反对将“儒”翻译为“儒家”(Confucian),因为他们认为,这个名词更具普遍性,差不多相当于“学者”或“文人”。然而,即便在古典时代,孟子、荀子与其他儒家已经试图赋予这个名词以意识形态内容与参数。“儒”这一名词本身的含义在宋代也发生了某些变化。程颐坚持认为,只有那些了解“道”的学者(而不是那些更亲近于文学与古典研究的学者),才配得上“儒”(Confucians)这一称号①。当朱熹劝告别人去成为“醇儒”时,也没有离题很远,反而更补充了(这一命题)。可以确定地说,当朱熹对“醇儒”加以定义时,他指的是他认可的儒家遗产的追随者,而非普通意义上的文人或学者②。具有讽刺意味的是,正是在这一连接点上,狄教授和其他学者试图插入“新”(neo)这一前缀。一些学者对刘子健教授的术语“新传统”表示不满,认为这一术语暗示了在宋代有根本与彻底的转变。如果是这样,“新儒学”中的“新”字难道不也传达了相同的信息,即儒家传统中一个根本的断裂?事实上,强调“新”(Neo)确实更彰明这一点。尽管“儒者”(Confucian)这一名词非常概括与模糊,但它作为一个广义的定义,对于那些传统(这个传统深深植根于孔子之教义)的追随者而言,仍是有用的。为了凸显那些共享的元素与连续性,“儒者”(Confucians)这一名词可以继

① 程颐,《河南程氏遗书》卷6,《二程集》第一集,第95页(中华书局,1981年)。钱穆著《朱子新学案》(台北,三民,1971年),第1卷,第17页。

② 朱熹,《祭吕伯恭著作文》,见《晦庵先生朱文公文集》(《四部备要》题《朱子大全》),第36卷,19页(ab面);也请参考詹启华(Lionel M. Jensen)即将发表在《亚洲研究杂志》(*Journal of Asian Studies*)上的文章——内中回顾了古代中国对“儒”之意义的论争,并提供了一个新的视角。

续用来指称宋代与宋代前后数百年之中的个体知识分子。"儒家"这一名称在最广义层面的有用性,与"基督徒"与"佛教徒"一样,但人们常常要求更进一步的定义与描述。这样,这一挑战就意味着,在那些将自身与儒家传统(或诸种传统)联系在一起的儒者之中,寻找适当标签,去标志那些具有意义的、历史性的分化。

那些与狄百瑞教授在哥伦比亚大学的"新儒学研讨班"有关联的学者告诉我,"新儒学"是他们自己的术语。他们的意思也许是,这是我们自己20世纪话语中的一个英语术语。此外,他们指出,在陈荣捷与狄百瑞之前,活跃于20世纪的学者们已经使用了"新儒学"这个名词[①]。不过,这一名词在根本意义上很清晰地属于狄百瑞"学派"。是陈荣捷与狄百瑞教授使这一名词普及化,并成为他们各自的区域性研讨班、他们在哥伦比亚大学出版社编辑出版的系列、他们自己的教学与出版,以及他们的学生们所思考的中心命题。在这一过程中,这一名词也与狄教授自身对儒学正统的重构整合在一起。

那些强调"新儒学"是西方话语中的一个术语的学者坚持认为,这一名词不仅与任何特定的中国术语或语境无关,并且独立于他们之外。事实上,有一些学者假定,新的中文术语"新儒学",恰好被用来翻译"Neo-Confucianism",并且指出,这并不涉及中国传统范畴。有一个20世纪的术语,的确有益于区分"我们"的话语与我们所研究的宋代文本中的话语。使用没有中国先例的西方术语的另一个好处,给我们提供了一种将个体知识分子抽离他们传统的分类来看待的潜在自由。当然,对于"我们"现在的术语所讨论的传统中国的历史群体或个人的集合,我们仍需一个更清晰的看法。并且,对"新儒学"这一独立于中国传统术语或语境的新名词的讨论,并没有阻止这一领域中的学者继续将"新儒学"等同于各种中国传统术语,其中一些,我将在下一节加以引用。除非那些狄百瑞教授的追随者对"新儒学"的参数加以界定与描绘,否则,仅仅拥有一些属于自己的"非中国"术语,是没有多少好

---

① 谢康伦(Conrad Schirokauer)1990年12月28日给我的个人信件对此进行了厘清。

处的。

为什么不寻找更适合包容思想家范围的历史性术语？我在1982年题为《功利主义儒家：陈亮对朱熹的挑战》一书中曾经试图做过这样的历史性回溯。这一方面的研究部分受到余英时教授的启发，特别是他1975年的文章证明了清代（1644—1911）儒学家提出的广义和狭义区分“宋学”的重要性[①]。在我的研究中，“宋学”是专门在广义上使用的，以此标示宋代的儒学复兴。而“道学”这一名词在12世纪使用时，是指称宋学的一个特定分支[②]。这样，道学从一开始就占据了宋学（被一些学者称为新儒学）与程朱哲学（被另一些学者称为新儒学和/或“新儒家正统”）之间的一个空间。1983年，冯友兰教授在中国发表了类似的呼吁，希望学者根据“道学”的历史意义来使用它，就像它在11、12世纪被使用的那样。他并督促中国学者放弃清朝的实践，即混淆道学与更晚的（13世纪中期）、更受限制的题目——理学（理的学派，也被许多现代学者称为“新儒学”）[③]。近年来，中美学界在有关宋代儒学的术语使用上的协调一致已有了显著进步，我在此不想重复种种例证来说明这一点。

不过，尽管学者们更频繁地开始使用“道学”，他们的用法与对“新儒学”的多样性与非针对性的使用非常接近。事实上，一些学者已经开始将这两个术语等同化。因此，我们就有危险失去冯教授与我在80年代早期各自独立地呼吁的（概念的）明晰与历史准确性。

本文接下来将更加凸显讨论宋代儒学时“正名”的必要性。第二

---

① 余英时，《清代儒家智识主义兴起的一些初步观察》（Some Preliminary Observations on the Rise of Ch'ing Confucian Intellectualism），《清华学报》，11期，第1号，第2号（1975年），第105—146页。

② 田浩（Hoyt Cleveland Tillman），《功利主义儒家：陈亮对朱熹的挑战》（*Utilitarian Confucianism: Chen Liang's challenge to Chu Hsi*），哈佛大学东亚研究委员会，1982年。

③ 参见冯友兰《略论道学的特点、名称和形式》，收录于中国哲学史学会编《宋明理学》，浙江人民出版社，1983年，第37—56页；海格（John Winthrop Haeger）早年曾指出，在13世纪后半叶，新名词理学已经让道学黯然失色，参见他的文章《新儒家综合的思想语境》（The Intellectual Context of Neo-Confucian Syncretism），发表于《亚洲研究杂志》，第31卷，第3期（1972年），第499—514页。

部分将简短地概括我关于12世纪道学这一范畴的发现[①]。刘子健1973年发表于《东西方哲学》(Philosophy East and West)的文章已经极大地丰富了我们对于"道学"是怎样在13世纪成为国家正统的认知[②]。刘描绘了12世纪晚期道学所受到的冷落,并以此证明,道学最初是一个其对手所使用的贬称。他所引用的一个关键的证据是孙应时(1154—1206)的一个评论。孙提到,他听说的道学是浙江一些爱讥讽的知识分子所创造的名称[③]。不过,一些知识分子讽刺性地使用这个词或对它的使用持保留态度,并不排除它已经成为那些认同于道学的知识分子的正面标签的可能性。此外,在这个术语的演进中,孙的意见已经写得相当晚了。就像下面历史性部分所要简要呈现的,一个开始于11世纪晚期的儒者的松散联合,已经逐步地、渐进地将他们自己定义为投身于道学的学者。为了了解道学在12世纪意味着什么,很有必要检视那些将自己与道学联系在一起的儒者团体或群体。

第三部分将简要地举一些例子,以彰显"作为团体的道学"(Tao-hsüeh as a fellowship)而思(而非通过"作为正统的新儒学"[Neo-Confucianism as an orthodox]而思)将带来怎样概念上的差异。换言之,这一部分将试图证明,这一新的途径或许可以提供另一些结论(与被"新儒学"范畴所影响的学者阐明的诸多结论不同)。因而,我的探索指向与刘子健在《东西方哲学》上发表的前沿性文章及其在《中国转向内在》(*China Turning Inward*)一书里的重申相当不同。刘子健聚焦于政治权宜(political expediency)本身怎样迫使宋代朝廷反转其对于道学的官方政策,并将其确证为国家正统。这一重要研究还需要某种补充——即关注将道学家们放在一个社群框架(community framework)

---

① 田浩,《儒学话语与朱熹的上升》(*Confucian Discourse and Chu Hsi's Ascendancy*)(一部关于道学演化的书),夏威夷大学出版社,1992年。

② 刘子健,《通向正统新儒家之路》(The Road to Neo-Confucian Orthodoxy),载于《东西方哲学》第23卷,第4期,1973年,第483—506页。

③ 孙应时,《烛湖集》,《四库全书》,第6卷,第4b—5a页。

中去考察时所反映出的哲学内涵。

所谓“团体”(fellowship)，我指的是，道学儒者有一个社会关系的网络，以及与同时代其他儒者不同的、共享一个传统的社群感(sense of community)。个人的、政治的、礼仪的、思想的种种关联，将一个群体的成员聚合在一些共同的任务中——改革宋代的政治文化，复兴伦理价值，修正儒学。这种关联纽带孕育于各种机构(诸如书院)与仪礼中(比如学生为他们的老师们举行的仪式等)。此外，资深成员会对新进成员进行培育，使其能够在科举中获得成功。更重要的是，一些资深的领袖会利用他们的位置，保证他们群体中成员科举与仕途上的成功。事实上，正如我们将要看到的，在12世纪70年代后期，一些领袖人物甚至不顾“党”这一名词在历史上所固有的贬义，贸然自称其小群体为“党”。因为这一名词所具有的不好的伦理、政治指向，即便道学领袖们对它的使用是有限的，这一使用也仍然是群体意识的重要体现。虽然本文并非旨在探讨群体身份与行为的体制的、社会的、政治的局限，但我想申明，这些群体并没有发达到可定义为“会”、“党”(association)或“社”(society)的程度。我选择“团体”(fellowship)这一词，是为了将我们的讨论引向具有共同关注点的知识分子之间的交往。

二、历史回顾

这里我将仅对道学在宋代的演进做一个简要的概括。不过，即便是对最重要点的简介，也足以呈现它从对道学的聚焦到一个团体，以及一个思想学派的演进。我们这里的目标，只是为下面一点提供足够的证据：尽管朱熹试图限制什么内容或哪个人物能被包容在传统中，12世纪大多数认同于团体的儒者，比朱熹更广义地看待“团体”(特别当朱熹排他性地思考传统或团体中的成员资格)。如果考察一些这样的例子，读者将会更谨慎考虑是否将道学与程朱正统等同起来。14世纪的《宋史》自然是用道学去指认程朱学派的正统。这一由蒙元王朝(1271—1368)修于1340年代的官方历史,为后来的使用创立了先例。但是我并非要承袭这一时代错乱的使用,我认为应该追随道学运动的最早历史——《道命录》的指引。此书由南宋著名的历史学家李心传完成于1239年[①]。这个部分引用的其他宋代资料将阐明,有证据表明,李对这一群体更广义的呈现(与《宋史》的编辑与后来的学者相比)是正确的。但是,李(与我自己)考虑道学的参数,并不像狄百瑞教授近来对"新儒学"这一名词的修正使用那样笼统而又散漫。

1239年,李心传完成道学团体的第一部历史。他认为,二程兄弟早在11世纪60年代就已经开始阐明道学;但他将这一运动的开始与司马光权力的上升以及对程颐在1085年成为皇家教师的支持联系在一起[②]。自从开始了他作为皇家教师的服务,程颐比之前他在洛阳充当私人教师时得到更多的认可和听众。从司马光反对王安石变法的政治语境来说,在元祐(1086—1093)时代的政治保守主义者与那些参与了程颐对道学的追求的学者之中,有一个重要的重叠。在元祐联盟内部,只有苏轼和他的追随者驳斥了程颐的主张并站到了道学团体之外。

在纪念程颢去世时,程颐用"道学"这一术语标志了他的哥哥的特殊贡献。在对他哥哥所获得的赞誉进行评论时,程颐注意到,人们通常称赞的是他的道学。更明确地说,他们所有的朋友与学生都认为程颢是孟子之后唯一传承了圣人之道的人[③]。在他关于程颢行状的传记性叙述中,程颐更进一步阐述了道之传承的复兴。作为一个十五六岁的年轻人,程颢已经跟随周敦颐学习,并在他鼓励下,决心去寻求道。但即便在受到周的影响之后,程颢并没有了解到其中的要点,在差不多十年中,他在思想上是漂流的。在这些年份的漂流之后,程颢转向经典,并在其中发现了道。(值得注意的是程颐在这里认为非常重要

---

① 李心传,《道命录》,《丛书集成》。

② 同上,卷1,第1a—2a页。

③ 朱熹,《伊洛渊源录》,《丛书集成》,卷2,第13a页。

的是经典文本，而非道的其他落脚点——比如与天地与古圣人之心相关联的个人发现。）因此，程颢宣布，在孟子之后，圣人之学就已经失去传承，他也就此将重建圣人之教化作为他自己的责任[1]。当他为一个学生撰写纪念文字时，程颐重新聚焦于提倡道学的共同责任[2]。

一些学生很快就接受了程颐的主题与新的术语。比如，在 12 世纪早期，杨时称赞的不只是他导师们的道学，而且是他同侪的道学[3]。这样，与其他已经看不到真正儒家道路的儒家学者相反，道学开始与一个特定的儒者团体等同起来。

在 12 世纪 30 年代朝廷上（关于道学团体自称对儒家之道有特殊掌握）的论争中，参与者列举了更多展示道学团体与元祐党徒之间关联的名字。在那些被标誉为领袖的学者中，胡安国与吕公著最受赞美。而李心传在他对这些讨论的叙述中，又将张九成作为 12 世纪 30 年代团体中的重要人物[4]。

在道学学者最早的选集中（这一选集长期被忽视，直到最近被现代学者发现），张九成也占据中心位置。《诸儒鸣道集》成书于 12 世纪 60 年代，显然是由张九成一些不具名的学生编纂的[5]。这一选集以他的作品收尾。因此，它暗示着张九成代表着截止于当时对道学儒学之传承的顶点。

这一选集在四点上最为重要——这四个原因反映了它的编纂者对道学团体与传统的认识。第一，有一些作品仅仅因为它们被收进这一选集中而被保存下来（我所特别指的是刘安世、江公望、刘子翚的著

① 朱熹，《伊洛渊源录》，《丛书集成》，卷 2，第 11a 页。

② 程颐，《文集》，卷十一，《二程集》二集，第 643 页。

③ 杨时，《杨龟山先生文集》，《丛书集成》，卷 2，第 3b、5a、27a-28b 页；卷 3，第 12a、25b、29b、31b 页；卷 4，第 14a 页。

④ 参见《道命录》，尤见卷 3，第 3a—5a、10b—16a 页；李心传，《建炎以来系年要录》，《国学基本图书》（再版，北京：中华书局，1956 年），卷 101，第 1660—1661 页；卷 108，第 1755—1756 页。

⑤ 《诸儒鸣道集》，哈佛燕京图书馆于 1989 年自上海图书馆收录微缩胶片版本；另有一部手印版本，我在 1983 年在北京图书馆善本部使用过。关于这部书的年代及其内容概要，请参考陈来《略论〈诸儒鸣道集〉》，发表与《北京大学学报》，1986 年，第 1 期 30—38 页。

作,以及潘植最完整的作品)。第二,这些有幸被保存下来的作品证明,这一选集对道学儒家社群的看法,比之日后朱熹的建构,是相对更广义,也囊括得更多。比如司马光这样的人物,及他的学生刘安世,都被明显包括在内。在复兴与传承道的次序上,司马光甚至被列于周敦颐与二程兄弟之间。第三,这一选集也是1190年左右将道学传入金代的重要资料。对于我们理解1234年蒙古对金的征服之前,在中国北方的道学儒家的性质,这一选集也具有关键的重要性①。第四,虽然这里不适宜对这一选集内容作详尽描述与分析,但我们仍应注意到,那些作品反映了一种反抽象的、形而上的哲学的倾向,而那些抽象的、形而上的哲学往往是与朱熹派道学相关联。一个简单而又清晰地反映这一选集的倾向的例子是,周敦颐的《太极图说》并没有附加在他的《通书》后。简言之,这一选集反映了一种对早期道学的看法,它与朱熹所建立的著名道学观截然不同。

朱熹在12世纪70年代的各种选集可以被视为对《诸儒鸣道集》的潜在回应。在他1173年的《伊洛渊源录》中,朱熹删除了一些道学传统中的重要人物——其中最有名的是张九成。不过,在这个需要通过描述几代学者来展示一个道学大社群的时期,朱仍然是具有包括性的。通过汇编不同人物对收集在这一集子中其他人的赞誉之辞,朱熹有效地提升了对这个专注于儒家之道的特殊传统的意识。朱熹也巧妙地把这个传统建立在二程的贡献上,并用"伊洛"这一标签将这一传统特别等同于二程学派。朱熹将二程的34个学生与4个著名同侪包括了进来,用以证明,这个社群始自11世纪晚期而持续了半个世纪,并经历了好几代。这4个著名同侪很值得注意,特别是其中两位:吕希哲与胡安国。吕与胡的家族,像我们之前注意到的,在1130年代已经作为传统内部的主要人物被提了出来。尽管朱熹在此书中重申了周敦颐发起道之复兴并传教二程的观点,

① 这一选集已被用于我对道学在金代的引人的研究中。请参考田浩《金代的儒教:道学在北部中国的印迹》,发表于《中国哲学》,1988年第14期,107—140页。

他给吕和胡的关注比周敦颐多（就选集中分配的文字数而言）[①]。当然，我们很有可能把这种数量分配看得过重，但朱熹显然希望推出当代道学的两个当代分支的源头。这两个当代分支由他两个近友充任领袖——吕祖谦的浙江学派，以及张栻的湖南学派（胡家族之教义的承继者）。

朱熹下一部关于道学传统的著作——《近思录》的聚焦点更为狭小。这部作品在吕祖谦的帮助下[②]，于 1175 到 1178 年间编纂完成。这部选集收集的只有四位大师（周敦颐、二程兄弟、张载）的作品。在早些年的谱系中曾是第五位或下一位的道学人物——邵雍在这里则被忽略了。也许是朱熹那众所周知的、对邵雍观点的纯粹性的保留态度，促使他将邵剔除在外[③]。如果说《伊洛渊源录》经由历史的时间与空间，提供了更相对广义的社群感，那么《近思录》则代表了朱熹力图建立传统之奠基性文本的努力。朱熹后来说，这一选集代表了通向四位大师的阶梯，就像《四书》代表了通向经典的阶梯。这样，《近思录》的学说与教学上的目标，与容纳邵雍那样的可置疑的、复杂的人物是不相容的。

尽管吕祖谦因编纂《近思录》而加盟、认可了朱熹，吕自己对于道学传统与团体的观点，比之朱熹，要更宽泛，也更少聚焦于思辨哲学。因为本文篇幅有限而不能对吕的多元性、适应性的倾向作详细描述，但这个倾向可以从后来的纯粹主义者将他从《宋史》中的“道学”条中剔除而看出。

在勾勒正统的范围上，朱熹自己比他后来的追随者更具包容性，

---

① 参见《伊洛渊源录》，特别是卷 1，第 1a—5b 页，卷 7，第 1a—7a 页，卷 13，第 1a—13b 页。

② 《近思录》，朱熹、吕祖谦编，《丛书集成》，陈荣捷译为 *Reflections on Things at Hand: The Neo-Confucian Anthology*，纽约：哥伦比亚大学出版社，1967 年。

③ 怀亚特（Don J. Wyatt），《朱熹对邵雍的批判》（Chu Hsi's Critique of Shao Yung，刊于《哈佛亚洲研究学报》（*Harvard Journal of Asiatic Studies*），第 45 卷第 2 期（1985 年），第 649—666 页；另见波德斯蒂尔（Anne D. Birdwhistell）《向新儒学的过渡：邵雍论知识与现实的象征》（*Transition to Neo-Confucianism: Shao Yung on Knowledge and Symbols of Reality*），斯坦福大学出版社，1989 年。

因为他将他的朋友吕祖谦看作道学团体内的一个主要领袖。在他1181年撰写的吕的诔词中，他赞扬了吕对道的教化，并哀叹吕之死对“吾道”之衰与“吾党”未来带来的影响。虽然吕曾经相似地用过这个称呼，但朱熹将他们的群体视为“党”还是很令人惊讶的。撇开其作为政治派别的负面指示，这个称呼描绘出他们团体内部的很强的联系；朱熹也必然倾向于作出这一建议。朱熹遗憾道：

> 天降割于斯文，何其酷耶？往岁已夺吾敬夫，今者伯恭胡为又至于不淑耶？道学将谁使之振？君德将谁使之复？后生将谁使之诲？斯民将谁使之福耶？经说将谁使之继？事记将谁使之续耶？若我之愚，则病将孰为之箴，而过将谁为之督耶？然则伯恭之亡，曷为而不使我失声而惊呼，号天而恸哭耶？[①]。

尽管朱熹在这一文类中，恰当地将他自己放置在他死去的两个朋友的水准之下，他也含蓄地表明他是这一群体的未来事业的领袖，而这个群体的标识就是道学。

通过修辞性地讯问谁是当前道学的领袖，朱熹本质上宣称了他将努力去担当这一角色。尽管他的声明被包裹在一种自我谦逊的语言中，他也同时指出，当时已没有人可以像张或吕一样点出他的缺陷。从他与这两位朋友交换的信件中，我们了解到，朱熹可能具有的主要缺陷是他过于焦虑、过于排外[②]。

朱熹在吕与张都去世后写的两篇文章也许更能表明，他对于自身角色更加确信，对于道学之内容的声明，也更加坦率。在1180年代，他已经打造了“道统”这个术语，将位于“道学”中心的“道之传承”结晶化。在他为《大学》和《中庸》所写的序言中，他阐明了道统的观念

---

① 《朱文公文集》，第87卷，第12—13页。

② 参见张栻《南轩集》(1849年版，见台北广学社印书馆1975年影印版)第22卷，第96页；《朱文公文集》，第31卷，第15页(15b)；陈荣捷，《朱子新探索》(台北学生书局1988年)，第521—523页。

以及“诚”在复活“道统”中的作用①。通过提到他研究这些作品的机会,并通过写这一评注,朱熹含蓄地声明,他已经承继了道统。

这一声明在1194年更清晰地表达了出来,朱熹宣布,他已经领悟了道。当提到道统及其在古代与宋代的主要成员时,朱熹指出,邵雍、张载、司马光与周敦颐以及二程分享着同样的道统。正如在这一献给孔子的礼学之作中所记录的,在当日新近落成的漳州学校的神祠中,朱熹将邵雍、张载、司马光、李侗连同周敦颐、二程的牌位与孔子、颜回、曾子、孟子放在了一起②。通过加上了他自己的老师李侗,朱熹是在表示,他是怎样获得与“道之传承”个人的接触的。这里,他让道统在时间中一直向前推进,直接聚焦到他自己身上,或者说,在他身上达到一个顶点。因此,他也是在含蓄地窄化道统的传承,以至他同时代的对手被全部排除。

在这些对手中,陆九渊曾经发出警告:继续用“道学”这一旗帜来区分“纯粹的儒者”与他们的同时代人是危险的。陆九渊警告道:

> 夫人勇于为学,岂不可喜?然此道本日用常行,近日学者却把作一事,张大虚声,名过于实,起人不平之心,是以为道学之说者,必为人深排力诋。此风一长,岂不可惧?③

陆九渊几乎以一种预言的方式明确了这一问题。

特别在12世纪90年代,道学受到更传统的儒者的攻击。“道学”宣称惟有自己拥有对儒家之道的洞察力,这些学者对此宣称颇为反感。道

---

① 《朱文公文集》,第76卷,第19—23页(19b—23a)。关于“道统”这一概念的重要性,参见陈荣捷《朱子道统观》,《东西文化》,第15期(1968),第22—32页;秦家懿(Julia Ching),《真理与意识形态:儒家之道及其承继(道统)》(Truth and Ideology: The Confucian Way (Tao) and Its Transmission (Tao-t'ung)),《思想史学报》(Journal of the History of Ideas),第35卷,第3期(1974年),第371—388页;魏伟森(Thomas Wilson),《道的谱系:在新儒家哲学选集中再现儒家传统》(Genealogy of the Way: Representing the Confucian Tradition in Neo-Confucian Philosophical Anthologies),芝加哥大学博士论文,1988年。

② 《朱文公文集》,第86卷,第12页。

③ 陆九渊,《陆九渊集》,北京:中华书局,1980年,第35卷,437页。

学的反对者最终成功获得了朝廷对1195—1202年间道学团体的禁令。对道学儒家及"专门之学"这一标签(它力图获得一个更有限度、更窄化的聚焦)的最初讽刺,看上去不再合适,因此,道学的反对者嘲笑它为"伪学"[①]。基于对道学之多样性与公共性的理解,这些传统学者列出了他们认为应该受到斥责的59位儒者(一个看上去很多样性的群体)。

简言之,12世纪道学儒家思想的每一个分支,都在1197年的黑名单上有所体现。若追寻他们的思想根源,则将不只追溯到二程兄弟,更将追溯到一个世纪前元祐集团的整个范围(苏轼阵营除外)。这也就是整个12世纪时期的道学的范围。尽管非常宽泛,并也植根于一个保守的政治运动中,但它不只与苏轼,更与王安石有着重要不同。并且,它代表了一个比更为传统的儒者们还要有影响的替代途径。1197年名单上的多样性让现代学者颇感困惑,有些学者猜测道,这可能是一个更宽泛的反知识分子的举动,或它可能不过是一份政治黑名单[②]。但是,现代学者们所看到的不过是这一名单与他们对道学范围的理解之间的差异。如果我们撇开《宋史》及其后著作的时代参数的话,那么,很显然,这一名单与12世纪时"道学"一词的使用是一致的。正如叶適在此前已经很简明地谈到的:"利害所系,不独朱熹。"[③]在那场对朱熹的辩护中,叶適早在1188年就向皇帝指出,这个名词指向的是一个更广大的学者与官员的团体。

---

① 《道命录》,7A/1a—23a;7B/1a—27a;《宋史纪事本末》(陈邦瞻、冯琦),北京,中华书局,1977年,80/872—877;谢康伦,《受到攻击的新儒家:谴责伪学》(Neo-Confucians Under Attack: The Condemnation of Wei-hsueh),收录于海格(John Winthrop Haeger)编,《中国宋朝之兴衰》(*Crisis and Prosperity in Sung China*),亚利桑那大学出版社,1975年,第163—198页;海格,《新儒家综合的思想语境》(The Intellectual Context of Neo-Confucian Syncretism),第499—514页;刘子健,《中国转向内在》,第131—150页。

② 海格,《新儒家综合的思想语境》,第508—510页;贾志扬(John W. Chaffee),《赵汝愚,伪学与南宋政治文化》(Chao Ju-yu, Spurious Learning, and Southern Sung Political Culture)(论文提交于1990年7月19—21日香港中文大学召开的"儒家知识分子:理想与行动"〔Confucian Intellectuals: Ideals and Actions〕会议,稍事修改后提交于1990年秋哥伦比亚大学"新儒学大学研讨会"〔University Seminar on Neo-Confucian Studies〕。)

③ 叶適,《叶適集》(北京:中华书局,1983年),第2卷,第16—20页;《道命录》,第6卷,第3a—8b页。

三、哲学上的影响

认为新儒学即程朱正统的传统观念，已经让这些学者的话语获得了特权。尽管北宋四大家也在这一正统范式中得到些许注意，二程观念与朱熹之综合之间的创造性联合，一直是这一范式中的中心。各种哲学话题与命题已从本质上被朱熹组建的观念所观照。在诸如像陈荣捷《中国哲学资料汇编》(*Source Book in Chinese Philosophy*)(普林斯顿大学出版社，1963 年）这样的表述中，(新儒学）的覆盖从北宋四大家一下跳到了朱熹，而陆九渊仅仅充当了朱熹唯一重要的同时代陪衬。在这一范式中，其他现代学者已力图去突出程氏兄弟、周敦颐、张载的贡献。然而，这类研究的主题，通常仍然是这些大家的创造性洞见对朱熹的综合性哲学思想的贡献。据称，最近出版的陈荣捷教授的《朱熹：新研究》(*Chu Hsi: New Studies*)(夏威夷大学出版社，1989 年）考查了之前学者都忽视的一些问题与命题。此书丰富了我们对朱熹及其时代的认识，但陈教授的目光仍然是如此固定于朱熹之上，以至于其他宋代人物继续类似于道具或配角——他们的角色只是吸引大家对中央舞台上名角的注意。在“新儒学”的研究范式中，朱熹思想被给予特权的程度，以至于这些学者们在探讨朱熹之外的其他宋代儒者的时候，他们的操作显然受到束缚。

狄百瑞教授在更一般层面上对新儒家正统与新儒学之间的区分，已经在呈现宋代儒学的思想图景的复杂性上进了一步。他在 20 世纪 80 年代的著作中，将真德秀作为一个追随朱熹思想的重要思想家，推到了前台[①]。真德秀对继承朱熹关于心学的教导的遗产颇有贡献。尽管几世纪来，不同的东亚学者已经对真德秀的著作表示了赞赏，狄百瑞在 1980 年代的著作扩展了现代学术之视域。狄教授也采用了比宋代官

① 特别参见狄百瑞《道学与心学》(*Neo-Confucian Orthodoxy and the Learning of the Mind-and-Heart*)(哥伦比亚大学出版社，1981 年）及他的《心学与道统》(*Message of the Mind in Neo-Confucianism*)(哥伦比亚大学出版社，1989 年）。

方历史更为包容的视角,因为《宋史》的编辑们在正统传记的部分遗漏了真德秀。狄百瑞教授坚信,1194 年陆九渊死后,陆学并没有形成一个有影响的体系,因而,狄教授将所有真德秀对心学的讨论放在朱熹学派的话语中去考察。他由此下结论道:真德秀在这个主题上的强调显示出心学对朱熹学派与朱熹哲学而言是如何占绝对中心的位置。并且,朱熹学派在本质上以心学为中心,而这一名词则不应用来界定陆九渊学派。

狄百瑞教授的论证尽管有其长处,但对陆九渊的学生们(他们将陆的思想传入 13 世纪)太一掠而过。关于朱熹与陆九渊之间的相同与不同,真德秀自己与汤巾及其兄弟有过友好的讨论。并且,真德秀并没有阻碍他们对陆九渊思想的兴趣。这样,真德秀似乎鼓励了他们将朱熹与陆九渊关于心学看法视为兼容的倾向。考虑到这些证据,我们是否应该毫不犹豫地认为,真德秀是在单纯而纯粹地追随朱熹对"心"的看法?如果把真德秀看作是在一个包含其他 12 世纪后期之思想、途径、学界诸种遗产的环境中,而非认为他孤立存在于一个朱熹的世界中,是否更正确?

狄百瑞在 20 世纪 80 年代指导的一篇论文已经进一步呈现他对新儒学修正观点的影响。朱荣贵 1988 年对真德秀《政经》的翻译与研究,指出真德秀发展并综合了朱熹一些关于"政"(governance)与"经世"(statecraft)的教导①。他称赞真德秀在发展"政"的原则上,超越了朱熹。与朱熹相比,真德秀建议在治政上更多地借鉴历史,他对法制在维持社会秩序上的角色也有更正面的评价。如果朱荣贵博士采用了一个更宽泛的 12 世纪后期的基线,他一定会意识到,这些都是诸如吕祖谦、陈傅良等浙江道学家思想中的强项内容。真德秀可能并不是全然在自己思想的基础上创造这些观念,更有可能是,他从广泛流通的浙江思想者的著作中借鉴了它们。

朱荣贵对"新儒学"的使用,不时远离狄百瑞教授的区分。比如,

---

① 朱荣贵(Ron-Guey Chu),《真德秀与〈政经〉:新儒家经世时代的到来》(Chen Te-hisu and the "Classic on Governance": The Coming of Age of Neo-Confucian Statecraft)(博士论文,哥伦比亚大学,1988 年)。

尽管他将朱熹聚焦为真德秀治国思想的唯一基础,他也提到了真德秀对新儒学之治国思想的完成(而不是对新儒家正统的治国思想的完成)。特别因为这是一篇狄百瑞教授指导下完成的博士论文,此处术语的偏移表明,甚至是狄教授自己出众的学生,在维持他的区分上也有困难。更何况,尽管他们同意将“新儒学”区别于“新儒家正统”来加以考察,这两位现代学者仍在继续不时回看朱熹——从而忽视了“新儒学”的其他分支的重要相关性。

这些研究当然有贡献,但近期著作中,似乎延续着一个内在局限,即分析术语或基本范畴被设定。在对以朱熹为中心的“新儒家正统”与更广义的“新儒学”范畴之间进行区分时,狄百瑞教授对针对后者的研究给予了鼓励。然而,这一广义的范畴,仍缺乏界定,有时似乎还被当作“它者”来处理。从上述的例子来看,狄百瑞教授和他的学派仍然给予朱熹话语过多的特殊待遇。

那么,将道学视为一个团体,以取代以“新儒学”为正统的传统看法,会有什么哲学上的可能的影响和作用(philosophical implications)呢?我认为它会带来一系列关键的后果。对朱熹的讨论恐怕不会再像从前一样,几乎好像他的思想是在一个同时代的真空中形成。传统的关于朱熹对北宋大家思想之综合的研究,可以被扩大为包括对他同时代人的研究。除了加入 12 世纪的大量思想家之外,这些思想家中的许多人,都应被视为(道学)团体中的重要人物(他们还为朱熹所建立的道学立场提供了可能的替代),来加以讨论。他们的思想,作为潜在性的合理的替代,需要以他们的视角来考察。诸如张九成与吕祖谦这些思想家,将不再被当作外在者或被认为没有任何值得仔细研究的思想,从而被排除。如果我们放弃关注朱熹哲学的研究范式,更多的注意将放置到他与其他人的交流以及他对其他人的借鉴上。这些“语境化”(contextualization)不需削减我们对朱熹理论之敏锐与系统之建立的赞赏,但我们应当更清楚地了解:观念从哪里来,而朱熹的同时代人是怎样经常影响他(正面的或负面的)在一个或另一个方向上发展他的观念。了解他同时代人至关重要,因为朱熹通常把自己看作他所认为的、他的时代更极端的选择之中的中间值。

同样,朱熹将被明确地看作是对他的时代的命题进行回应。并非要削弱经典以及北宋几大家的相关性,但我们需要更多地研究宋代严谨而敏感的儒家学者所碰到的实践与理论的命题。这些同时代的命题的确影响了朱熹怎样阅读经典以及北宋几大家的作品。

通过更了解朱熹的同时代人以及他的时代的命题,我们也许可以对他的"听众"在确立他的信息内容之基调上所起的作用有更好的洞察。如果要考察朱熹如何在与同时代人对话中形成了自己的一些立场的话(以往的研究对此不甚关注),我们会将注意力集中在他与同侪和朋友的来往信件上。以往的学者更多地考察他在信件和《语类》中的评注或对学生所作的陈述。在他对学生的陈述中,朱熹用一种容易被接受为权威性的声音发言。这样,是"听众"为信息的内容定下基调。而他给同侪的信件,则显示朱熹更经常用一种被挑战的声音说话。并且,在这些挑战中(如给陈亮或陆九渊的信中所呈现),朱熹被要求去解释自己的假设,以及他的立场的界限。因此,在这一媒介中,朱熹的评论,比之那些他在更放松的场合下所作出的,有时更不周全,也更不系统。我们也许可以更清楚地将他看作是位于一个为更多辩战或论争所标志的话语中(这一点以前并未被认识到)。除了开启朱熹人格中更具争议性的这一面的讨论之外,我们可以将朱熹看作是更积极地投身于思考那些命题的过程中。这样,他的观念与行动,比之我们后来的范式(这些范式,建立在他一些精选段落或更少对抗性的情境的基础上),要显得更缺少系统性。

如果这一观点听上去太过抽象的话,那我们来看看现代的朱熹解释学(hermeneutics)。近来学者已经令人信服地呈现了朱熹有关传统内部的文本的完整性的论断①。尽管这些现代学者所呈现的是重要

---

① 余英时,《朱熹哲学体系中之德与知》(Morality and Knowledge in Chu Hsi's Philosophical System),收录于陈荣捷编,《朱熹和新儒学》(*Chu Hsi and Neo-Confucianism*),夏威夷大学出版社,1986 年,第 228—253 页;加德纳,(Daniel K. Gardner)《理与教学法:朱熹和四书》(Principle and Pedagogy: Chu Hsi and the *Four Books*),发表于《哈佛亚洲研究学报》,第 44 卷,第 1 期(1984 年),第 57—81 页;氏著《传递道:朱熹及其学问之程序》(Transmitting the Way:Chu Hsi and His Program of Learning),发表于《哈佛亚洲研究学报》,第 49 卷,第 1 期(1989 年),第 141—172 页。

的，我们对朱熹在删去胡宏《知言》中的一些段落，以及从张栻文集中剔除一些重要文章与信件的角色，一向关注不够。尽管与张栻之间的交流，对朱熹关于“仁”之陈述的发展非常关键，朱熹却选择不保存张的一些关于这个概念的早期文章与信件。尽管朱熹做这些，也许是为了更彰明“道”及其传承（如他对此的认识），他的行为仍然成为力图找回12世纪思想世界及其实际演变的现代学术尝试的障碍。更进一步，这些个案说明我们的确需要更为理想化的研究模式（这些模式是根据朱熹对处理文本的指导而建构起来的）。

在重绘儒家团体之思想世界的努力中，我们对重要文本的搜罗应该比以前广博得多。但是，如果我们把聚焦点停留在导向朱熹、由朱熹而来的一条单一的线上，许多文本将继续被看作是外围的或很大程度上不相干的。从这一点看来，《诸儒鸣道集》被忘却几个世纪，是根本不令人惊讶的。当一个人追求朱熹之外道学传统的阐释时，他也就开始赞赏《诸儒鸣道集》的丰富性。既然哈佛燕京图书馆已经收到了这一选集的缩微胶卷，同行们就更容易加入研究这一集子，从而丰富我们对朱熹“再构型”（reformulations）之前的道学传统的认识。因为朱熹重构传统的成功，要发现足以使我们超越于朱熹的建构，回到12世纪早期思想家（使用他们自己的术语）的资源就非常困难。尽管朱熹对这些人的思想（或作为哲学家或作为传统的适当负载者）的判断，也许可以在新研究的过程中被证实，但是，对他们及其作品的详尽审查，在最小程度上，对于理解朱熹（思想）之演进所发生的思想世界，是非常关键的。

从道学作为团体这一角度来阅读宋代文本，也会将我们对哲学观念的看法“语境化”。因为对哲学观念过于看重（认为它们是我们理解12世纪儒者的中心），这使得我们对这些儒家的活动与议程的其他方面都关注不够。社会、政治、礼仪的诸种因素，也促成这一群体内部的形成与连接。因此，它的成员所共享的，不只是一些思想观念。事实上，这一团体中有着重大的哲学分歧。我并非在否认诸如“仁”、“理”这样术语的重要性。这些观念在12世纪的进程中，的确被界定得越来越好;它们也是道学团体的中心成分。朱熹在理论领域的推进上,也的确起了很大的作用。不过,道学话语有许多层面,而非仅仅是抽象的哲学或形而上学。关于天地间之"理"的思辨哲学,作为我们关于朱熹及其同代人的思想的极重要范畴,可能过于突出。

从上述考虑看来,儒家思想向朱熹正统这一顶点的进展,不应再被当作预料中的结局。在道学团体中,还有其他需要考察的哲学思想。朱熹的思想是在何时、如何、何种程度上黯淡了其他思想(alternatives),是一个仍需进一步考察的主题。这一团体之外,很少人研究到新儒学这一范畴是如此看重程朱这一条线的发展,以致于朱熹思想的胜利,已经基本上被视作当然。宋代的实际历史语境与哲学争斗值得更多的研究。回过头来看,朱熹得到特殊待遇这一现象,也应被视作需要解释的东西。尽管朱熹作为理论家与组织者,无疑将保持为一个更全面的解释的重要部分,但单单指向他独特的光辉以及他主要学生的忠诚,在未来的任何诠释中,的确应该视作不充分。

尽管搞清道学在宋代的演进与转变只牵涉到儒学的一个部分与时段,它仍是儒家传统的关键成分。专攻更早或更晚时段的现代学者,乐于让宋代充当一个固定的点——或从这点出发,或最终到达这点,以此来关联他们自己的研究。以宋代作为一个稳定的、已知的实体,使他们对其他时段的新诠释以及他们对那些时期充满活力的变化与发展的强调更方便。对道学在宋代的意义的重追,潜在地动摇了他们的学术的部分基础。就如道学与宋代儒学的复杂性已经广为所知,专攻此后时段的学者可能会重新评价:这些范畴是怎样在他们的史料或他们的自身著作中被呈现。这些范畴的意义与内容几乎当然地继续有进展。抛弃"新儒学"这一覆盖性的标签,具有一种移去障碍的潜能——那种障碍不仅阻碍我们了解宋代儒者的多样性,并且阻碍我们了解清代(儒学)的复杂性,以及现代对宋代之儒学发展的使用与回应。

这篇文章一个较早的版本,发表于 1989 年的全美亚洲学会

(the Association for Asian Studies)年会上一个关于新儒学与道学的小组。特别感谢刘子健鼓励我写这篇文章来概括我对道学团体之进展上的发现,以及对我们研究宋代儒学的意义。与谢康伦(Conrad Schirokauer)及余英时的对话也特别有启发。程一帆与魏伟森(Thomas Wilson)也给予了有用的意见。

新儒学一词的使用:回应田浩教授

狄百瑞(William Theodore de Bary) 著
方 骏 译

在他题为《儒学研究的新方向:对“新儒学”与“道学”之区别的考察途径》(A New Direction in Confucian Scholarship: Approaches to Examining the Differences between Neo-Confucianism and Tao-hsüeh)一文中(《东西方哲学》[*Philosophy East and West*]第42卷第3期),田浩(Hoyt Tillman)试图澄清这些词汇的使用,希望为儒学的历史发展提出新的见解。

我不太肯定是否完全理解他的论点,但他的主要观点简单来讲有以下几个:(1)由哥伦比亚大学狄百瑞和陈荣捷所倡导的关于新儒学的观点,倾向于支配儒学研究领域;(2)然而,狄、陈两人关于新儒学词汇的使用,是不一致的,模糊的,令人迷惑的,对道学的理解尤其具有偏见;(3)最好只用“儒学”而不用“新儒学”,并更多地关注道学。

如果我对田浩教授的论点有所保留的话,那不是因为我不同意他探讨道学丰富内涵的基本目的,或不能欣赏他探讨道学的勤勉和魄力,而是因为我们不应让对此定义的有益探讨,导致我们在肯定某种历史现实的同时牺牲其他的历史现实,或以学术立法或限制的办法来阻止对儒家思想深层内涵和历史重要性的更全面探讨。我们自己应该尽可能地在词汇的使用上有系统性,严谨把关,同时又不应假设其他人有时更为松散地对某些词汇的使用是对明智的学术讨论的威胁或是今后研究的障碍。

田浩教授(455页)把陈荣捷和冉云华对金代思想中的新儒学的

研究上的分歧作为这种词汇使用不一致的“昭彰”之例。虽然许多人会认为陈教授更有权威来谈论新儒学（我相信冉教授也会心悦诚服地同意这一点），因而避免将他们两人同等相待，或在同等价值上接受他们貌似矛盾的说法。但是，将这一差异当作解决问题的基础是颇令人反感的。任何程度的学术专长都不能保证万无一失，我们也没有必要声称谁在这一争论中更有权威。简单的事实是，正如田浩教授接着承认的那样，学者们探讨的是新儒学传播的两个不同阶段，两个漫长历史过程明显不同的方面。了解这些分歧并不意味着我们必须承认，我们将这个运动视为儒学发展中的特异的新儒学阶段的认识存在着基本的缺陷。相反，这加深了我们对这一儒学新诠释是如何出现的、以及儒学在重新塑造过程中在某些地方所遭受的保守抵制的理解。这些抵制证明了我们将这些内容归类为新儒学的做法是正确的。

田浩教授觉得，将这些儒学的新发展称为“新儒学”，必然意味着“与儒学传统的剧烈分离”。我怀疑大多数学者或读者会这样理解这一词汇。相反，“新儒学”包容了连续性和非连续性，它也忠实地反映了宋代的一个新的发展阶段，这一阶段见证了对儒学传统的有力肯定和以当代术语对其内容进行的新诠释。

虽然田浩教授慷慨地指出我在确定“新儒学”这一词汇过程中起了特别作用，我个人并不敢掠美。这一词汇在我之前就已在学者中广泛使用，我只是跟着使用并阐述这一用法而已。这不是说，如果新的知识证明这一词汇具有内在缺陷（如田浩教授指出的那样），这一标签仍可继续使用。但我并不认为这是实际的情况。

20 世纪 40 年代末当我开始研究工作的时候，“新儒学”这个很明显起源于欧洲的词汇，已经在研究宋明思想的西方学者中广泛使用。除了令人信服的理由外，一般来说学者们不会抛开现有的学术用语，以牺牲与广大学术界或受过良好教育的读者群的有效交流。我自己当时没有发现、现在也找不到一个更好的代替“新儒学”的词汇，一个更恰当、更精确、更简洁，或英文上更容易被人理解的用语，来代表我的前任们试图表达的后起的、后佛教的儒家思想发展过程中的传统和创新。

很明显,儒学在宋朝的新繁荣,只是其漫长历史发展过程中的一个阶段。如果人们把注意力集中于更长的发展时期或传统儒家核心价值的话,这个新学说仍然可以归纳在儒学原本的标题之下。但同样不容否定的是,宋代儒学的确出现了意义深远的新特征,这些特征在不同程度上一直持续到 19 世纪。而且,这一运动的参与者,不管被贴上什么标签,都将之视为具有崭新意义和特别动力的东西,它超越了对传统价值的再肯定,它是整个社会和文化的新生。他们用很多不同的用语来表达这一想法。这些我在为《朝鲜新儒学的兴起》所做的前言[①]、《新儒学思想的启示》[②],以及《为己之学》[③]等书中都有所讨论。这些新词汇都有其作为更大发展的个别方面的自身意义,但没有一个可以传达继续发展的新儒学运动的全部意义。那些常见词汇诸如理学、心学,只是在朱熹之后才被广泛使用,它们分别突出表达了新学派中的关键性观念,但都不能概括儒学新发展的全部意义。

就我们今天的研究而言,很基本的一点是,不管我们采纳哪个概括性的标识,它们必须与儒家学者在那个时代确认他们身份或表达他们所认同的核心价值所使用的名称相联系。然而,我们不能希望他们的声明本身就可以充分代表或全面体现儒学发展运动的主要特征,那些 19 及 20 世纪的人们能够更全面更长远地认识到的特征。当然,即使因受到田浩教授的关注而不断被人重视,"道学"之称仍不足以为此目的服务。正因为道学不具有这样的功能,田浩教授决定以"儒学"作为一个涵盖一切发展的标识。

我长期以来一直很习惯使用"儒学",但是在并行而非牺牲"新儒

---

① 狄百瑞和金滋炫(Ja-Hyun Kim Haboush)合编,《朝鲜新儒学的兴起》(*The Rise of Neo-Confucianism in Korea*),哥伦比亚大学出版社,1985 年。

② 狄百瑞,《新儒家思想的启示》(*The Message of the Mind in Neo-Confucianism*),哥伦比亚大学出版社,1989 年。

③ 狄百瑞,《为己之学》(*Learning for Oneself*),哥伦比亚大学出版社,1991 年。

学”的情况下使用这一用法。有些宋代思想家比其他思想家对后来被标为道学、理学或心学的新运动的贡献更大。将他们中的任何人称作宋代儒家肯定不错,但是从他们对形成超越宋代的儒学传统方面所做的贡献上来说他们中的某些人是新儒家也一定没有问题。然而“儒学”的使用,具有我们必须认识到的局限性。可以肯定的是,“儒学”并不比“新儒学”更加中国本土化,那些我们称之为“儒家”的学者确实自视为孔子的追随者,通常他们并不把他的学术冠以孔子之名(他们称他为“圣人”,正如耶稣的信奉者称之为“基督”一样)。但是,假设两种表达源自西方,这本身并不能成为让“儒学”或“新儒学”失去资格的理由。作为历史学家,我们经常有效地使用一些非中国的词汇,如“传统中国”(Traditional China)、“早期现代”(Early Modern)、“晚期帝制中国”(Late Imperial China),来表示那些中国人以王朝划分历史阶段的长期历史发展,虽然中国人自己不那么分段。我们并没有禁止使用“晚期帝制中国”等这样的外来或欧洲中心论的词汇,也没有把它们当作继续并不断使用的传统中国王朝划分——如“明史研究”(Ming Studies)或“清史研究”(Ch'ing Studies)——的障碍。当然,如果这些词汇的范围和含义不能清楚地表达中国或其他亚洲国家发展的话,我们可以检讨它们的使用。虽然并非中国所有的东西都是“帝制的”,王朝统治及其制度确实是中国的现实,而不只是一个西方的误解。如果这个词用于日本,它将会有相当不同的意义。同样地,与“晚期帝制”和“早期现代”并行的“新儒学”一词,表达了一个比王朝统治更为久远的思想与文化的连续性。以“新儒学”来形容后期儒学思想发展,也同样不应阻碍对“宋学”、“文学”、“道学”等为儒学发展做出贡献的运动的全面探讨。有没有人能说“帝制中国”的词汇使用严重妨碍了明史或清史研究或掩饰了这些时期的历史现实?恰恰相反,这些相对更新的表达,如同新儒学一样,吸引了学者们对常常误以为只是简单重复、静止或停滞的中国历史上的意义深远的连续性、非连续性和发展的注意。

另一方面,如果说这类概括性名词似乎为过分的普通性或模糊性打开了大门的话，人们很容易看到，新儒学这个词汇并不比儒学（这个词汇）有更多的“与生俱来的模糊”（权且使用田浩教授的表达）。人们可以从后者发现同样多的，甚至是更多的滥用、误用或盗用。像田浩一样，我也不想鼓励人们在（儒学和新儒学）两个词汇之间更多地使用哪个，但我不会因为人们对这些词汇的认可和自由使用而大惊小怪，我也看不出其混淆使用的危险严重到我们必须竭尽全力设立一个“最终方案”来纠正这种文化杂交。新儒学是一个被用来涵盖影响后期儒家传统的宽泛词汇：对宋代思想史专题研究来说，它的服务价值并不大，因为它在宋代还没有形成一个确切定义上的传统。让我们尽一切可能去探索宋、金、元、明思想的学术多样性和社会特别性，让我们去追踪诸如圣学、正学、道学、文、文学、理学、心学等中国词汇的连续性和不连续性，并将这些词汇视为我们将永远不能全部研究或完全确认的一个复杂过程的种种表达。的确，我们应该“百花齐放”。不管宋代或新儒学思想的不同颜色是否可以用来相互强调、激发或融合，当他们站在一起的时候，我们可以欣赏它们是如何增强一个整体花园外观的。在这样的情况下，对那个整体的认可，并不一定会导致局部的模糊或事实的掩盖。

（这里也许要相关地评论一下田浩教授指朱荣贵博士对“新儒学”的使用显示出这一词汇的前定和据称是固定定义的疏忽[467页]。现在让我们暂时撇开是否有比前面所提到的陈荣捷和冉云华关于新儒学称号的最早使用更为实在的问题。说朱博士的“论文是在狄百瑞教授指导下写成的”，以此来暗示朱和我会表达一致的观点，似乎不仅离题，而且颇不公平。现在博士候选人有时被人们无心地形容为签了卖身契的生徒，博士生忠实地重复或循环导师的论著，但真正的博士论文应该被看作是独立学术工作的一种能力证明。我自己最不会做的就是让博士生跟随我的观点和用法，虽然我希望他[现在经常用“她”]在形成自己的立场、得出自己的结论、证明能为自己进行辩护的过程中，可以考虑我的作品，以及这一领域其他学者的作品。）

至于是否有一个或者是否应该有一个被普遍接受的新儒学定义，我很惊讶地注意到，田浩教授声称我和陈教授在我们所创立和主持的哥伦比亚大学新儒学研讨班中擅自在这些问题上以绝对权威身份发言。我不能相信，任何被田浩教授称为"与狄百瑞研讨班密切来往的人"可以声称"新儒学是他们自己的词汇"(457页)。这是什么意思?我想这一定是一个诙谐的说法，不能按字面来理解。田浩教授援引研讨班成员之一的谢康伦(Conrad Schirokaur)称这一词汇"在20世纪早在陈荣捷和狄百瑞之前就已被学者们所使用"，这倒是更加接近事实真相。确实，新儒学词汇的源头一定可以追溯到19世纪的欧洲，因为熟悉欧洲东方学家的日本作家，早在1904年就已经采纳了这一词汇[①]。

田浩称我们"使新儒学词汇大众化"，因此某种程度上私自占有了这一用语。然而，甚至直到现在，新儒学仍然不是一个家喻户晓的词汇；在以前，如果有谁似乎给它一个定义性的内容，那应是冯友兰和卜德(Derk Bodde)。他们那本被广泛引用的《中国哲学史》(*History of Chinese Philosophy*)，集中探讨程朱哲学，而较少重视所谓的陆王学派。在中文版本里，冯友兰把整个运动归纳为"道学"。将该书译成英文的卜德，把冯友兰宽泛定义的道学，译成已在西方流行的词汇——"新儒学"。

在这个问题上，我不能替陈教授说话，因为不管我们如何在这个以及其他研究项目上合作密切，我们经常留同存异。研讨班的大部分参加者应该在很多场合注意到我们俩研究方法的不同。如果他们中的任何人声称研讨班在这些事情上持有一种固定的观点或统一的立场，将是令人诧异的。

至于我自己，在遇见陈教授之前，我对西方学者称之为"新儒学"的观点，很大程度上受我对黄宗羲的研究和对现代学者如钱穆

---

① 见冈仓觉三，《日本的觉醒》(*The Awakening of Japan*)，纽约：世纪出版公司，1904年，第65—74页。

和唐君毅著述理解的影响。身处 17 世纪晚期黄宗羲在回顾儒学发展时,对宋明在儒学思想的继承上持有两个同样强烈的信念。一是尽管他对明代专制体制及其有害后果十分厌恶,在他看来,明代崩溃之后最值得保存的是他称之为理学的宋明思想遗产。他在这方面的一个主要努力是撰写《明儒学案》。从该书书名可以看出,他把明代思想遗产与儒学联系在一起,但在该书的序言里,他明确把这一思想称之为理学,显然是把它当成宋代思想的后期产生物。对他来说,理学和心学在宋明思想的价值观上,是互相补充而不是对立的,两者对宋明新学问的成就所起的作用是相等的:即对佛教和道教哲学挑战的创造性回应。因此,宋明新学问并不因对儒学的进一步发展作了独特的贡献而不再是儒学,但它同时也是一种新的思想形成,对此黄宗羲简洁地用"理学"这个较新(在古典时期闻所未闻)的名称来概括。

黄宗羲很钦佩朱熹和王阳明以及其他许多对宋明思想的阐述和完善做出贡献的学者。对他来说,理学拥抱了这些思想的全部;它不应只认同任何一个学派。同样,理学后来在现代中国被广泛地用来作为儒家思想后期独特发展的一个总称,而西方学者则以"新儒学"称之。

黄宗羲另一个重要信念是,对某些自称为道学说话的程朱学者声称只有他们才属于(儒学)正统不应听之任之。黄氏觉得道学狭窄、偏见、教条、自我封闭,并与中国生活的现实脱节。这并非因为他不懂得正统,相反,他坚信有必要维护儒学的独特价值观和教义。他也排斥那种不能成为抵制社会邪恶和政治专制的坚实基础的无用的合成性哲学。但是,他肯定不愿意将儒学的坚固的中心位置让给道学,因为,在他看来,道学在基本原理上的理论方法趋向于枯燥和晦涩,而其道德和精神常规(特别是静坐)常常过于空洞、自闭,以至于没有实用价值。因此在封儒学先贤为圣人的问题上,黄宗羲并没有采取打破偶像的立场而主张完全抛弃奉先贤为神明的做法。但他提出,应将在最广意义上理解儒学和理学立为准则,这种广义理解不仅仅包括从纯粹的形而上学主义的角度来领会教义的典范作用，而且还包括教义成为道德诚实的行为和实际政治家的模范[1]。

黄宗羲对这些问题的处理使我意识到，必须区分几种人们通常所理解的不同形式的儒学、理学和道学，它们中的每一个都与后期儒家思想的讨论相关。黄宗羲的理学定义，比任何其他有关道学的狭窄定义，都更接近西方流行的对新儒学的理解。从这个观点出发，我相当理解为什么田浩教授反对任何将新儒学与程朱学派、程朱学派与道学相等同的简单做法。我觉得进一步澄清道学思想的本质和完整内容相当重要，正如田浩教授所出色地做到的。但必须注意的是，新儒学研讨班的几位年轻成员也正在从这个角度作研究[2]，这显示本研讨班并不反对研究道学。

正因为如此，当1964年我们开办新儒学研讨班的时候，"新儒学"仍然在我脑海中与黄宗羲所形容为理学的宋明思想相一致，同时它与卜德所翻译的宋明思想的新儒学配合甚好。不管冯友兰最初使用道学是否恰当，在我看来，卜德在他的翻译中改善了这一词汇的使用，而冯氏显然接受了卜德善意的修正。数年后，修斯（E. R. Hughes）在翻译冯友兰的《中国哲学的精神》时袭用了卜德的译法，以"新儒学"来概括理学与心学，冯友兰显然同意这个用法[3]。我们还应该注意到，在黄宗羲的例子里，他对宋明理学的看法包括了经世之学，不仅仅局限于形而上学。

我曾有机会与唐君毅、钱穆、冯友兰等教授讨论我对这一问题的理解，他们中没有人反对上述的基本方法。唐君毅在将他自己的一些作品翻译成英文时，已经用"新儒学"来涵盖理学和心学的宋明思想合

---

① 见狄百瑞，《新儒学的展示》（*Unfolding of Neo-Confucianism*），哥伦比亚大学出版社，1975年，第192页。

② 波瑞尔（Ari Borrell）、内斯卡（Ellen Neskar）、里斯（John Reese）和朱荣贵是他们中的几位。

③ 冯友兰著，修斯译，《中国哲学的精神》（*The Spirit of Chinese Philosophy*），伦敦：图鲁伯纳（Kegan Paul Trench Trubner）出版社，1947年。

成,如同黄宗羲一样①。就我所知,钱穆并没有试图用这些西方的词汇来表达他的思想,但他也强调需要用综合的方法研究宋明思想,以及承认新儒学的长期连续性和广博性,这些是理解后期中国思想的先决条件。冯友兰也一样,在1985年我与他的一次讨论中,他仍然认为道学(对此他持有很强的支配观点)是我们称之为新儒学的最好中文概括。很明显,这三位学者不像我这么关心新儒学这个西方词汇,但他们对我的观点的接受,使我进一步认为我的这些观点与他们的并不脱节,或者并不被认为是中国传统的外来强加物。

即使我们允许用"新儒学"来涵盖宋代以后直至19世纪的儒学思想的广阔和崭新的发展趋势,这个词汇本身还不足以用来处理更大规模的思想运动中的所谓正统观。虽然西方有影响力的现代作者简单地把新儒学当作意识形态上的正统来讲,他们中的大多数并没有亲自去考察新儒学思想。对他们(甚至包括一些以相当学术的手法来论述新儒学思想的人)来说,"正统"一词所代表的不过是现代自由派或自由意识形态的老生常谈。然而,像我早前讨论黄宗羲所显示的,正统问题确实是新儒学自身的一个普遍问题。它既不能被忽视,也不会被轻易地解决。从黄宗羲的讨论我们可以看出,在官方和非官方的观点之间,存在着紧张关系。他所批评的那个儒学神圣化的过程,是一个官方的过程,虽然神圣化也可以在极有限的官方支持下,在当地的神祠和书院里发生。但不仅个体学者和国家对正统有不同的看法,学者团体的共识和国家会不一致,甚至官方立场也不时发生变化,如在某一法典中被正式确定的观点可能在后来的法典中被修改或收回。甚至像"道统"这种正统中的关键概念,也可能因为变得过于争议而被官方放弃,因为,如果一旦国家决定采纳辩论某一方的立场而对道统作出定义的话,它便有可能必须放弃它威严、崇高的不偏不倚的姿态②。

---

① 见其《新儒学中的精神价值的理想》(Ideas of Spiritual Value in Neo-Confucianism),刊于摩尔(Charles Moore)编,《中国智慧》(*The Chinese Mind*),夏威夷大学西东中心出版社,1967年。

② 见狄百瑞,《思想的启示》,第175—179页。

因此,正统的问题比我们想象的要棘手、含糊得多,就像道学一样,它的内涵和地位经常因种种原因而变化。虽然我们不可能有一个词汇上的解决办法,但在努力理清事情的过程中,我开始区分官方和非官方的正统。前者与国家机构相联系,后者与以某种形式(书院、神祠、社章、宣言、祭祀、神圣化等)而制度化的学者共识相联系。在这样的基础上,我们也许可以谈论一两种新儒学的正统(在此我得强烈提醒读者,这通常是集体的名词,是复数而不是单数),但同时我们应该包括那些基本上立足于儒家传统的、自称是正统(远非异教)但又不是通过制度化的途径来体现或强化的观点。我使用了"正统新儒学"来代表这类观点,以此与"新儒学正统"相区别。但在没有朝廷法典记录此类观点的情况下,我们必须在主流学者和有影响力的教师中找出对这些观点的共识,这样我们才能说有实际证据来对这个课题作有意义的有说服力的研究。

虽然在我看来,这样的区别是史料的复杂性所迫,但是田浩教授似乎觉得这些描述一方面过于细微,另一方面又过于"模糊"和"宽泛",仿佛它们只趋向对立的两极,不允许有中间立场。很好,让他或其他人想出更好的东西。我的设想是,我们参与的是一个不断的重复和再重复的过程。目前,我们对儒学(更不用说中国)思想的研究只限于皮毛而已,它仍然有相当的改善和修正的空间。然而,我们总是必须首先注意、处理已经出现的东西,我们很少碰到极佳的纯洁状态——除非我们坚持抹掉一切,重写全部的文本。

在田浩教授对哥大新儒学研讨班的具有强烈反差的两种印象中——一是将新儒学占为己有并严格地限制它,另一是滑向实践中极大的模糊和不一致性——后一种印象应该更符合实际情况。在过去四分之一世纪里,我们的研讨课、邀请的客座教授、召开的会议和出版的刊物,都以尽可能范围广泛为宗旨。从一开始我们就试图在几个思想和制度的层次上对待新儒学。逐渐地,我们强调制度化形式的理想与态度:学校、书院、课程、祭祀和纪念仪式、不同形式的讲学、出版和大众化传播、宫廷经筵、沉思祈祷和道德纪律,特别是那些与朱熹支持的新儒学社会行动计划相认同的机构：社区组织、社区粮仓、地方学校和书院等等。

这种探讨方式的多样并不意味着我们的研究缺乏重点或变得太松散和不确定。大多数的词汇和机构具有明确的新儒学内容，通常是朱熹的旨意。它们援用古代的模式和典范，但用宋代的词汇来表达，有些词汇显然带有受佛道教影响的后古典时期的色彩，但给予新的特别是新儒学的应用。

这对那些从带有宋代新诠释的新儒学文本里吸取灵感和权威的概念来说尤其如此。对新儒家学术最有影响力的文本并不是周代的，而是宋代大师的作品，特别是朱熹的《近思录》或收入明代《性理大全》内的宋代作品，以及从古代经典中选出的经过朱熹编辑、评注、作（颇具挑战性的）序的《四书》，朱熹分类和编辑的《小学》，王应麟的《三字经》，以及其他一整套设有级别的教科书。这些书籍以后成了晚期帝制中国新的教学课程的基础[①]。

从这个角度来看，真德秀对《四书》成为教学和科举考试的基本文本作出了重要的贡献。真德秀不仅编辑了最有权威性的朱熹的《四书》评注，并在他的教学中予以强调。这是一个持续了几个世纪并波及整个东亚的成就，其长远意义远远超过真德秀本人与陆象山追随者之间个人联系的事情。如同 13 和 14 世纪程朱学派的人那样，真德秀也试图尽量缩小朱陆之间的分歧[②]。

把这个新的大纲或经典简单地说成是“儒学”（虽然在分类的意义上它的确是），不仅会导致人们忽视真德秀对朱熹的新经典、他之前的宋代学者、他的同事和追随者的划时代贡献，而且会模糊经典形成进程中的历史环境、社会突变和文化需要。它并不只是古代经

---

① 见我的《作为教育家的朱熹》（Chu Hsi as an Educator），载狄百瑞与贾志扬（John W. Chaffee）编，《新儒学教育：形成阶段》（*Neo-Confucian Education: The Formative Stage*），加利福尼亚大学出版社，1989 年，第 186—218 页。

② 这一事实据说被过分强调真德秀作为朱熹的正统追随者而搞混（田浩，第 466 页），但事实上这是人们很久以前就已经知道的，我在《新儒学正统与心学》（*Neo-Confucian Orthodoxy and the Learning of Mind and Heart*）（哥伦比亚大学出版社，1981 年）曾指出过。

典的重获新生，而是全新打造的经典，一个在其时代重获能量的新古典复活，就像欧洲文艺复兴和启蒙运动对当时的西方的影响那样。

因此，虽然在最广的意义上，称这一经典为儒学经典并不错，但称之为新儒学则更为准确，更符合历史事实。这一修改过的经典，形成于晚宋及元代，必须与早前的经典，即汉、唐和宋初的产品（可以称之为"宋儒"经典）互相竞争并取得胜利。如果后期的儒学版本没有被证实对新一代人更有意义并更具内在魅力，经典现状的保守捍卫者在习惯性思维的巨大惰性下，以及在与他们同盟的建制的支持下，可以毫不费力地挡住和击退新运动重新设计的方案。然而，以其方便的包装（简要的文本和敏锐的评论），以及配置一套更有挑战性和更易接近的讯息，新儒学经典战胜了"宋儒"经典。新儒学在元代的胜利更为全面，在接下来长达500余年的明清王朝，从没有人再考虑是否更新其教学内容。

比新包装和新处理（经典、创造性的文学种类、更为系统的阅读方法，以及更为仔细安排先后次序的教学大纲等等）更为重要的，是新的哲学名词和学术讨论的语言，它们可为中国教育精英提供自我修身的更佳典范。我们知道这些新词汇和问题在新学的鼓吹者与统治者、学术反对者、佛教竞争对手和其他儒家学者的辩论中十分关键——这些辩论中的主要问题越来越多地使用新儒学的讨论语言。这些术语有的是在传统儒学以及其他作品中史无前例的，有的则虽来自于古代经典，但其重要性已被宋代思想家更改或强化。

田浩教授的讨论主要集中于12世纪和中国，但新儒学对后代和其他国家也有重要的影响。虽然道学本身也对某些最终价值和普遍性理论提出要求，它的部分概念被当作新儒学武器库里令人印象深刻的武器，新儒学纲要和新学问的完整集结具有在吸引非汉人（最初是元代的蒙古人、色目人，后来是日本人、朝鲜人、越南人）方面远远超越道学的力量。儒学新运动的影响是如此地具有催化作用，我们甚至可以在这些不同的文化中谈论一个东亚发展中的新儒学阶段，而道学受到的欢迎较少，留下的印记较浅。重要的统治者，如历史转折时期的决定性人物忽必烈汗、明太祖和德川家康，更多地受到广泛的新儒学运动的影响，而他们对道学却加以抵制并抱怀疑态度。同样真实的是，许多后期学者对儒学新趋势的反应无疑在某些方面受道学的影响，但他们否认与道学团体的任何联系，或拒绝成为其成员。贝原益轩、伊藤仁斋和其他心学运动的领袖是德川时期日本的典型例子。

当然，新儒学运动在中国境外的延伸可以被称作"朝鲜儒学"、"李朝或朝鲜王朝儒学"、"德川儒学"等等。对知识和学术的新刺激相应地产生其他的附带物，这些附带产生物有的将自己与早期儒学而不是新儒学相联系（他们对新儒学的回避反而反映了他们视新儒学教义为一种值得注意但却是不能接受的对传统儒学的偏离），有的是具有日本或朝鲜特点的发展。我们当然应该尽量注意这些时间上和地方性的变化，并做出对他们来说合适的区分。但我们不能让这些特殊点妨碍我们对这些出自新儒学母体、而不是早已存在的地方儒学的后期发展的更大事实的认识。下述的这些变化，即 13 世纪后期忽必烈统治下的新教育大纲，14 世纪科举考试新儒学内容的确立，这些新发展在 14 世纪朝鲜的传播和其后朝鲜国家和机构的翻新，以及 17 世纪德川日本从中世纪的宗教虔诚向新的人文学术的转化等等，没有一个是自动地从这些国家已经存在的古典儒家学派演变而来的，它们都是受到席卷东亚的新儒学波浪的传播和扩展的影响（我不能带有自信地讨论越南，但我强烈的第二手印象是新儒学在 14—17 世纪的越南具有相似的影响力）。

当然，人们也可以在同样的情况下观察到，新运动可以充分利用传统儒家学术的资源库，以及受过教育的人们对儒学概念和价值的熟悉。可以说，佛教以及（某种程度上）道教的概念和习俗在朝鲜、日本、越南等国的本土化，解释了人们在接受这一后佛教、被佛教或道教所丰富的，而又保留儒学基本价值观的新儒教时的那种欣然态度。它更能解释受过良好教育的人们接受新的、更高的和更复杂的哲学话语的那种准备状态[①]。

理解这一日益传播的学术、道德和精神运动的新儒学特性的一个重要线索,与我之前所说的它如何运用新儒学技术词汇去定义关键性问题和表达核心概念有密切关系。在中国这以陈淳所编的新儒学词典《北溪字义》为标志,陈荣捷教授将此书翻译为《新儒学概念的解释》(*Neo-Confucian Terms Explained*)[②]。该书传到日本和朝鲜,带动了一系列类似的哲学词典的编纂和出版,因为新一代的学者企图吸收新的词汇,分清早前新儒学讨论时对它们的不同使用,并相继试图确定他们自己对主要概念的立场[③]。

集中讨论道学的晚宋及金代历史背景是一个方法——很明显它对研究这些时期的专家来说是很愉快的——但它只是研究历史背景的方法中的一个。指出新儒学形式下的宋代学术的更大外延——在不同历史环境下的漫长期限和广泛的东亚延伸——则是另一个方法。因此,假设这一历史背景研究只能运用微观论,同时排除更大的历史语境或宏观视角,不需说是陷入了对人们自身的历史和哲学地平线自我加设的限制。

我在前面的段落里试图将注意力集中于在我看来是田浩教授文章的要点。他的文章中还有一些次要的也需要讨论的问题,但我不想探讨每一个留下来的问题或将每个值得我们留意的问题一一罗列。然而,我还是想作一个最后的请求:这就是,我们不要让自己对精确性的欣赏不慎变成不熟悉中国原有词汇的人们理解这些问题的障碍。更具体地我是指,不要让诉诸于罗马拼音成为我们所有的界定和阐释

---

① 例如,见凯顿(Michael Kalton)对这个问题的讨论,《权近的著述:早期李朝新儒学德情境与形式》(The Writings of Kown Kun, The Context and Shape of Early Yi Dynasty Neo-Confucianism),载狄百瑞和 哈布希编,《朝鲜新儒学的兴起》,第 89—124 页,特别是第 93—98 页,"佛教氛围"(The Buddhist Ambience)。

② 陈荣捷,《新儒学概念之诠释:陈淳的〈北溪字义〉》(Neo-Confucian Terms Explained: The Pei-hsi tzu-i by Chen Chun),哥伦比亚大学出版社,1986 年。

③ 塔克(John Alien Tucker)在《〈北溪字义〉和德川时期哲学词典编纂的兴起》(Pei-hsi's tzu-i and the Rise of Tokugawa Philosophical Lexicography)(哥伦比亚大学博士论文;密歇根大学缩微胶卷,1990 年)中有详细的讨论。

的解决方案，仿佛纯粹、清晰和准确只能在以中国词汇或者洋泾浜英语的高度专门化版本的讨论中得以保存。

在我们的新儒学研讨班，陈教授就像人们所能预计的那样，是翻译的悍将（这里我相信我可以替他说话，可惜现在只能用过去时，因为他已经不能参加讨论了）。这并不是说他希望别人跟从他的翻译，而是他坚信两个基本原则：一是解释与翻译之间的不同（翻译应该尽可能忠实原文，而解释则有一定的自由空间，只要人们承认它们是基本意思的延伸）。另一个原则是罗马拼音不应被视为翻译的代替。作为一位将其主要学术精力放在翻译上的学者，他觉得在西方的学者有义务将中文尽量好地翻成英文，（这确实是对一个人多大程度上掌握中文的考验！）而这是一个经常被诉诸于罗马拼音而逃避掉的义务。

这里我用罗马拼音字母来指称道学，因为这是回应田浩教授的最恰当方式——他在《东西方哲学》的文章中就是这样使用的，虽然我通常将道学译为“Learning or School of the Way”。对可能熟悉中国原有术语的《东西方哲学》的读者来说，这种罗马拼音并不带来任何不当的负担，但因为我们的出版物很多时候面向专家以外的读者，而且也想向东亚语区展示我们的讨论课题（这涉及几种不同的语言）。因此，当我们为西方读者所写作时，不放弃那些更为熟悉的词汇如“儒学”、“新儒学”就变得很重要。使用罗马拼音化的中国词汇，对纯粹主义者的欣赏也许具有吸引力，但它没有为读者领悟一个陌生的课题提供多少帮助。

这是陈教授和我互相认同的一点。至于田浩教授，如果他和我都同意一个佛教华严宗的一个基本原则（在此，我甘冒异端之疑），我将非常欣慰。至少在这个层次，我们也许同意“事事无碍”。不要让各自对新儒学或道学的研究挡了对方的道，而应允许它们各自发展繁荣。

宋明理学与地方社会：一个12至16世纪间的个案[*]

包弼德(Peter K. Bol) 著
杜永涛 译

理学(或称道学)是宋、元、明期间思想文化发展的主线之一。当理学的教义、概念以及重要文本于南宋末年被纳入科举,并在元、明两代成为其必修课目,理学亦由是成为士文化的重要组成部分。(关于士文化,后文将有详及。此处只想指出"士"是一个自觉的社会群体,他们自己互认为"士",并且相信自己是传统意义上的政治、社会和文化精英。)从这个角度看,理学是当时全国范围内教育变化的一部分,它导致的结果是三五个道德哲学家的思想被普天之下的士人接受为共识。理学也是宋与以后各代政治和社会延续性的主线之一。正因为这一点,很多人认为理学为(宋以后的)权威主义以及社会精英阶层对变革的抗拒提供了意识形态上的支持;而理学的延续也就是令人窒息的正统思想的延续。本文试图挑战上述对理学的认识。我将通过分析浙江境内某地士人在宋、元、明时期与理学有关的活动来切入这个问题。此地在宋、元两代叫婺州,明、清则改名金华府。

婺州的历史告诉我们,在12世纪中叶,理学——此处指狭义的理学,即程朱派和道学——是一种可以从老师处和书本上学得来的"立场"(position)。这是一个关于"道"的坚定立场:通过此"道"人人可成

---

* 译者注:虽然本译文一概将 Neo-Confucianism 翻译为"新儒学",但包弼德教授指出,他的文章的研究对象是"理学",而当特指程朱理学时,亦可称之"道学"。译者在此感谢包弼德教授对本译文的校读。

圣贤,此“道”在古代哲人孟子以后失传,直到宋代才被二程兄弟及其他人重新发现。到了宋末,大多数士人都知道这种道学的立场。很多人接受它在道义上的正确性,但并不因此而认为应该将自己的全部生命投入到对它的追求。但是在婺州(以及别处)也有些士人将这一道学立场作为自己的“身份标志”(identity),并认为他们自己的社会角色是以其教义贯彻于自己的生活。这些用道学的立场来指导自己生活的士人可以被称为“道学家”。郑玉(1298—1358)的一段话最可以阐明这两种不同的对待道学的态度。此处他说到自己如何初次听闻道学的立场即立志将它作为自己包括道德思考和文学写作在内所有行为的指南:

> 余年十数岁时,蒙昧未有知识,于前言往行无所择。独闻人诵朱子之言,则疑其出于吾口也;闻人言朱子之道,则疑其发于吾心也。好之既深,为之益力。不惟道理宗焉,而文章亦于是乎取正。久而浸熟,不知我之学古人,而疑古人之类我也。人有笑而问者,曰:“文章宗韩柳,道理宗朱程。此万世一论也。子之为学,不亦谬乎?”①

别的士人认为道学的立场可以指导部分的生活:如果要谈论道德哲学,就引用程朱,如果想写出好文章,则师宗韩柳。但郑玉认为程朱的教导足以为士人生活的所有方面提供准则②。

这些将理学的立场贯彻于自己全部生活并且说服周围的人也如此而行的士人们的所作所为渐成一种“运动”。下面我们将会看到,在婺州这是一场社会运动:这些士人们关注的不仅是如何改造自身,而

① 郑玉,《师山先生文集》(四库全书本)序。

② 郑玉所反对的二元论在他之前之后都有出现。1245 年的朱卷录中有一段话说到用程颐攻心,用苏轼攻学。见《璧水群英待问会元》(四库存目本,卷 44.6b—7a 页,转引自魏希德〔Hilde de Weerdt〕1998)。方孝孺也讲到应该有人集唐代古文与程朱道学于一身。见《逊志斋集》卷 14.31a 页。

且要改善他们周遭的社区(community),并创建新的社区机构(communal institutions)。这些新建机构并不企求官府管理,其目的也并非仅仅惠及他们自己的家人。在婺州,道学作为一种社会运动经历了三个蓬勃发展的时期:1160—1200年、1250—1330年、1470—1550年。

我关注的问题并不仅限于理学自身的历史。理学是一个日渐积累的知识传统,其局内人曾写过论战色彩极强的关于理学历史的作品。其代表人物曾不断地将道学的立场与其他的各种立场(不仅是佛教与道教,也包括儒家内部的派别诸如经世派等等)进行区分。它有自己的创始人、权威文本、核心概念以及仪礼系统。理学家们可以争论如何理解某些重要文本或早期的人物,或者争论谁的见解更具权威性。由于有了陈荣捷、狄百瑞(Wm. Theodore de Bary)等人的研究,我们现在对宋明理学的哲学思想和具体的理学家了解得更多了①。近来的研究逐渐注重理学中的权威的建立途径,比如,魏伟森(Tomas Wilson)研究了理学道统说的创造过程,田浩(Hoyt Tillman)研究了朱熹如何确立其在理学内部的独尊地位②。不管我们是遵从程朱本人和元、明间运动当事人以及《宋史》编撰者的先例管它叫作"道学",还是以现在通行的办法称其为"理学",我们确知这个在宋代兴起的"立场"是肇基于程颐和朱熹的哲学思想。(以下为行文方便故,将使用"道学"一词——译者。)

广泛而言,道学发生于8至12世纪大规模的思想和社会变迁之中。就思想而言,最重要的变化是有关价值的讨论以及类似于战国时代的论辩方式成为士人文化(Literary culture)的组成部分。唐代贵族士人文化中的传统观念(traditionalism of Tang aristocratic literary culture)曾经是衡量精英地位和政治才干的重要标准,而韩愈的古文运动则不时对此发起冲击。到11世纪中叶,人们大多相信学习会带来对

---

① 陈荣捷研究朱熹最为有名,他也写过有关朱熹以后的道学之发展的文章。狄百瑞关于道学的著作中1991年版的可以当作明代道学史来读。最权威的道学史是侯外卢等(1984)。日文著作可看楠本1962和宇野1954。

② 魏伟森1995;田浩1992。我对此两家的研究路向都有质疑,见包弼德1994,1996a。

道德价值的真知灼见；而原来那种类如“出身高贵的人必定见识卓绝”的观念则渐遭淘汰。韩愈的基本见解可以表述为：上古圣贤将源于生活本身且又人人可及的一些基本原则，制度化为一个严密的体系。与此基本见解同步出现的则是一种承诺，即通过对古代圣贤之“道”的体认，士人可以学会如何履行自己作为学者、官员以及家长的责任。随着这种观点广泛流传，士人们对自己的价值观的表述也越来越整体化、系统化。

这种观点的惊人之处并不仅在于士人们在这个共同利益中发现了传统之外的蹊径，更在于他们确信，理解和维护这个共同利益需要每个人修炼自己。从而，“学”不再是模仿，而变成了内在的生发。真正的知识修养被看成往往是与社会习气和传统相对立的。11 世纪重要的知识领袖往往认为他们是在教导士人如何达到对事物整体的认识，从而能够随时随地作出正确的决定。当然这样的自我感觉别人未必认可。王安石的“新政”意在扩大政府在社会、经济、文化方面的参与，他坚信，他的教育政策可以教导文人如何理解事物之间的普遍联系。他的反对者则认为他是想以自己的意见一统天下。但重要的是，他们之间的争论本身揭示了当时的一个共识：即你可以教士人们如何为学，却不能替他们学。在 12 世纪，道学成了王安石文人教育新政的最主要的异见者。

这种思想和文化上的变化是和唐、宋间显著的社会变化分不开的：即士人身份的界定从有传统的家庭（以他们的久远的世系为证）转向通过学力修行而至品质优秀的个人。社会史的研究则对 1070 年代新政以后士人的变化提供了极具说服力的分析：在派系林立的朝廷中，进取的机会越来越少，一贯以仕宦为业的家庭开始着力于确立自己在地方精英社会中的领导地位，以及对地方文化机构的惠顾。同时，新政期间教育的扩展也使得地方富户很容易获得必要的教育，从而进身于士人群体之中，并成为官宦之家在地方社会中的合作者。

道学不仅仅是一种某些士人认为可以传导价值观的学术，它还成为可以代表士人群体的一种标识（identity）。一些士人认为，这种标识可以为他们的地方社会精英的角色提供道德和社会上的指南,以使自己更有权威;同时,相对于朝廷而言的弱势者,士人若想谋求相对于朝廷的自立,这一标识又为他们提供了道德和政治上的正当性。北方的丧失(先是失于 775 年安史之乱后的藩镇割据,后又失于 1126 年的金人入侵)使得中国南方出现了史无前例的一批在经济来源上不依赖朝廷的国家精英(national elite)(虽然在某些特殊情况下,如镇压方腊之乱和抵御金人南侵,这些精英依然希望朝廷能保护他们的财富资源)。道学因此可为士人做有力的辩护。但它在帮着士人抵制朝廷对社会文化过多干预的同时,也会妨碍士人本身在地方社会上的肆无忌惮,因而更像一把双刃剑。

道学的立场:四个问题

道学的立场可以概括为四个方面:1、否定政治权力——即皇帝或者朝廷——在价值领域内的权威;2、对自然和真正价值所在的理论解释;3、用"统"的概念作为衡量价值的标准;4、对文人传统的批判性吸收。下面我先解释一下这四个方面,然后来看它们在婺州的道学运动史上是如何运作的。

道德权威与政治权力的对立

程颐年青时曾被问及"颜子所乐何学",并答曰:"学作圣人。"后来程颐将他自己的这种对真学问的看法与唐代进士科考试所需的文章之学以及其他科举科目中所需的汉代经学对立起来。程颐"学作圣人"之说表达的正是 11 世纪士人的一种信念,即通过"学"来认识并以自身来体现先圣们(三皇五帝和孔子)所创立的理想和价值体系。

与声称可以"成圣" 相表里的是由韩愈最先表述的一个论断,即自孔子以来再也没出过圣人;孔孟以后发展起来的传统已经将士人领上了邪路。这种历史中"绝"的说法和传统所谓 "衰"有极大不同:后者认为后世同上古盛世的联系虽是与日俱减,但没有彻底断绝。依这种传统的说法,汉唐的大一统是扭转了“衰”势,恢复上古的荣光。后世的“衰”将上古理想化,但也意味着文化的延续贯穿历史(尽管脉络时而破损);“绝”之说也将上古理想化,但却认为后世不足为鉴,因为后世并未能体现上古的内在本质(包弼德 1992)。依此说法,与上古在道德上相接是可能的,但是对上古以后的后世在文化上的继承则无关紧要——至少在 8 世纪末已经有一个人看出来这一点,即道义是关乎价值判断,与文化传承实可分而言之。换句话说,唐不足为宋之鉴。朱熹在一封著名的写给陈亮(1143—1194)的信中极力维护这种上古与后世本质不同的说法(田浩 1982)。

宋代士人主张断绝说是为了在更高层面上与上古建立联系。但他们联系上古的方式却不一样。以欧阳修、王安石、苏轼为代表的“文化主义者”(cultrualists)主张通过学习经典来走近圣人。道学的立场则与之不同。虽然程颐曾经在 1085 年放言,其兄程颢是自孟子以来第一个理解“道”的人,但它真正强调的是,今古相接的可能性在于今人与古人内在的天然的相似。从理论上讲,你可以抛开经典而学习古圣之道。这就使得人们可以在概念上想象出一个未经任何社会历史因素雕琢的道德主体。对于道学家而言,孔子最伟大之处不在于删定六经,而在于教人发掘内心之灵明并由此而求圣贤之德。程颐、朱熹等道德哲学家以“天地”等概念为基础,创建了道学的基本教义。元代史家正是接受了上述这一观点才在正史中增加了一个新的篇目,即《宋史》的《道学传》。

在这个广为人知的故事背后,是一个重要的暗示:虽然最初的先王也是圣人,但孔子只是圣不是王。实际上,在孔子之前很久,就没有人集圣和王于一身了。道学家要学作孔子一样的圣人,但帝王的尊贵却是基于强权或出身;他们有政治权力却没有道德上的合法性。士人可以在道德上高于当权者,所以最好的士人比帝王更尊贵。这就等于说,自周代以后,天命并未给予过任何王朝;承接了天命的实是孔子。历史(还有“天”)早就在等着学者们站出来重新接手天命。

道学家们确实这么说了吗?他们有没有看到自己的立场中蕴含

着叛乱?反映着此类观点的论述是很容易找到的[①]。对此观点最广为流传并且在道理上无懈可击的一个陈述出现于胡安国所著《春秋传》。胡在序中写到:孟子已经看出来孔子作《春秋》褒贬诸侯是行天子之职;孔子自身已是天理所聚;他以正刑典定仪文为己任,并且自己也意识到这一点,所以才说自己因传承"斯文"而得天之佑;圣人奉天承运,"斯文"流传全仰赖于他;故《春秋》所载224年间孔子实专帝王之权,以使乱臣贼子惧而不敢为恶;人心之中自有亘古不变四海皆同之处;我辈正要识得此点,以和圣人同列[②]。

胡安国读出了孔子曾褫夺君位的暗示之后狂喜不已。在其书末尾,胡谈到上天因孔子完成《春秋》而降下瑞兽麒麟这件事。他解释到,孔子的《春秋》以人世衰乱开始以瑞兽麒麟结尾,是为了以天命告终。接下来,胡又引用孟子论道:"圣人之于天道也,命也。有性焉,君子不谓命也。"[③]朱熹在给《中庸》作序时也持此说,即作为学者的孔圣(scholar-sage)是先代圣王(ruler-sage)的真正继承者[④]。

以前的天命说对王朝的权威及其时代有利。甚至司马光(1019—1086)这样王朝政体的捍卫者都说王朝不过是权力斗争的结果。朝代的存亡不依天命,而是一套通用的治术。《资治通鉴》明确抛弃了各朝依天命相继相统之说。于此类似,12—13世纪兴起的地方史志亦将注

---

① 举例如下:胡寅(1098—1156)批评中央集权的行政体制是人君一人得益谋利,而封建制则是人人得益。此说被真德秀引用,作为对柳宗元《封建论》的评论之一种。见真德秀《文章正宗》(四库全书本)卷13,15a—19b页;林希逸(1235年进士)的科举答卷将帝王贬低为主"气"之人,此文被《论学绳尺》(四库全书本,卷1,58a—63b页)收为典范之一;南宋类书《古今源流至论》(台北:新兴书局重印,1970年,第一部,卷9.2b—4b页)直言道学不应排斥国家,国家也不应排斥道学;元代杨维桢为南宋的法统辩护,认为道统所传,乃是政统所在,转引自戴仁柱(Richard Davis)1983。

② 此处转述胡安国大意,见其《春秋传》序言(四库全书本)。有关孔子因对政治事件褒贬善恶而实专帝王之权的说法此前亦有。唐代的官方注经者因为被此问题困扰过,干脆不提孟子关于褒贬善恶属天子之权的评论,而是坚持说孔子不过是在遵循周天子先例而已。参见孔颖达《五经正义》之《春秋正义》。

③ 胡安国,《春秋传》卷10,66a页,转引《孟子》7b24(《孟子引得》第56页)。

④ 见《中国哲学史资料选集:宋元明之部》(北京:中华书局,1959)第286—288页。朱熹的说法相对于胡安国《春秋》当读作赏罚之书的说法有所后撤,但他在《诗集传》中声明孔子在著述中行赏罚之权是因为他无法在现实政治中如此而行。

意力从朝代变化转向地方本身的独立延续(包弼德 2001)。

正如穆伦(Alan Wood)所说,胡安国的《春秋传》接受了程颐关于帝王服从天理但不垄断天命之说(1995:111—131)。这种孟子式的王朝观认为政府当为社会之福祉负责;君王若不履行职责则对其不必服从。狄百瑞在讨论宋代常见的"重获天道"型的英雄形象时曾经论及此点[①]。这种态度可以解释为什么道学家们虽然在一般情况下属于保守派,却在王安石及其后继者的新政时期(1070 年代到 1120 年代之间、1130 年代至 1150 年代之间以及 1190 年代),明确地反对朝廷。这种态度也能解释为什么朝廷要在 12 世纪末对他们进行弹压。道学家们要君主加强自身修养,并且参与对光宗(1189—1195 年在位)的批评,指责他"不孝"。这些指责导致光宗在 1195 年被迫退位。但仅仅两年之后,"伪学"、"奸党"的帽子便戴到了他们头上[②]。1230 年代,道学的继承者再次向朝廷施压,要其承认道学大师们的道德权威。史家李心传为此专做《道命录》,叙说 140 年来道学的兴衰,并认为国家安危系于朝廷是否承认道学的权威[③]。

道学中理论的重要性

道学家们否认朝廷因其政治上的中心位置而拥有在道德领域的无上权威。他们也不认为个人在政治权威中的真正价值取决于他的官职高低,其家庭背景取决于世系,其文化修养取决于文坛的名望或科举功名。相反,他们认为个人的价值在于他能否体认出人心中的道心。凡事必有内在之理,此理将事事物物与天地相连。万物中独有人能够意识到无所不在的理。他们可以"格物"、"致知"、"穷理",以至于"尽性"。士人必须一生致力于"学"。"学"则包括内在的方面即"持敬"和外在的方面如通过读书而"格物"等等,而最重要的书是那

---

① 参见狄百瑞 1983:11—20 页。我更倾向于将此看作一个政治声明,而非一个道德姿态。

② 关于这个问题,可参考希罗考 1975。

③ 李心传,《道命录》(台北:文海出版社,1981 年),序,第 1a 页。我因此不同意李鸿祺(1994:35 页)的观点,即"道学思想家从来不反对中央在道德方面的权威"。

些有圣人教义的以及这些教义的权威性诠释者的论说。

所以,道学家们是同时认定两条原则:一是天理,借以表现自己的文本或其他文化形式因时而异,另一则是理存在于万事万物之中。正如程颐在 1057 年明确指出的:“经所以载道也。”①对朱熹和陆九渊(1139—1193)都很崇拜的孙应时(1154—1206)曾解释道,因为有了北宋的哲学大师,经学变得可以用来“穷理尽性立道成德”②。不过,圣人并未依赖经书,而从理论上来说,道德良知也并不需要书本或其他文化中介作为其存在的依托。这正如程颐所说:“天下物皆可以理照,有物必有则,一物须有一理。”③程颐还曾说道:“明善在乎格物穷理,穷至于物理,则渐久后天下之物皆能穷,只是一理。”④有时候人们可能强调一方面而忽略另一方面。比如说朱熹曾指责陆九渊错误地以为仅仅通过良好的意愿就可以激活内在的道德良知,而后来王阳明(1473—1529)也指责朱熹太过专注于书册。

现代学者因为不认同关于天理存在于人心以及万事万物之中的理论,往往认为道学家们不过是将所读书本内化于心。依此看法,道学无非是想告诉人们,书本上读来的传统道德说教并非虚言。这种看法的问题在于,它正是道学家们曾明确地反对过的。

我们应该对道学有更好的理解。当道学家们致力于讲学活动的时候,他们所讲的多数并非道德教条,而是世间万物如何运行,以及人心天道如何兴作、个人内在道德基础等。换言之,道学所讲是如何思考事物。我对道学的理解办法是将道学家们看作一群以构建并内化“理论”为要务的人。他们的“理论”即是一套关于如何为学、如何思考的方法,说到底还是以修心为本质,亦以修心为目的。朱熹不承认人可以关照己心(因为这样做必牵涉到两个心,一个关照另一个),但

① 姚明达,《程伊川年谱》(上海商务印书馆,1937 年),第 20 页;《二程集》(北京:中华书局)第 2 册,第 671 页。

② 孙应时,《姚江孙烛湖先生集》1803 年版,卷 9,4b—5b 页.,应试之文,无标题。

③ 《二程集·遗书》,卷 18,第 193 页。(转引《孟子》6A6)。

④ 同上,卷 15,第 144 页。

他对于心却知道很多。他知道的其实是一套关于心的理论。这理论解释心如何观物明理,也告诉人如何约束自心排除干扰[①]。他的理论以为心由气生,因而可以对外在的事物和情绪发生感应。同时,心之本性却是理,故而心将人的道德潜质(心中之理)和因对外物而生的情感结合在一起。这只是程颐和朱熹所发明的诸多理论之一——当然是其中重要的一个。是新理论,而不是典籍传统,使得朱熹能够对传统美德进行重新界定。比如说在《仁说》一文中,他从四个方面去分析"生生",从而与孟子的四端(仁义礼智)相配,进而将"仁"理解为与社会行为无关的"生生"之心[②]。

这种对理论的兴趣明显地表现于他们的系统性编著——比如陈淳的《北溪字义》、《朱子语类》以及永乐年间的《性理大全》——和他们创建的对道学体系进行更形象的演示的图表,比如王柏(1229—1274)所编的70张表和许谦(1270—1337)对朱子《四书集注》的图解[③]。朱熹本人也认为很有必要讨论如何读书,因为正确的读法保证正确的理解(加登纳[Daniel Gardner] 1990)。

相对于过去通行的通过礼仪来约束人性中的分殊从而达到社会和谐的想法,道学的"理论"可谓另辟蹊径。道学家们创建了礼仪但不认为礼仪是修养的全部;士人仍需求"自得"[④]。这一理论告诉人们为什么人即便对圣贤毫无所知也可以通达性理。道学中类似于"天下只有一个理"[⑤],以及"一言以蔽之,不过曰万理归于一理也"[⑥]。这样的

---

① 见朱熹,《与湖南诸公论中和第一书》,收录于《晦庵集》卷64,第30b—31b页。

② 《仁说》,收录于《晦庵集》卷67,第21b—23a页。

③ 王柏的《研几图》(金华丛书本)为明代复制,但包括了最初的图表。参见程元敏,1975,第284—291页。许谦的图表被他的学生从其讲学中收录,今存于《读四书丛说》(金华丛书本)。关于朱熹的图表,参见陈荣捷,1989,第276—288页。

④ 朱熹在白鹿洞书院为学生写的训条流传较广。在其中,朱熹将"学"简单地定义为"德行"之学,即按照五伦而行。但朱熹在别处也曾表达过更为灵活的看法。他让士人们广泛阅读,甚至读一些他认为有错的东西,然后自己判明对错。参见《朱熹集》(成都:四川教育出版社,1996年)第70卷,第3632页。

⑤ 《二程集·遗书》卷18,第193页。

⑥ 同上,卷18,第195页。

教义,使得士人们可以轻易地判定哪些理是与最高的理相合从而值得追寻的真理。因为深信众理在人性中合一并且可以被人所认识,道学可以设定人具有天然的倾向去寻求涵盖整体的大理论。在意识到某事某物中的理的同时又知道此理 并存于己身,这意味着将此事此物看作整个宇宙有机体的一部分。

道学的立场使得士人们可以从有机的角度去重新理解儒家的传统道德。"理"被理解为"连贯合一"(裴德生[Willard Peterson]1986)。程朱把道德伦理"自然化"了。程颐可将孟子的"四端"与诸如整合(仁)、区分(义)、秩序(礼)、认知(智)等心的天然功能联系起来(包弼德 1992)。朱熹则从宇宙生生不息的角度去理解传统道德[①]。我们可以这么说:道学将其体系的最终根基,即"天地 ",挪到了人的自身,并使所有基于政治文化传统的历史的权威拜服于此。由此,他们为重新理解经典和历史奠定了基础。

但是道学的理论,尤其是其对个体在内心认识天理的独立性的强调,也给自己制造了新问题。首先,如果人人都能决断对错,如何避免多元化所带来的混乱?其次,如果人人都有能力成为一个有德之人,道学家和普通士人又当如何区分?下面我将分别讨论这两个问题。

统一、延续、整合

道学家们认为明理即是看出事物有机的整体性。对于他们来说这是不言自明的。这就使得他们可以避免主观主义流行所带来的混乱。有关"一统"的概念于是成了他们区别对与错、正与误的手段。

作为一个整体的观念,"一统"可以在很多层面运作。它可以带来政治上的好处:懂得如何将事物整合为一有利于为政。南宋士人(特别当那些地方精英希望在一个失去了北方文化基地的朝代能够保持这种全国性的文化时)因为政治上主张统一,仍可以将自己视为天子的尽忠竭力之臣。但是,它也可以用来为蒙古人的统治辨护:因为蒙

---

① 在他的《仁说》中,朱写道:"天地以生物为心者也,而人物之生,又各得夫天地之心以为心者也。"《中国哲学史资料选辑·宋元明之部》,第 273 页。《仁说》与《答陈器之》表达了同样的观点,只是用词稍有差异,见第 287—288 页。

古人"混一"了天下(蓝德彰[John D. Langlois Jr.],1981a)。信奉"一统"意味着对事物的体系性有信心,并且相信不管在任何情况下都可以把个个不同的部分连接为和谐的整体。

"一统"不仅是帝国的统一,也可以是教义上的古今一统:即所有继承了圣人之"道"者从古至今连绵不断。这就是朱熹所说的"道统"。它与政治上的所谓"政统"并驾齐驱。它又可以是人内心通过对私欲的克制而形成的"情"与"天理"的一统。这种情与理的统一就是所谓的"诚"。它还可以是读书论学中的前后连贯统一,即不能自相矛盾或流于"支离"①。真正能够体验到这种"一统"的人可以"与天地参";他们有真正的道德力量,并且这样的道德力量可以向政治力量转化。陆九渊的追随者杨简(1141—1226)曾经谈到有一次他在内省修炼的时候,"忽觉空洞无内外、无际畔,三才、万物、万化、万事、幽明、有无通为一体,略无缝罅。"②朱熹则以更日常化的方式告诉自己的弟子们,只要读书得法,就能看出众理合一,物自有归③。

道学家们想象的自我应该是一个既有连续性又有创造性的个体,他在扮演各种社会角色的过程中既随心所欲又灵活变通地应对各种环境的变化。换言之,自我应当既是自然界的天然统一的体现,又是文化规范的表征。

"一统"的观点将道学家们放在了一个更高的层次上,但同时也将它们与周遭的世界对立起来。此前,人们将"一统"简单地理解为政治上的统一,将对传统的继承作为文化成就,将道修身解为遵从礼法。道学家们否定了人们在政治、社会和文化诸层面的各种习惯性认识,从而使自己成为道德层面上的大一统的守护者。这种道德层面上的大一统植根于天地,却又内在于人心。

---

① 胡宏(1106—1162)赞扬程氏兄弟并将他们和王安石对比,认为王"支离"所以不可能周而全。参见《胡宏集》(北京,中华书局,1987年)第156—159页。

② 转引自陈来,1994,第193页。

③ 参看包弼德,1992。关于朱熹"豁然贯通"的说法,参看陈荣捷,1989,第305—308页。

现实世界的运作并不遵循道德大一统的原则。所以道学家的目标是在现象世界里应对纷繁复杂的事务时仍然能够看到理的统一性。"理一分殊"的重要教义是很难把握的。人必须认识到,具体的事物——比如说自己的父母——可以在"一统"的层面上被理解成宇宙生发转变的一般过程的一个具体体现。但是朱熹又指出,不能简单地将自己的父母等同于宇宙的生发,"但其所谓理一者,贯乎分殊之中而未始相离耳。"[①]。在朱熹的重要作品中,内在的张力处处可见:一面要把握一统,一面又要面对纷繁复杂的现实;一面渴望延续古圣,一面又知道处处都是断层;一面希望道德上的真诚守一,一面又明白人无处不被私欲掣肘[②]。朱熹告诉人们,现在的世界背离了古道,支离破碎。人们喧嚣吵闹不止,却没有一人能够成圣。而道学的承诺就在于它教人们如何超越这种困境。

包容与排斥:发起运动的策略

朱熹和他的后继者们怀疑经世派的思想家如吕祖谦(1137—1181)、陈亮、叶適(1150—1223)等把结果的有用性置于手段的道德性之前。他们指控苏氏父子等文人在"道"的问题上缺乏信心,游移不定。别人当然也会反击,比如警告他们道学令士人荒废政事与文学[③]。但是,如果说道学的论敌们多少承认一点他们在道德哲学上的贡献的话,道学家们在自己的信仰之绝对真理性这个问题上则从不作丝毫的让步。他们的理是唯一真理,绝不允许其他的理并存。

然而,道学家们把自己和别的士人们区别开来的作法也使他们在很多政治、文化和社会上孤立无援。即使在朱熹的时代,道学家们也是在用他们自认为更道德的方法做别的士人同样在做的事情。与众不同带来重要影响:道学家们必须自觉地选择接受道学的教义,改宗

① 参看朱熹,《晦庵先生朱文公文集》卷37,第322页。

② 朱熹《中庸集注》序言可为一例。参看包弼德1997b对此所做的分析。

③ 陈亮、叶適以及袁桷(1266—1327)在此意见相同。袁是1313年朱熹的注成为科考必备书之后还在继续发表批评意见的少数几个人之一。参看袁桷《清容居士集》(四部备要版)卷18,第6b页。

道学。道学家们为了吸引别人改宗,提供了他们自己的一套救世的办法。道学家们由此可以和别的士人一样承担文化上(通过参加科举)、政治上(通过入仕或参与地方的公共事务)、社会上(通过为保障宗族的未来而尽力)的责任,但却不必放弃他们的独特性。但是问题是道学的追随者越多,他们的独特性就越模糊。与道学运动的前提联系起来考虑,他们真正的胜利将意味着失去自身的变革性。

周密(1232—1298)对这一点做过充满敌意的描述。在他的笔记中,周密声称听一老儒说过:

> 道学之名,起于元祐,盛于淳熙。其徒有假其名以欺世者,真可以嘘枯吹生。凡治财赋者,则目为聚敛;开阃捍边者,则目为麄才;读书作文者,则目为玩物丧志;留心政事者,则目为俗吏。其所读者,止四书、近思录、通书、太极图、东西铭、语录之类,自诡其学为正心、修身、齐家、治国、平天下。故为之说曰:"为生民立极,为天地立心,为万世开太平,为前圣继绝学。"
>
> 其为太守,为监司,必须建立书院,立诸贤之祠,或刊注四书,衍辑语录。然后号为贤者,则可以钓声名,致朊仕,而士子场屋之文,必须引用以为文,则可以擢巍科,为名士。否则立身如温国,文章气节如坡仙,亦非本色也。于是天下竞趋之,稍有议及,其党必挤之为小人,虽时君亦不得而辩之矣。其气焰可畏如此。然夷考其所行,则言行了不相顾,卒皆不近人情之事。异时必将为国家莫大之祸。恐不在典午清谈之下也。
>
> 余时年甚少,闻其说如此,颇有嘻其甚矣之叹。其后至淳祐间,每见所谓达官朝士者,必愦愦冬烘,弊衣菲食,高巾破履,人望之知为道学君子也。①

在我看来,这是对作为一场士人运动(literati movement)的道学的

① 周密,《癸辛杂识》(北京:中华书局,1988 年),第 169 页。

发展的描叙。首先,运动的参与者否认政治文化领域内当权者(即官僚、官吏和文士们)的道德威信。其次,他们自己有重要的道学家们如周敦颐(1012—1043)、程氏兄弟、张载(1020—1078)、朱熹和吕祖谦等发展文本课目。第三,他们强调自己的为学过程是对终极价值的实现。第四,他们利用在地方上的政治影响,通过学校、祠堂和出版等领域的活动传播自己的文化。第五,士人们为了科举开始接受道学的观点。第六,先前的道德标准和学术成就被贬为伪学。这整个过程在婺州都可见到。但是从反复出现的士人改宗道学的具体事件中,我们可以看到一些周密未能告诉我们的东西,那就是道学和地方社会之间的联系。

婺州的道学运动

婺州府下辖七县(1472年所设第八县不在此文谈论之内),府城坐落于金华①。该府地处浙江内陆,三面被海拔1000米左右的高山包围,境内也是山陵密布。钱塘江将它与北面200公里外的南宋首都杭州连接。12世纪中期,婺州府登记在册的人口有十五万四千户。历史上,它无论是在政治、文化方面,还是景致方面都没有任何全国范围级的引人注意的东西。11世纪后期,各县有了县学,参加科举考试的人渐增。大约一百年后,一场道学运动在婺州兴起并持续了一代人的时间。后来又经过两次道学运动的复兴,婺州终于有了名气。

道学来到婺州(1150—1200)

有关科举人物的传记资料告诉我们,婺州殷实之家的子弟的“士人化”发生于12世纪中叶②。不仅府学县学得到翻修扩建,很多家庭也开始自己创建学校。在这些民间自设的学校中,有些不过是延师授

---

① 我对婺州的描叙得益于前人的作品,其中包括孙克宽,1975;达戴,1974,1982,1983;蓝德彰,1973,1981b;柏文莉(Beverley Bossler),1988。

② 这一部分在很大程度上摘自包弼德1996a,1997,2001。

徒的私塾而已，但也有些则自称为“书院”，并力求扬名四方[①]。在1150—1200年的几十年间，东阳县创建了7所书院，金华创建了3所，兰溪创建2所。婺州自1050年开始有人科举得中，但自1150年开始得中的人越来越多——往往是每三年大考都有9至10人左右得中进士——并且很快成为宋代科举最有竞争力的三个地方之一。自然地，婺州人在政坛和学术圈变得显赫起来：前者如王淮（1136—1189）开婺州人拜相之先例，后者如陈亮，为著名学者。

道学通过教育进入婺州。民间的办学者耳闻了这种新学术后开始从外地延师讲授。但出力最大的还要数吕祖谦。吕的祖父在北宋亡国后逃到婺州。吕祖谦本人1163年科举得中前作过塾师。但他后来很顺利，通过了最有名望的博学鸿词科的考试，并因博学多识而全国闻名。但同时，吕祖谦也有些出人意料地同朱熹、张栻一样成为二程道学的信徒。

吕祖谦所建立的活动网络显示道学可以是一场在地方社会兴起的运动。他出身于北宋明相之家，其社会地位和学术威望之高无与伦比。但吕祖谦却毫不犹豫地将贫寒子弟接受为自己的学生。他闻名海内，却将自己唯一的女儿嫁给了当地的一个士人家庭。一般情况下他住在婺州，并为婺州本地学生讲学。他学问卓著，是《宋文鉴》的编者，又做过会试的考官。他知道很多学生是慕他的文名而来，并且是为了科举的目的而学习。朱熹和张栻曾经反对吕祖谦帮着学生们准备科考。吕接受他们的批评，但同时也为自己辩护，说这是为了多发展道学的追随者。吕的辩白倒也不是没有道理。在他的周围聚集了一大批“同志”，他们共同致力于在日常生活中实现最高的道德理想，并以吕祖谦所起草的行为规范为标准互相激励。吕祖谦以及其他的道学家们抓住学校兴起的时代契机来扩大自己的影响。他们并不反对士人们科举入仕，但又在科举所必须的课目之上提供给士人们一些别的东西（就吕祖谦而言，他所提供的教学内容特别有选择性）。所以

① 在这方面婺州并非与众不同。参看梁庚尧，1997。

就连朱熹也将自己的儿子送到婺州跟吕祖谦学习,准备科考。后来朱熹的儿媳妇也出自吕祖谦的姻亲当中。

婺州人后来都说东南地区之有道学,得益于吕祖谦、张栻和朱熹等人的树立①。吕对道学的理论很了解,尽管他本人的论著并不旨在扩充道学②。他的贡献更在于传播它的思想。他在《近思录》的编写过程中扮演重要角色;而该书则是这一新学的理论和实践的最重要的入门教材。12 世纪的婺州是出版业的中心。吕以及本地的其他道学家们借助这个地利条件,出版了程颐的《易传》、张载的著作以及周敦颐的《通书》等著作。这些出版活动确有其效。很多婺州士人送自己的子弟从朱熹问学。就连道学的反对者如陈亮也明确表示他们至少知道道学讲什么东西③。

吕祖谦有点像个折中主义者。他对历史和文学的浓厚兴趣与朱熹不合,以至于朱熹担心道学在婺州因和各种说教混杂而被曲解。婺州学子事实上也确有条件向其他学派的大师们学习。陈亮是经世派的倡导者。更有当时最著名的经世思想家叶適,就住在相邻的温州府,并且经常到婺州游访或讲学。多次被朱熹弹劾的唐仲友(1136—1188)退休后在此讲授传统的经学和金石之学。东阳县的一户富人甚至劝说唐带领他的学生们一起去主持一座书院。唐在东阳的继承者傅寅和章如愚(1196 年进士)甚至编了一部供科举用的类书,在书中为王安石及其新政辩护。"苏学"以及苏轼的文学造诣在婺州也有些地盘。地方上的书商出版了一系列古文名家的文集,其中包括大量"三苏"父子的作品。同时出版的又有文学方面的类书以及至少一本古赋集子。有时张栻和朱熹怀疑吕祖谦在倡导"苏学",而吕则也时而

---

① 和婺州人一样,叶適也将道学看成是区域性的现象,并称之为"东南之学"。参看《叶適集》(北京:中华书局,1961 年)第 273 页。

② 田浩对作为道学领袖的吕祖谦持比较同情的看法。参看田浩,1992。

③ 田浩,1982。有关陈亮对"理一分殊"及张载《西铭》的理解,参看《陈亮集》(北京:中华书局,1974 年)第 260—261 页。

毫不客气地为自己辩护[①]。让士人持守正道的确不易。1181 年吕祖谦逝后,朱熹给他的结语是经常容易偏离正道[②]。

在这几十年间,婺州的士人为什么会接受道学并将其贯彻于自己的生活呢? 原因之一肯定是道学本身,尤其是在这里讲学的吕祖谦和(曾经客座的)朱熹这样举国闻名的大师们,对想跻身于"士"的学人有极大的吸引力。但是选择这条路的人也要付出代价。道学要求士人改变以往的生活方式。以丧葬为例,道学坚持土葬,反对火葬,并要求士人守丧(严格遵循传统丧礼,比如庐墓、戒色、戒酒等)。这是很多学生的父母无法接受的。但是道学给学生们一个加入本地士人圈子的机会。12 世纪的婺州,士人的界限已经变得模糊:越来越多既没有通过科举也没有入仕的人(比如陈亮)也称自己为"士"[③]。士人是社会精英,是大众和政府之间的中介。道学家们在士人中无疑是少数,但他们是变革呼声最高的,不但要求政府的改革也要求士人本身的改变。

道学家们推广自己的教义时有一个显著的优势:他们在政治上喜欢扮演反对派。当时的形势是朝廷的狂征暴敛已经对地方社会形成了威胁(朱瑞熙 1996:360—364)。道学家们很愿意捍卫"封建"的原则,反对中央集权(秦家懿,1972—1973)。他们保护地方上学子们批评朝廷官员的权利[④],鼓励宗族建设和族居共产的大家庭,并且督促士人们不要将地方看作成行政单位,而要当成一个社区共同体。背负道

---

① 张栻对吕祖谦作为文人的一面持强烈的批评态度。张曾经给朱熹写信说吕祖谦最后终于认识到了"苏学"之谬。参看张栻《南轩集》(四库全书本)卷 22,第 4a 页。

② 可参看《朱子语类》(北京:中华书局,1986 年)中对吕祖谦的批评意见。卷 21 第 2939 页,卷 122 各处。

③ 吴金成在一部研究明代社会精英的重要著作中讲到,科举功名是宋代士大夫身份的必要条件。我对此大致持反对意见。吴对自己的提法有一个界定,即如果没有科举功名,宋人作为社会精英的地位得不到"系统的保证"。但我认为我们不应该将法律上的保证和社会上的认可等同起来。有关没有功名的人仍然可以被当作"士大夫"看待并依法受到优遇的论述,参看高桥芳朗,1986。

④ 可以福建邵武科举考试题目为例,参看《策学绳尺》卷 9,第一题。感谢魏希德提供这个参考信息。

德责任感的士人们要在这个共同体中起领导作用[①]。

非道学家里面也有人持这些观点。但道学家可以赋予这些观点道义上的解释;他们有自己的一套关于道德、政治、文化和社会的观点,并且努力在地方精英群体中推而广之。他们启发了地方社会中的种种自强项目,又激励他者以这些项目为榜样。比如朱熹就在婺州鼓励地方精英担当社区的公益事业的领导角色。以往,地方精英在歉收时的反应或是投机获利或是输粮求爵。朱熹曾说服出身仕宦之家的退休进士潘景宪拿出部分家产设立社仓。年景不好时社仓将所储之粮上市,并向乡民放贷。朱熹认为社仓并不是要潘家散财济民,而是要代表一种与王安石所创由政府向农民放贷收息的青苗法不同的,由民间自发的赈济行为(万志英,1993)。此前,婺州追随道学的士人们在饥荒年间曾集体发愿绝不投机谋利。朱熹的办法对于赈灾济困而言大概更现实一些。

殷实的士人之家多喜欢建造书斋,并在其中聚友雅集,饮酒观景[②]。潘景宪则不同。他设立了一个集静养、讲学、集会和藏书各功能于一身的场所,并捐义田保证其日常费用。朱熹取论语"朝闻道夕死可矣"之意将它命名为"可庵"。在朱熹和吕祖谦的鼓励下,潘还找了对道学有所同情的知府韩元吉(1118—1187),请他做碑文以示纪念。韩在碑文中则不吝言辞地将潘的高朋们赞扬一番[③]。尽管可庵有助于潘景宪炫耀自己高朋满座,但其主要目的还是在于招引一些对思考道德问题有兴趣的人。同样地,朱熹和其他道学家们鼓励人们兴建祠堂,纪念道学的早期开创者[④]。婺州已有一个乡贤祠纪念宋朝南渡时的三个婺州名臣宗泽、梅执礼和潘良贵。13 世纪初,乡人为吕祖谦建

---

① 当时对地方历史文化的兴趣正在增强。道学家们在这方面多有参与。参看朱熹的学生祝穆所编《方舆胜览》(上海古籍出版社 1991 年重印)。

② 郭钦之的石洞书院最初只是文人雅集之所,参看郭钦之《石洞遗芳集》(金华丛书本)所录该书院碑刻;但是叶適(《叶適集》,卷 9,第 154—156 页)认为它在第二代人手里变成了严肃的求学场所。

③ 韩元吉,《南涧甲乙稿》(四库全书本),卷 15,第 32a—34a 页。

④ 关于地方上祭祀道学大师的乡祠,参看内斯卡(Ellen Neskar)2001。

祠,不久又为吕祖谦和朱熹合建一祠。

道学家们在道德上的优越感在于他们是一小批不惜身陷逆境也要坚持以道义为生活目标的具有献身精神的人。他们的作法日渐流行,以至于陈亮感慨地认为他自己才是少数派,因为他主张从政入仕,而不是像"所有的士人们"那样跟着道学家们建立社仓、改革役法、提供赈济[①]。朝廷上也有些人强烈地反对道学。1198 至 1202 年间,他们将道学连同叶適及其追随者定为"伪学"而禁锢,并下令科举参试者提供家庭背景的证明,以示他们并未"参与伪学"(希罗考,1975:180)。此后,道学的传授基本上从书院中消失。大师已逝,婺州的士人们也渐渐退出[②]。

"四贤"和第一次复兴(13 世纪 50 年代—14 世纪 30 年代)

"伪学"禁令到底没能阻挡定尊于朱熹的道学的流传。到 13 世纪 50 年代,在会试考卷中,一半的考生只要提到道学,必提到朱熹。在太学生所做的文章里,这种比率高达四分之三(魏希德,1998)。另外一件显示道学运动之影响力的事件是 1241 年道学大师们正式入祠孔庙。但是有证据显示,道学在婺州的再度流行,却等到 13 世纪 50 年代以后才发生。章如愚 1210 年在婺州初版的《群书考索》并未提及道学理论,1248 年该书扩充再版,也未提及道学[③]。王柏(1229—1274)的祖父王师愈(1122—1190)曾与朱熹和吕祖谦关系密切,但王柏直到 30 岁之前从未严肃考虑过道学[④]。如果说直到宋亡前道学的复兴在婺州仍处于边缘地位的话,其倡导者们——何基(1199—1268)、王柏、

---

① 陈亮,《与朱熹第四书》,见《陈亮集》卷 29,第 337—341 页。转引自田浩 1994,第 55 页。

② 《叶適集》,卷 14,第 145—147 页。

③ 但是在 1248 年后和元代再版(再版于 1314—1320 年之间,其间正值科举恢复)之前,该书增加了大量有关道学的内容,长度增长一倍。参看包弼德 1997a。有关道学在类书中的出现,参看魏希德,1994,第 1—27 页。魏希德怀疑道学的部分实际上是附加的。田浩(1990—1992)讨论过其中有关道学的部分章节,认为这是道学(尤其是与吕祖谦相联系的一派道学)流行化的一个标志,因为吕派道学和元版(而非宋版)更切近些。

④ 叶由庚所作王柏墓表,参看《鲁斋集》(丛书集成本),第 189—195 页。我对王柏的解读多得益于程元敏,1975。

金履祥(1232—1303)以及后来的许谦——的口气却一点也不小:他们是自朱熹以来(从而归根结底是自圣王以及孔子以来)道学的正传①。

除金履祥外这些人都出自仕宦之家,但他们在宋元两代都没有入仕,而是以读书授徒为业。许谦以后的两代人进一步强调了他们的道学正传地位,但更重要的是他们把自己的成绩当成一种令婺州及其士人因此而得名的类似于地方特产的东西来推广②。

何基是其中重要一环。因为他在 1208 年曾和朱熹的女婿及继承者黄榦(1152—1221)有过接触,并且一生致力于理解朱熹的思想,何基在婺州人的笔下成了得正学真传者。因为王柏尊崇何基,金履祥曾从王、何二人学,许谦又从金履祥学,婺州由是取得了直承朱子的完美无缺的传承体系。当然别处士人也在宣称道学正宗,理由甚至比婺州更充分。与何基生当同时但更有资格称自己为黄榦弟子的饶鲁在饶州创建了自己的书院并筑舍延请学者前去讲学。福建邵武的刘炎是朱熹的直传弟子。另外一些地方,更年长一些的可能早已开始了他们的传承体系:上饶陈文蔚(1154—1239)也是朱熹直传弟子;更上层的人物如魏了翁(1138—1237)和真德秀(1178—1235)则已经分别在四川和福建浦城吸引了自己的追随者。

即使在婺州他们也不是独此一家。朱熹弟子并曾编撰过朱熹语录的杨与立(1193 年进士)移居婺州并在此居住达二十年。据王柏的说法,杨在和何基会面之后才在婺州被人所知③。此外还有一个可能

---

① 王柏所作何基墓表,金履祥所作何基祭文,均见《何北山集》(金华丛书本),卷 4,第 4a—10a 页,第 14a—15a 页;叶由庚所作王柏墓表,参看《鲁斋集》,第 189—195 页;柳贯所作金履祥行状,吴师道所上将金履祥请入乡贤祠的建议,收入金履祥《仁山集》(丛书集成版),卷 5,第 84、95—103 页。

② 柳贯所作金履祥行状,收入金履祥《仁山集》(丛书集成本),卷 5,第 95—103 页;吴师道为许谦四书讲作的序,他提出的金履祥请入乡贤祠的申请,一座以何基命名的书院,以及许谦著作的出版,均见吴师道《吴先生文集》(元代珍本文集会刊本),卷 15,第 428—430 页;卷 20,第 609—614 页;黄溍为吴师道的文集所作的序,见黄溍《黄文献公全集》(1851 年版),卷 6,第 14a—16a 页;宋濂为吴师道所作碑文,见《宋学士文集》(国学基本丛书本),卷 63,第 1018—1020 页;王祎为宋濂文集所作序,见《王忠文公集》(四库全书本),卷 5,第 1a—3b 页。

③ 参见王祎为何基所作行状,《何北山集》,卷 4,第 4a—10a 页。

的传承体系:义乌县的徐侨(1160—1237)曾是朱熹的学生,并且在朝廷党争中和婺州出身的高官葛洪(1184 进士)、乔行简(1156—1241)等同为程朱之学的党人。很可能在1225—1233年间乔退休后曾回婺州从教。徐是著书甚多的学者。他的学生叶由庚(1274年以后去世)也很高产。叶自从决定放弃科举之后就一直在婺州著书授徒。有些证据说明徐侨在婺州的重要性至少可以和王柏和何基比肩[1]。此外,到元代时朱熹的道学在婺州的县学和书院里已经非常普及。在府城金华,为纪念吕祖谦而建的丽泽精舍在13世纪40年代至90年代之间非常活跃。(王柏曾在此短期授徒)。浦江县的月泉精舍自13世纪60年代一直兴盛到14世纪50年代。义乌于13世纪90年代创建了五云精舍。东阳是婺州府各县里书院最多的:南园精舍在1190—1243年间很活跃,在1284—1341年间又以"城南精舍"的新面目出现。1264年,致仕后的方逢辰答应去执掌姜家的横城义塾。他明确提出自己的办学方针与县学府学不同,要通过读书、明理、正心、修身、论政等方式将朱熹的教导转化为实践。当然方逢辰也在每旬抽出一天让学生们准备科考[2]。因此所谓"何王金许"四贤在婺州只手复兴道学之说显然是不正确的。但是到1348年四贤书院以及相应的四贤祠建立的时候,它已然是通行的说法了[3]。

那么在人们心目中"何王金许"代表着什么呢?我在此将他们生活和著述中的共通之处找出来。首先,四人都出自婺州故家,并且一生关注于在本地兴教。第二,他们都自觉放弃对科举功名的追求,甚至被举荐做官也不应。第三,他们都毫不含糊地捍卫士人的道德标准并且明确提出士人的行为规范。第四,虽然他们的活动都在地方,但对政治问题和社会上的动荡却很关注。第五,他们都是改宗道学者。

---

① 叶由庚也是王柏墓表的作者。

② 方逢辰,《蛟峰文集》(四库全书本),卷4,第3a—4b页;《东阳县志(1832)》卷10,第27页。方乐意提供科举训练的证据是他曾教点陈傅良(1137—1203)所作39篇应举文章。感谢魏希德提供这个信息。

③ 《金华府志》(1480),卷17,第2a页。

也就是说,当他们接触到了道学并意识到自己被它所吸引之后,决定放弃自己以前的追求(或是科考,或是文名,或是高官),转而沉浸于道学的教义之中。他们的目标是理解其教义、探讨朱熹之说的正确性、体验朱熹所说的道之整体、将内在的诚敬之修与外在的格物穷理(尤其是读道学著作)结合起来。第六,他们教学生如何思如何学。他们尤其重视的是如何向学生解释朱熹"理一分殊"的教义。第七,他们保持自己相对于社会习气和政治权力的独立性,致力于通过内省和自检而进行自我修养。他们的传记都用很长的篇幅来证明他们是道德上有修行的人士,他们的内在的"独立"正是道学作为"为己之学"的成功的证据。他们的心性是为学的结果,也是所学的证明。

总之,这四人将他们自己表现为道学的正传,而且,据我看,他们把道统定位在婺州。道统由朱熹的著作来定义,而朱熹的著作——正如许谦向吴师道(1283—1344)所解释的那样——是完整、正确、合适的学习对象,但必须学习得法才能够理解[①]。在他的一次讲学中,许谦论到五伦中朋友之伦,而不是师生之伦,才是最重要的,因为这种建立在互相信任基础上的朋友关系是理解其他四伦的关键。按此观点,朋友们为共同学习而结成的团体,才是改造自身、社会和政治的基础[②]。

道学被吸收(1330—1450)

四贤的后继者们,也就是在元末明初使得婺州更加著名的那一批人,开始接受从政的道路,也不再一门心思地只求正确理解朱熹的教导。吴师道是最早将婺州抬高到朱熹道学大本营的地位的学者之一。吴最开始是许谦的弟子。若不是通过了科举、接受了官职,他可能会将自己的目标定在成为许谦之后的下一个道学传人[③]。他曾编辑《敬乡录》。该书是一部很有影响的婺州人物传记和文章汇编,其人物和作者多出自宋代。吴本人对朱熹的传统很投入,但他的著作表明婺州的思想史不止道学一派所能涵盖。

---

① 许谦,《许白云先生文集》(四库全书本),卷 3,第 14b—16a 页。

② 同上,卷 4,第 15b—18a 页。

③ 感谢达戴在这一点上的建议。

吴师道及其下面的一代人被清代学者称为“金华儒者”:他们接受道学的泛世主义(Universalism)及其对人的心性的理论,但拒绝其对文学和经世思想的排斥。以年代先后为序,他们中包括了柳贯(1270—1342)、胡助(大约1273—1343)、黄溍(1277—1357)、陈樵(1278—1365)、吴师道、吴莱(1297—1340)、张枢(1292—1348)、胡翰(1307—1381)、宋濂(1310—1380)、戴良(1317—1383)、王祎(1323—1374)、苏伯衡(1329—?)和方孝孺(1357—1402)①。他们中的很多人倾向于适量地将道学历史化,这样他们就可以称自己为当代大儒而又不必被人拿程朱的标准来衡量他们。尽管官府对士人的价值观念未必真的接受,他们仍然认为自己可以负责任地入仕或与官府合作(尽管官府是否遵从士人的价值观常常是一个疑问)。他们将道德权威赋予有修养的个人,而不是政治体系②。

但是他们将“道统”归于婺州却有重大政治含义,因为这和北方正统说相抵牾:北方的许衡(1209—1281)归顺了道学并得到了忽必烈的扶植,所以许衡一派认为北方得道学正统,此说亦为忽必烈首肯③。14世纪40年代,北方正统说得到了南方学者杨维桢(1296—1370)的附和。杨认为相对于辽金,只有宋有合法性。但不同于辽金的是元朝最终得到了合法性,因为道统从朱熹传到了许衡,而政统之出,端在道统(戴仁柱[Davis]1983:69)。在这个问题上,尽管后来宋濂和王祎都成了朱元璋的主要谋士,婺州士人们好像是在坚守着道学的一个传统立场,即拒绝承认皇帝就是当代圣人④。至少他们否认朝廷可以独占道统。

---

① 方孝孺虽然不是本地人,但因为是宋濂的学生,所以也列在这里。

② 以下基于包弼德1997c。我尤其得益于蓝德彰(1974,1981a,1981b)和孙克宽(1975)的著作。

③ 此说见于欧阳玄为许衡所作神道碑。参见戴彼得1999。

④ 参看宋濂的文章《七儒解》。该文认为最初的帝王们都是儒,但孔子是第一个成为师的儒。所以宋濂要学的应当是孔子。这并不是说人君不能为儒,但却明确表明人君不是圣人。宋濂引用孟子的话说道“自有生民以来未有盛于孔子者也”(《宋文宪公全集》,卷61,第9a—10b页)。达戴(1983:171)认为宋濂所谓最高境界的儒必指帝王无疑。我对此持不同意见。王祎《释儒》一文可作参考。王在文中强调儒道就是圣王之道,是无所不包的上下贯通的大一统的道。参看《王忠文公集》,卷14,第296—297页。

我的理解是,后来的金华儒者试图将道统定位在婺州,从而将它和朝廷分开。但是尽管他们自称是道学的继承者,他们仍然将这种传承置于宋代文学与经世思想的大背景之中,从而使得别人无法批评他们太狭隘、太不切实际。蓝德彰曾将许谦以后婺州道学的发展概况为"由道转文(文学和文化)"①。蓝德彰和窦德士(John Dardess)也曾阐述过这些学者们如何参与了地方的改革和治理(窦德士1982;蓝德彰1981b)。王祎在给宋濂的文集作序时表达过这种折衷思想。王认为文学写作的技艺是有价值的,因为它可以明"理";而要能写出好文章,则又必须像先圣那样博学多识。宋濂在文学上的伟大成就正在于他看出了文学是学术的载体。王把宋濂说成是金华两个传统的继承人:第一个传统通过吕祖谦上溯到周敦颐和二程;第二个传统追溯到本地的经世思想家唐仲友和陈亮。柳贯、黄溍和吴莱等在元代继续了这些传统,但是宋濂却做得更多。他对道学的把握是通过许谦和何基直接朱熹,从而使婺州成为理学的中心②。宋濂的文章既显示了他的学术又彰明了"理",从而使他成为前代大师的继承者③。王祎后来把他的这种有关婺州传统的看法写进了官修的《元史》④。

王祎和宋濂这些人其实是在用道学有关自我修养的观点来构建一种新的领导风格(leadership),这种领导风格更强调道德上的独立性、个人的责任感和学术权威。但是当他们将道学吸收进士文化,变成士人"以天下为己任"的工具时,道学的独特性也就消失了。现在,道学家们的与众不同处不再是因他们作为少数派勇敢地挑战士人在朝廷上的不道德行为和内心的自私,而是因为他们比别人更"完全"。但是,重新肯

---

① 蓝德彰1974。蓝德彰当时把这看作一个新现象,而不是宋代知识传统的复兴。

② 牟复礼(1976:426—433)对此看法类似。他说:"这个传统,就其传承体系而言,是非常狭窄的一套正统。它沿着朱熹和吕祖谦而下的一条主线,中经一个重要的传承人许谦。但是它又同时具有思想上的开阔性和文学上的精美性。"

③ 王祎,《王忠文公集》,卷5,第1a—2b页。这个关于朱熹以下传承体系的说法出现在王为《元史·儒林传》所作草稿中。参看《元史》(北京:中华书局,1976年),卷11,第5131—5132页。

④ 《元史》卷11,第5131—5132页。

定文学的作用,重新关注经世致用,并不仅仅是为了更“完全”。承认文学的价值是为了避免僵化的教条主义和亦步亦趋的模仿。因为如果士人的文学才能得到肯定,他们就会彰显自己的个性,并对事物有自己的观点。实际上,元代的科举考试中就要求考生们在以《四书》为题的文章里不仅要用朱熹的注解,也要“复以己意结之”①。

对经世致用的热情,以及寻找政治强人(先是元代的蒙古和中亚官员,此后是朱元璋,即在他的军队于1358年攻下婺州之后)之支持的努力,都与他们对地方社会的考虑分不开。宋濂、王祎以及他们的同盟者在朱元璋的政策制定中起了不可替代的作用。窦德士曾注意到他们之间的不同:比如,胡翰认为地方改革应该作为一个部分加入到在全国范围内重整社会秩序的大业,而宋濂则认为在地方社会的运作中,国家应该少介入少干预(窦德士1983:178—179)。在此我想强调一下他们之间的共同性:相对于政府官僚机构,两人都更信任地方(士人)的领导作用;相对于个人的修身养性,两人都更关注社会和政治秩序的重建。范德(Edward Farmer,1987,1990,1995)的研究显示,道学(以及元代婺州)所强调的地方士人在地方事务中担当领导作用的说法在明初被朝廷吸纳并制度化。明代里甲、粮长之制倚重地方领导力量(据我们所知在婺州最初的粮长来自较有影响的士人家庭),而不是官吏,来完成税粮的征收和递解。里老制度不仅让乡人主持一般纠纷的审理,并且给了里老们绕开地方官员直接和中央政府联络的权利。社学之制不但推广了教育而且强调了道德品质的修养。同时,朱元璋通过大规模扩展教育体系以及新的宗教崇拜的控制手段来控制精神生活②。在建文帝的近臣方孝孺的著作中,地方主义的倾向更明显。方孝孺研究《周礼》,一改宋人视之为中央集权的理论基础的路径,将此书理解为地方自主活动的指南③。

---

① 《元史》,卷81,第2018页。包弼德1997c。

② 关于政府控制地方淫祠的努力,浜岛敦俊1992有精彩的论述。亦可参见万志英(Richard Von Glahn)《城市和寺庙》一文,收录于《宋元明变迁》(*Song Yuan Ming Transition in Chinese History* 哈佛大学出版社,2003年)一书。

③ 我认为方孝孺和婺州道学传统、宋濂以及明初社会立法之间有着连贯性。因此我采纳牟复礼之说,而与达戴关于方孝孺的说法存异。参看牟复礼1976;达戴1983:第265—288页。

按照窦德士的观点,方孝孺带领儒者们挺过了朱元璋最后 20 年的统治:“他们作为一个独立于官府(因为他们不为官府的奖惩所动)也独立于社会环境(因为社会上通行的价值观念和行为方式在他们看来与儒家教导相悖)的群体挺了过来。”(窦德士 1983:278)比起他的老师宋濂,方孝孺是个更敢于直言的道学倡导者。但在我看来,他倡导道学是为了在文化、政治和道德之间取得一种平衡。这样的道学,应该比北宋文士文化或元代的许多学者信奉的实用主义都要高超[1]。在方孝孺看来,宋代高于汉唐,几乎可以和周代比肩,因为在有宋三百年间道德上的价值观受到了真正的重视[2]。宋代的学术应该被发扬光大,因为它在历代中最接近上古盛世[3]。学者们关于“道”的争论进行了 1500 年,直到道学出现问题才得到解答[4]。方孝孺欲使明代以宋为历史范本并模仿之,因为宋是上古和当代之间的中介,而宋代的思想家则是人与终极真理间的中介[5]。学生们应当通过从朱熹编写的教材,如《小学》、《近思录》,来接近宋代学术[6]。但是方也强调博学能文的重要性——实际上他当年被宋濂“发现”也是因为其文学上的才气。在明确“道”之亘古不变的同时,方坚持认为个人的文字风格不可能划一,朱熹的教导也不应被当成教条[7]。

1400 年的会试朱卷录(现存最早的完整保存的朱卷录),也许可以反映当时知识界的观点。依我之见,这些会试文章既是对洪武朝政的批评,又是对建文朝政策的辩护,既声明坚持道学的原则,又主张当以实际的态度对待当下的事务。这些文章实际上以微妙的方式揭示了一个问题,即皇帝(不管是当今的还是先朝的)是否圣人?帝王到底

---

① 方孝孺,《逊志斋集》,卷 14,第 438 页。

② 同上,卷 12,第 358—359 页。

③ 同上,卷 12,第 364—365 页。卷 14,第 438 页。

④ 同上,卷 18,第 539 页。薛瑄(1389—1464)后来作过同样的断言,认为朱熹已经把“道”讲得很清楚了,所以士人不需要再写什么东西,只要将之付诸实践就行了(秦家懿〔Julia Ching〕1976)。

⑤ 同上,卷 6,第 169—170 页。

⑥ 同上,卷 12,第 358—359 页。

⑦ 同上,卷 12,第 368 页;卷 18,第 539 页。

有多少道德权威？大家的共识是皇王至关重要，但并不是所有的帝王都是圣人。最终，一统还是最高的价值（在理想状态下，全天下之人的内在道心也能够达到一统）[①]。

方孝孺的道德操守在靖难之乱后的永乐朝（1403—1424）得到试炼。永乐皇帝将自己标榜为当代周公、中兴明主。方则拒绝臣事新朝，并因此遭灭族之灾[②]。但是新朝并没有打击道学，相反，它兴办了一系列支持学者（如编撰《永乐大典》）尤其是道学（如编撰《四书大全》、《五经大全》、《性理大全》等）的项目。多数入仕的学者们得以很轻易地转事新朝。

但是在明初，婺州的道学也不再是一场运动。除了宋濂的几个学生以外，我在婺州找不到任何重要的知识分子，也看不到对宋元以来知识传统的继续。这种情况可以从几个方面做解释。洪武朝和永乐朝的清洗和极刑导致人缄其口。此外，戴彼得（Peter Ditmanson 1999）的研究表明，上层官员们有意地加强在朝士人的权威，使他们在地方传统（比如婺州的道学传统）或是宗族组织面前更有力量。最后，必须指出，宋濂一代婺州知识分子尽管为家乡扬名，但也在道义上对入仕或文学技艺予以认可，并且证明了在这些方面他们可以做得很成功。他们使得道学作为一种生活方式不再具有吸引力。

道学的第二次复兴（1470—1550）

十五世纪后半期婺州发生了第二次道学复兴，虽然它没有达到元代复兴时的那种全国范围的重大影响的程度。要讲这次复兴，我们必须从江西人吴与弼（1392—1469）讲起。一般认为吴从一个智识主义者（intellectualism）向内省者的转化实开王阳明心学的先河。陈荣捷（1970：44—45）曾列举过多种原因来说明为什么“格物”“明理”等事

---

① 试题和答卷均可参看《明代登科录汇编》（台北：学生书局，1969 年）卷 1。请注意其与 1385 年的区别。1385 年的试卷明确号召考生为君主的无上权威唱颂歌（林庆彰 1991）。

② 关于明初道学的历史以及对此期学术的评价，参看陈荣捷 1970。关于吴与弼，参看卫德明（Helmut Wilhelm）1970—1971。我是通过科勒（M. Theresa Kelleher）1980 而知道吴与弼的。我也得益与侯外卢 1984 和容肇祖 1962。

对于吴与弼这样的人并不太重要。我在此则要指出,吴对道学的立场的认同与宋元时期的婺州四贤非常相似。我认为吴努力兴复的是作为一种严格的智识标识(intellectual identity)的道学。

为了向人们显示什么是真正的独立,吴与弼不做官、不习文,甚至连学术著作都不写。这种做法让他的父亲吴溥很惊恐,因为吴溥深知这种绝身世外的行为极有可能被别人理解为政治上的抗议。吴溥在 1400 年的会试中曾名列第一,并被建文帝钦点到翰林院从事。但他在靖难之役后效忠于永乐帝,从 1408 年起担任南京国子监司业直到去世。

和王柏、许谦一样,吴与弼也记"日录"①。他的日录从永乐朝刚刚结束的 1425 年开始,中经土木堡之变的 1449 年,一直记到 1468 年。这些平均每年约十篇的日录显示,他选择避世独居实在与他的道学信仰有关。最初的两篇日录记他做的两个梦。在第一个梦里他见到了孔子和周文王,并向他们请教如何得"良知",如何"不逾矩"。对这两大问题——亦即是非问题与躬行问题——的思虑将伴随他的一生。他在梦里还看见了周文王的家谱。这种对谱系(应该是思想上的谱系而非血缘上的谱系,因为他实际上对自己的家庭和族人很疏远)的重视在他的其他作品中也得以显明。现存吴与弼所作的 56 篇序,全部都是为别人的族谱而作②。在第二个梦里,他见到了朱熹。朱子的风范让他肃然起敬。在接下来的一篇里,他讲到自己的一次深夜狂想。他想到了当时广为流传的斧声烛影之说,即宋太宗(976—997 年在位)将亲兄宋太祖杀害于病榻从而篡位③。这件疑案使他想到真正的王者当具有"杀一不辜而得天下不为也"的态度,而人君要想学圣王之道,则必须先以天理为怀④。我认为这三篇日记是在重申道学的立场:尽管后王自称为圣(或被别人称之为圣),但他们显然不是圣人;圣王

① 王柏的日录记录他每天所学到的东西;许谦的日录记录他每天晚上对日间活动的反思。参看金履祥《仁山集》卷 5 第 54 页;黄溍为许谦所作墓表,收入黄溍《黄文宪公全集》卷 8B,第 3615 页。

② 吴与弼,《康斋集》(四库全书本)卷 11 第 1a 页。吴写的序见于第 9 卷。

③ 关于 15 世纪人们对宋代开国帝王们的道德质疑,参看朱鸿林(Chu Hung-lam)1989。

④ 吴与弼,《康斋集》卷 11,第 1a 页。

的权威传给了作为学者的孔子;而现世继承这个权威的是朱熹。这一看法在两年后的一篇日录里得以印证。在这一篇里吴与弼认为尽管孔子没有受命为人君,但他之成为千古帝师却可以和舜受天命相提并论。受命为师或受命为王,都是因为受命者的德性。因此,吴与弼一定是在设法捍卫自己的修德[①]。

吴的日录反映,他在不断地强调道德的天然性的同时反复研读了道学基本著作。和方孝孺、宋濂不同,他关注的不是道德思想的传统,以及政治、文化或社会模式的认定,或对文本的权威性解读。自修不需要太多(书本上的)学习,但却必须正确掌握朱子理论,因为这样才能将之付诸实践。就吴与弼而言,修德和固德的目的在于取得并保持一种内心正义凛然的状态。他曾经试图通过练习待人接物时的外在气度来达到这种内心状态。通过阅读以及梦里的经历,他确信古人和宋代道学家确曾达到过这种状态,并为后人树立了楷模。

吴与弼日录通篇写满了他的信念,即成圣潜能人人生而有之,只需打破阻碍便可进入这种圣人的状态。这和王柏在上蔡书院讲学时所强调的"居敬"与内修基本一致[②]。这种状态就是"一统",就是在经验生活中做到内心和平,接物平易。吴在为此努力了近一年以后写到,最初他觉得几乎不可能接近圣贤的状态,但在后来的五六个月里他感到容易一些了。他认为自己的开始时的问题是一方面希望达到心气平和,一方面却又总为外事的逆顺所干扰。现在他理解了外事不可能总随人愿,所以必须以物接物。他相信现在他的心气很平和——虽然以前也有过类似状态,但从来没有像最近八九天来这样。他确信自己已经踏上成为圣贤的正轨,虽然现在还不知何时才能达到最终的目标[③]。然而,后来的日录显示,维持这种内在的平和状态需要不断的努力。他好像也曾有过长时期的怀疑和消沉。自修需要不断地和自己斗争,从而不为日常现实所束缚。

---

① 吴与弼,《康斋集》卷 11,第 10b 页。
② 王柏,《鲁斋集》,卷 8,第 169—172 页。
③ 吴与弼,《康斋集》,卷 11,第 4a—5b 页。

虽然在他的时代政府和士人都已正式接受了道学,吴与弼却希望恢复道学最初的那种令人洗心革面的动力。他很在意自修。他放弃科举,不闻时政,是为了拒绝与世人同流合污逢迎皇权。他的种种行为都与世人格格不入。同时他也明示自己要以文王、孔子、朱熹为同道。他的目标是要做最好的儒者。

吴与弼并非朱熹那样的喜爱兴办事业的知识分子,但是他显然将自己作为士人当中的道德楷模。他收徒授业,但却显然与为学生准备以道学为内容的科考的先生们不同。他的学生陈献章(1428—1500)、胡居仁(1434—1484)成功地对他的思想广为传播。他与朋友们作诗唱和,也为别人建造的书斋亭榭之类嘱文庆贺,但他所有此类活动都是为了推广他的学术观念。最后,很明显他也关注国计民生。虽然在 1446 年至 1457 年间五次被荐举,他五次推辞。1457 年皇帝派了特使要请他出来指导太子读书,他再次婉拒,但却上十条日向皇帝献策。

道学因为得到权势富贵者的支持而越来越成为主流现象。但是就在道学最得宠的时候,我们却看到一个出身显赫的世家子决计要将它再次边缘化。吴与弼之所以决计要成为圣人,是和他关于宋朝帝王(明朝帝王就更不用说了)不足为圣的结论分不开的。道学对圣人的界定,即圣人之圣不在于社会地位和文化修养而在于心性修炼,在朝廷和士人之间制造了新的对抗,这种对抗有利于士人却不利于皇权。又过了一代人的时间,婺州开始有本地的吴与弼们出现。

金华府

道学在婺州的第二次复兴从 15 世纪后期开始。此时婺州已改称金华府。这一次的复兴并没有造就一批开国名臣,但也确有不少人获得了遍及全国的名声。当时人们对独立与朝廷的道学兴趣日增,这显然有助于道学在金华的复兴。但是此次复兴也和金华府的物质财富分不开:在许多方面都有明显迹象的经济复苏使得金华府的许多家庭有能力去追求与士人身份相称的生活。1480 年(这是我们拥有可靠数据的最早的一年)以后的一百年中,得到官方认可的市镇的数目增长了一倍(见图1)①。经济活动的繁兴在一次叛乱之后发生。这次叛乱起源于矿乱,席卷福建、江西、浙江诸省,并于1448—1449年间波及

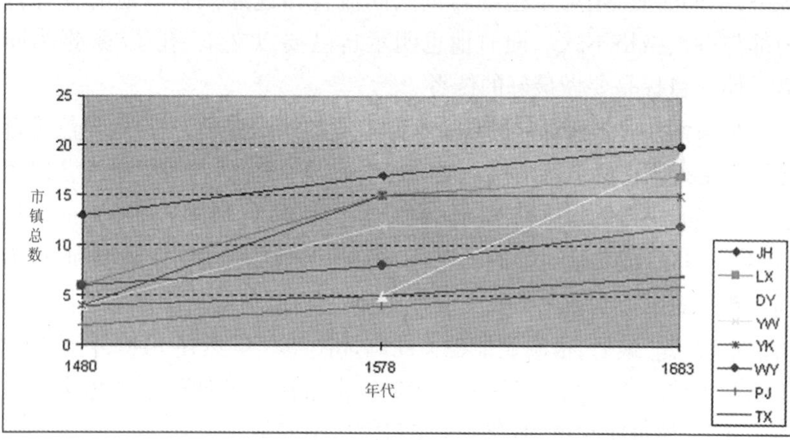

图1,金华府的市镇,1480年、1578年和1683年

(JH:金华;LX:兰溪;DY:东阳;YW:义乌;YK:永康;WY:武义;PJ:浦江;TX:棠溪)

金华府。自卫者和叛军的冲突主要在兰溪县,但在东阳、永康、武义各县,也有学校、官署被烧,官员、士兵被杀的事情发生②。但是动乱过后不到20年,一些金华属县已经开始对学校进行重建、更新、或者扩建。这些兴建事项都是有计划有系统地进行,而非个别偶发事件。此类兴建金华各县都有,最早的于1462年就以经开始(兰溪县),最晚的也在1511年(浦江县)也得以展开③。通过计算各县民间所建学校、庙宇、祠堂等公共场所的数量,我们可以对此过程有一个大致了解(见图2)④。如果

① 关于这些变化,参看陈国灿1997。陈没有提供1480年《金华府志》中的数据。

② 关于此次叛乱和地方防卫,参看傅路德(Carrington Goodrich)和房兆楹(Chaoying Fang),1976,第1582页。

③ 从方志和碑刻资料中所看到的年代如下:兰溪自1462年始,东阳自1467年始,永康自1471年始(可靠性稍差),棠溪新县建学始于1474,金华府学始建于1478,武义自1493年始,义乌自1503年始。

④ 图2包括了对庙宇学校新建和翻修的全面调查。官署和桥梁建设未包括。元代数目大增是由于大量的庙宇建设,但据1480年府志,入明后此类建筑衰减。

我们计算一下学校的数量（图 3）和著作者（仅以其中年代可考者为限）的数量（图 4），情况就更明显了。宋元时代的道学运动都有书院、祠堂和出版活动相伴而行。若以此类推，新一轮的道学运动需要社会财富的支撑，也需要不愿驯服于朝廷的士人来领导。

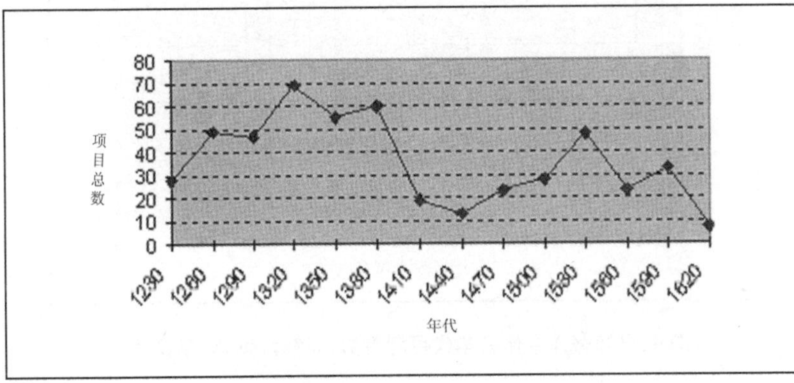

图 2，婺州/金华府 1230—1620 间的基建项目，每 30 年合计

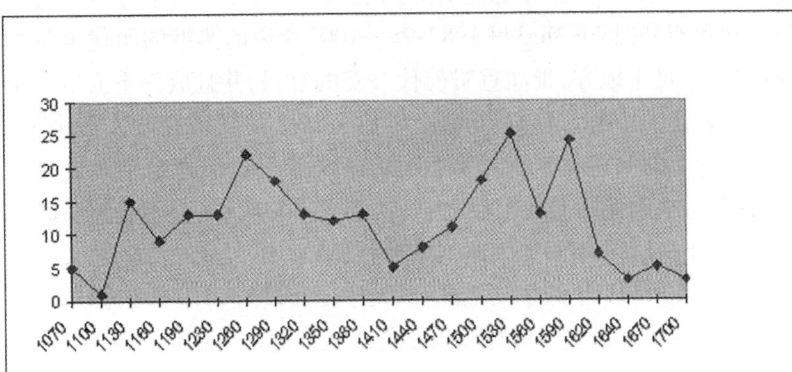

图 3，婺州/金华府 1070—1700 间的兴学项目，每 30 年合计。

与 15 世纪中期以后官学经费的增加相应，民间书院的创设也在增加：在 1450 年之后和 1579 年短暂的禁毁书院令之前，金华至少创

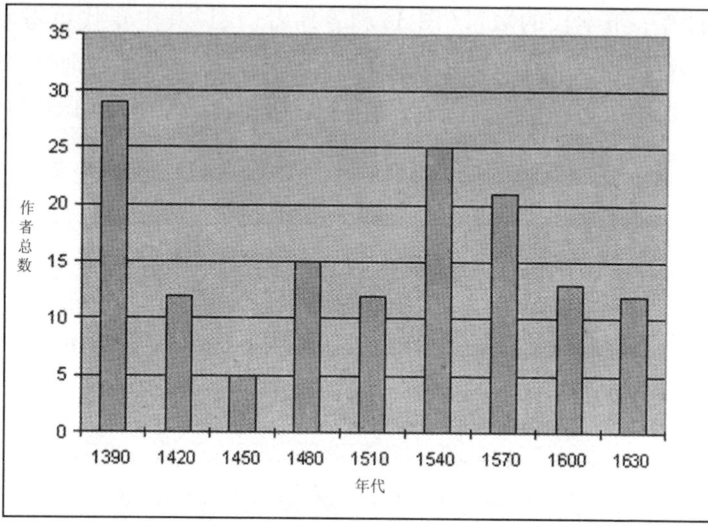

图 4，已知著作中作者年代可考者数目统计，每 30 年合计。

建了 20 家书院。其中很多，至少最早的几家，都是宋元道学家如吕祖谦、王柏、许谦、金履祥等所建书院的复兴①。凡是以道学为旗号的书院都和穆四基(John Meskill 1982:28—100)所说的典型的明代书院相符：它们立足于地方，很注重对前代书院的复兴，并且成为士人讲道论政批评朝廷的中心。1447 年增广生员名目之设使得在学人数大增。但是政治上的问题也越来越多：比如 1449 年土木堡之变皇帝被蒙古人活捉；后来因此而起的皇位之争；15 世纪 60 年代末皇帝荒淫引起的抗争；1506—1510 年间的太监刘瑾专权；1507 年大量的内帑之银被皇帝挪用挥霍；1519 年的宁王之乱；以及广受非议的 1519 年正德皇帝南巡。所有这些都激发了道德感较强的士人们起而与朝廷对抗。

婺州士人认为他们重新发现了自己光荣的历史，并且欲以先辈为

① 依据方志和碑刻材料，各书院名称和建立年代为：东阳县八宝书院为纪念许谦而建，1436 年恢复；丽泽书院为纪念吕祖谦和王柏而建，1467 年；兰溪县仁山书院为纪念金履祥而建，1479 年始建，1518 年建成；宋濂在浦江县的月泉书院 1526 年恢复；此外还有永康县龙川书院为纪念陈亮而建，大致时间是 15 世纪 70 年代。

自己行为的楷模。士人中的一个领袖人物认为他们面临的重要任务是兴复自宋元“四贤”以来几乎断线的道学,重新赢得宋代先辈们在政治上的耿直之名,并且重新取得吴师道、黄溍、柳贯和宋濂等人在元代所取得的文学成就[①]。1440 年兰溪县令为举子们购地兴建文昌祠,入祠者为金履祥、吴师道和从未入仕的本地学者范浚(1102—1151)。兰溪县 1471 年为所有乡贤建祠,1479 又开始筹建书院纪念金履祥[②]。四贤祠毁于元末战乱,但直到 15 世纪 60 年代地方官才上书请求将四贤和吕祖谦一起作为“正学”的倡导者列入官建的乡贤祠。1480 年该祠建成,内列数十尊乡贤塑像,并有单独的祠志[③]。自 1368 年明朝建立以来直到 1450 年,为本地学者而设的祠庙一个也没有,但在接下来的一百年内却有至少 14 座此类祠庙相继建立。

地方学者对方志的编撰也有大的飞跃。同时许多宋元时代士人的著作也被重新发现[④]。李仲在 1447 年收集并印行(1466 年再版)许谦的手稿时,称许谦是一个被人遗忘的伟大学者[⑤]。王柏的著作重印于 1443 年,许谦的著作重印于 1511 年,后来又有金履祥的著作得以重印[⑥]。1511 年,两种婺州士人文集由知府赵鹤编辑出版。第一种为《正学编》,收录吕祖谦、何基、王柏、金履祥、许谦等人的作品、传记、以及论学讲稿。第二种为《金华文统》,收录宋元明各代直至编撰时为止的各类文章。但其选取则明显偏重与道学相关者。1518 年前后,知府刘茝决定重修何基之墓,并上书请求“四贤”入祠孔庙,可惜未能成功[⑦]。直到 1559 年,才有人在编辑婺州人物传记集时增入了道学以外的人物,从而提示婺州士人他们的文化遗产不

① 转引自章懋行状,收录于《枫山章先生文集》(金华丛书本)卷 3,第 23 页。

② 董尊为该书院所写铭文收录于金履祥《仁山集》卷 5,第 86 页。

③ 《金华府志》(1578)卷 27,第 1919 页。章懋《枫山章先生文集》卷 7,第 45b 页。

④ 府志于 1480 年和 1578 年重修。所属各县在 1445 年和 1530 年之间都修有县志:兰溪,1510 年;东阳,1483 年;永康,大约 1465—1487 年;义乌,1445 年;武义,1520 年(初修);浦江,1526 年。

⑤ 李仲,《许白云先生文集序》,收入该文集第 4a—7b 页。

⑥ 参看金履祥《仁山集》卷 5,第 86—94 页所收录为王、许等人的文集所作的序。

⑦ 《金华府志》(1578),卷 14,第 7a 页。

止是道学[①]。

从15世纪后期开始，婺州人在科举上又开始兴盛[②]。在15世纪上半叶，婺州的名人当中大多都是入仕者，即使偶尔有学者史上留名，也是由于入仕使之。1450年以后，我们开始见到仕途得意，却同时对道学很注重的婺州士人。兰溪人唐龙（1477—1546）在身居高官之前曾经在北方长期生活并积极促进道学的教育和社团发展。另外一个兰溪人陆震（1464—1519）是1519年抗议武宗南巡的五位领袖之一。因为此次抗争活动，他后来受杖刑而死[③]。其他的，比如金华县的戚雄（1511年进士），撤出政治中心，为地方上的活动家。戚雄当年在朝为御史时曾经卷入党争，并在1527年的李福达案中反对朝廷（盖杰民[James Geiss] 1988:453—455）。被迫离职后，戚主要从事于学术、教书和写作。在家乡，戚努力向人们宣传婺州的光辉历史。他曾在1540年参与编撰第一部《金华县志》，也曾参与编辑一部新的地方文集《婺贤文轨》，收录从南宋到明初23位婺州士人的作品[④]。

士人注意力向地方的转移在别的县也有发生。王汶（1433—1489）可能是义乌县最有影响力的学者。他因厌恶官场而退休后修建了齐山精舍。1489年因为众多高官的交章举荐，他和道学家陈献章一起被召至朝中[⑤]。其他的义乌人继续在朝为官并且仕途多很顺利，但有些人却因对道学的追求或对地方文化的关怀也同样能够得名。金江（活跃于1520年前后）续修了朱熹的《资治通鉴纲目》，并编撰了一部《义乌人物志》[⑥]。15世纪后期，永康县也出了一些以高行奇节著

---

① 应廷育（1524年进士），《金华先民传》（金华丛书本），有作者序言。

② 兰溪：1478—1508年间15名进士，1538—1562年间12名进士；永康：1493—1529年间15名进士；东阳：1544—1565年间9名进士。

③ 参看卢柟为唐龙《渔石集》（四库全书本）所作的序；徐阶为唐龙所作墓志铭收录于徐阶《世经堂集》（万历本）卷16，第27a—31b页。

④ 《金华府志》（1578）卷17，第7b页。戚雄的《文轨》与赵鹤的《金华文统》有些抵牾。一个晚清论者指出，赵鹤的《文统》太局限于讲学而忽视了朱熹的敌人大学者唐仲友，而戚雄则没有。参看胡宗楙《金华经籍志》（梦轩楼本）卷23，第4a页，外编，第9a页。

⑤ 《金华府志》（1578）卷17，第29b页。

⑥ 同上，卷17，第31b页。

称,在朝敢于直谏的士人[①]。

这些事例说明像章懋(1437—1522)这样的人的出现并非偶然。章懋是他生活的时代婺州最著名的士人,也是他的家乡兰溪县乃至整个婺州道学复兴的领袖。章在婺州士人中吸引了大批的追随者,其中许多是早早地致仕并投身于兴教为学的事业。他们标举婺州历史上的思想贡献以及婺州人的道德气节。这在方志中,章品(1496年进士)的《金华文献录》中,董遵的《金华渊源录》中(这部书其实是仿照朱熹所作道学传记而写的婺州思想史),凌瀚(1525年举人)为吴师道《敬乡录》以及另一部书《金华正祠录》所作的续录中,都可以看出来[②]。

1466年章懋30岁时得中进士,次年入翰林院。章和其他翰林们因为批评皇帝嗜欲而受杖刑入狱。后来由于更多的官员上书抗议而获释。他后来作了几年地方官,然后在1478年辞职归里,读书讲学。1504年复起为南京国子监祭酒,但在1507年因不满刘瑾篡政再度辞职归里。此后章对复出之请一律谢绝。章的著作仅限于《兰溪县志》和婺州的乡贤祠志。他认为程朱对经书已经解释的足够清楚,士人所要做的只是将程朱之教付诸实践。据说章懋很博学。他的著作也显明他更倾向于读书穷理,而非他的很多朋友和学生们所热衷的良知之学[③]。他的交往圈证明退休隐居并未使他和明代重要思想家们隔绝。他和陈献章、胡居仁很熟悉。在南京国子监时和罗钦顺(1465—1547)是同事,期间还收湛若水(1466—1560)为徒。在婺州,他通过在当地士人中讲学,而非著述,树立了自己在当时作为正学的地位和名望。

章懋的目标是兴复婺州的道学传统、政治气节以及道德修行文

① 参看《金华府志》(1578)卷17,第31b—34a页所录赵良、徐沂、李沧、应典、程文德等人的传记。

② 同上,卷17,第14b—19a页。

③ 章质疑陈献章对庄昶(1437—1499)的赞扬。陈献章认为庄未经读书就领会了天理之乐;参看章懋《枫山章先生文集》卷2,第4b—9a页。

学[①]。作为一个讲学者,章要告诉士人"为己之学"有着与考试应举之学绝然不同的价值[②]。他会在恭喜学生科举成功的同时提醒他们,乡人中的最贤者如金履祥等从未入仕[③]。虽然章没有写过书,他却曾为公共事件写过文章。为别人写这方面的文章,包括兴建官署、学校、桥梁等的铭文和丧葬悼文等等,可能曾经给他带来些收入以接济日用。他的所有文章总而言之是号召地方士人远离日常生活中的营营苟苟。他督促商人以士人为生活楷模,以德性为无价之宝[④]。他推广乡约但是反对宗族头人法外施刑(朱熹和他的追随者最早将乡约作为一种供地方士人组成团体共同修德的组织方式来提倡)[⑤]。宋代某人建立的义庄中经衰败,后在其第九代子孙手里得以恢复。虽然规模小了很多,但章懋还是表示庆贺[⑥]。他在赈济方面给地方官员提供建议,但对于他认为并非必需且会加重乡人负担的工程也极力阻止[⑦]。他认为恢复和扩建学校非常重要。东阳县的几家富户出资翻修了县学,他将此和宋代盛时的义塾相提并论[⑧]。乡人中有谁在为学、持家或修德方面显示出与俗世浊流不同的高行奇节,他就赞扬称道。他在给某族谱作序时写道,编制族谱应当有利于聚集族人为世人立范才有价值[⑨]。

要看章懋作为道学先生在婺州的影响,可以看由他的学生们收集整理的章懋《语录》(有些仅仅是引用章懋文章里的话)。他的一个学生将这些语录和薛瑄(1389—1464)、吴与弼的语录放在一起出版[⑩]。和吴与弼一门心思要达到内心的稳定不同,章懋的语录总的来说是从

---

① 转引自章拯所作章懋行状,收录于《章枫山先生实绩录》(金华丛书本)卷3,第23b—24a页。

② 参看章懋《枫山章先生文集》卷5,第34b页,第25a页。

③ 同上,卷3,第47a—48b页。

④ 同上,卷8,第66b页。

⑤ 同上,卷2,第2b—4b页。

⑥ 同上,卷8,第20a页。

⑦ 同上,卷3,第26a—28a页。《金华府志》(1578)卷14,第7a页。

⑧ 同上,卷8,第8a—10b页。

⑨ 同上,卷7,第70b—73a页。

⑩ 《枫山语录》(金华丛书本),序言。

我前面所说的"道学立场"着眼,对士人生活的各个方面发表评论。由此看来,在15世纪后期的婺州,人们又一次发现有必要重新界定士人的价值、身份以及他们的独立的安身立命之基。

胡安国曾将孔子描述为从无德帝王手中褫夺赏罚之权的圣人。章懋对此很赞同并常引述(23b)①。在章生活的时期,明代帝王并无圣德(17b),唐代也没有(181—b)。君与圣的合一只在上古出现过(14a)。对于某些人而言似乎预示着天命转移的"异象"等实是无稽之谈(25a—b)。章懋敬重敢于直谏君主的士人,并且对于人们仍然记得上古时期忠言直谏的典型——伯夷和叔齐感到非常激动(7a)。民间书院至关重要,过去的士人是宁掌书院不求官职(10b—11a)。人文荟萃之地,学额应该相应增加(13a)。培养"君子"很重要,因为君子和自私的小人的斗争将永无穷尽(24a—25a)。

章懋并未尝试发展新的理论。他曾经就何基的过人之处评论道,何基能够名列四贤之一,就在于他致力于躬行而不是沉溺于书册与笔耕之中(33b)。若要写作,章多是借助《朱子语类》和朱子的文集来进一步阐明朱熹在《四书集注》中的思想(23a)。他接受朱熹的主要哲学观点。他很关心道的一统、延续和整合,因而也因人心日坏而忧虑。如果没有"诚"作依托,"敬"则可能是假敬(5a—b)。人必须不断地奋斗以改变自我(8b)。道学传统一直以来总是被自身断层和敌对势力的阻挠所困(5b)。自宋代以来此学便在衰落,需要有圣人出来拯救它(7a)。

章懋不断地在"排斥"与"容纳"之间徘徊。他有时会想象一个由"同志"者组成的团体,其中人人都和张载一样思慕上古时代,并恢复与上古世风相应的社会制度(比如乡约)(14b)。他们从晚近的历史中,比如婺州四贤或者宋元明期间的其他人物身上寻找行为的楷模(33b—35a)。他们拒绝将文学成就或科举看得太重(7a,9a—b),也与只求一己之利的士人们保持距离(7b,8b,15a),同时他们也像朱熹和

① 本段和下面两段所述都基于上注所引文献。

吕祖谦那样与自己的“同志”们合作著述,导引他人(21b)。史家应该对历史人物有明确的是非判断,应该以道德为准则,而不是以成败论英雄(21b)。章认为与此相反的观点都是错误的;他讲论到朱熹曾经不得不和陈亮这样的事功派以及陆九渊这样的主静派进行斗争(5b)。章懋反对那些追求“空无”之境的人(7a)。他还批评陈献章不必读书的观点是和朱熹背道而驰(8a,35a)。章懋也批评胡居仁的内敬之说,因为它未能建立与躬行的联系(35a)。

15 世纪后期在婺州/金华兴起的地方主义说明东南地区具有独立意识的地方精英的出现时间比人们一般认为的 16 世纪要早。但是这和近来许多关于地方精英标识、社团行动主义(community activism),以及士文化复兴等的研究很能够相互呼应(柯丽德[Carlitz]1997;卜正民[Brook]1996;朱鸿林[Chu]1989;豪夫[Hauf]1996)。婺州——以及此文作为关于婺州的个案研究——的意义在于向我们揭示,晚明士人的激进活动(activism)并非没有先例。在 12 世纪后期、13 世纪末 14 世纪初以及 15 世纪后期,我们看到 3 次类似的士人运动发生于婺州。这些运动的核心,是接受(或复兴)道学的立场并以它来作为精英士人的标识的基础。道学运动在地方社会以地方传统和地方文化的倡导者面目出现,在士人中提倡教育和道德自律,鼓励士人承担社会责任。它有很强的意识形态色彩,也倾向于构建小集团。但是他们在地方社会创建了很有效的文化制度来吸纳新人。最重要的,道学运动的领袖们都对朝廷或中央政府持批评态度。他们在理论上拒绝承认朝廷的道德和文化权威,却认定修德养性的士人拥有这种权威。

在这几百年间,道学运动并非一直持续不断。元明时期婺州的运动领袖们就认为他们是在兴复某种被遗忘的东西,尽管当时的士人们对道学的立场其实很熟悉。士人们很清楚地知道道学与科举不同,在实践中贯彻道学与口头上讲的道学也不同。这几次复兴是道学的复兴,但也是地方(婺州)的复兴,因为运动的参与者认为自己正在兴复的东西和这个地方有着历史的联系。运动为什么会结束?每一次都是由于朝廷压制士人的见解:1200 年禁绝“伪学”;14 世纪 30 年代暂停科举;1579 年禁毁天下书院。这些禁令只能起到短期的效果,长期而言无一奏效。除了 1200 年的"伪学"案,这些禁令看起来在地方上也没有什么影响。我发现,应该说道学家们为此成功还付出了代价。这些运动所爆发出的能量多来自其追随者们对自己作为腐败的社会中、自利的政府统治下的正义的少数派的自我认识。当道学家们在扭转士风,改善地方治理,以及影响全国政策方面变得很成功时,他们也无法避免地失去了自己曾经赖以存在的独特性。

公允地讲,我想地方上的道学激进者认为自己是在改造世界,而不是将地方同中央隔离开来。他们希望自己的正确性被世人认可,还有一套教育程序使大家学会怎样踏上正途。在他们看来,自觉的"地方主义"与道学运动联系紧密是保证运动胜利的手段。从这个角度看,我认为婺州的历史,以及窦德士所研究过的与婺州类似江西泰和县的历史,可以为我们提供一个与前人不同的结论。元朝末年,积极倡导婺州的思想个性的士人,也同样在进行着自身的转型:从严格的道学家转而追求政治上的成功和思想视野的扩展①。与江西泰和县的士人一样,婺州士人的"地方主义"也是为了使在朝的婺州人为现实利益而组成的关系网显得合情合理。这方面婺州士人在元代以及明初朱元璋时代都很成功;泰和士人则在 15 世纪前期比较成功。但是 15 世纪后期道学在两地的复兴都不是为了贩卖地方运动,以换取全国范围内的虚名;相反,道学家们是在努力使地方变成全国范围的道学复兴的基础。

两地的道学家们都试图抵制中央政府对地方事物的干预,限制中央政府在地方的赋役征发,同时尽力在教育、宗教、公益等方面为地方士人团体提供帮助。作为地方官,婺州出身的道学活动家们在他们任官的地方倡导同样的事情。但是我们可以想象到,朝中的政治领袖若想控制更多的资源实现更大的政治抱负,则必然视道学家们为障碍。

① 我相信同样的说法也适用于 13 世纪早期。当时像乔行简等吕祖谦的追随者们在全国范围内的政坛上也有出色表现。

这一点引出我的最终假说。道学运动所揭示的是政府中的两派倾向的竞争:一派倾向于中央集权,另一派则是地方士人所想象的分散的社会,在各州各县由道德使命感和社会责任感较强的士人来领导。皇权传统为中央集权派张目;而道学则为意欲成为分权派者提供哲学基础和行动纲领。所以并不奇怪道学家们在经济增长时期更易于积聚势力,因为在南方更多的财富意味着更多的家庭愿意对教育进行投资,也意味着更多的资源将投入道学家们所赞许的地方活动。以此看来,道学运动的兴起就和经济的繁荣齐头并进。也许明初百年之内道学的衰弱和当时的贫困有关。在贫困之中,地方精英遭到削弱,因而更易于接受朝廷在各个方面的领导。只是在琼斯(E. L. Jones)所谓的16世纪"内在"经济增长期间,社会人均财富普遍增加,理学道德家们才得以再次兴奋,并鼓励士人同中央集权机构进行较量①。

参考书目

郑玉,《师山集》,台湾商务印书馆,1983年。

刘达可,《璧水群英待问会元》,《续修四库全书》,上海古籍出版社,1995年。

方孝孺,《逊志斋集》,24卷本,《四库全书》,台湾商务印书馆,1983年。

包弼德(Bol,Peter K.),《书评:加登纳译〈朱子语类选〉》(Review of Daniel K. Gardner,Trans. Learning To Be a Sage: Selections from the Conversations of Master Chu,Arranged Topically,by Chu His),《宋元研究》(*Journal of Sung-Yuan Studies*)第22期(1990—1992年),第202—214页。

——《斯文:唐宋间的思想转型》(*This Culture of Ours——Intellec-*

① 参看琼斯1988,1990。我对琼斯(1990)的问题的回答是这种想象在明代重复发生。我认为琼斯将经济增长和内部竞争联系起来是很有洞见的,虽然他将此竞争看作官府和商人的竞争。地方士人精英也是其中的重要角色。他们经常投资经商。很显然财富的积存对于道学运动中的制度化发展至关重要。

tual Transitions in T'ang and Sung China)斯坦福大学出版社,1992 年。

——《书评:田浩著〈儒家观念与朱熹的崛起〉》(Review of Hoyt Tillman, Confucian Discourse and Chu His's Ascendancy),《宋元研究》第 24 期(1994 年),第 293—313 页。

——1996a,《1200 年左右婺州的知识分子文化——为潘自牧及其〈记撰渊海〉定位》(Intellectual Culture in Wuzhou ca. 1200——Finding a Place for Pan Zimu and the Complete Source for Composition),收录于《宋史第二次研讨会论文集》,台北,1996 年,第 738—788 页。

——1996b,《书评:魏伟森著〈道之谱系〉》(Review of Genealogy of the Way: The Construction and Uses of the Confucian Tradition in Late Imperial China by Thomas A. Wilson),《国际中国评论》(*China Review International*)第 3 卷第 2 期(1996 年),第 564—572 页。

——1997a《章如愚〈群书考索〉以及知识分子文化的多样性——发现于婺州东阳县的证据》收录于《庆祝邓广铭教授九十华诞论文集》,河北教育出版社,1997 年,第 644—673 页。

——1997b,《理学和中国历史》(Neo-Confucianism and Chinese History),收入《中国史学》(*chugoku shigaku*)第 6 卷(1997 年)第 1—22 页。

——1997c,《科举和正统:1070 年和 1313 年的对比》(Examinations and Orthodoxies: 1070 and 1313 Compared),收入 胡特(Theodore Huters)、王国斌(R. Bin Wong)、余宝琳(Pauline Yu)主编《中国历史上的文化与国家》(*Culture and State in Chinese History*),斯坦福大学出版社,1997 年,第 29—57 页。

——《在南宋婺州解读苏轼》(Reading Su Shi in Southern Song Wuzhou),《东亚图书馆杂志》(*East Asian Library Journal*)第 8 卷第 2 期(1998 年),第 69—102 页。

——《地方史的兴起:南宋和元代婺州的历史、地理、和文化》(The Rise of Local History: History, Geography, and Culture in Southern Song and Yuan Wuzhou),《哈佛亚洲学刊》(*Harvard Journal of Asiatic*

Studies)第 61 卷第 1 期(2001 年),第 37—76 页。

柏文莉(Bossler, Beverley)《权势关系:宋代中国的宗族、社会地位和国家》(*Powerful Relations: Kinship, Status, and the State in Sung China* [960—1279])哈佛大学出版社 ,1998 年。

卜正民(Brook, Timothy),《构建知识:明代中国的图书馆》(Edifying Knowledge: The Building of School Libraries in Ming China),《明清研究》(*Late Imperial China*)第 17 卷第 1 期(1996 年),第 93—119 页。

柯丽德(Carlitz, Katherine),《明中期江南的祠堂、统治阶层特点及寡妇守节的流行》(Shrines, Governing-Class Identity, and the Cult of Widow Fidelity in Mid-Ming Jiangnan)《亚洲研究学刊》(*Journal of Asian Studies*)第 56 卷第 3 期(1997 年),第 612—640 页。

陈荣捷(Chan, Wing-tsit),《明初的程朱学派》(The Ch'eng-Chu School of Early Ming),收录于狄百瑞(Wm. T. de Bary)主编《明代思想中的自我和社会》(*Self and Society in Ming Thought*),哥伦比亚大学出版社,1970 年,第 29—52 页。

——《朱熹新学案》(*Chu Hsi: New Studies*),夏威夷大学出版社,1989 年。

陈来,《宋明理学》,辽宁教育出版社,1994 年。

陈国灿,《明代金华府市镇探微》,《社会科学论坛 》1997 年第 3 期,第 76—79 页。

程元敏,《王柏之生平与学术 》,学海出版社,1975 年。

秦家懿(Ching, Julia),《新儒学的乌托邦理论与政治道德》(Neo-Confucian Utopian Theories and Political Ethics),《华裔学刊》(*Monumenta Serica*)第 30 卷(1972—1973 年),第 1—56 页。

——《薛瑄》(Hsueh Hsuan),收入傅路德(L. Carrington Goodrich)与房兆楹(Chaoying Fang)合编《明代名人词典》(*Dictionary of Ming Biography*),上册,哥伦比亚大学出版社,1976 年,第 616—619 页。

朱鸿林(Chu, Hung-lam),《十五世纪的思想潮流》(Intellectual Trends in the Fifteenth Century),《明史研究》(*Ming Studies*),第 27 卷

(1989 年),第 1—33 页。

窦德士(Dardess,John),《程氏大家庭:元与明初的社会组织和新儒学》(The Cheng Communal Family: Social Organization and Neo-Confucianism in Yuan and Early Ming China),《哈佛亚洲学刊》第 34 卷(1974 年),第 7—52 页。

——《元末浙江的儒家、地方改革和权力中央化》(Confucianism, Local Reform, and Centralization in Late Yuan Chekiang, 1342—1359),收录于陈学霖(Hok-lam Chan)、狄百瑞(Wm. Theodore de Bary)合编《元代的思想:蒙古人统治下的中国思想和宗教》(*Yuan Thought: Chinese Thought and Religion under the Mongols*),哥伦比亚大学出版社,1982 年,第 327—374 页。

——《儒家与专制:明代建国时期的职业精英》(*Confucianism and Autocracy: Professional Elites in the Founding of the Ming Dynasty*),加利福尼亚大学出版社,1983 年。

——《一个明代社会:十四到十七世纪的江西泰和县》(*A Ming Society: T'ai-ho County, Kiangsi, in the Fourteenth to Seventeenth Centuries*),加利福尼亚大学出版社,1996 年。

戴仁柱(Davis, Richard L.),《作为政治的史传:杨维桢关于合法继位的辩争》(Historiography as Politics in Yang Wei-chen's Polemic on Legitimate Succession),《 通报》(*T'oung Pao*)第 69 卷第 1—3 期(1983 年),第 33—72 页。

狄百瑞(de Bary, Wm. Theodore),《中国的自由主义传统》(*The Liberal Tradition in China*),哥伦比亚大学出版社,1983 年。

——《为己之学》(*Learning for Oneself*),哥伦比亚大学出版社 ,1991 年。

魏希德(De Weerdt, Hilde Godelieve Dominique),《宋代知识分子生活诸方面:几部南宋类书初探》(Aspects of Song Intellectual Life: A Preliminary Inquiry into some Southern Song Encyclopedias),《中国史研究论文集》(*Papers on Chinese History*)第 3 卷(1994 年),第 1—27 页。

——《科举定规:道学和南宋的科考文化》(The Composition of Examination Standards: Daoxue and Southern Song Dynasty Examination Culture),哈佛大学博士论文,1998 年。

戴彼得(Ditmanson,Peter),《挑战权威:12 至 15 世纪中国的知识谱系和朝廷》(Contesting Authority: Intellectual Lineages and the Chinese Imperial Court from the 12th to the 15th Centuries),哈佛大学博士论文,1999 年。

艾尔曼(Elman, Benjamin A),《何处是成王》(Where is King Ch'eng),《通报》第 79 卷(1993 年)第 23—68 页。

范德(Farmer,Edward),《明初的社会秩序:洪武朝对道德规范的成文化》(Social Order in Early Ming China: Some Norms Codified in the Hungwu Period),收入麦克耐(Brian McKnight)主编《传统东亚的法律和国家:有关东亚法律的六项研究》(*Law and the State in Traditional East Asia: Six Studies on the Sources of East Asian Law*),夏威夷大学出版社,1987 年,第 1—36 页。

——《明太祖的社会规范:作为权威之功能的正统》(Social Regulations of the First Ming Emperor: Orthodoxy as a Function of Authority),收入刘广京(编)《中华帝国晚期的正统》(*Orthodox in Late Imperial China*),加利福尼亚大学出版社,1990 年。

——《朱元璋和明初的立法:蒙元之后中国社会秩序的恢复》(*Zhu Yuanzhang and Early Ming Legislation: The Reordering of Chinese Society Following the Era of Mongol Rule*),莱顿:布瑞尔出版社,1995 年。

加登那(Gardener, Daniel K.),《朱熹——学做圣人》(*Chu Hsi-Learning to be a Sage: Selections from the "conversation of Master Chu, Arranged Topically"*),加利福尼亚大学出版社,1990 年。

盖杰民(Geiss, James),《嘉靖朝 1522—1566》(the Chia-ching Reign,1522—1566),收入《剑桥中国史》(*Cambridge History of China*)第七卷(明代第一部分)剑桥大学出版社,1988 年。

浜岛敦俊,《明清时期江南的城隍庙》(The City god Temples(chenghuangmiao) of Chiangnan in the Ming and Qing Dynasties)《东洋文库欧文纪要》(*Memoirs of the Research Department of The Toyo Bunko*)第 50 卷(1992)第 1—27 页。

侯外庐、邱汉生、张岂之,《宋明理学史》,人民出版社,1984 年。

豪夫(Hauf, Kandice),《十六世纪江西吉安府的乡约》(The Community Covenant in Sixteenth Century Ji'an Prefecture, Jiangxi),《明清研究》第 17 卷第 2 期(1996 年),第 1—50 页。

琼斯(Jones, E. L),《增长再现:世界历史上的经济变化》(*Growth Recurring: Economic Change in World History*),密歇根大学出版社,2000 年。

——《关于中国的真正问题:为什么宋代的经济成就未能再现?》(the Real Question About China: Why Was the Song Economic Achievement Not Repeated?)收入《经济史评论》(*Economic History Review*)第 30 卷第 2 期(1990 年),第 5—22 页。

科勒(Kelleher, M. Theresa),《求圣过程中的个人反思:吴与弼日记中的阴阳互动》(Personal Reflections on the Pursuit of Sagehood: An Interplay of Darkness and Light in the Journal of Wu Yu-pi),哥伦比亚大学宋明理学研讨会论文,1980 年。

楠本正继(Kusumoto Masatsugu),《宋明时代儒学思想的研究》(宋明时代儒学思想の研究),东京:広池学园出版部,1962 年。

蓝德彰(Langlois, John D. Jr.),《蒙古治下的金华儒学,1279—1368》(Chin-hua Confucianism under the Mongols [1279—1368]),普林斯顿大学博士论文,1974 年。

——1981a,《绪言》(Introduction),收入氏著《蒙古治下的中国》(*China Under the Mongol Rule*),普林斯顿大学出版社,1981 年,第 3—21 页。

——1981b,《元代金华地区的政治思想》(Political Thought in Chin-hua under Mongol Rule),收入氏编《蒙古治下的中国》(*China

Under the Mongol Rule)，普林斯顿大学出版社，1981 年，第 137—185 页。

李弘祺(Lee, Thomas H. C.)，《书院：官府的扶植和压制》(Academies: Official Sponsorship and Suppression)，收入白保罗、黄春建(Frederick P. Brandauer and Chun-chieh Huang)合编(《传统中国的统治与文化变迁》(*Imperial Rulership and Cultural Change in Traditional China*)，华盛顿大学出版社，1994 年，第 117—143 页。

梁庚尧，《南宋教学行业兴盛的背景》，收入《庆祝邓广铭教授九十华诞论文集》，第 559—570 页。

林庆彰，《〈五经大全〉之修纂及其相关问题探究》，《 中国文哲研究集刊》(1991 年)，361—383 页。

穆四基(Meskill, John)，《明代中国的书院》(*Academies in Ming China*)，亚利桑那大学出版社，1982 年。

牟复礼(Mote, Frederick W)，《宋濂》，收入傅路德、房兆楹合编《明代名人词典》，哥伦比亚大学出版社，1976 年，第 1225—1231 页。

内斯卡(Neskar, Ellen G.)，《祭祀中的政治：宋代中国的乡贤祠 》(*The Politics of Prayer: Shrines to Local Former Worthies in Song China*)哈佛大学出版社，2001 年。

吴金成(Oh Kuemsung)，《明代社会经济史研究——绅士阶层的形成及其社会经济作用》(明代社会经济史研究——绅士层の形成とその社会经济的役割)，渡昌弘(译)，东京：汲古书院 1990 年。

裴德生(Peterson, Willard J.)，《对“理”的另种看法》(Another Look at Li)，《宋元研究通讯》(*Bulletin of Sung and Yuan Studies*)第 18 卷(1986 年)，第 13—32 页。

容肇祖，《明代思想史》，台北：开明书店，1962 年。

希罗考(Schirokauer, Conrad)，《受到攻击的新儒学家：伪学之禁》(Neo-Confucians Under Attack: The Condemnation of Weihsueh)，收入海格(John Winthrop Haeger)主编《宋代中国的危机与昌盛》(*Crisis and Prosperity in Sung China*)第 163—198 页。亚利桑那大学出版社，

1975年。

孙克宽,《元代金华学术》,台中:东海大学出版社,1975年。

高桥芳郎,《论宋代士人的身份》(宋代の士人身分について),《史林》第69卷第3期(1986年),第351—382页。

田浩(Tillman,Hoyt),《功利主义的儒家:陈亮对朱熹的挑战》(*Utilitarian Confucianism: Ch'en Liang's Challenge to Chu Hsi*),哈佛大学出版社,1982年。

——《类书、多面手和道学家:以章如愚为核心的初步思考》(Encyclopedias, Polymaths, and Taohsueh Confucians: Peliminary Reflections with Special Reference to Chang Juyü),《宋元研究》第22卷(1990—1992年),第89—108页。

——《儒家话语与朱熹的成名》(*Confucian Discourse and Chu Hsi's Ascendancy*),夏威夷大学出版社,1992年。

——《陈亮论公益与法律》(*Ch'en Liang on Public Interest and the Law*),夏威夷大学出版社,1994年。

宇野哲人,《支那哲学史:近世儒学》东京:宝文馆,1954年。

万志英(von Glahn, Richard),《社区和公益:朱熹关于社仓的理论与实践》(Community and Welfare: Chu Hsi's Community Granary in Theory and Practice),收入希罗考(Conrad Schirokauer)韩明士(Robert Hymes)合编《经世:宋代中国的社会与国家》(*Ordering the World: Approaches to State and Society in Song China*),第221—254页,加利福尼亚大学出版社,1993年。

卫德明(Wilhelm, Helmut),《论明代的正统论》(On Ming Orthodoxy),《华裔学志》第29卷(1970—1971年),第1—26页。

魏伟森(Wilson, Thomas),《道之谱系:晚期中华帝国对儒家传统的构建和利用》(*Genealogy of the Way: The Construction and Uses of the Confucian Tradition in Late Imperial China*),斯坦福大学出版社,1995年。

穆伦(Wood, Alan T.),《专制王权的边界:从宋代道学到政治权利论》(*Limits to Autocracy: From Sung Neo-Confucianism to a Doctrine of Political Rights*),夏威夷大学出版社,1995 年。

朱瑞熙,《中国政治制度通史》第 6 卷,《宋代》,人民出版社,1996 年。

孔子祭祀与儒家的仪式思想

魏伟森(Thomas A. Wilson) 著
张 聪 吕冠颐 译

庙宇的分布

看看任何一套方志的地图卷,就可以想象帝制中国时期的宗教境况[①]。各城镇乡村到处都有庙堂神祠。对外行人来说,这些数目众多的佛寺、道观,地方神祇的祠堂和供奉士绅的庙台都是随机分布的。的确,许多亲临现场膜拜的信徒或许根本无法从寺观分布情况中觉察到任何秩序。信徒们可能不知道礼部官员已对这些寺观庙宇分门别类,划分等级。在所有庙堂接受祭祀膜拜的众神被列成等级。高居于这个众神制度顶峰的是昊天上帝,接受由皇帝在位于京城南方、圆形的天坛进行的大祀[②]。在天之下是其他官方认可的神灵:皇地祇在京城北方的方形祭台接受祭祀;王朝先祖的神灵和太社太稷则在皇城内的庙宇享受牲礼。这些大祀外还有中祀。享受这些祭礼的有朝日大

① 本人将宗教这个名词理解为不仅指示信仰一个超绝的上帝以及保证信徒来世的拯救,也指示人类与神明之间的多种不同的礼制行动。在中国,宗教包括皇帝在天坛上祭昊天上帝以及人在宗庙里供奉祭祀神明这些礼制行动。

② 祀典的众神中受到祭祀供奉的神明的名称及他们受祭的地点随时间推移有所变化。在整个帝制时期,昊天上帝(《周礼正义》里所使用的名称)一直在位于京城南郊的祭坛受享并由皇家祖先配享(见欧阳修,《新唐书》,北京:中华书局,1975 年,卷 11,页 314;张廷玉,《明史》,北京:中华书局,1974 年,卷 47,页 1230)。但也有文献记载在京城南郊举行的以谷神作为配享的祭天仪式和在明堂举行的以周文王为配享的祭祀上帝的仪式。《十三经注疏·礼记正义》(郑玄注,孔颖达疏,1439 年,卷 24,页 211)和《十三经注疏·春秋左传正义》(左丘明著,杜预注,孔颖达疏,1938 年,卷 30,页 236)中提到《孝经注疏》 (接下页注)

明神、夕月夜明神、先农与先蚕之神、上古时圣人先贤和历代帝王的神灵①。

供奉文圣孔子的庙宇位于这个等级制度的中间②。座落在京城及省府县衙的孔庙,其两侧均有与庙宇占地等长的廊庑。在正门对面建筑群北端的中央是高大的方形庙堂。这里供奉着孔子的神主牌位,上刻"至圣先师孔子"字样。受过教育的地方乡绅和当地的官员每年春秋两次会在黎明之前聚集于斯,向孔子、其门生及早期的五经博士与后代的著名儒家(后者被供奉于兩旁的廊庑)的神灵奉祭酒蔬果牲。典礼还伴以由丝弦钟磬演奏的古乐和地方学校才俊参加的八佾舞;参祭者并颂唱祷文,赞颂孔子为"生民未有"和"与天地参"的地位。

基督教传教士和儒家的宗教性

虽然孔庙是儒家在帝制中国文化景观中占据重要地位的最明显的标志之一,但孔子祭祀可能是我们对儒家文化了解最少的一个方面。在过去几个世纪中,西方的中国观察家们很难把孔庙祭祀与孔子

(接上页注)(邢昺疏,1553年,卷5,页15)描述周公曾举行过这些祭祀仪式。汉朝至少两次遵行此先例,一次是在公元前89年(武帝征和四年三月十八);另一次是在公元4年(平帝元始四年四月一日)。班固,《汉书》,北京:中华书局,1962年,卷6,页207;卷12,页356)。唐朝在656年至少曾举行过一次(刘昫,《旧唐书》,北京:中华书局,1975年,卷21卷,页821—822)。上帝作为受享者的身份却存在争议。王肃(195?—256)认为上帝即是天;马融(79—166)则认为天是太一的神灵,为天庭中地位最为尊崇的神灵。杜佑(735—812)则相信当元气扩张,即称昊天。最受人尊崇者为帝,在天庭中地位最高,因此又称为上帝(司马光,《资治通鉴》,北京:中华书局,1956年,卷36,页1144)。

① 这里描述的祭拜体系根据的是帝制晚期的史料。关于这些仪式在京城举行的地点,见麦耶(Jeffrey Meyer)《天安门的龙:圣城北京》(*The Dragons of Tiananmen: Beijing as a Sacred City*),南卡来罗纳大学出版社,1991年,第2、3章。在每个耕作季节开始时,皇帝总是第一个下地耕田(皇帝躬耕),皇后则在蚕桑之神的诞辰日第一个向其进香(皇后亲飨)(昆冈,《清会典图》,1899年,卷12,页114;卷14,页140)。圣人先贤如伏羲、神农、黄帝、尧、舜、禹、汤、文王、武王、周公和孔子则作为配享(同上,卷15,页145—146)。受祭的皇帝除三皇五帝外,还包括自夏到明共十七朝的君主(同上,卷15,页153—154)。

② "Confucius"是17世纪耶稣会教士根据孔丘的俗名孔夫子给他的拉丁名字。文言文书本一般称他孔子或夫子。所谓孔庙的孔指孔子的姓,而不是指儒家传统;但在使用英语的传教士中,至少最早从19世纪30年代开始,儒家或儒教即已被翻译成 Confucianism。

作为伦理人本主义集大成者的形象调和起来。毕竟,在《论语》里,孔子曾敦促其门生要对鬼神敬而远之。这种回避对孔子的崇祀所带来的复杂后果的趋势始于 17 世纪。鉴于儒学只是一个伦理体系,耶稣会教士企图说服罗马教会,儒家学者—耶稣会教士在中国改宗运动的主要目标—不需要放弃儒家的伦理道德观便可以皈依基督教。耶稣会教士将儒家把社会与宗教(the divine)分离的论调最早可追溯到利玛窦(Matteo Ricci 1552—1610)。利氏认为:"虽然中国文人并不讨论超自然的事物,但在道德上,他们和我们观点完全一致。"[①]但有时,利玛窦对孔子的态度又有些暧昧,他对"异教哲学家"孔子心存仰慕。这与他对柏拉图和亚里斯多德的态度毫无二致。但他又称孔子为圣人(saint),甚至于说孔子是中国一神教体制下的一位预言家。尽管更古老的典籍保存了一些它的残余,这种一神教已因秦朝(公元前 246—207 年)大肆焚烧儒家经典而彻底衰亡[②]。

耶稣会士眼中的孔庙如何影响了他们把孔子定位为异教哲学家是一个值得研究的问题。耶稣会士极力向罗马教会证明,在孔庙的祭祀活动只表达"单纯的非宗教的尊崇",并不给予孔子任何"神圣的称号"[③]。耶稣会的一个重要学术研究项目,题为《中国哲学家孔子》于 1687 年完成,其中包括《论语》、《大学》、《中庸》的译文及孔子的传记。该书卷首

---

① 引自詹启华(Lionel Jensen),《制造儒家:中国传统与普世文明》(*Manufacturing Confucianism: Chinese Tradition and Universal Civilization*),杜克大学出版社,1997 年,第 93 页。

② 利玛窦和金尼阁(Matteo Ricci and Nicolá Trigault),《十六世纪的中国:利玛窦日志,1583—1610》(*China in the Sixteenth Century: The Journals of Matthew Ricci*,1583—1610),加拉格尔(Louis Gallagher) 翻译,蓝登书屋出版社(Random House),1953 年,第 30 页;孟德卫(D. E. Mungello),《奇异之地:耶稣会的妥协和汉学的起源》(*Curious Land: Jesuit Accommodation and the Origins of Sinology*),夏威夷大学出版社,1985 年,第 57、266 页;詹启华,《制造儒家》,第 94 页。耶稣会教士如基歇尔(Athanasius Kircher,1601—1680)反对对儒家的"调和主义"立场(詹启华,《制造儒家》,第 157—164 页)。1645 年罗马教廷的传播信仰大会抛弃了这种妥协立场,谴责对孔子的祭享及儒家祖先崇拜祭祀,视其为与基督教互不相容的异端。从 1656 年到 1704 年,利玛窦的观点在罗马教会占了上风。对这些仪式的禁令在此之后又得以恢复,直到 1939 年才被废弃。有关耶稣会的和解政策及儒家思想,见孟德卫,《奇异之地》(特别是第 247—299 页)和詹启华,《制造儒家》,第 1 章。

③ 孟德卫,《奇异之地》,第 291 页;詹启华,《制造儒家》,第 64 页。

孔子的雕版画像可能模仿唐代画家吴道子(约691—755)著名的先师孔子行教像。两者之间最主要的区别在于,在这张雕版画上,孔子手持朝廷玉笏。这一点类似于山东曲阜孔子出生地孔庙中的坐像图①。在耶稣会教士采用的画像中,孔子似乎站在一座庙的前面。该建筑内部的下半部分排列着孔庙的神位。这座建筑物同时又像一个藏书阁,因为它的上半部分摆满了书籍。孟哲洛(David Mungello)提出,这种把庙宇和藏书阁合二为一的作法肯定是有意的。"耶稣会士很清楚,将庙宇和藏书阁联系起来会淡化孔庙的宗教意义"②。

对耶稣会士称孔子为"异教哲学家"的论点,罗马教会并未给予完全支持。但在接下来的几百年中,西方人对孔子的认识一般来说都受到这一观点的影响。新教传教士理雅各(James Legge 1815—1897)对中国的了解应是19世纪早期新教传教士(可当作当时的汉学家)集体努力的结果。这其中包括马礼逊(Robert Morrison,1782—1834)、米怜(William Milne,1785—1822)及麦都思(Walter Medhurst,1796—1857)。这些人丰富的学术成果和游记影响了理雅各及其后几代新教传教士的学术研究道路③。在1823年出版的《中文辞典》(*A Dictionary of the Chinese Language*)中,马礼逊总结了中国人对天这一概念的理解:"作为人,中国哲学家在黑暗中探索,寻找神存在的证据,但很难说

---

① 孟久丽(Julia Murray),《孔子生平图解:明代后期的演变、功能和重要性》(Illustrations of the Life of Confucius:Their Evolution,Function,and Significance in Late Ming China),《亚洲艺术》(*Artibus Asia*),第57卷第2期(1997年),第75页。

② 孟德卫,《奇异之地》,第271—277页;詹启华,《制造儒家》,第130—132页。卷首插图被孟德卫(第274页)和詹启华(第82页)采用。利玛窦的日志中提到了孔庙,但称其位于"该城市的学术中心"。他还把祭祀仪式描述为一连串的"鞠躬跪拜和燃烛烧香……人们向孔子供奉精心准备的食物,并对他著作中包含的学说表达感激之情"。利玛窦向他的读者保证:"人们并没有向孔子祈祷也没有从他那儿寻求帮助。"利玛窦和金尼阁,《十六世纪的中国》,第96—97页。

③ 鲁宾斯坦(Murray Rubinstein),《英美传教事业在中国的源起,1807—1840》(*The Origins of the Anglo-American Missionary Enterprise in China*,1807—1840),稻草人出版社(Scarecrow Press),1996年,第3章。传教士之间常常有意见分歧,例如,他们对如何将God翻译成中文的看法就很不相同。马礼逊和米怜倾向于一个通用名词"神",麦都思和理雅各偏好"上帝"一词。塞缪尔·柯灵(Samuel Couling),《中国百科全书》(*The Encyclopedia Sinica*),牛津大学出版社(Oxford University Press),1917年,第554页。

他们找到了他。”[①]理雅各坚信孔子“只是不信宗教而非反宗教”；他认为，通过把“神等同于一种理性原则和自然规律”，孔子教导其门徒“象撒都该人一样，否定任何神灵的存在”[②]。理雅各并引用《论语》中的段落来支持他的观点：当季路向孔子“问事鬼”时，孔子回答说：“未能事人，焉能事鬼？”[③]理雅各对孔子说的“务民之义，敬鬼神而远之，可谓知矣”里“远之”两字的理解是暗示不关心或冷漠的含义[④]。他认为孔子对神缺乏真诚信仰，而这种信仰在《诗经》和《尚书》中清晰可见。这两本书都频繁提到上帝一词；而孔子则几乎总是使用非人格化的“天”。在理雅各看来，天是一位更冷淡严酷的神灵[⑤]。在和其他传教士辩论时，理雅各主张天和上帝这两个词从根本上说意义相同，但他给予“上帝”更高的地位。作为“唯一的神”，上帝至高无上，主宰一切”[⑥]。

和先于他的耶稣会教士一样，理雅各视孔子为一个宗教怀疑论

---

① 马礼逊（Robert Morrison），《中文辞典》（*A Dictionary of the Chinese Language*），澳门东印度公司出版社（East India Company Press），1815—1823 年，第一卷，第 578 页。

② 理雅各，《孔子论语》（*Confucian Analects*），牛津克拉伦登出版社（Clarendon Press），1893 年，第 99—100 页。

③ 同上，第 99 页（《论语》第十一章，十一节）。苏慧廉（William Soothill）认为，“孔子回避了一个难题”，但并不主张可以从孔子的这句话推论出怀疑态度；相反，他把这句话与其他肯定供奉神灵的重要性的段落进行对比参照（即《论语》第三章第十二节）。他并引用朱熹的评论：“或言夫子不告子路，不知此乃所以深告之也。”（朱熹：《论语集注》，《四部备要》版[台北：中华书局，1984 年]，6. 2b—3a）。苏慧廉，《孔子论语》（*The Analects of Confucius*），上海美华书馆出版（Presbyterian Mission Press），1910 年，第 520—522 页。大槻信良指出朱熹的评论前紧接的是程颐的评论。大槻，《朱子四书集注典据考》，京都中文出版社，1976 年，第 178 页。

④ 理雅各，《孔子论语》，第 100 页（《论语》，第六章，第二十节）。

⑤ 同上，第 98—99 页。

⑥ 理雅各，《中国的宗教：儒家与道家及其与基督教的比较》（*Religions of China: Confucianism and Taoism Described and Compared with Christianity*），伦敦霍德史道登出版社（Hodder and Stroughton），1880 年，第 24—34 和 51 页。历史学家一般认为上帝是商王家族祖先的神灵，在商代众神中占据至高地位。在灭商之后，周把天放在高于上帝的位置。有关早期回应理雅各将天和上帝等同的评论，见尼尔逊（R. Nelson），《儒家与基督教的关系》（*Confucianism in Relation to Christianity*），上海美华书馆出版，1877 年，第 3 页；郝大为（David Hall）和安乐哲（Roger Ames）在《孔子哲学思微》（*Thinking Through Confucius*，纽约州立大学出版社，1987 年，第 204—208 页）中也探讨了赋予天和上帝超验能力的问题。

者。但他也注意到中国国教中固有一神论的残余。理雅各坚持认为中国历代王朝祭天的礼制保存了上古的一神论。后者的存在从“上帝”(Shangdi)一词中可见一斑。理雅各将上帝翻译为 God,他并以此反驳大多数在华新教传教士的主张。这些人认定,因为中国皇帝在京城近郊既祀天又祭地,所以中国是一个多神论国家,“中国人因此没有一个真正意义上的,可以被恰如其分地称之为 God 的神。”自 1843 年在香港举行的《圣经》翻译标准化会议后,新教传教士便一直就如何将 God 一词译成中文争论不休。身为新教圣公会主教的文惠廉(William J. Boone,1811—1864)认为,既然(中国传统中的)“上帝”是一位“异教徒的神(heathen deity)”,用“上帝”一词来称呼真正的“God”,“会贬损耶和华的荣耀和地位”。文惠廉继续论证说,正如使徒们曾传福音给信仰多神的希腊人和罗马人一样,新教教士在宣传手册中必须使用中文里的泛称——“神”——一词来称呼 God①。但理雅各则强调:

> 我认为中国人的“上帝”(Shangdi)才是真正的 God。这个神不仅出现于古代典籍中,更受整个民族尊崇达四千年之久。我一直努力反驳多方反对意见。严格而论,中国的宗教不应被称为多神教,因为它承认有一个完美的神灵存在。这个神高高在上,是宇宙的创造者与统治者。中国宗教从未把他(上帝)享有的荣耀——他的英名——给予另外一个神灵,也从未把对他的赞美加诸于其他的雕像。②

理雅各在最后一次离开中国之前,以行动证明了他关于帝制时期所崇拜祭祀的对象是一个真神的信念。在一次造访天坛时,他脱下鞋

---

① 文惠廉(William Boone),《论埃洛希姆和西奥司的恰当中文翻译》(*An Essay on the Proper Rendering of the Words Elohim and Theos into the Chinese Language*),广州中国丛报出版(Office of the Chinese Repository),1848 年,第 3—6 页。理雅各,《中国人关于神和灵的概念》(*The Notions of the Chinese Concerning God and Spirits*),香港图书公司(Hong Kong Register),1852 年,第 140—162 页。

② 理雅各,《中国人关于神和灵的概念》,第 53 页。

子,登上台阶,嘴里唱着基督教颂文。“他以这样一种方式在天坛承认了已有四千年之久历史的对上帝的崇祀。”①

现代性和孔子的不可知论

20世纪前50年,将孔子世俗化②是出于一个和基督教传教士不同的动机:从中国远古历史中挖掘出具有理性主义的思想模式,以便把中国纳入关于现代性的讨论。作为学者、现代化改革家和联系中西方重要文化媒介的胡适,将“孔子的不可知论人本主义”和“因移民、军事征服和秦汉帝国(公元前206—公元220年)形成而汇集在一起,源于各个族裔和地区的大量民间信仰和玄奥的迷信活动相提并论进行对比”③。(我认为,胡适关于多种族各地区的祭祀崇拜在帝制早期被国教吸纳的论述是从正确利用《汉书》的材料得出的结论④。)胡适认为,汉代宫廷“充斥着既无知又迷信的人们。他们使几种原始崇拜声望显赫”。他继续强调,儒家的“道德和社会说教”无法“逃脱由民

① 尼尔逊,《儒家与基督教的关系》,第8页。耶稣会教士柏应理(Philippe Couplet 1622—1693)特别赞赏圣王舜,因为舜将上帝奉为天庭中最高的主宰(孟德卫,《奇异之地》,第264页);但理雅各却认为舜最早败坏了远古的一神论,因为舜登基后还祭祀了除天以外的很多其他神明(孔安国注,孔颖达疏,《尚书正义·舜典》,卷3,页14)。理雅各在这一段的结尾总结道:“这次祭祀发生在公元前2283年,人们很快脱离了神的真谛,在神之外,膜拜很多他们自己的创造物。”理雅各,《帝舜》(*The Shoo King*),伦敦特吕布纳出版社(Trübner & Co.),1865年,第346页。

② 在欧洲历史上世俗化原来跟教权主义相对。在中国历史上此意的确没有很大的意义。本文所谓的世俗主义指把世俗与神圣分开为两个独特生活领域的可能性。支持世俗的观点的人当中有一些对任何宗教信仰或实践持怀疑态度,还有一些直接表达无神论或反宗教的论点。

③ 胡适,《儒家作为国教的确立》(The Establishment of Confucianism as a State Religion),《皇家亚洲学会北中国分会会刊》(*Journal of the North China Branch of the Royal Asiatic Society*),第60期(1929年),第29和39页。有关胡适在美国受教育的情况、他师从杜威的经历和他在中国文化现代化运动中所扮演的自由实用主义者角色,参见贾祖麟(Jerome Grieder),《胡适与中国的文艺复兴》(*Hu Shih and the Chinese Renaissance*),哈佛大学出版社,1970年。有关胡适如何重建中国远古历史文化及这一新建构在胡现代主义的应用情况,参见詹启华《制造儒家》第4章。

④ 《汉书》第25卷;特别是第1210—1212页。

间迷信生成的一种强有力氛围的巨大影响"。最终汉代生成"一个通过单薄合理化过程的由当时民间信仰和实践组成的一个巨大混合体"。"即使在贵族和皇家的最高层,当时的宗教和思想气氛也是原始和极其迷信的。……它明显抛弃了孔子的不可知论,公开地接受一种近似于受早先儒家学者强烈讨伐的墨家学派的有神论的观点。"①

理雅各和胡适对孔子的看法有着耐人寻味的一致性。两人都认为孔子是一位不可知论者。对理雅各而言,孔子的不可知论标志着上古一神论的衰退。基督教和新教传教士都认为在此之前,这种一神论一直被视作唯一真正的宗教。理雅各也认为中国古代的一神论只在朝廷祭天中不甚完备地保留了下来。对胡适而言,孔子的不可知论反映了一种重要的、虽尚属薄弱的理性主义精神。这种理性主义从未根除中国人的原始宗教。理雅各和胡适的重要歧异是,理雅各认为孔子标志着人从唯一真正上帝的伊甸园走向堕落;而胡适却认为,孔子标志着人对现代性自由追求的开端。在新教福音教派或现代化叙述中以理性人文主义者出现的孔子被视为反对国教,好像孔子曾经把自己与国王祭天祭上帝拉开了距离似的。对此,威廉士(E. T. Williams)在1913年写道:"我们经常听说儒家'并非一种宗教而是一种伦理体系',对该观点始作俑者的意图,我不想不懂装懂。"威廉士并指出,这个观点"误导"了许多人,导致他们相信儒家"完全不是一种宗教"②。

1935年,在题为《孔子是不可知论者吗?》的论文中,顾立雅(Herrlee Creel)通过分析《论语》中常被用来证明孔子是不可知论者的章节来反驳孔子不信教的说法。他认为那些章节不仅"完全缺乏不可知论

---

① 胡适,《儒家作为国教的确立》,第31、28、34—35和40页。在后来讨论儒士/文人阶级的一篇文章里,胡适主张孔子是殷商时代世袭祭司阶级的后裔。商后来被远不及其开化的部族周所征服。詹启华,《制造儒家》,第225—233页。

② 威廉士(E. T. Williams),《中国的国教》(The State Religion of China),《皇家亚洲学会北中国分会会刊》,第44期(1913年),第2页。周克勤(Christian Jochim)在他的《清代的朝见仪式》(*Imperial Audience Ceremonies of the Ch'ing Dynasty*,南卡莱罗纳大学博士论文,1980年,第3页)中引用了这段文句来证明他关于儒家是一个宗教体系的论点。

主义……而且包含了对上天的力量和对神灵祭祀的最肯定的论点"[①]。顾立雅指出,通常认为的《论语》中的不可知论观点实是误译的结果。最贴切的例子是顾立雅对理雅各对《论语》第六章二十二节("敬鬼神而远之,可谓知矣"。)的翻译。理雅各用疏远(aloof)来解释中文的"远",隐含了主观上对神灵不屑一顾的态度。这和从字面上解释与神灵保持"距离"有很大出入。顾立雅进一步认为,即便按字面意思把 aloof 翻为"保持距离"仍然无法传达孔子要表达的意思。顾氏认为孔子这句话的确切涵义是,人应保持一种对神灵近乎敬畏的"庄重"的态度[②]。我(本文作者,译者注)想附加一点,这种诠释避免了人应尊重神灵但又对其敬而远之之间存在的明显矛盾。这与孔子此章节前半部分鼓励人们要敬畏神灵的论述相一致。孔子并不是在鼓励人对神灵采取不可知论的态度,而是主张在"他和超自然力量之间"保持"既心存敬畏又保持距离这样一种恰如其分的关系"。他这样做是想把自己和那些"希望与神同在的神秘主义者"分离开来[③]。

《论语》中另一个常被用以论证孔子世俗主义的章节是他对神明祭祀的评论("祭如在,祭神如神在。子曰:'吾不与祭,如不祭。'"见《论语》第三章第十二节)。理雅各把该节的前半部分翻译为:"He sacrificed *to the dead*, as if they were present. He sacrificed to the spirits, as if the spirits were present."[④]卜德(Derk Bodde)翻译冯友兰(1895—

① 顾立雅,《孔子是不可知论者吗?》(Was Confucius Agnostic?),《通报》(*T'oung Pao*),第29期(1935年),第67页。

② 同上,第83—85页;威利(Arthur Waley),《孔子的论语》(*The Analects of Confucius*),纽约古典书局(Vintage Books),1938年,第120页。顾立雅并比较了"远"在这一段和其他段落中意思的差异,例如《论语》第九章二十二节"I have heard that the superior man maintains a distant reserve 远 toward his son."理雅各的翻译不含因鄙视而保持距离的意思。

③ 同上,第84页。威利认为(《孔子论语》,第120页注2)这一段里"远"的意思是警示神灵没有收到适当祭祀牲礼的危险,因为"神灵们会不保持距离,相反,他们会使人着魔,导致疯狂、疾病、瘟疫等"。我们还可以把祭司对灵魂敬而远之的态度与《楚辞》中巫师试图在感官上接近其所敬拜的神灵的做法进行对比,可特别参见《九歌》中关于湘江之神的第三首辞赋。《楚辞》(*The Songs of the South*),霍克思(David Hawkes)翻译,英格兰企鹅书局(Penguin Books),1985年,第100—118页。

④ 理雅各,《孔子论语》,第159页(第三章,第十二节)。

1990)的《中国哲学史》时用斜体标注“as if(犹如)”,因此暗喻孔子对神灵存在持理性怀疑主义态度[①](胡适也把该段作为孔子非宗教倾向的证据)[②]。冯友兰因此提出这样一个问题:为什么孔子在前一节告诫人们要对鬼神怀有敬畏之心,随即又对鬼神的存在持怀疑态度(《论语》第六章第二十二节)。这两者之间的矛盾很重要,因为《论语》的这一节接着说:“吾不与祭,如不祭。”理雅各把这一段理解为孔子行祭祀礼时心存诚意的证据。该观点与孔安国(约156—174)等早期评论家的看法相吻合[③]。孔解释说,该节前半部分的意思是“事死如事生”。孔安国对这段的理解是,倘若人侍奉鬼神如同侍奉活人一般,表达发自内心的诚意,事必躬亲,不假他人,那么对鬼神的祭祀就会灵验。冯友兰(和卜德)对鬼神“如在”的解释反映了一种对祭祀明显现代主义的理解[④]。司马黛兰(Deborah Sommer)在讨论古代祭祀时以人扮鬼神的做法时指出,鬼神的扮演者“恰恰起到了联系生者与死者,以及表现、替代现实的作用”。这种做法另一个可能的涵意是,在举行祭典时,祭祀者对待受祭者就犹如他们在场一样。

顾立雅晚年更倾向于理性主义,并修改了自己对孔子宗教性的立场。尽管在其力作《孔子其人及其神话》(1949)一书中,顾立雅仍承认宗教在孔子生活的时代所占据的核心地位。他好像并非十分肯定孔子是继续相信祭祀仪式的灵效呢还是只看重这种仪式作为“一种社会行为”。顾立雅谨慎地提出:“在古代中国,我们所定义的宗教的和

---

① 冯友兰,《中国哲学史》(*A History of Chinese Philosophy*),卜德翻译(Derk Bodde),普林斯顿大学出版社,1952年,第一卷,第58页。虽然冯友兰在分析了这些段落之后认为,孔子“不相信当时的许多迷信说法与做法”,他在该书的中文版本中并没有强调“犹如”一词(《中国哲学史》,第84页)的意义。伊沛霞(Patricia Ebrey)也同样强调这些斜体部分来证明孔子的世俗主义观。有关伊沛霞对古代中国世俗主义的讨论,见氏著,《帝制中国时期儒家与家庭仪式》(*Confucianism and Family Rituals in Imperial China*),普林斯顿大学出版社,1991年,第28—31页。

② 詹启华,《制造儒家》,第255页。

③ 《论语正义》卷三,页53—54。理雅各,《孔子论语》,第159页注12。苏慧廉并不肯定孔子认为神灵可能不存在,但他强调孔子很关注他本人不亲自参加的祭祀活动的功效。

④ 孔安国把“在”理解为“活着”而非“在场”,这与《论语》中的其他段落的意思一致。例如,“父在,观其志;父没,观其行”(第一章第十一节);“父母在,不远游”(第四章第十九节)。

世俗的活动不是普遍分离的。实际上他们互相交杂,几乎无法分离开来。"[①]但是,在他更晚期的著作中,顾立雅认为孔子已"完全独立于"从商代即已肇始的祭祀传统,而只强调这一传统中可引以为鉴的伦理规范,因此标志着"从仪礼到伦理思想的转变"[②]。随着这一所谓"转变",我们回到了十七世纪理性和不可知论的孔子。但究竟这样的转变是发生在孔子的时代呢,抑或只是后来笛卡儿二元论中把宗教与理性主义哲学、身体与智力、仪礼与伦理连续分离的结果,这一点尚须进一步考察。在学术上将礼仪和伦理学分离并非仅仅是为了单纯分析研究的便利。它同时假设一种线性目的论历史,亦即所有人类文化终将跨过一个宗教性的阶段而进入理性化时代。它把我们现代人和我们祖先注重仪式礼拜的历史割裂开来,以至于我们无法理解任何与我们现代的不同的实践与信仰。历史就变成为我们现代人按现代目标批评的对象。阿萨德(Talal Asad)认为,在中古基督教仪式观与现代民族学对仪式的解释之间存在一个断层。前者视仪式为培养德行的戒律性工具;后者则强调仪式的象征性、表面姿态性,并把仪式当作一种可以诠释为代表另外其他东西的做法[③]。尽管顾立雅不同意里雅各关于"中国人的上帝是真正的神,他是宇宙的创造者与统治者"的说法,顾氏关于孔子的宗教观是建立在"天的指引力量"的基础上的见解无意中把基督教超验的上帝作为宗教性的本体上的标准。顾立雅没有集中探讨儒家关于仪礼实践和祭祀理论的问题,他早期承认儒家宗

---

① 顾立雅,《孔子其人及其神话》(*Confucius, the Man and the Myth*),纽约约翰·戴出版社(John Day),1949 年,第 82,114—120 页。

② 同上,第 118、120 页。伊沛霞也认为"从周末到汉初对礼仪的态度发生了变化,结果是拘泥细节的、政治的和理性主义的做法强调礼仪的道德层面而冲淡其宗教层面的意义"。伊沛霞,《帝制时期的儒家和家庭仪式》,第 30 页。有关古代儒家思想在二十世纪转向世俗化方面的研究,见詹启华,《制造儒家》,第 222—224 页;有关顾立雅对耶稣会教士对孔子研究的肯定,见顾立雅,《孔子其人及其神话》,第 142—143 页。

③ 阿萨德(Asad Talal),《仪式观的谱系化》(Toward a Genealogy of the Concept of Ritual),收录于《宗教谱系学:基督教和伊斯兰教中的权力的戒规与理性》(*Genealogies of Religion: Discipline and Reasons of Power in Christianity and Islam*),约翰霍普金斯大学出版,1993 年,第 55—79 页。

教性是与其在儒家思想中找出为现代人所熟知的神的努力分不开的。

考察儒家宗教性的性质之所以困难，原因之一在于很多研究早期儒家思想的西方学者几乎完全依赖《论语》[①]。这部书充其量只是一本就一系列问题进行对话讨论的精简记录，它的主题在文本中并没有被清楚阐述，而是由随后的注释者们加以肯定，并由后来的儒家学派奉为经典。长期以来，学者们就已注意到《论语》的文本是由孔子的各派追随者在他死后的几个世纪中编纂的孔子语录的章节和片段。文中收录的条目也没有先后顺序。这些学派经常就孔子到底说了什么以及某些话的具体含义争论不休。他们也并未因为自己某些观点的长处占了上风而赢得对《论语》文本进行添加的特权[②]。尽管《论语》被公认为一本汇集儒家重要哲学思想片段的资料库，基于我们对它成书过程的了解，我们有理由怀疑它是孔子及其门生思想的综合记录，或者可被用作研究儒家思想的可信的指南。

正因为现存的《论语》是一本有争议且不完整的文献，我们更应该参照大量儒家著作来研究它。这样一来，我们还可以重新审视西方学术界研究儒家学说的方向。长期以来，西方学者给予《论语》极高的重视。他们描述的孔子，特别是作为不可知论者的孔子，与《礼记》和《诗经》中描述的祭祀音乐和祭拜仪式占重要地位的世界格格不入[③]。

---

① 艾尔曼(Benjamin Elman)指出，汉学家们，尤其是顾立雅倾向于古文传统，强调《论语》中的孔子对无法立即感知的事情不愿进行猜测的一面。见氏著，《古典主义，政治和亲族关系》(*Classicism, Politics and Kinship*，加里福尼亚大学出版社，1990 年，第 205—213 页，特别是第 211 页)。

② 有关《论语》和其他早期文献的增订，见范佐仁(Steven Van Zoeren)，《诗与人格：古代中国的阅读和解经释经学》(*Poetry and Personality: Reading, Exegesis and Hermeneutics in Traditional China*)，斯坦福大学出版社，1991 年，第 19—28 页，第 32—44 页；陆威仪(Mark Edward Lewis)，《中国早期历史上的写作与权威》(*Writing and Authority in Early China*)，纽约州立大学出版社，1999 年，第 54—63，383 页注释 9。有关翻译者的观点，见理雅各，《孔子的论语》序文，第 14—18 页；威利，《孔子论语》，第 21 页；刘殿爵(D. C. Lau)，《论语》(*Analects*)，英格兰企鹅书局(Penguin Books)，1979 年，附录三；白牧之(E. Bruce Brooks)、白妙之(A. Taeko Brooks)，《论语辨》(*The Original Analects*)，哥伦比亚大学出版社，1998 年，第 201—249 页。

③ 本文作者曾检视牲礼在孔子崇拜中的作用，见魏伟森，《牲礼祭祀和帝国的孔子崇拜》(Sacrifice and Imperial Cult of Confucius)，《宗教历史月刊》(*History of Religions*)，第 43 卷第 3 期(2002 年 2 月)，第 251—287 页。

我们对《礼记》和《诗经》中关于那个世界的知识加深了我们对孔子关于宇宙(和社会)秩序崩溃的尖锐判断的理解。在《论语》第三章,孔子悲叹他所目击的礼乐的败坏。在研究过其他经典后再读《论语》,我们才有可能意识到,探明孔子宗教性真相的问题可能并不在于《论语》本身。问题的症结是,在西方哲学和神学的视角下,我们是怎样解读《论语》的。

儒家的礼仪思想

传教士在关于中国宗教的西方话语中引进一个重要概念,即世界宗教最终都将发展到其最完美的表现形式:一神论。一神论中的神为一位超验的造物者。它不仅可以最大限度地与它所创造的宇宙分离,而且拥有一种智慧。这种智慧可以向宇宙万物循序渐进地昭显,但又不能完全地为他们领悟。耶稣会士及其后的新教传教士在这一点上看法一致,即中国古人曾认识到这样一位真神的存在,但后来却因受到多神论、偶像膜拜和物质主义的影响而丧失了这种信仰。20 世纪的学者尽管避免了前三个世纪困扰基督教传教士的神学方面的争端,却基本同意教士们对儒家世俗化倾向的评论:哲学家们因此只关注儒家的伦理观和形而上学思想,社会科学家则强调儒家士绅在地方上维持社会控制的作用①。这种倾向在学界再生了士绅世俗主义和民间迷信二分化。过去三十年社会科学对民间崇拜的研究兴旺发达,却忽视了文人绅士生活中的祭祀实践层面。20 世纪汉学忽略孔子祭祀的倾向和 19 世纪新教教士的观察记录出入很大。即便他们认为孔子本人缺乏对存在唯一真神的充分认识,这些传教士在其卷帙浩繁的详尽介绍

---

① 有关士绅官僚对地方控制的参与,见萧公权(Hsiao Kung-Chuan),《中国乡村:十九世纪的帝国控制》(*Rural China: Imperial Control in the Nineteenth Century*),华盛顿大学出版社,1960 年。该书提到帝国政府把宗教作为控制意识型态的工具,见第 220—229 页。有关更多关于地方控制的研究,见魏斐德(Frederic Wakeman)、格兰特(Carolyn Grant),《中国帝制晚期的冲突和控制》(*Conflict and Control in Late Imperial China*),加里福尼亚大学出版社,1975 年。

中国社会的著作中,对帝制时代对天、孔子和其他神祇的祭祀现象相当关注。因此,19 世纪热衷于阅读有关中国的书籍的读者对儒者供奉祭祀神明行动的了解可能要比过去五十年间想了解中国的读者要全面得多。尽管儒家的宗教观被传教士判定是"异教"——因而在他们眼里不成其为真正的一神教——它还是一种宗教而不属于非宗教性的世俗伦理观点。

认真对待儒家在帝制时期对祀典众神灵的祭祀并不意味着我们要接受在华传教士的用词和神学体系,更不用说他们传播福音的志向。我们同样不必无条件地接受他们对中国宗教生活的第一手描述材料。相反,面对传教士关于中国宗教的论述能帮助我们认清这样一个事实:这些论述从很多方面很微妙地决定了我们对中国宗教生活性质的认识。在长达几个世纪的时间里,基督教传教士假定中国在远古时代曾存在过原始的一神教,以此试图把中国的礼仪实践与基督徒对儒家经典的理解调和一致。就像古代希腊和罗马一样,中国古代有众多的神祇,它们中没有一个万能或接近万能到为原罪抵罪。中国的宗教容纳了众多的原始宗教神、自然神、至圣先贤的神灵、地方保护神及其他神祇。以一神教的标准来衡量,这种包罗万象的方式充满了矛盾冲突。任何试图在儒家祭祀中找到像基督教中耶稣受难及类似概念的神学连贯性的尝试,最终都会因儒家经典中存在的众多神祇而宣告失败。

泰勒(Rodney Taylor)指出,西方对儒家的研究"太过偏重于历史和哲学取向",忽视了其"宗教和精神层面"。他认为,因为早期的儒家思想"一向被定义为一个思想或至多是伦理学派","任何超出此框架的倾向多被束之高阁"。最近,学者们开始提出儒家"并非是一种哲学或伦理学,而是一种被付诸实践的有生命的信仰"的看法①。例如杜维明反驳犹太教-基督教在本体论上将天人分离的倾向。他指出,在

---

① 泰勒(Rodney Taylor)、加巴克(Gary Arbuckle),《儒家思想》(Confucianism),《亚洲研究学报》(*Journal of Asian Studies*),第 54 卷第 2 期(1995 年),第 347 页。

儒家思想中,两者的关系是相互忠诚,而非造物主与生灵的关系①。在此,杜维明是以孟子神学观训诂者的身份看待儒家经典,特别是《中庸》。他认为,儒家的宗教信仰的意义是"专注于学,努力成为完整的人的过程"。这一过程的目标是完成"最终的自我转变"。这个过程有赖于人对这一概念的理解:"尽管我们没有完全实现我们的潜力,但我们可以通过个人的自我修养达到最高层次的仁。学习成为一个完人就是努力修炼成为一个圣人(这才是人本性的真实体现,也是天赋的人的本质)"②。杜维明解释道,天赋予人的是"仁"。仁是人与生俱来的对他人表示爱与同情的倾向。这种倾向最普遍强烈地表现在人子对父母的爱上③。人为善的能力是天生的,但这种能力必须藉道德上的自我教化来培育。在泰勒看来,这个过程因此带有一种救赎性的精神层面④。人类对至善至美和修身成圣的追求并非一种孤独的自我奋斗。在儒家思想中,自我作为一个与生俱来的伦理原动力并非一个与世隔绝的个体。儒家的圣者绝不隐遁独立于世。相反,正像杜维明和泰勒所说,这一神圣追求的范围包括由家庭(子女、父母和祖先)、辅佐天子的朝廷和整个社会组成的一个巨大的互相依赖信任的团体⑤。

如果泰勒对西方儒学研究中忽略其精神层面的批评是正确的话,身体也已从学者们的注意力中消失了。无论是在与他人的社交或供奉祭祀祖先神明中,人的日常身体活动在儒士的生活中占有中心地位。在自古以来儒家关于礼仪的思想中,身体也同样倍受关注。"礼"的涵义广泛,而且一般不区分宗教的或世俗的语境。从词源学的角度看,这个字包括两部分:根据公元一世纪的《说文解字》解释,礼的部首为"示",就是天垂示人们即将降临的吉兆或凶兆的意思。它由此可引

---

① 杜维明,《中心性与共性:论儒家的宗教观》(*Centrality and Commonality*:*An Essay on Confucian Religiousness*),纽约州立大学出版社,1989 年,第 9—10 页。

② 同上,第 95—96 页。

③ 同上,第 50—51 页。

④ 泰勒,《培养圣哲做为新儒学的宗教目标》(*The Cultivation of Sagehood as a Religious Goal in Neo-Confucianism*),1974 年哥伦比亚大学博士论文,第 4—12 页,第 101—105 页。

⑤ 杜维明,《中心性与共性》,第 107—116 页,泰勒,《培养圣哲》,第一章。

伸为泛指神灵。右边的语音字「豊」是一种祭祀的器。《说文解字》说,“礼”的意思是“所以事神致福”[①]。作为祭祀祖先的牲品或奉飨先灵的盛宴,礼规定了在生者与其祖先的神灵之间存在着一种等级关系。这种等级关系在后来礼作为人恰当处理与他人关系的意思中被保留下来。每一种关系中的双方在家庭、社区及国家的等级制度中都占据一个固定的位置。

在史华兹(Benjamin Schwartz)看来,礼是“凝聚整个社会政治规范秩序的粘合剂”;“根据人们在一个等级社会中的相对角色、地位、等级与身份”,礼规定了“人们的行为举止”。伊沛霞(Patricia Ebrey)在分析周末汉初的礼仪思想时指出,礼仪是防范人们不法和放荡行为的外部规范[②]。史华兹却强调社会和家庭间在结构上的相似之处,双方都涉及等级、权威和权力。他认为,因为孔子“将家庭与祖先崇祀的仪式联系起来……理想的家庭是所有这些价值观的终极源泉。这些价值观协调权威和等级间的关系,为任何文明社会中所必需”。对孔子而言,家庭恰是权威得以接受与行使的领域。但其执行不需仰赖胁迫,而是通过基于亲属纽带基础上的宗教和道德情怀所产生的约束力[③]。

在儒家历史上,关于“礼”的概念在孔子思想体系中的重要性一直是一个争论不休的问题。最早如孟子(公元前372—289年)已将礼与仁、义、智并列为最重要的德行之一。但孟子更重视仁与义,因为仁产生怜悯之情,义则反映人爱善厌恶的内在倾向[④]。古代批判孟子最力的儒家学者荀子(死于公元前238年)则反驳道,自私为人的本性,由此而生万恶。荀子认为人并非天生即拥有孟子所列举的德行,但透过

---

① 许慎编,段玉裁注,《说文解字》,经韵楼藏版(1815),卷1,页4。

② 伊沛霞,《儒家与家庭仪式》,第25—28页。伊沛霞没有区分作为合理化意识形态的礼和对礼的世俗理解。前者像所有的有组织的保守宗教一样起到长期巩固阶级地位现状的作用;后者在保存礼仪的合理化影响的前提下忽略其隐含的宇宙观和形而上学的含义。

③ 史华兹(Benjamin Schwartz),《古代中国的世界观》(*The World of Thought in Ancient China*),哈佛大学出版社,1985年,第67—70页。

④ 同上,第263—268页。《论语》第四章中把仁作为最重要的德行。

自觉的努力和学习先贤制定的礼仪,人有能力克服本性之恶[①]。存在于仁和礼之间的这种张力在几千年儒家思想历史上引发了众多的争论,并继续推动最近的学术研究。例如芬格莱特(Herbert Fingarette)最近指出,仁“是未经雕琢的……原始的冲动与潜能。这种冲动与潜能可用来造就一个成熟的人”。但仁的意义又是隐晦不明的,并不在自觉意志的层次上运行[②]。因此,“仁”在《论语》中的意思不应被解释为人与生俱来的良知。芬氏主张,孔子从没有把伦理看作一种内在的道德选择,因为在《论语》中,内在的道德自我这一概念本身根本就不存在被抛弃的可能性[③]。芬格莱特认为,在《论语》中,自我作为一种道德原动力是通过“圣礼”的力量实现的。这一过程无须使用策略或武力,而是通过表面看来毫不费力地掌握“仪式、动作手势及咒文”来完成。仪式的影响的效力并非源自自我——自我在这儿被看作是人类群体中被各种固定界限定义的单个人。这个人类群体是通过其成员归顺礼而产生的。在此,礼被理解为一个实践人的冲动的过程,而不是“机械地完成某些常规惯例”[④]。

对芬格莱特这一观点的反响有助于我们更好地理解古代儒家思想中仪式的涵义。譬如,杜维明重申,仁是内在的美德。它倾向于通过仪式以怜悯之心的形式自发昭显[⑤]。史华兹则反对芬格莱特关于仪式之意义只存在于外在行为而非内部自主性的主张[⑥]。芬格莱特认为《论语》不愿论及内在自主生活。史华兹的观点则正好相反。他认为此一主题正是《论语》中几章的重心。例如,孔子在《论语》第三章第一和第二节表露出的对地方家族霸主僭越王家典仪的愤怒并非针对

---

① 有关荀子关于人具备习善的能力和他对孟子的批评,见《荀子》第二十三章《性恶》。

② 芬格莱特(Herbert Fingarette),《孔子:即凡而圣》(*Confucius: The Secular as Sacred*),纽约哈柏与罗出版社(Harper & Row),1972 年,第 48 页。

③ 同上,第 19—24 页。

④ 同上,第 7 页。

⑤ 杜维明,《仁作为有生命力的隐喻》(Jen as a Living Metaphor),收录于《儒家思想:人格作为创造性转化的动力》(*Confucian Thought: Selfhood as Creative Transformation*),纽约州立大学出版社,1989 年,第 81—92 页。

⑥ 芬格莱特,《孔子:即凡而圣》,第三章。

他们对仪式细节的无知或祭祀中的失当,而是针对他们因为缺乏正确的内在主观性而导致的仪式的道德沦丧。孔子于是在第三章第三节说这些人"人而不仁如礼何?人而不仁如乐何?"在同一章中,孔子又说,他不能容忍看到某些人"为礼不敬,临丧不哀"(《论语》第三章第二十六节)。史华兹指出,仁——"真正的内在德行"——崇敬和悲痛,都是自主的状态,是赋予典仪神圣意义的内在源泉①。他认为芬格莱特不愿意承认孔子已经提出了内在道德生活的概念是为了避免对《论语》进行心理学角度的分析。这种倾向反映了芬氏自己纠缠于现代西方心理学/社会学的对立,而与他在《论语》中发现的任何概念无关。这种关于个人因参与任何外在的自我维持的"各种行动"就意味着他本人就没有任何内在自主生活,或他的内在生活不会对他的行动有任何影响的观念是芬格莱特强加给《论语》的②。

其实,史华兹对内在道德的强调和芬格莱特的看法之间的差距并不如他想象的那么远。史华兹列举的自主品质——特别是仁与义——在《论语》中被提到或认证时几乎总是以外在特征为基础的。这些特征通常是在看得见摸得着的情况下导致的内在秉性的外在表现。这些古代典籍很少把仁、义和敬作为像心或性等本体来进行形而上的论述。(后来宋明理学家从古代典籍中引章据典,发展出复杂的形而上学框架。这些框架用有特定本体地位的具体材料来标志情感状态。)芬格莱特并非着眼于否认外在行为有其内在的一面。相形之下,他要质疑的是把一个内在主题看作是先于并独立于其他主题的实体这种观点。和杜维明一样,芬格莱特把自我定义为各种不断变化的关系互相作用的产物。与杜维明不同的是,在仁被人的经验塑造之前,芬格莱特不愿赋予它一种假设的倾向。

① 史华兹,《古代中国的世界观》,第72—73页。
② 同上,第74页。

礼仪的执行和礼仪信仰

芬格莱特关于孔子视礼仪的意义在于行为本身而非内在自主性的看法和史华兹对他的反驳意见，同样反映在关于礼仪的执行和礼仪所表达的信仰的争论中[①]。几位学者已经注意到中国社会不同阶级阶层对礼仪和崇祀物的理解存在的巨大差别。例如华琛（James Watson）发现，在两个相邻的村子里，因识字率、家族地位（即某家族是否控制地方社会）和性别等变量的不同，人们对天后崇拜的看法也大不相同[②]。华琛认为，历代政府通过成功地统一礼仪，而非地方和区域性崇拜的意识形态内容而成功地实现了跨阶级和地理界限的文化整合。国家通过推动调节正统实践作法（orthopraxy）——即礼仪的正确执行——而非正统观念（orthodox）——即对礼的具体含义的正确信仰——来实现这一目标。华琛认为，国家视礼仪的执行重于对礼仪的信仰——“只要礼仪被正确执行”，个人对某个具体仪式“信仰方面的理解并不重要”[③]。

罗友枝（Evelyn Rawski）则认为，至少从宋朝（960—1279）开始，帝国官僚机构不仅十分重视向不识字的大众宣传正统信仰观念（orthodox），而且取得了很大成功。她的证据有三：即“死者和生者之间亲族关系延续”概念的传播；“祖先可以为子孙后代祈求神明”这一信仰的

---

① 自1870年开始，研究原始文化宗教源起的人类学家主张有关死者的神话奠定了人类文化的基石。另外的人类学家则认为，宗教起源于对现存社会秩序的超人的表现的仪式崇拜。见贝尔（Catherine Bell），《仪式：角度和层面》（*Ritual: perspectives and Dimensions*），牛津大学出版社，1997年，第一章；周克勤，《清朝的朝拜仪式》第一章。

② 华琛（James Watson），《统一众神：南部沿海天后崇拜的发展，960—1960》（Standardizing the Gods: the Promotion of the Tien Hou Along the South Coast, 960—1960），收录于《帝制中国晚期的大众文化》（*Popular Culture in Late Imperial China*），加里福尼亚大学出版社，1985年，第292—324页。

③ 华琛，《中国丧葬仪式的结构》（The Structure of Chinese Funerary Rites），收录于《帝制中国晚期的死亡仪式》（*Death Ritual in Late Imperial China*），加里福尼亚大学出版社，1988年，第4页。

影响不断扩大;与孝有关的价值观念日益根深蒂固。后一点特别体现在对正确服丧的重视。罗友枝提出,儒家学者并不认为信仰总先于礼仪的执行。相反,他们相信礼仪的执行会促进信仰的灌输。因此地方官员企图通过提倡正统仪式方法来促进正统观念的传播[①]。对很多文人来说,在孔庙进行祭祀的礼仪即是在一个腐败世界中建立一个礼仪化生活的真正圣所。该论点在吴敬梓(1701—1754)以文人生活为题的《儒林外史》中得到生动体现。《儒林外史》以极大的篇幅尖锐嘲讽官员的腐败和儒家价值观念的沦丧;其唯一的例外是描述一群士绅以极高的热诚筹建一座庙宇以祭祀泰伯(根据传说,泰伯曾把周的王位让位于其胞弟)[②]。商伟就此提出一个问题,吴敬梓在描写乡绅们祭祀泰伯时为何没有触及这些人的内心世界。相反,商指出,吴笔下的祭典基本是把政府祭祀孔子的礼仪指南翻译成白话文[③]。商伟主张,吴敬梓笔下的学者们——和儒家文人作为整体——并没有将祭祀的含义及其具体执行分离开来:"道德真谛存在于远古圣贤制定的礼仪典章中。它可以昭显于现世,但实现的途径不是对理论的抽象推敲,而是通过彻底研读儒家典籍对礼仪的论述。在现实中实现道德真谛的唯一途径是通过实践礼仪。"[④]

在描述关羽从八世纪佛寺保护神转变为十七世纪被国家认可的

---

① 罗友枝(Evelyn S. Rawski),《一个历史学家对中国的死亡仪式的研究视角》(A Historian's Approach to Chinese Death Ritual),收录于《帝制中国晚期的死亡仪式》,第23—24页,26、28页。司徒安(Angela Zito)补充说明,这种把仪式视为表演的方法,通过把有灵的心与行动的顺从的体分离,进一步证明了笛卡儿的身心两元论。华琛关于参与表演比信仰更重要的观点好像把笛卡儿作为确切可知的心重于不可确知的体的论段颠倒了过来。但把礼诠释为舞台上演员的表演,人类学家具观察力的心则因此可以声称其可以恰当地解释仪式表演的含义。司徒安,《身体与笔:十八世纪的大祀作为文本和表演》(*Of Body and Brush: Grand Sacrifice as Text/Performance in Eighteenth-Century China*),芝加哥大学出版社,1997年,第52—60页。

② 关于对泰伯祭祀崇拜的历史,参见商伟(Shang Wei),《泰伯庙的坍塌:〈儒林外史〉野史研究》(*The Collapse of the Taibo Temple: A Study of The Unoffical History of the Scholars*),1995年哈佛大学博士论文,第102—115页。

③ 同上,第134—139页。

④ 同上,第155页。

战神的过程时，杜赞奇（Prasenjit Duara）分析了一个和华琛研究的类似的过程。杜氏强调，对这位汉末将军进行重新诠释的过程中存在着连续累积。各种新群体——佛教徒、道教徒、帝国官员和一般大众——在表述其各自利益与价值观念的过程中赋予关羽各种象征意义：有时他们重申某些现存的象征意义；有时他们给予关帝新的象征意义。在这个连续层加重新诠释——杜赞奇称为“题名”（superscribing）——的过程中，人们从未或极少抛弃已经存在的象征符号。结果关帝祭祀成了一个竞争诠释权的场地。参与这场竞争的群体彼此间协调，不断扩充这一祭祀的涵义[①]。

孔庙祭祀，就像对关帝和帝制时期众神中其他神灵的祭祀一样，本身也是一个竞争诠释权的场地。儒家文人们于此争论有关正确的信仰和实践的问题。这些争论的结果被珍藏在祀典中，成为官方法规的一部分。这样在中国境内的任何一个角落，仪式的涵义和实践才会整齐划一。当然，上述只是官方的意图而已。与其他庙堂祭祀一样，这种官方措施的结果往往远远不能达到统治者的要求。但由于朝廷不断对祭孔仪式的检视和对仪式文本的规范化，与大多数其他庙宇相比，孔子祭祀的仪式要统一得多。尽管如此，在整个帝制时期，儒家学者对祭孔的意义及其形式一直争论不休。

祭孔、儒学派别与“Confucianism”

孔子祭祀属于祀典众神中的中祀。此外皇帝与官员们亦在其他几十个庙堂里及坛台上执行祭祀仪式。中央政府并没有一个统一的机构来监督这些祭祀活动。礼部虽然被授权管理对各个神明的祭祀，但所有的朝廷官员却都可以参加关于重要仪式问题的讨论。事实上，地方官员关于祭祀细节的上书经常引发在朝官员间的大辩论。另外

---

① 杜赞奇（Prasenjit Duara），《题名象征符号：有关中国战神关帝的神话》（Superscribing Symbols: The Myth of Guandi, Chinese God of War），《亚洲研究学报》（*Journal of Asian Studies*），第 47 卷第 4 期（1988 年），第 778—795 页。

一个政府机构太常寺监督礼部颁发的仪式规章的执行。与孔子和国朝其他众神的祭祀有关的仪式礼节会传达到所有的政府机构。但其方式过于复杂,因此无法明确各行政机构的明确职责。另外,因为参与祭祀的是受儒家思想、文本和仪式教育的人们,对孔子的祭祀或敬仰活动又同时在书院、私人祭坛和孔子后裔的宗庙进行。这些地方因为不受国朝官僚机构的控制,祭孔的情况因此变得更加复杂。包括天在内的所有众神没有一个享有至高无上的地位,以至可以代表或代替所有接受祭祀的众神。这些神灵互相交叉重合,但并没有共同的汇聚点。他们唯一的共同之处在于他们都从属于天,但又不能为天同化。在一个祭祀多神的神灵地域中,任何一种庙堂祭祀都是不完整的。祭祀众神的一种宗教与一神教的宗教的区别恰恰在于前者整体中没有一个单个的神可以代表或代替所有其他的神灵,后者反而只有一个单独万能万知的帝神。

需要指出的是,西方汉学家常用的"Confucianism" 一词和从唐代以来文人所指的"儒"的含义不完全一致。前者指孔子的门徒们以及战国以来所有自认为传授先师之道的学者的思想。而这些人即被称为"儒"、"Confucian"。由于经过长期儒学派别争论,"儒"的含义则更复杂。尤其是自从唐代韩愈的《原道》篇以来,历代儒家通常从某个学派的观点来判断真儒与异端的区别。但从唐玄宗开元二十七年(739)在国子监的庙堂中追谥孔子为文宣王,诏敕其神像南面而坐,一直到明清两代,孔庙里的至圣先师孔子则一直是儒学传统唯一的圣人和核心人物。从孔庙释奠变迁的角度来看,唐代以来的儒学传统与汉学的"Confucianism"一词意义相当。

尽管孔子作为儒学传统核心人物的地位被普遍接受,但儒家们一直就学说、教条、仪礼、训诂等问题争论不休。从宋代开始,道学家们给予五经以外的儒家经典学说特殊地位并视其为更根本的真理——"道"的宝藏。道学门人提倡照义理说明五经四书里的精髓真理以及相传圣贤十六字传的道心人心分说的密旨,并强调该真理便是汉唐儒家没有承继的道统。宋明道学门人按照谱牒的理论来重构儒学传统,使之变成一个一脉相承的道统。在道统之外的儒家属于俗儒、杂学或异端学者。在元朝撰修的《宋史》中,道学的地位已高于儒学①。明代(1368—1644)的程朱学派貌似主宰了国教(例如学校课程以及孔庙从祀等等),但儒家传统实际上却分裂为多个派系。中国历史上并非只有一种儒家传统。儒家传统有很多种(所以 Confucianism 一词应该用复数 Confucianisms)。其中不乏从更广泛意义上研究儒家的学者,但即使他们貌似宽泛包容的框架也极少平等地对待所有儒家文人。相反,这些学者构建了等级森严的世系图,把具有不同倾向的学者放在不同的、不平等的层面上。这样做的目的往往是为了协调学者间的论战或通过哲学上的综合来缓解某些争端,并非为了让各个学派根据自己的主张畅所欲言或发扬光大各个参与论战的学派的多元观点。在这个倾向于进行哲学综合而非阐明关于真理的论争的儒家学派中,黄宗羲的《明儒学案》是一个重要的例外。黄的著作有意识地恢复了儒作为各家学派赖以开展争论的起点的地位②。在此,儒与我们创造的不成熟的、排斥性的 Confucianism 一词意义最为接近,但其含义仍不尽相同。

结　论

本文运用跨学科研究视角证明,儒家思想不单单是统治阶级的哲学和意识形态。它重新考虑某些现代学者关于儒家思想标志着"从仪式到伦理思想的转变"的观点。其目标是强调仪式理论和实践在儒家思想中的重要性。这个研究角度意味着使用多元分析方法和常被学者忽略不计的材料。本文强调儒家的身体和崇祀的实践和儒家学者

---

① 魏伟森,《宋明清儒学派别争论与〈明史〉的编撰》(Confucian Sectarianism and the Compilation of the Ming History),《明清研究》(*Late Imperial China*),第 15 卷第 2 期(1994 年 12 月),第 53—84 页;《杭州大学学报》哲学社会科学版,第 24 卷第 1 期(1994 年 3 月),第 66—72 页。

② 有关儒家学者对其传统的建构,见魏伟森,《儒道之统系:中国国朝晚期儒家传统的建构与应用》(*Genealogy of the Way: The Construction and Uses of the Confucian Tradition in Late Imperial China*),斯坦福大学出版社,1995 年,第二章。

与非儒家局外人之间就这些问题的长期争论。从这个方面来讲,这种方法与许多现代学者的习惯背道而驰:后者往往从世俗的观点来考虑儒家思想,且统统把它归入“世界哲学”之列。这种研究方法会难免忽视孔子祭祀与儒家的仪式实践在儒家思想体系中的重要性。

1898 年:中国宗教终结的开始?*

高万桑(Vincent Goossaert) 著

王 燕 译

1898 年 7 月 10 日,改良派领袖康有为上奏朝廷,建议凡海内所有书院和祠庙,除包括在《祀典》中者外,都改建成学校。光绪皇帝看到奏折,大为欣喜,他当日即借用康的措辞,颁布上谕。在随后的几周内,著名的《申报》社论三次论及这道上谕。社论并不把上谕当作会促进全国范围内从无到有创建公立学校的法规,而是将它看成宗教改革的宣言:其宗教政策的改变将要把祠庙崇拜和祠庙从业人员如和尚、道士以及巫师从中国清除。事实上,这确实是一场宗教改革,尽管目前中国和西方史学普遍忽略了所谓的"戊戌变法"(1898 年 6 月 11 日至 9 月 21 日)和后来的现代主义政策中宗教问题的重要性。我们将会看到,其重要性在一些改良派领袖的著作以及那些被现实后果影响到的人群中可以被衡量到。

戊戌变法本身,连同没收祠庙的上谕都是昙花一现,到 1898 年 10 月,没收上谕被撤销,祠庙僧侣和住持们可以松一口气了①。现在还不

---

* 这篇论文于 2003 年在纽约举行的亚洲研究学会(Association for Asian Studies)年会上首次发表,小组讨论的论题为"中国宗教的竞争与冲突"。我要感谢我的小组成员杜赞奇(Prasenjit Duara)、苏堂栋(Donald Sutton)、沙怡然(Isabelle Charleux)和戴文琛(Vincent Durand-Dastès)以及听众的反馈。我要特别感谢巴斯蒂(Marianne Bastid-Bruguière)、韩书瑞(Susan Naquin)、康豹(Paul Katz)、张倩雯(Rebecca Nedostup)和宗树人(David Palmer)以及《亚洲研究学刊》(*The Journal of Asian Studies*)的两位匿名评委,他们阅读了早期的稿本,并帮助我形成了我的论点。

① 1898 年 9 月 26 日上谕:"其各省祠庙不在祀典者,苟非淫祀,著一仍其旧,毋庸改为学堂。"(《光绪朝东华录》,第 4203 页至 4204 页)

清楚当时有多少祠庙成功地变成了学校,很明显数量相当少。然而,松一口气只是暂时的,因为在新政伊始的1901年以及更大规模地自1904年以后,不少地方官员和人数更多的改良激进分子开始利用这个奏议,攫取祠庙的土地和基建来建造新的、上命的机构:一开始大部分是学校,后来有自治局、兵营和警察局、邮局等等。清朝的最后十年和随后民国的三十年里,1898年还存在的一百万座中国祠庙中,大概超过半数其宗教设备和活动都被摧毁一空[①]。在整个20世纪的进程中,祠庙没收和毁坏[②]不仅仅是社会和政治现代化的副产品,更是宗教政策的结果,即一种有意识的、有明确目的的政权与宗教机构的新关系,且这项政策源起于1898年的宗教改革。"毁庙办学"的口号以及支持它的众多文本同时强调了两点:宗教改革和教育改革。

关于1898年至今毁坏祠庙和更宏观的反迷信政策这个过程的研究相对较少,也超出了这篇文章的范围(这方面的研究主要关注1911—1937年间,包括了张倩雯[Rebecca Nedostup]2001;杜赞奇[Prasenjit Duara]1988,第148—157页;杜赞奇1991;杜赞奇1995,第三章;枚田谛亮1984;释东初1974,第72—77页;维慈[Holmes Welch]1968,第146—152页各处,三谷考1978;施舟人[Kristofer Schipper]2002;高万桑[Vincent Goossaert]2003)。我的目的是搞清楚1911年辛亥革命之前,哪些社会和思想史上的事件在早期推动了它的发生。我关注的事实、文本和观点都早于1926年至1937年间国民党领导的来势凶猛的反迷信运动。我意图表明这些运动的许多内容早在1898至1911年间就已经存在了。为此,我尽量用"儒教原教旨主义"(Confucian fundamentalism)、"反教权主义"(anticlericalism)和"反迷信"(antisuperstition)等术语来称呼1898年前后有关宗教话语的各种变化。

---

① 这一初步估计的根据是一项仍在研究中的20世纪祠庙毁坏史,它将会单独出版。它建立在各种档案资料以及中西文出版物基础上。

② 我在这里使用"毁坏"(destruction),尽管在许多情况下,祠庙并不是被夷为平地,而是被另作他用。但我发现这个词很有用,因为许多宗教器皿在此过程中被毁坏了,并且宗教生活往往被有意识地根除了。更重要的是,许多这里提到的资料使用了"毁"(destroy)这个字,用来描述占用祠庙、移作他用。

我使用这些术语是为了解释宗教态度和信念上的不同,实证主义史学家倾向于笼统地称它们为"理性的"(rational)、"世俗的"(secular)或者"反佛教的"(anti-Buddhist),可这些术语对理解此项研究中的事件既不合适又无用处。我将儒教原教旨主义定义为反对一切儒学经文中没有的观点和实践①,将反教权主义定义为反对宗教制度化,尤其是庙观和靠法事生活的专职僧侣。反教权主义在这里主要指反对和尚和道士(而不是作为学说系统和精神传统的佛教和道教),尽管这个概念在帝制晚期的中国背景下可有更广泛的用法(高万桑 2002b)。如我所示,儒教原教旨主义和反教权主义这两个互不相同又部分重合的意识形态,是帝制晚期宗教思想中的重要因素,而反迷信是为出现于20 世纪之交的新现象,即反对与尚可接受的宗教相反的所谓不理性的、落后的观念和行为。儒教原教旨主义和反教权主义这一方与反迷信这一方的对立是我论点的关键,并且我认为,它解释了 1898 年发起的对中国祠庙史无前例的扫荡。尽管儒教原教旨主义和反教权主义本质上公开反对祠庙,但它们并不许可大规模地毁坏祠庙,而反迷信的核心计划之一便是破坏。

我的设想是,尽管 1898 年没收祠庙的上谕并未立即见效,但它发生在对中国宗教的政治和社会话语发生变革的时代,而这个变革触发了"庙产兴学"(也称为"毁庙办学")运动。因此,我首先检视有关1898 年上谕的各种话语,并区分两种典型趋势:一为传统型的,它套用了反教权主义和儒教原教旨主义观点;二是全新的,它提出了宗教上的反迷信途径。这两个趋势虽都属于一种理论构建,而且往往在文本中也互相混淆,但彼此有各自的独立完整性。其次,我将通过概述1898 年前关于中国宗教的话语并介绍出现于 1898 年的新话语来更加

① 此原教旨主义与思想史历史学家们指称的帝制晚期儒学纯粹主义大部分重合(参见周启荣[Chow Kai-wing]1994)。由于中国宗教有三个制度组成部分,加上专职人员和经文(三个宗教:儒教、佛教和道教),因此理论上有三个独立的原教旨主义在运作。道教原教旨主义至少从宋朝以来已经消亡,佛教原教旨主义直到民国时期才恢复。唯一还在帝制晚期运作的原教旨主义是儒教,并且,儒教是否现代中国宗教的原教旨主义组成部分确实还有待争论。

深入地印证这两种趋势,以便突出这个变化。最后,我会概要说明其延续、变化以及它们对20世纪中国宗教状况的影响,包括毁坏祠庙的过程。我的研究资料包括从不同文体中收集的大量相关文本的样品:报纸——尤其是被广泛阅读的日刊《申报》,以及政治思想家的著作、官方文档和小说。

宗教、政治和现代化

不论我们使用今天宗教的普遍定义还是宗教在中国的专门定义,都不能理解任何1898年前后的历史事实以及当时的话语。在中国知识界,“宗教”(religion)如今的意思是一个完整连贯的、排他性的思想与实践体系,有类似教会的组织,有别于社会。这个定义从文艺复兴后的欧洲引进来。虽然它适用于基督教(实际上,“宗教”这个词最早在中国使用时主要指称基督教),但它不能充分描述中国情境下的宗教生活。事实上,这个概念在1900年左右的中文中出现是此项研究关注的过程之一部分,它的出现也极好地适用于反迷信政策(张倩雯2001,第18—27页,陈熙远1999、2002)。

不过,晚清中国没有任何制度符合宗教定义的事实并不能让我们避而不谈中国宗教生活。虽然它完全植根于自己的社会经济背景,却仍然是有关仪式、信仰和拯救的一个独特的思想和实践领域。所以,我的出发点并不是一种宗教的哲学构建,也不是何谓宗教的西方定义,而是1898年中国宗教生活的经验事实——即使今天也一样:即个人拯救的传统(静坐与身体技术、道德以及得到神启,特别是通过扶鸾的神启)、集体庆典(地方圣贤和祖先崇拜、葬礼)以及三种制度化了的宗教:佛教、道教和儒教①。这三种制度化了的宗教虽由独立的神职人员、经典(诠释正统的经文)、礼拜仪式和培训中心(祠庙、学院)来

---

① 在本文中,我系统地指称儒教为宗教,并且,我把“教”翻译成现代的、人类学意义上的“宗教”(religion),虽然我清楚地知道,事实上,我也很留意19世纪末20世纪初人们对儒教、其他“教”以及当时理解的西方概念上的宗教之间的关系有不同的阐释(参见陈熙远1999)。

精确定义各自的体系，但它们并非绝对孤立地存在着，因为它们为礼拜和信仰相互合作，并公开共享文本、价值以及观念。这三种制度化的宗教连同地方性的崇拜和礼仪传统以及它们的专职人员（巫师、占卜者、秘密教派领袖等等）共生且合作，但并不是如常描述的那样融为一体了，它们共生，但不是合并，也没有失去它们的特性。应当说，它最适合被当作一种多元宗教系统来分析，其特征是：依据不同的地域、社会阶级、经济地位、族群或其他特性，在群体和实践活动间有许多礼仪和神学的连续性以及独特性，有时候甚至是紧张状态。同其他学者（如王斯福[Stephan Feuchtwang]1991）一样，我称此多元化的、内部竞争式的宗教系统为“中国宗教”（Chinese religion）——一个仅是启发式的、然而有用的概念。

晚期帝国政权对这个系统的政治管理在于承认并企图控制神职团体（儒教的、佛教的、道教的）以及大量的膜拜群体（宗族、公所、地方神祇崇拜）并查禁其他群体（秘密宗派群体、淫祠）。宗教和政治纠结的原因在于诸多社会经济体如宗族、会馆或乡村团体和结盟被官方认可为膜拜群体。尽管维持社会秩序的考虑在官方的宗教政策实践中（尤其是那些秘密宗派活动的案例）常显得很重要，但把整个帝国政权的政策归为安全考虑实为误导，因为承认或者查禁（更确切地说是企图查禁）某些崇拜、专职人员或仪式的决定常常纯粹取决于道德-神学（moral-theological）的原因。例如：巫师、女居士集会和各种演戏酬神仪式都被禁止了，并非由于它们威胁到了政权，而是因为它们违反了原教旨主义儒士设想的道德的、象征性的宇宙秩序。

相反，民国时期对宗教界的管理植根于另一套非常不同的模式，它源于西方，承认一系列中国范围内的宗教（指基督教、伊斯兰教、佛教和道教，后两者为狭义的、纯粹主义意义上的定义）以及它们的自治机构；它禁止任何未融入这些宗教的公开仪式性的、盲目性的或者有关鬼神的活动。在中国宗教领域内，这相当于戏剧化地重新定义并缩减了法律上以及思想上合法的宗教活动的范围，特别是排除地方祠庙崇拜。本文旨在检视从前一个模式到后一个模式的过程，且指出现实中它们的许多重叠。这个过程并非没有类似情况,在其他一些国家,19 世纪末 20 世纪初的政治现代化同样导致了政权—宗教关系的全盘变革。尽管由于中国宗教的特殊结构使得中国情况独一无二,但相似的原因和结果也可以在其他地方观察到。事实上,这有利于我们弄懂在中国发生的事情。

比较性阅读给我最大的启示之一是:晚清中国和许多其他近代时期的国家一样,对宗教的争论和攻击时常不是理性的无神论者反对信徒,而是不同的宗教观的彼此对立。譬如:19 世纪末 20 世纪初法国对抗反天主教会教权的冲突,导致了极有争议的把宗教等级从学校中排除出去的冲突(1901)和最终达成政教分离法律的冲突(1905)。冲突的双方都仰仗了坚定的、公开自己信仰的教徒(天主教的和新教的)(鲍勃勒[Jean Baubérot] 2004)。某些教徒支持国家政权压制社会群体,防止它们起到宗教的和社会政治的作用。这些教徒实际上遵从了世俗主义范式,认为个人应当有信仰和行动的自由,但围绕着宗教信仰和活动创建的社会机构则只能存在于单独的宗教领域,而不能承担社会的、政治的或教育的角色。

同样地,在中国,许多改良运动的领袖都是宗教传统(spiritual tradition)的积极实践者,其中一些人,如章太炎(1869—1936)和梁启超(1873—1929),参与了一场声势浩大的有影响力的佛教思想复兴运动(郭嘉碧[Gabriele Goldfuss] 2001)。其他人,如孙中山和国民党的一些未来领袖,皈依了基督教。另有一些,如康有为,想象着发明一种源出于儒教的国教①。实际上正是这种精神传统,而不是理性主义和无神论,驱使政治领袖们改良宗教局面。因此,虽然改良派关于迷信、宗教改良和没收祠庙的话语都是为自己的利益服务,且部分为社会和政治的目标所驱使,但它同时是旨在提升中国的精神状况的一项宗教事业,不这么想就大错特错了。换句话说,在晚清、民国以及其他的近代

---

① 康有为的宗教世界既丰富又复杂,他也受了佛教思想复兴运动的影响,后来在 1920—1927 年间成为一个世俗救世社团,即万国道德会的主席。

国家里,政治事务和宗教事务紧密联系,但宗教事务不能被归入政治事务中。宗教理念和规划塑造了政治史,同时也被政治史所影响。

另外一个趋势,也是很少为世俗化理论家们关注的一个趋势是:一些正在现代化的国家政权不仅通过有选择的压制,也通过偏袒甚至创建一些宗教机构,而重新界定了宗教的范围。这些宗教机构采纳了有关文明和文化的现代主义话语(杜赞奇 2003,第 103—122 页),以及民族国家的其他特征,比如一种民族的等级制度,使得它们能够和民族国家对话。若在已有国教的国家里,如墨西哥和俄国(巴特勒[Matthew Butler] 2002;赫斯本[William B. Husband] 2000),革命政权必须要利用此教会来建立它在社会控制方面的垄断。相反,有着多元的、未融合的宗教系统的国家则倾向于建立类似教会的机构。从中国人的角度来看,最现成的比较点为日本。晚清改良者熟悉并从中汲取了诸多灵感的明治维新也包含有重要的宗教方面。明治维新家们针对佛教和庙区(科特拉尔[James Edward Ketelaar] 1990)的社会关系网发动了一场大规模的攻击,同时却建立了一个新的宗教机构——国教神道教——以代替人们对地方佛教团体的宗教忠诚,这些团体则被吸纳进了等级制的国教(哈达卡瑞[Helen Hardacre] 1989)。在日本如同在中国和其他亚洲国家①,近代政治实体准备好了与有等级制且有别于社会组织的类教会宗教进行协商,而不是和组成地方社会的一群宗教团体协商。记住这些后,我们现在就可以看看 1898 年事件的细节了。

1898 年没收祠庙

我所认为的近代中国国家政权对宗教管理的转折点,即 1898 年 7 月 10 日的祠庙没收上谕,是一场更大的运动——戊戌变法——的一部分。这场运动包括力图建立一个近代的、启蒙自西方的教育系统,

---

① 某个殖民地和后殖民地情境下的相似论点,请参见毕卡(Michel Picard) 2003。

建立军事的和经济的机构,所有规划都是为了提升中国的国力以及在帝国主义环境中生存的机会。虽然机构改革的问题(学校和科举、军队、政治机构、经济和工业发展)在改良文献中最为重要,近期研究已经表明社会和道德的改良,包括社会性别问题,也是改良派的规划的一部分(康豹[Paul Katz]、沙培德[Peter Zarrow]2002)。没收祠庙和宗教改良的问题与机构变迁和社会改革都息息相关。康豹和沙培德(2002)收集的论文旨在说明1898年以及随后的晚清新政如何首次力图系统地形成中国式的现代性。这极为符合我有关戊戌前后宗教话语及国家政策变迁的专门论点。

1898年事件最有趣的特征之一是:事实上,收庙办学背后有几股不同的势力在运作。有三个人物格外重要:康有为——戊戌变法的精神领袖;章太炎——极有影响的改良派学者;还有张之洞(1837—1909)——时任湖广总督。张之洞已被许多学者认为是"庙产兴学"运动之父(枚田谛亮1984,第292—297页),主要由于他那篇在1898年第三个月里写的极有影响力的文章《劝学篇》,此文到当年的第五个月已经广为流传了(艾尔斯[William Ayers] 1971,第149—151页)[①]。张的文章主要关注教育改革的技术性问题。但当他在讨论新学校的经费时,他写道,收缴百分之七十的寺庙、道观以及它们的田产就足够了。张坚持认为余下的庙观足以维持修行者们的生活,再说,儒家化肯定会使这两种逐渐衰落的宗教重新恢复活力。张也想过某种形式的补偿(《张之洞全集》1998,《劝学篇》第三章《设学》第9739—9740页)。很明显,张之洞寻求的是资源的最优分配,甚于全盘扫荡宗教机构。

另一份写于1898年春天、恰值戊戌维新之前的文本,是章太炎的《鬻庙》(章太炎1984,《鬻庙》,第98—99页)[②]。此文支持出售(以便

---

① 傅吾康(Wolfgang Franke 1960,第43页)和维慈(Holmes Welch 1968,第11页)错误地认为《劝学篇》在这份上谕之后。

② 《鬻庙》的内容后来在章的《訄书》重订本中删去了。前言如下:"戊戌春著。其夏,有毁寺兴学之令,不果行。"

既毁坏又重新利用)“淫祠”,还有,最重要的是出售那些被看成藏污纳垢之地的佛庙和道观。章太炎在文章最后写道,出售淫祠和庙观另有一个好处:为新学堂筹得经费。如此一来,张之洞文中表达的主次就被颠倒了。1898 年,章太炎是个热忱的改良派,后来成了革命派,但他最终与康有为分道扬镳,因为后者对中国文化的定义是纯儒家的,这不符合他的广博的视野。实际上,他在后来的岁月里对佛学产生了浓厚的兴趣。

很难断定张之洞和章太炎的见解怎样影响了康有为 7 月 10 日的奏折,但读这些文章时可以很清楚地看到这三项计划的不同之处。康有为的奏折《请饬各省改书院淫祠为学堂折》(清华大学历史系 1998,第 770—773 页),以攻击淫祀结尾。他写道,各村都有几个有田产的祠庙,它们都能被没收并改建成学堂,所有的村童都须在那里接受强制教育。这里没有提到佛教和道教[1],其攻击的对象不是某种宗教机构(庙观)类别,而是所有的庙。其次,康并未提及要被没收的祠庙的定额,也未提及补偿,所有的祠庙都要改。这个观点明显符合他的更宏大的筹划——立儒教(他称为孔教)为国教并取缔所有其他宗教机构,虽然 1898 年变法期间康对这个方案并未详谈[2]。而他早在 1895 年那封著名的致皇帝的信中已经提出要把所有淫祠、甚至除孔子以外其他儒家圣贤的正统祠堂都改建成孔庙(康有为 1990,2:第 97 页;《上清帝第二书》,1895 年 5 月 2 日;《上清帝第三书》,1895 年 5 月 29

① 确实,在后来的私人著述中,康宣称在他自己的想法中,佛教寺庙不是要被破坏的“淫祀”一类,他自己也没有料到一些暴徒会利用这个机会攻击寺庙(清华大学历史系 1998,第 772 页)。

② 《请尊孔圣为国教立教部教会以孔子纪年而废淫祠折》的著名奏折阐述了一个具体的根除中国宗教、立孔教为唯一国教的计划,实际上它是伪造的,即它是后来写的,并未上呈皇帝(参见黄彰健 1974,第 464—470 页)。此文建议设立教部,令所有中国人每周在自己的地区教会参与儒家集会,儒家经典则由一个儒教牧师朗读。文章也包括对中国宗教的激烈抨击。康说,两千年中,一个散漫的国家允许民众建各种各样的淫祠。如今,洋人“欧美游者,视为野蛮,拍像传观,以为笑柄,等中国于爪哇、印度、非洲之蛮俗而已”(康有为 1990,第 65 页)。他继续论道,偶像崇拜甚至到了崇拜动物的地步,贬低了中国,导致中国位于野蛮国家之列,是为奇耻大辱。

日,2:第148页)。康的方案是儒教原教旨主义和特别受苏格兰浸礼会传教士李提摩太([Timothy Richard]1845—1919年)影响的基督教的大胆混合物。事实上,7月10日的上谕发布后,谣言四起,说康用药迷住了皇帝,让他皈依了基督教(清华大学历史系1998,第773页)[①]。总体而言,康对从西方角度看中国宗教表现出极度敏感,且开启了后来民国时期有关宗教的著述的主要特征:即按照基督教基础上何为宗教的模型重塑中国宗教的渴望。这种渴望在1910年康的弟子们创立官方儒教的努力中被完全表达出来了。陈熙远对此有深刻研究(1999)[②]。

当然,把1898年有关祠庙/学堂问题的著述从更大的政治背景中剥离开来有点武断,但我坚信它们显然揭示了关于宗教的不同立场。张之洞代表传统的态度,他站在中国宗教内部谈论,他可能想遵循儒教原教旨主义路线来改良中国宗教,但决不是革命。他甚至不想毁坏佛教和道教机构,仅仅想缩小它们的规模。此外,他的规划是纯教育性的,他谈及宗教完全因为他认为庙观过量了。对张之洞而言,宗教全然不是首要问题。另一方面,章太炎和康有为把宗教改良视作他们整个计划的一个重要部分。章太炎写道:"今之世,非机祥神道之世也。"(章太炎1984,第99页)康的规划显然也更包罗万象,他要毁坏祠庙崇拜并在其废墟上兴建全新的东西。这点需要详加说明:很明显,7月10日上谕所用术语(抑淫祀,存祀典)看上去符合传统的儒教

---

① 保护传教士的上谕于第二天发布的事实只能更加强化人们的感觉,即基督教必定要根除中国宗教(清华大学历史系1998,第773页;施舟人[Kristofer Schipper]2002,第150—153页)。

② 陈熙远(1999,第二章)坚持认为康有为的"教"仍在中国传统的框架内,不是"宗教"意义上的,这使他有别于民国时期立儒教为国教的企图。同时,基督教的竞争和影响在19世纪使得儒者改变了思考儒教的方式;在1890年代,除康以外的知识分子,包括一些与他无关的人,也提倡建立一个基督教模式上的儒家教会;譬如虔诚的、反教权的儒生兼佛教徒宋恕(1862—1910,《宋恕集》第36页,文本标示时间为1892年)和陈熙远(1999,第87—92页)。这种改变与儒教的传统观念——即中国宗教,包括祠庙崇拜,是个整体——分离了。因此,我坚持认为,尽管宗教和迷信的观念只是在几年后(1901年后)才用来描述中国宗教的新取向,康有为等激进分子在1898年已经是新话语的一部分。

原教旨主义以及大清律法,但其更宏大的规划则显然不是传统儒教原教旨主义,7 月 10 日的上谕也不是这样被理解的。

从语义上来说,以上不同处视"淫祀"这个词语的用法而定。作为一种不合法活动的标志,"淫祀"对不同的人总有不同的含义。有人狭义地去解释它(集中在一些明显的"不道德"崇拜上,譬如猥亵的五通,一直以来都是儒教原教旨主义者们的打击对象。小岛毅 1991,蒋竹山 1995),其他人解释范围更广一些。但无论怎样,它仅仅指称一部分现存的神祇崇拜,即被判为不合法的、异端的,并与公认的"正神"崇拜相抵触的那部分。这正合了 9 月 26 日撤销令上谕的意思:谴责了淫祠但保留了其他祠庙,不管它们是否在《祀典》内。相反,想要独尊孔教的康有为,建议仅保留《祀典》中的祠庙,而把所有其他另归为没收的目标"淫祀"。他把他的观点表达得足够清楚了,因为所有现存的资料显示改良派和普通民众都把 7 月 10 日的上谕理解为毁掉所有祠庙,而不是毁掉选定的几座,并查禁一些举行国祀的祠庙[①]。换句话说,康没有使用标准意义上的"淫祀",而是让它成为适用于所有下层崇拜的标签,相当于完全再造了儒家神学。这可能被看成一桩神学琐事,但它不是。无论何种情况,无论中国还是其他国家,神学决不是一桩琐事。

因此,尽管看来他们都站在相似的立场上(用庙产为新的教育系统提供经费),实际上张之洞和康有为采取了非常不同的态度:张主张从现有的宗教系统里搜刮经费而康则要毁坏这个系统。史学家们可能对这个分析并不惊讶,他们一直以来把张之洞看成一个竭力使中国适应它的近代困境但不破坏它的社会构造的保守派,而康有为是一个准备进行彻底变化的真正的近代化先驱。不过他们有关宗教问题的分歧可能不仅仅是更宏大的政治对立的结果,它表达了精英头脑中中国宗教话题的分裂。这个分裂,连同宗教问题的重要性在报纸上反映了出来。

---

① 应当说"《祀典》中的祠庙"同样是个模糊的说法。它可以宽泛地解释为《祀典》中提到的神庙,也可狭隘地解释为官方祭祀指定的祠庙。例如,《祀典》承认每县有一座关帝庙,但任何原教旨主义儒者都不会建议摧毁任一县里的其他几十个关帝庙。

《申报》支持宗教改良

《申报》的反应也许不能代表整个中国社会对祠庙困境的答案，但至少它内容丰富、多元且引人入胜。近来对早期中国报纸，特别是《申报》的大量研究已经表明，虽然此报只由一小群主笔们撰写，但它附和了知识分子中所盛行的争议，且竭力地反映不同的观点，由此形成了一个独特的公众讨论时事的平台（维亭霍夫[Natascha Vittinghoff]2002，瓦格纳[Rudolf Wagner] 2001，梅嘉乐[Barbara Mittler] 2004，燕安黛[Andrea Janku] 2003，第147—321页讨论了《申报》在1898年变法运动中的角色）。因此，尽管很难量化《申报》主笔们的观点传播有多广，《申报》突出讨论宗教改良和祠庙没收的问题仍然意义重大。《申报》虽然由英国人欧内斯特·美查（[Ernest Major]1841—1908）创办并经营，但它并不反映基督教的观念。报刊主笔们，包括黄协埙（1852—1924）——1894年至1905年间《申报》主编——是受传统教育的中国士子[①]。作为一个有影响力的媒体，《申报》既反映又影响了精英们对许多问题的看法，包括对宗教的看法。因此，我们会看到，1898年社论中展开的诸多话题后来出现在其他媒体如小册子和小说中就不足为奇了。

首先，《申报》于7月21日和22日发表了一篇为期两天的评论来评判7月10日的上谕。祠庙没收只占上谕的一小篇幅，但评论却把它看得至关重要，因为它花了绝大部分篇幅去讨论它。主笔们热情高涨地支持没收祠庙，理由是改庙办学的决定有益于教育，也是根除“二千载之恶俗”的最好办法。从一开始，就像章太炎的文章所示，“庙产兴学”运动的基本观点就被表明了：毁庙本身与兴学同等重要。紧随

① 《申报》评论如果是它的一位报刊编辑撰写，则不署名（1898年之前，都是中国人所写），如果是报社外的人投稿，则使用笔名。有关《申报》编辑们，参见维亭霍夫（Natascha Vittinghoff 2002，特别是第三章）。

其后有 8 月 4 日和 9 月 9 日的两篇附论，同样支持毁庙①。从 7 月 22 日社论中的一篇短摘录中可以得窥一斑这些文章的立场：

> "至问其所祀为何神，则又皆荒诞不经，为缙绅先生所不道。嗟乎！乱教化、耗资财、启奸盗之□、为良善之蠹，天下所最不容诛者，孰有甚于今日之僧道乎？执笔人于二氏之说素深恶痛绝，以为就□屋宇田产改为善举，因利乘便，事极易行，岂非天下至快之事！"

基于这些评论可以看出三点。第一，话语的暴力（带有污辱性的言辞和令人瞠目结舌的建议，譬如把女尼卖作奴隶）显示一场宗教改良到了紧要关头。三篇文章都坚持认为以前中国宗教改革的努力都失败了，而现在处在一个独特的时刻，即国际竞争使中国陷入了一个生死存亡的境地。第二，匿名评论者们的立场处于张之洞和康有为之间，非常接近章太炎。他们不同意康对整个中国宗教的摒弃，还引用了张之洞的《劝学篇》，就好像上谕的灵感来自于它。所以，这三篇社论几乎未涉及下层神道崇拜问题，而是像张之洞一样，直接把目标专门对准了僧侣和道士。他们并未提到康的宗教规划里最具革命性的主题：结束下层神道崇拜的自治、禁拜下层神祇和偶像。另一方面，他们给《申报》自 1872 年创办以来的数十篇早期社论的传统反教权主题添砖加瓦（高万桑 2002a）：和尚和道士们是中国社会的寄生虫，既败坏了习俗（尤其是性规范方面）又浪费了资源。他们无论如何要被还俗，第一步就是没收庙观。至于占绝大多数的没有僧道的中国祠庙则没有论及。不过，如果说《申报》的立场还是一贯的反教权主义，它的态度却前所未有地强硬。9 月 9 日的评论批评了张之洞保留部分庙观的方案，评论人希望它们被立即摧毁。换句话说，《申报》的主笔们热情地欢迎康有为所宣扬的宗教改良，但却从传统的反教权

---

① 《论中国释道二教有衰废之机》和《寺观改学堂策》。

主义角度来解释它:使中国宗教摆脱其传道人(和尚和道士),他们妨碍了中国宗教“真正的教士”——儒士——履行他们对社会应有的领导。

1898年,中国的政治精英分布于两派之间,一派是那些跟着康有为的激进路线者,如《申报》主笔们,另一派为那些倾向于张之洞的更谨慎路线的人。甚至一些改良派对地毯式地全盘没收祠庙也不赞成①。康要建立一个新教的激进主义方案使得他相当孤立。不过,虽然他的直接继承者很少,可他的某些想法的确影响深远②。尽管多数知识分子没有附和他的救世主式的孔教观点,康仍然影响巨大,因为他是中国最早的、也最大力宣扬用新方法思考宗教问题的支持者之一。这种新方法在1901年以后会成为反迷信运动的基石。尽管反迷信运动者们反对康的人格以及他的出格的方案,他们还是恭敬地引用1898年7月10日的奏折作为他们行动的前奏。

现在我要扩充我的资料库来主要定义两种话语,即张之洞类型的、1898年前的、反教权的、原教旨主义的话语和1898年后的反迷信话语。应注意的是,这两者实际上常常被混淆,这里区分它们仅仅作分析用。

1898年之前的话语

张之洞所用话语可能被认为是多数帝制晚期文人著述中关于中国宗教的典型。但是更为详尽的分析表明,尽管士绅著者们有各种不同的宗教信仰,他们也有一些共同的特点。首先,也是最重要的,所有的著者都隶属于中国宗教。就是说,他们按照符合中国传统的宇宙学

---

① 例如,丘宪于1898年9月11日写给汪康年(1860—1911)的一封信(清华大学历史系1998,第965页)。

② 有个很好的例子:康关于洋人在中国祠庙里为神像拍照的惊人之语(见伪造的《尊孔教为国教折》)于三十年后,被一字不差地用到了南京政府的一项激烈抨击迷信的法律中,即1928年11月的《神祠存废标准》。

说去思考，他们相信身后的命运，他们行葬礼、祭祖，他们还相信因果报应。官员们和士绅们也许对这些信仰的解释有别于中国社会里其他成员的解释，但这并不必然妨碍他们共享同一个宗教世界。

同时，士绅们写的宗教活动的内容里有大量辩证的、激进的话语。这些话语可见于各种各样的资料，包括文章、官方决议和册子以及大量谈论宗教问题的《申报》，特别是该报自 1872 至 1898 年间的社论。我归纳了四种批评意见。其一，针对秘密宗派群体的批评。这已经有深入研究，毋需再议。虽然和尚和道士们常被指控为秘密宗派宣教，但秘密教派群体一直被当作一个单独问题来对待，而且他们在 1898 年的讨论中几乎没起什么作用（后来甚至更少）。其二，批评淫祀和巫师。淫祀的问题，特别是早期的淫祀，现代学术界已经讨论了很多，敌视巫师的研究苏堂栋已经做得很深入了。这些话语基本上是对谁可以献祭、向谁献祭、根据什么礼仪之类的传统儒家宗教价值和规范作辩解。如之前已经提到的，在 1898 年之前的话语中，“淫祀”总被认为是一小部分歪门邪道的神道崇拜，并不涉及那些全国范围的崇拜，比如关帝、妈祖、真武、文昌、城隍等等（即包括在官方《祀典》中的崇拜）。其三，涉及公众庆典的批评，即演戏酬神、大游行、夜间活动、自发的信仰会社（进香会、念佛会），尤其是有妇女参与的庆典。基于他们对社会秩序的担心（担心集体庆典中发生的麻烦，有时候是真实的，大部分仅是幻想）以及对正统行为，或者说“国风”和神学（公众庆典被谴责为亵渎神灵）的顾虑，精英们多反对这些庆典形式。其四，批评和尚和道士们参与社会活动，特别是庙观以外的仪式表演（葬礼、庙会期间的仪式）、香会以及化缘（高万桑 2002c）。精英们对释道二教的态度很复杂。他们有时把它们都看成需要全部禁止的“异端”，而更多时候，士绅们就像皇朝的正统学说那样，认为只要它们囿于正确的范围——庙观内，且限于个人对神圣的追求，这两种宗教就是合法的。

这份批评名单漏掉了什么？当然是祭祖，因为这是儒教核心，此外，还有同等重要的社庙崇拜。社祭的正统性已经在清律关于宗教异端的基本条例中说明了，其条例名为《禁止师巫邪术》。许多著者在官方或者私人著述中也详细阐述过同样的立场。譬如,陈宏谋(1696—1771),这个偶像似的模范官员在他关于下层宗教文化的简述里,把法定的春秋膜拜者与遭禁的自发会社及各种庆典区分开来[①]。当然,在实践中绝不可能区分社祭和香火会,但值得注意的是,在陈的世界里,为什么纪念社神(春秋膜拜者)的乡村庙会占有一席之地?我以为,不仅仅是因为社神崇拜与儒教的标准一样正统,还因为其神道崇拜的组织反映了乡村的社会结构。与自发的信仰群体的会众制相反。它们全然没有违背陈和他的同僚们想象的自然的、父系的社会秩序。

这四条批评意见大多贯穿于帝制晚期的历史,其中一些起源更早。罗威廉(William Rowe)在他对陈宏谋的研究中总结道,陈连同整个帝制晚期的官僚都参与了"虔诚的'理学'信徒们发起的反释道二教信仰及活动的伟大宗教战争"以及"对大众文化的更为不懈的斗争"(罗威廉 2001,第 436 页)。用"宗教战争"这个词,虽然颇有争议性,但确也发人深思。这场所谓的战争中的对阵双方很容易辨别:儒教原教旨主义对阵下层社会以及它的宗教构造(地方神祇崇拜)。尽管他们之间往来的语调很尖刻,但这场冲突几乎没有造成人身伤害,它主要是一场文字和政治决策的战争。

因此,在 1898 年以前已经发生过一次低强度的宗教冲突。不过,有两点值得关注。其一,全国和地方上的针对如先前提到的四类中的活动的无数禁令看来毫无效果,甚至常常完全被忽略了,有时仅仅执行了极短的时间。如前所示,这也许是因为合法的(庙观内的修道生活、宗族崇拜和社神崇拜)不能与非法的(信仰会社、庙观以外的道教和佛教仪式、大型庙会)区分开来。1898 年,尽管许多祠庙在太平天国战争以及其他一些战乱中遭到了破坏,中国宗教的社会结构仍然存在完好。其二,即使是最激进的话语也发自于中国宗教体系内部。换句话说,精英话语建议以回归本源精粹来改良中国宗教,就像经典中

---

① 陈宏谋《风俗条约》收入贺长龄(1889,68.1b—2a)。这是 18 世纪的一篇著述,但它因收入《皇朝经世文编》且发行极广,可成为讨论晚清话语的一个相关资料。

描述的那样，剥去所有经典以外的后来的衍生物。这严格说来是儒教原教旨主义，并非摈斥整个中国宗教。

除了儒教原教旨主义，还有第二个概念——反教权主义，可以帮助我们从宗教冲突中士绅这一方的角度去理解 1898 年前的话语。这个反教权话语叙述了宗教从业人员道德上和智力上的低劣以及他们对整个社会的坏影响，但它并不涉及当时流行的反儒教的反教权主义。这个反教权话语主要是某些士绅对和尚和道士们的（他们看来）很成问题的生活方式和活动的公开敌视。这有时是反宗教话语（从 1920 年代至今）的一部分，或原教旨主义话语的一部分，因为多数原教旨主义儒士对释道二教的公开摈弃是基于反教权的论点，并不是由于他们认为老子和佛祖的教诲一文不值。然而，至少直到 1898 年，绝大部分反教权的话语可以看作"基于信仰的反教权主义"（faith-based anticlericalism），它们来源于一种修辞悖论，即崇高的释道理想和它们的实际活动间的背离。并不是所有针对和尚和道士的暴力话语都是反佛教或者反道教的，当然也有很多是那样。它们通常来源于基于信仰的反教权主义，就是说，它们要通过去除僧侣来拯救佛教或者道教。此外，这个观点不局限于精英，因为秘密宗派活动（它们有时被称为"居士佛教"）基本上也是这个态度，尊重佛祖和他的教义，却鄙视和尚和尼姑（高万桑 2002b）。

有个例子很好地概括了我所说的典型的 1898 年之前中国知识分子关于宗教的反教权话语——郑观应（1842—1921）的著述。郑是个广东籍买办，为帝制晚期官员们发起的各项商业奔波。他比同时代多数中国知识分子更懂西方思想。1892 年，他发表了一项改革中国的政治、社会和经济的方案，题为《盛世危言》。在此书中，宗教被放在《僧道》一章。像许多他同时代的知识分子那样，郑认为中国存在着宗教问题，并建议以强制僧侣还俗来解决。郑声明自己尊重释道二教（确实，他是个道家自我修身的实践者），但认为品行恶劣的僧侣们是大众普遍缺乏宗教理想的原因。按照他的说法，信仰佛教和道教的人们应该有在家独自修行的自由，但他们不应创建寺院。他甚至赞扬伊斯兰教,因为伊斯兰教拥护宗教理想和道德,却没有一个寄生虫似的僧侣阶层。

简而言之,1898 年前关于宗教的话语的特征是:以激进的计划、犀利的言辞(很少人体上的)攻击祠庙、神道崇拜、仪式和专业人员,但我认为,这些话语可归为三个相互交错的关注面:知识分子和僧道间为了道德/宗教权威地位的争斗;社会阶级间(士绅和其他阶层)关于宗教和艺术形式的文化冲突;以及一种更抽象的、神学的反教权主义(宗教不应当是一种职业)暗流。虽然它们争论吵嚷着谁该操控祠庙、应该如何操控,但这三个关注面中没有任何一个像 1898 年 7 月 10 日的上谕一样,旨在彻底怀疑以祠庙为基础的中国下层社会的宗教组织。可以确信,1898 年之前的话语核心在于财政资源问题,钱花在无益的庙会庆典而不是有益社会的事业,此类话题常常出现在讨论中[①]。1898 年前提出的解决方式不是毁庙,而是说服民众更好地花钱[②]。

1898 年后的话语:反迷信的诞生

1898 年前的文本中的许多我称其为"儒教原教旨主义的"和/或者"反教权的"的主题和言论在 1898 年以后继续出现,而且事实上,有一些到今天仍然存在。但在 1898 年之后,它们不同程度地与新的因素混合。这些新的因素主要包括讨论宗教问题的新词汇、处理宗教问题的新文体以及论争性话语的新议题。

1898 年之后不久,新词开始出现在有关宗教的话语中,通常首次

① 1898 年前,很少用祠庙的钱给学堂筹措经费,更多的是把祠庙的钱用作赈灾。至少,这是《申报》在 1872—1898 年间的主要议题。

② 在 1898 年,甚至有这样的建议:不用毁坏宗教机构而用从那里得来的钱为学堂筹措资金。例如,张謇曾建议向僧道征税(张謇 1931,《政闻录》2. 11b—12a)。这样一个较少对抗的方式在 1901 年后继续为许多人所欢迎。1902 年陕西省的一次地方改良同样希望鼓励乡村领袖挪用部分祠庙和节庆的资金办学,而不要扰乱宗教系统,但是到 1908 年,政府实施了一项更强硬的政策:由县官加派的向祠庙和节庆征税。(汤普森[Roger Thompson] 1988,第 199—202 页)。向迷信征税在整个民国时期是一项广为使用的政策。

运用在报纸文章里。其中最重要的是"宗教"、"迷信"和"神权"。它们都是从日语中借用来表达中国话语中那时才出现的西方概念的（陈熙远 2002；张倩雯 2001，第 18—27 页）。"宗教"和"迷信"在 1901 年的流行似乎是由梁启超带来的（巴斯蒂［Marianne Bastid-Bruguière］1998）。这些词汇的运用是有用心的，使用西方概念来描述之前一直用本土术语讨论的宗教活动和理念表达了著者们远离中国宗教的决心。这些概念带来了以前从不存在的区别和裂隙：最大的区别在"可接受的""宗教"和"不可接受的""迷信"之间。此区别和传统的"正"/"邪"之分大不相同，因为原先被认为是正统的许多独立于国家机构和文献传统的地方神祇崇拜及活动，如今被标志为迷信。自 1901 年始，每个涉及宗教的人物必须在"宗教/迷信"二元论中找到自己的位置。1910 年代到 1920 年代这段时期内，佛教略为成功地把自己打造成一个反对"迷信"的现代宗教，因此较好地跳出了反迷信运动。① 中国宗教中的其余大部分就不是这样了。

宗教和迷信的概念于 1900 年第一次在中文话语中出现，因此谈及 1900 年前的反迷信就是弄错时间顺序了。但这个术语看来适合称呼 1901 年后的新趋势。由于所有反对宗教活动话语的主体都用"迷信"这个词以及"迷信/宗教"区分法，而反迷信可被定义为：任何不植根于、不严格限定于精神和道德自我完善的追求，这种追求由某个世界宗教（儒教、基督教、伊斯兰教、佛教）的哲学经典所规划。反迷信也许和儒教原教旨主义的某些极端形式重合，但它比反教权广泛得多，因为它瞄准的恰是作为膜拜群体的下层中国社会的组织原则。

这里我不讨论反宗教，即反对所有自觉的宗教观点和活动，因为这完全是另一个话题了。宗教改良的第一波，譬如康有为的计划，绝对不是反宗教。事实上，尽管多数中国知识分子不喜欢康的救世主义，他们都同意康的基本理论：中国需要一个国教，而这只可能是儒

---

① 这至少是太虚（1890—1947）的任务。与一些热爱佛教分子宣称的不同，长期来看，大型佛教寺庙相对保存下来了。

教,中国自有的宗教[①]。只是后来,在民国时期,儒教才不被当作一种宗教。同时,反对宗教的问题直到1920年代才出现。反宗教,或者说,“非宗教”(atheist)运动当时是受了欧洲马克思主义和理性主义者的直接影响而成型的(巴斯蒂2002)。

自1900年代始,把宗教和迷信区别开来的新动因,是更大的运动——“风俗改革”——的一部分。风俗改革超越传统的“教化(下层阶级)”,它兴起了新式的意识形态作品或宣传品,特别是公共演讲、白话文期刊、小册子和小说(关于这些资料,参见李孝悌1992,第36—37页,第144页涉及反迷信)。梁启超倡议利用小说来加强社会改良的动力,使得在1905年和1906年出现了一系列小说专门谴责迷信,它们大多数首次连载于文学期刊《绣像小说》(阿英1973,第116—127页)。最著名的社会谴责小说家中的两位——李伯元(李宝嘉,1867—1906)和吴趼人(吴沃尧,1866—1910)都写了专门反迷信的作品[②]。李撰写了《醒世缘弹词》,吴撰写了《瞎骗奇闻》,虽然这算不上他们的杰作。这种文体的最好代表或许是《扫迷帚》。这篇于1905年首次连载的小说,成为现代意义上第一部中国迷信的综合目录榜和对迷信的第一次抨击。

在所有这些小说里,家庭纠纷、通常是兄弟之间或者堂表兄弟间的互相对立(而不是不孝的代际冲突,虽然可能性更大),都反映了进步的反迷信思想同落后的信仰及活动间的正面对抗。不过,它们也有不同处,《醒世缘弹词》和《玉佛缘》——后者为有关佛教骗子的小说,与《扫迷帚》大约同时出现且发表在同一份期刊上——都没有使用“迷信”这个词,并且仅限于用反教权主题进行抨击,但《瞎骗奇闻》和大部分的《扫迷帚》确实谈到了迷信。《醒世缘弹词》谴责

---

① 但是梁启超早在1902年就摈弃了这个观点。

② 王德威(1997,第四章)探讨了谴责小说,而没有讨论那些有关迷信的作品。他敏锐地告诫不要从五四的垂直社会改革角度去读这些商业化的、自嘲的小说。的确,反迷信小说最重要的特征是商业化(为利益出版)和娱乐性的文学,不过它们至少表明有一个理解并欣赏反迷信语言的读者大众存在。

了祈祷者，但宣布神确实存在，而《扫迷帚》更进一步，花了许多篇幅证明没有神祇、仙人，也没有菩萨，但却只字不提儒教、基督教和伊斯兰教。

除了小说外，公共演讲和小册子也在运用之列。1905 年的一篇文章谈到有个积极分子对住在某海外港口的中国商人们进行长篇大论的演讲，劝他们停止庆祝庙会，还散发这类小册子给所有海外的华人社团(《论革除迷信鬼神之法》，重印于《中外日报》、《东方杂志》，1905，第 87—90 页)。另一个有趣的例子是 1910 年由浙江省政府出版的《浙江风俗改良浅说》[①]。这本文集用日常口语写成，明显是演讲者用的。文章包括了相当广泛的话题，但打击迷信尤为突出[②]。虽然这不是士绅们第一次用白话进行说教，因为清季“教化”积极分子也使用过“白话”(梅维恒[Victor Mair] 1985)，但这展示了草根层面的反迷信运动。

此外，社会改良激进主义分子并不满足于说教。20 世纪的最初几年某些中国城市盛行强制行动，它们往往基于新建立的警察力量，激进分子致力于改革对街道的利用，特别是宗教节日和相关的民俗艺术演出(譬如在成都，参见王笛 2003)。虽然这些改革派的改革对象并不新，他们的强烈影响却是新的。

思考和规范中国宗教(从宗教/迷信对立的角度看)的新方式在报纸、册子和小说以及在现实环境里的出现都暗示了传统批判对象的扩大与合并。直到那时还是各不相同的对象(四个之前讨论过的类别：秘密宗派活动、巫师和淫祀、崇拜会社及僧道)现在被笼统地划归为一个单一的类别——迷信。而迷信的综合目录，比如《扫迷帚》显示，迷信包括的不止这些传统对象，它还囊括了儒教活动，比如风水、占卜和扶鸾。1898 年以前这些儒教活动因为被滥用而时时受到批评，但通常

---

① 我非常感谢方玲给我提供了这份精彩文件的复制本。

② 《戒淫祀》(《浙江风俗改良浅说》1910，第 48b—49b 页)，《戒佞佛》(第 49b—50b 页)，《戒烧香宿山》(第 50b—52a 页)，《戒迷信僧道女巫》(第 52a—53a 页)，《戒迷信僧道及风水》(第 53a—54a 页)。

不是原则性的,事实上,直到1900年代士绅人士还在广泛应用它们。那些1898年之前的儒教原教旨主义者认可的崇拜,如文昌或关帝,突然被明确摈斥了。更有甚者,在那些如今被标为“迷信”而以前不是批判对象的内容中,我们发现了更多的一般抽象观念,比如向偶像或泥木塑像祈祷的不理智性。自然,这最终导致了对所有儒教崇拜的怀疑,包括国教和祭祖。1901年至1911年间的文本通常止步于此,不过接下来的十年,这一步就迈出去了。

只有考虑到帝制晚期儒教的实际运作时,这个变化过程的本质才能够被理解。帝制晚期的儒教人员(礼生)的世界是一种原教旨主义和诚挚的信仰、礼拜生活的结合[①]。因此,一些反迷信运动支持者和民国政客们(始于袁世凯)尊崇孔子并不意味着他们和晚期帝国的儒士是同样意义上的儒者。学校里尊崇孔子,但两年一次的祭祀没有了,其他儒教崇拜(如文昌、关帝等)也没有了。1910年代那些发动国教运动的康有为弟子也最有力地支持了这种摈弃(陈熙远1999,第226—228页)。帝制晚期的儒教是中国宗教的一部分,而反迷信运动支持者们对孔子的尊崇完全是另外一回事。帝制晚期的儒教并未消失,它以另外的形式幸存下来,且现在仍然存在,[②]但它不再是多数统治精英们的宗教。换句话说,精英们反迷信话语中最突出的新事物不是它对释道二教或其他地方神祇崇拜的憎恶——这以前就存在,仅仅是被加强了而已——而是它对自己的孔教活动的摈弃。在我看来,精英们对儒家宗教生活渐行渐远是反迷信运动的核心,其原因在此。

报纸上,尤其是画报上关于宗教报道的演变看来也证实了这一点。19世纪末的期刊如《点石斋画报》(1884年至1898年间由申报社在上海出版)多批判性地报导下层宗教活动,而在形式和内容上与《点

① 虽然儒教修道者的概念在汉学著作中并不常见,但它被以下两点证明是合理的:即士绅,尤其是礼生,在儒家礼拜方面接受了专门化教育(李丰懋2001,柯若朴[Philip Clart]2003),以及士绅们,特别是官员,对儒家经典拥有正统解释的霸权(周克勤[Christian Jochim]2003)。

② 它主要幸存于各种秘密宗教活动中,譬如一贯道及其他教派,它还幸存于扶鸾群体中,这些群体同时开始认同儒教(特别参见柯若朴2003)。

石斋画报》非常类似的《时事报馆戊申全年画报》(1908 年)则以许多帧图画猛烈抨击官员们去祠庙或向神灵祈福。它争辩道,民众仍然深陷“迷信神权”或可理解,但受过教育的官员们的如此行为让人大跌眼镜(例如 15:第 6586 页,15:第 6639 页)。

从原教旨主义到反迷信:延续和断裂

目前为止,我已经通过以下两种方式来强调了 1898 年左右断裂的因素。首先,我说明在 1898 年祠庙没收上谕的形成和接受过程中传统与革命思想的模糊混合;之后,我将典型的原教旨主义及反教权的 1898 年前的话语与新的反迷信潮流作对立比较。现在我要评估一下话语转变及对中国宗教态度的明显转变的重要性和原因。

首先,延续的因素不能被忽视,这些因素无疑使得 1898 年至 1900 年间或许是边缘的观点(中国必须摆脱祠庙崇拜)进入了传统的儒教原教旨主义圈子。一个延续的因素是反教权话语在对比合法的个人宗教活动(坐禅、习经)与不合法的社会形式(神道崇拜、仪式)上早已有了一个现代世俗主义的定向。这后来被带到“宗教”对“迷信”的话语中[①]。第二个延续的因素很简单:反教权主义者和反迷信运动支持者的打击目标常常是一致的,譬如大型的朝圣和庙会。我们发现 1898 年前早有对“烧香”(burning incense)的攻击,[②]但这些攻击并不质疑烧香的本质——即人神互益的联系——只是针对过分的活动,特别是光天化日下的妇女进香朝拜[③]。这里,“烧香”被其他词修饰,比如“拜

---

① 不妨比较一下拙著(高万桑 2002a)中所提到的两种论点,一个来自 1870 年代到 1880 年代间的《申报》,另一个来自《浙江风俗改良浅说》(1910,第 52b 页),它们把所谓的“俗传佛教”和“正宗佛教”对立起来了。

② 例如,《戒烧香拜佛论》(《申报》,1875 年 2 月 27 日,1876 年 10 月 24 日再次发表),《论违禁烧香》(《申报》,1880 年 2 月 25 日);比较《劝人勿烧香说》(《申报》1901 年 4 月 3 日)以及《浙江风俗改良浅说》中的文本,它们都很类似。

③ 就如一个报纸编辑早在 1880 年说的,烧香原则上是不理性的,不过皇帝每天都烧香,所以人们只能批评他过分使用了人神关系(《论违禁烧香》,《申报》,1880 年 2 月 25 日)。

佛烧香",还和传统的短语如"佞佛媚神"合起来使用,旨在谴责不分场合敬神以及不分俗事大小求神佛帮助。相反,在原则上摈弃任何人神交流,包括祭祖,在1911年前还相当少。一份没有标明日期但发布于1911年前不久的地方县官的布告阐明了此等新旧概念间的重合。它明令禁止迷信,但实际上,它打击的对象和传统的1898年前的命令一样还是针对相同的活动——"浮靡之祀"以及庙观外的佛教、道教仪式(《破除迷信示》;刘汝骥1911/1997,《示谕》,第4b—5b页)。

第三个延续的因素是反迷信作者们对1898年前的先例的陈述。早期历史上有不少例子,儒教原教旨主义官员们关闭了大量的祠庙,改成学校或其他集体机构,明朝尤甚[①]。但我认为,早期的旨在以其他有教育和宗教意义的(儒教)机构替换某些淫祀的做法同以世俗教育代替宗教的"庙产兴学"观点还是有差别的。不过,虽然这些早期的努力都是地方性的且很短暂,但如果开展得很彻底,仅保留纯儒教崇拜的原教旨主义规划与反迷信活动家取得的破坏效果事实上是很相似的。

第四个也是最后一个延续的因素表现为中国社会的分裂,即地方社会组织与国家精英间的分裂,以及持续的对立——一方面是国家政权和士绅,另一方面是围绕祠庙崇拜而组成的地方社会。传统的儒教原教旨主义者和新出现的反迷信运动支持者都认为地方社会无知、易受蛊惑又浪费。罗威廉因之而断定,18世纪反对大众文化的文化战争持续到了20世纪的反迷信运动。不过,依我之见,这种连续其实是相似。原因有三。其一,1900年前反教权和儒教原教旨主义政策的低效与1904年后迅疾的祠庙破坏形成鲜明对比。其二,1900年前的情形的特点是大量的语言暴力,但现实中却是大量的忍耐和容纳,因为一些抨击者自己(祠庙委员会中的士绅人士)实际上有两面性(高万桑2001,宋怡明[Michael Szonyi1997]也谈到了下层精英在地方为缓和国

① 斯尼文德(Schneewind 1999)和科大卫(Faure 1999,第283—287页)也谈到了魏校(1483—1543)的例子和1521年至1540年代间广东的其他官员同僚。

家的宗教政策所扮演的角色）。其三，我坚持认为，那些属于中国宗教的知识分子，像所有的 1898 年前信仰祖先、传统宇宙论和因果报应的著者一样，无论他们多么地儒教原教旨主义，都不能将他们简单地与 1898 年后革命的反迷信运动支持者混为一谈。

换句话说，反迷信运动的诞生和祠庙毁坏的开端最好理解成为两种途径间的一个过渡：一种途径是暗示自己是中国宗教的一部分，企图从内部改善它，就像反教权主义者和原教旨主义者做的那样，另一种途径即从外部批判地检视中国宗教，摈弃（或至少试图不用）它的词汇或范畴。那些企图从外部来理解中国宗教的人，譬如反迷信运动的支持者们，能以一种内部人办不到的方式开启一种彻底的破坏。在第一种情况下，内部人的模范是古代及其经文（描绘了一个完整的宗教世界）；在第二种情况下，其模式是一种持续的进步，即人类从害怕超自然力的无知状态走向科学和自我依赖，这种观点常常与精神上信奉佛教、基督教、或儒教联系在一起。在 1898 年后的著述中，中国宗教时常被描述成阻碍中国发展和富裕的事物。

这里我要提及清朝最后十年间两个特别意义重大的断裂标志：偶像破坏主义的出现和国家宗教基础的毁坏。典型的 1898 年前的暴力是县官关闭淫祠。他们这样做不是否认敬神者和神灵间在祭祀过程中发生的事情，他们只是认为它不妥当。这与年轻的激进分子们去祠庙打碎所有的塑像非常不同（尽管这个例子中神奇的因素没有完全消失），以此他们想要说明塑像和泥木块一样无用。“偶像破坏主义”（iconoclasm）这个术语以前被用来描述早期的现象，如反佛教的禁令或者儒家以牌位代替偶像的做法，但我以为这些现象与 20 世纪前期的破坏文物行为不同，早期的破坏塑像并不否认这些偶像可能被赋予了超自然的力量。最著名的几次破坏偶像怒潮发生较晚，正值 1911 年和 1927 至 1928 年间的革命热潮中，不过，这与我们认为偶像破坏主义早就存在于反迷信运动早期的观点也有关系。比如，1908 年，胡适（那时他十八岁，还不是一个知名学者）在一篇激烈的评论中敦促他的读者们去祠庙砸碎塑像，驱逐或杀死僧道（《论毁除神佛》，胡适

1995,第164—167页)。

断裂的第二个显著标志是对国教的重新诠释,特别是经由祀典化的过程将地方膜拜纳入国家祭祀。许多地方神祇崇拜在1864年清朝对太平军的胜利即将到来时被追封为经典(刻在《祀典》里),不过授封的潮流早在1875年就减弱了。1904年,地方大臣们一系列的请求遭到了礼部的断然拒绝,很明显,它要坚决停止授封地方神祇崇拜。由此,国家政权与下层社会宗教组织间的一个重要的象征性的连接被切断了。优秀的中国宗教专家泽田瑞穗把此事件视为国家政权、宗教和社会间变动关系的一个里程碑(泽田瑞穗1982)。此外,这个决定与报纸上抨击对神道有任何兴趣的官员的文章同时出现[①]。礼部的奏折借用经典摆明自己的论点,而报纸上的文章走得更远,竟质疑起国家礼仪的目的[②]。礼部的决定应当放在一个更大的背景下来理解,即为宪政国家所作的准备使得国家祭祀礼仪边缘化了,并且,19世纪以来的国家概念进步性地去掉了神圣的光环,儒士们关于礼仪的研究急剧减少——康有为等思想家强化了这一趋势——使得地方神祇崇拜祀典化等事宜与多数中央政府官员完全脱节(巴斯蒂1997)。

这代表了一个重要的转折,因为1898年前的著述一直认为朝廷是个宗教机构,"以神道设教"[③]。"以神道设教"的教义隐约受到了毁庙这个笼统建议的挑战。康有为1898年7月10日的奏折排除了《祀典》中的祠庙,一篇讨论那份上谕的《申报》评论勉强地说了几句《祀典》和"以神道设教"的好话(《申报》,1898年8月4日)。1898年后的著者似乎因这个问题而分裂了。其中一些就像之前提到的报社主笔那样,似乎准备好了与国祭完全分道扬镳,而其他人则似乎保留了对《祀典》系统的信仰。我们发现,在后者中间,有著名的实业家和教

---

① 参见《东方杂志》(1904),《论疆臣之迷信神权》,第63—65页。礼部奏折在第70—73页。

② 李伯元(1997,2:第7—8页)也有一篇对经典化的批判文章。

③ 这个词组来自《周易》的观卦,它是朝廷宗教教条的象征。不过经典化的原则以前被批判过,《神道辨》(《申报》1878年6月19日)抨击对关帝的进一步经典化,理由是神确实存在,但不会回应求神者。

育活动家张謇(1853—1926)。他在 1905 年(乱哄哄的大范围没收开始之后不久)宣布以庙办学运动不应当包括那些在《祀典》中的祠庙、社庙和庙观(张謇 1931,《正告通五属办学诸君文》,《教育录》,2. 11a—12a;又参见王树槐 1977,第 325 页)。张謇亲自参与在一所废庙地基上办学堂,遭到了来自地方社会内部,包括士绅人士的强烈反对。

简言之,1898 年至 1904 年间,中国政治精英中相当可观(有多可观还不清楚)的一部分从传统的儒教原教旨主义(一直受此教育)倒向了反迷信。由于强烈的延续性,许多人如果只曾随便地想想这件事,也许还不把这种倒向看成是一场思想革命,只把它看成一种自然演进而已。不过,因为我们已经看见了后来发生的事,我们有理由把它看成一个举足轻重的转变,因为它成了完全摈弃中国宗教和此后发动破坏中国祠庙的大背景。

如何解释这个转变?有几个因素在起作用。康有为和梁启超的直接影响可能相当有限。大多数知识分子共有的危机意识,造成他们中许多人对传统中国社会怀有深深的憎恨,这种普遍的情绪促成了这个转变。西方科学的介绍及其后果——对传统宇宙论的怀疑也起到了作用。但更关键的是基督教的广泛影响,即使在非教徒中间也一样。这种影响有许多不同的效果。第一,基督徒们,不管是外国的还是中国的皈依者们,树立了毁庙和毁偶像的榜样,譬如年轻的孙中山,他以打碎一尊关帝像(顺便提一句,它也是清王朝的保护神,施舟人 2002,第 153—154 页)开始了自己的生涯①。其他人虽然拒绝基督教的影响,却同意基督教传教士们的观点,认为中国宗教不过是偶像崇拜。由于视基督教为对中国的主要精神威胁,他们竭力与传教士们进行关于中国宗教状况的辩论,也因此采用了许多基督教的概念和范畴,最重要的就是宗教/迷信二元论。我们已看到当西方观察者们嘲弄中国的祠庙、偶像、信仰和仪式时,康有为和后来的改良派人士如何

① 在此,我们也可提及基督教学生帮的例子,他们在 1911 年游历并大肆破坏了广东的祠庙(路康乐[Edward Rhoads] 1975,第 254—255 页)。

感到莫大的羞耻。此外,基督教和中国反基督教的宣传以及受基督教启示的太平天国的宣传,把宗教辩论的音调提到了新的高度。尽管很难量化,但1860年至1900年间充满憎恨的宗教话语和两极化的普遍气氛很可能最终导致了1898年至1904年间的事件。

许多1900年后的著述采纳反迷信话语的一个显著原因是义和团运动。义和团暴乱的震惊和它给中国带来的可怕后果,迫使许多见证人走入了愿意摆脱下层乡村宗教的阵营。另一个不那么明显的动机是围绕着祠庙崇拜的下层社会宗教组织,即杜赞奇描述的“权力的网络”(nexus of power):祠庙是(且仍然是)授予地方领袖象征性权力的地方,是解决村内、村际争执的地方,也是协调地方工程和资源管理的地方。这种组织并不是毫无原因地成了建设一个新的、上下一体的社会的最大障碍,在这个新的社会里,国家政权真实地存在于乡村中,所有的村民都只遵从国家政权。

因此,从1898年前的儒教原教旨主义和反教权主义到20世纪早期反迷信的转变是个有着多重原因的复杂现象,一些由特定的短期社会背景(戊戌变法、义和团)引起,一些与长期的潮流(基督教和西方的影响)相联系,一些是思想上的(宗教和迷信的概念),还有一些是社会和政治上的(一种广泛感受到的要颠覆下层社会结构的需要)。所有这些不同的原因非常突然地在1898年至1905年间聚合起来形成了反迷信运动和它最重要的结果:毁庙办学。让我们最后回到祠庙没收和毁坏的问题。

中国祠庙终结的开始

之前描述的精英们对宗教的变化态度将有助于我们更好地理解1898年开始的祠庙到学堂的转变怎样在不久之后变成了现实。1901年9月14日,一道上谕号召每县兴办近代学堂,且强令书院也改办成学堂。上谕没有具体讲明这些学堂如何才能筹集经费,也没有提到祠庙(《光绪朝东华录》1958,第4719—4720页)。而一些激进分子则自发地改祠庙为学堂,尽管 1904 年之前这样的例子不多见[①]。一些激进的反迷信运动支持者,还没有放弃希望,仍想看到 1898 年 7 月 10 日的上谕能被执行,并在报纸上呼吁施行此上谕。1901 年 9 月 14 日强令办学堂的上谕发布四天以后,一篇《申报》社论指出唯一为新学堂筹措经费的办法就是利用祠庙,这将达到最佳的驱逐"无赖僧道"的效果(《毁寺观以充学堂经费议》,《申报》1901 年 9 月 18 日)。两个月以后,另一篇评论又号召坚决打击释道二教,它解释说,毁庙和办学是民族的两件紧要任务(《毁寺庙以为学堂说》,《申报》1901 年 11 月 28 日)。而 1902 年 5 月 14 日《申报》的另一篇评论《拨寺观产业以开学堂说》走得更远:它报道了(河北保定府)两个地区的士绅如何没收了百分之七十的寺庙田产改为学堂,剩下百分之三十维持僧道的生活(他们这样做遵循了张之洞 1898 年的建议)。文章的作者批评了这个做法:为什么要给祠庙和僧道留有余地?所有的祠庙,无一例外地,应当被夷为平地,所有的塑像都要被砸毁,因为这是唯一根除释道二教毒害的方法。

《申报》主笔们的这种想法决不是孤军奋战。小说家们也惋惜 1898 年的没收上谕被取消了,没有执行(《扫迷帚》1960,12:第 418 页;李伯元 1997,1:第 4 页)。1904 年 1 月 3 日的一篇《申报》社论认为把最无用的东西(祠庙)改建成最有用的东西(学堂)这个显而易见的观点虽在朝堂上出现过,但从未施行。可湖北的一名县官却自发地改财神庙为学堂;作者赞扬这种行为,认为应当在全国范围内展开[②]。因此,有种普遍的压力要求遵照 1898 年 7 月 10 日的首倡行事。

最终,1904 年 1 月的评论过去整整一个礼拜之后,政府的批准到了。1 月 10 日,政府发布了一整套的学堂规则——《奏定学堂章程》——旨在理清之前的非正式决议(张之洞、荣庆,张百熙 1904)。

---

① 1904 年早期的一份报导湖北自 1902 年以来办学堂的奏折提及了利用祠庙(《光绪朝东华录》1958,第 5164 页);地方志也提供了一些例子。

② 《兴学不患无经费说》。

这些章程支持庙产兴学的想法①。然而与1898年相反,政府对祠庙没收的支持羞羞答答又不明显。这可能是因为张之洞是这一章程的幕后人物,1904年的学堂章程和之前张之洞的著述一样,它们不是为了引起宗教冲突。但是,几个地方的激进分子却在1904年利用这一章程开始大规模没收祠庙。重点强调一下:主管祠庙没收和禁止节庆(特别在城市)者更多的是激进分子,而不是地方官吏。官吏都小心翼翼不愿制造麻烦,且习惯了1898年前与祠庙妥协的主导模式。对这些激进分子而言,没收庙产是壮大自己力量的办法。不过我这里收集的证据显示他们对宗教改良事业本身也很敏感。

1904年1月由政府支持的没收浪潮促使一些佛庙早在1904年秋寻求与日本佛教界的联系,并宣称有日本领事保护,这反过来挑起了对庙观的愤怒反应(维慈1968,第11—12页,第165页)。更重要的是,1901年至1911年间大部分的乡村暴力原因在于新的行政机构没收乡村祠庙,而乡村团体为保护自己的祠庙和保持自治而斗争——这两者不能分离(蒲乐安[Roxann Prazniak]1999,王树槐1977文中提供了许多例子)。祠庙不是唯一被征税或没收的地方机构,但它们却是特别敏感的靶子。由没收地方祠庙造成的地方化的、但十分暴力的武装冲突中,主导政治现代化的地方精英们对抗着乡村社团和宗教领袖,这些冲突也许比1600至1900年间的低密度冲突更符合"宗教战争"②这个用法。我引证过的张謇认为要审慎挑选一些祠庙改办成学堂。张担心全部没收祠庙只会挑起祠庙团体对现代机构的暴力反抗,

---

① 参见张之洞、荣庆和张百熙1904《奏定学堂章程》中的《高等小学堂章程》(立学总义章第一,第四节,第1b页)"如有赛会演戏等一切无益之费,积有公款者,皆可酌提充用[办学]";(屋场图书器具章第五,第十节,第19b页)"可借公所寺观等处为之"。《初等小学堂章程》有同样的规定(立学总义章第一,第五节,第2b页;屋场图书器具章第五,第十一节,第25b页,非24b页,译者注)。同时参见贝利(Paul Bailey 1990,第107—108页)。

② 在一个不同的情境中,巴特勒(Matthew Butler 2002,第11页)讨论到,有关农民对革命时期墨西哥政府的反天主教政策的抵抗的研究往往从社会经济学的角度(一个传统的农业社会反抗一个扩张的现代政权)去理解这些事件,而认为宗教仅仅提供了伸张反抗的基础。作者批判了这个观点,认为它忽略了那些武力攻击和抵抗中的纯宗教动机。我对中国1901—1911年间的反新政抵抗运动有类似看法。

因此实际上危害了创办学堂一事。他还抱怨说在一些激进分子的动机中,破坏"彼教"冲动超多了对教育的热情(张謇 1931,《正告通五属办学诸君文》)。不是所有的祠庙没收都有冲突,在 1900 年代至 1910 年代的一些例子中也有通过协商而使祠庙资源为学堂和神道崇拜共有的,一些祠庙住持还是这个过程的志愿参与者,他们认为乡村资源应当共用于神道崇拜和教育。也许是一些激进分子的反迷信热情和偶像破坏主义,加上一些宗教领袖的不容异端的反应(《时事报馆戊申全年画报》1909,16:第 6872 页)点燃了暴力的火种。这些态度不是常态,但它们无疑对话语和舆论的形成影响甚大,而且它们在民国乃至最终在共产主义时期发展壮大。

这些事件的变化、政府对地方主动性的若明若暗的支持,在很长时间内使得庙产兴学运动的特征本质上是自发的,是由草根阶层的主动性和地方能动性发动的。这就解释了这场运动为什么在地方与地方之间开展得如此不同,民国期间这种不平衡趋势更明显了。的确,就像我希望在以后发表作品中有机会展示的那样,集体宗教生活早在 1910 年代在一些地方已经几乎绝迹,而在另一些地方在整个 1930 年代还很强大。反迷信和庙产兴学运动的地方化的本质也解释了为什么攻击对象并不总是一致。1904 年后的早期几年,一些活动家仍然被传统的反教权观念驱使,仅瞄准佛教和道教的设施。而不久之后,随着佛教重新定义自己为所谓的宗教,并进行政治重组,地方祠庙崇拜成了主要的、也是最不受保护的攻击对象。

结　论

这篇文章仅是给近代中国宗教观念和话语的历史添砖加瓦,但这里所引用的文献帮助我们理解了为什么没收和毁坏祠庙于 1904 年得以付诸实施,且持续了八十年。这个 1898 年首次形成的观念,受到了热烈追捧,可是很快被淹没了,因为它仅与一小股人的改良运动相关联。然而,义和团运动带来的震惊和 1901 年至 1903 年间反迷信运动的兴起,使它开始对多数人来说变成了合理的观念。很难弄清有多少人支持反迷信运动,他们的社会起源又是什么。同样很难评估事件(义和团运动)、观念(西方和基督教的影响)和社会背景(社会重构的需要)在反迷信和毁庙兴起时它们各自的影响。不过,可以清楚的是,毁庙非常有效,因为某些地方乡村精英是活跃的、自愿的参与者,而其他人则或平和地(起诉没收、著书辩护地方神祇崇拜)或暴力地抵制毁庙。许多地方精英参与其中,因为反迷信本身也是一项宗教事业。

我希望这里引用的资料也说服读者相信宗教的重要性,它是中国近代政治和社会的一个必争之地。20 世纪有关宗教的政策和活动不应简单理解为一种"纯粹政治的"演变的结果,而是一个场域,在这个场域里,政治被争论、被付诸实施。从 1898 年直至 1930 年代的毁庙办学,绝对不仅仅是一次教育方面的运作;它也是(对不同的行动者而言程度各异的)宗教冲突的一种表现形式。宗教冲突一直是中国历史的一部分,我们可把这里谈到的 1898 年至 1904 年间看成是长期演变的一个片段。不过我相信,那时发生的事情有着深远的影响,因为地方祠庙崇拜,这个中国宗教的脊梁,突然站在了裂缝的错误一方,开始经历一个大规模的毁坏过程,它的影响仍可见于今日之中国。

反迷信运动支持者们希望这应当是中国宗教终结的开端。然而,始于 1980 年代的宗教复兴却表明他们并没有如愿以偿。中国宗教比任何人可能想象到的更加坚韧,但在这个过程中它还是历经了许多变化。毕竟,1898 年是一个时代的终结。

参考书目

阿英,《晚清小说史》,香港:中华书局香港分局,1973 年。

艾尔斯(William Ayers),《张之洞和中国的教育改革》(*Chang Chih-tung and Educational Reform in China*),哈佛大学出版社,1971 年。

贝利(Paul J. Bailey),《改造民众:二十世纪早期中国对大众教育的态度变迁》(*Reform the People: Changing Attitudes towards Popular Ed-*

ucation in Early Twentieth-Century China)，温哥华：英属哥伦比亚大学出版社，1990 年。

巴斯蒂(Marianne Bastid-Bruguière)，《晚清的国祭与正统性》(Sacrifices d'Etat et légitimité à la fin des Qing[State sacrifices and Legitimacy during the late Qing])，《通报》(*T'oung-pao*)第 83 卷(1997 年)，第 162—173 页。

——《梁启超与宗教问题》，《东方学报》第 70 卷(1998 年)，第 329—373 页。

——《1922 年的反宗教运动》(La campagne antireligieuse de 1922 [The 1922 Antireligious Campaign])，《远东 · 远西》(*Extrême-Orient Extrême-Occident*)第 24 卷(2002 年)，第 77—93 页。

鲍勃勒(Jean Bauberot)，《世俗主义 1905—2005：在热情与理性之间》(*Laïcité* 1905—2005 *entre passion et raison*[*Secularism* 1905—2005：*Between Passion and Reason*])，巴黎：瑟伊出版社，2004 年。

巴特勒(Matthew Butler)，《保持信仰于革命的墨西哥：教士和信众对宗教迫害的抵抗，东密支阿肯，1926—1929》(Keeping the Faith in Revolutionary Mexico：Clerical and Lay Resistance to Religious Persecution, East Michoacán, 1926—1929)，《美洲》(*The Americas*)第 59 卷第 1 期(2002 年)，第 9—32 页。

陈熙远，《儒教遭遇宗教：近代中国宗教话语的形成和儒教运动》(Confucianism Encounters Religion：The Formation of Religious Discourse and the Confucian Movement in Modern China)，哈佛大学博士论文，1999 年。

——《宗教——一个中国近代文化史上的关键词》，《新史学》第 13 卷第 4 期(2002 年)，第 37—66 页。

周启荣(Chow Kai-wing)，《帝制晚期儒教礼仪的兴起：道德、经典和宗族话语》(*The Rise of Confucian Ritualism in Late Imperial China*：*Ethics*, *Classics*, *and Lineage Discourse*)，斯坦福大学出版社，1994 年。

柯若朴(Philip Clart)，《孔子和巫师：有没有"大众的儒教"？》

(Confucius and the Mediums: Is There a "Popular Confucianism"?),《通报》第89卷第1—3期(2003年),第1至38页。

《东方杂志》月刊,1904年至今。

杜赞奇(Prasenjit Duara),《文化、权力与国家:1900—1942的华北农村》(*Culture, Power, and the State: Rural North China, 1900—1942*),斯坦福大学出版社,1988年。

——《现代性话语下的知识和权力:二十世纪早期中国反大众宗教的运动》(Knowledge and Power in the Discourse of Modernity: The Campaigns against Popular Religion in Early Twentieth-Century China),《亚洲研究学刊》(*Journal of Asian Studies*)第50卷(1991年),第67—83页。

——《从民族国家拯救历史——质疑近代中国的叙述》(*Rescuing History from the Nation: Questioning Narratives of Modern China*),芝加哥大学出版社,1995年。

——《主权与原真性:"满洲国"与东亚式现代》(*Sovereignty and Authenticity: Manchukuo and the East Asian Modern*),拉纳姆(Lanham),马里兰州:罗曼·立特菲尔德出版社(Rowman & Littlefield),2003年。

科大卫(David Faure),《乡村皇帝:在华南代表国家政权》(The Emperor in the Village: Representing the State in South China),收于周绍明(Joseph P. Mcdermott)编《中国的国家政权与朝廷礼仪》(*State and Court Ritual in China*),剑桥大学出版社,1999年。

王斯福(Stephan Feuchtwang),《存在一种中国宗教》(A Chinese Religion Exists),收于裴达礼(Hugh D. R. Baker)和王斯福编《新环境下的旧政权:中国社会人类学研究,纪念莫里斯·弗里德曼》(*An Old State in New Settings: Studies in the Social Anthropology of China in Memory of Maurice Freedman*),英国牛津:牛津人类学会期刊(JASO),1991年。

傅吾康(Wolfgang Franke),《传统中国科举制度革废考》(*The Reform and Abolition of the Traditional Chinese Examination System*),哈佛

大学东亚研究中心，1960 年。

郭嘉碧（Gabriele Goldfuss），《迈向二十世纪的佛教：杨文会（1837—1911），居士改良者和出版家》（*Vers un bouddhisme du XX siècle*：*Yang Wenhui*［1837—1911］，*réformateur laïque et imprimeur*［*Toward a Twentieth-Century Buddhism*：*Yang Wenhui*｛1837—1911｝，*Lay Reformer and Publisher*］），巴黎：法兰西学院汉学研究所，2001 年。

高万桑（Vincent Goossaert），《十九世纪中国祠庙的管理：习惯法或无为而治？》（La gestion des temples chinois au XIX siècle：droit coutumier ou lasisser-faire?［The management of Chinese Temples during the Nineteenth Century：Customary Law or Laisser-Faire?］），《远东·远西》第 23 卷（2001 年），第 9—25 页。

——《剖析反教权话语：〈申报〉，1872—1878》（Anatomied'un discourse anticlerical：le *Shenbao*，1872—1878［The Anatomy of an Anticlerical Discourse：the *Shenbao*］），《远东·远西》第 24 卷（2002 年 a），第 113—131 页。

——编，《反教权主义在中国》（Anticléricalisme en Chine［Anticlericalism in China］），《远东·远西》第 24 卷（2002 年 b）。

——《资源缺乏：十九世纪中国僧道荒和围困》（Starved of Resources：Clerical Hunger and Enclosures in Nineteenth-Century China），《哈佛亚洲研究学刊》（*Harvard Journal of Asiatic Studies*）第 62 卷第 1 期（2002 年 c），第 77—133 页。

——《中国宗教在二十世纪的命运》（Le destin de la religion chinoise au 20 siècle［Chinese Religion's Twentieth-Century Destiny］），《社会方圆》（*Social Compass*）第 50 卷第 4 期（2003 年），第 429—440 页。

《光绪朝东华录》，北京：中华书局，1958 年。

哈达卡瑞（Helen Hardacre），《神道和国家，1868—1988》（*Shinto and the State*，1868—1988），普林斯顿大学出版社，1989 年。

贺长龄编，《皇朝经世文编》，上海：广百宋斋 1889 年（1826 年首印）。

胡适,《胡适早年文存》,台北:远流出版事业公司,1995 年。

黄彰健,《康有为戊戌真奏议(附康有为伪戊戌奏稿)》,台北:“中央研究院”历史语言研究所史料丛书,1974 年。

赫斯本(William B. Husband),《无神社团:1917—1932 苏联的无神论和社会》(*Godless Communities: Atheism and Society in Soviet Russia, 1917—1932*),德考布(Dekalb):北伊利诺伊大学出版社,2000 年。

燕安黛(Andrea Janku),《满纸空文:十九世纪末中国的政治话语和上海报纸》(*Nur leere Reden: Politischer Diskurs und die Shanghaier Presse im China des späten 19. Jahrhunderts* [*Just Empty Words: Political Discourse and the Shanghai Press in Late Nineteenth-Century China*]),德国威斯巴登:哈拉所维资出版社(Harrassowitz),2003 年。

翦伯赞编,《戊戌变法》,上海:神州国光社,1953 年。

蒋竹山,《汤斌禁毁五通神——清初政治精英打击通俗文化的个案》,《新史学》第 6 卷第 2 期(1995 年),第 67—110 页。

周克勤(Christian Jochim),《把儒教带入现代世界》(Carrying Confucianism to the Modern World),收于柯若朴和周文广(Charles B. Jones)编《现代台湾的宗教:社会变迁中的传统与创新》(*Religion in Modern Taiwan: Tradition and Innovation in a Changing Society*)。夏威夷大学出版社,2003 年。

康有为,《康有为全集》,姜义华、吴根梁编,上海:上海古籍出版社,1990 年。

柯瑞佳(Rebecca E. Karl)、沙培德(Peter Zarrow)编,《重审 1898 年维新时期:晚清中国的政治和文化变迁》(*Rethinking the 1898 Reform Period: Political and Cultural Change in late Qing China*),哈佛大学亚洲中心,2002 年。

科特拉尔(James Edward Ketelaar),《明治时期日本的异教徒和殉道者:佛教和对它的迫害》(*Of Heretics and Martyrs in Meiji Japan: Buddhism and its Persecution*),普林斯顿大学出版社,1990 年。

小岛毅,《正祠和淫祠:福建地方志中的理论与记述》(正祠と淫

祠：福建の地方志における记述と论理），《东洋文化研究所纪要》第114 卷（1991 年），第 87—213 页。

李丰懋，《礼生与道士：台湾民间社会中礼仪实践的两个面向》，收于王秋桂、庄英章和陈中民编《社会民族与文化展演国际研讨会论文集》，台北：汉学研究中心，2001 年。

李伯元，《醒世缘弹词》，《李伯元全集》第三卷，南京：江苏古籍出版社，1997 年。

李孝悌，《清末的下层社会启蒙运动，1901—1911》，台北："中央研究院"近代史研究所，1992 年。

刘汝骥，《陶甓公牍》，《官箴书集成》第十卷，合肥：黄山书社，1997 年（1911 年首印）。

梅维恒（Victor Mair），《书写普及圣旨的语言与意识形态》（Language and Ideology in the Written Popularizations of the Sacred Edict），收于姜士彬（David Johnson）、黎安友（Andrew J. Nathan）和罗友枝（Evelyn S. Rawski）编《帝制晚期的大众文化》（*Popular Culture in Late Imperial China*），加利福尼亚大学出版社，1985 年。

枚田谛亮，《清末以来的庙产兴学运动》（清末以来に于ける庙产兴学），收于《中国佛教史研究》第二卷，东京：大东出版社（首版于《中国今世佛教史研究》，东京：平乐寺书店，1957），1984 年。

三谷考，《南京政权的反迷信运动，1928—1929》（南京政权と迷信打破运动），《历史学研究》第 455 卷第 4 期（1978 年），第 1—14 页。

梅嘉乐（Barbara Mittler），《一份中国的报纸？1872—1912 上海新闻媒体的权力、认同和变迁》（*A Newspaper for China? Power, Identity, and Change in Shanghai's News Media*），剑桥：哈佛大学亚洲中心，2004 年。

张倩雯（Rebecca Allyn Nedostup），《国民党中国的宗教、迷信和社会统治》（Religion, Superstition, and Governing Society in Nationalist China），哥伦比亚大学博士论文，2001 年。

毕卡（Michel Picard），《名字里有什么？巴厘印度教（Agama Hindu Bali)的形成》(What's in a Name? Agama Hindu Bali in the Making),收于兰姆斯泰德(Martin Ramstedt)编《现代印尼的印度教:地方、国内和全球利益中的少数人的宗教》(*Hinduism in Modern Indonesia: A Minority Religion between Local, National and Global Interests*),伦敦:路特里奇(Routledge Curzon)-IIAS 亚洲研究系列,2003 年。

蒲乐安(Roxann Prazniak),《有关骆驼王和其他:中华帝制晚期反现代性的乡村叛乱》(*Of Camel Kings and Other Things: Rural Rebels against Modernity in Late Imperial China*),拉纳姆(Lanham):罗曼立特菲尔德出版社,1999 年。

清华大学历史系编,《戊戌变法文献资料系日》,上海:上海书店出版社,1998 年。

路康乐(Edward Rhoads),《中国的共和革命:以广东为例,1895—1913》(*China's Republican Revolution: The Case of Kwangtung*, 1895—1913),哈佛大学出版社,1975 年。

罗威廉(William Rowe),《救世:陈宏谋与十八世纪中国的精英意识》(*Saving the World: Chen Hongmou and Elite Consciousness in Eighteenth-Century China*),斯坦福大学出版社,2001 年。

《扫迷帚》,收于阿英编《晚清文学丛钞·小说》一卷下册,北京:中华书局,1960 年。

泽田瑞穗,《清末的祀典问题》(清末の祀典问题),收于《中国的民间信仰》(中国の民间信仰),东京:工作舍,1982 年。

斯尼文德(Sarah Schneewind),《竞争的机构——十六世纪中国的社学和"淫祠"》(Competing Institutions: Community Schools and "Improper Shrines" in Sixteenth-Century China),《明清研究》(*Late Imperial China*)第 20 卷第 1 期(1999 年),第 85—106 页。

《申报》日刊,1872 年—1949 年。

释东初,《中国佛教近代史》,台北:东初出版社,1974 年。

施舟人(Kristofer Schipper),《道教在近代中国的变迁》,收于《中国文化基因库》,北京:北京大学出版社,2002 年。

《时事报馆戊申全年画报》1909,收于国家图书馆分馆编《清末民初报刊图书集成》卷 10—17。北京:全国图书馆文献微缩复制中心,2003 年。

宋恕,《宋恕集》,北京:中华书局,1993 年。

苏堂栋(Donald Sutton),《从轻信到鄙视:中华帝制晚期儒士遭遇巫师》(From Credulity to Scorn: Confucians Confront the Spirit Mediums in Late Imperial China),《明清研究》第 21 卷第 2 期(2000 年),第 1—39 页。

宋怡明(Michael Szonyi),《标准化神祇的幻想:中华帝制晚期的五帝崇拜》(The Illusion of Standardizing the Gods: the Cult of the Five Emperors in Late Imperial China),《亚洲研究学刊》第 56 卷第 1 期(1997 年),第 113—135 页。

汤普森(Roger Thompson),《经世与自治:中华帝制晚期团体与国家政权的对抗视野》(Statecraft and Self-Government: Competing Visions of Community and State in Late Imperial China),《近代中国》(*Modern China*)第 14 卷第 2 期(1988 年),第 188—221 页。

维亭霍夫(Natascha Vittinghoff),《中国新闻业的开端,1860—1911》(*Die Anfänge des Journalismus in China*, 1860—1911 [*The Beginning of Journalism in China*, 1860—1911]),德国威斯巴登:哈拉所维资出版社(Harrassowitz),2002 年。

瓦格纳(Rudolf Wagner),《早期的中文报纸和中国的公共领域》(The Early Chinese Newspapers and the Chinese Public Sphere),《欧洲东亚史学刊》第 1 卷(2001 年),第 1—33 页。

王德威(David Der-wei Wang),《十九世纪末的辉煌:晚清小说被压抑的现代性,1849—1911》(*Fin-de-siècle Splendor: Repressed Modernities of Late Qing Fiction*, 1849—1911),斯坦福大学出版社,1997 年。

王笛,《成都的街头文化:公共空间、下层民众与地方政治,1870—1930》(*Street Culture in Chengdu: Public Space, Urban Commoners, and Local Politics*, 1870—1930),斯坦福大学出版社,2003 年。

王树槐,《清末江苏地方自治风潮》,《“中央研究院”近代史研究所集刊》第6卷(1977年),第313—327页。

维慈(Holmes Welch),《中国的佛教复兴》(*The Buddhist Revival in China*),哈佛大学出版社,1968年。

吴趼人,《瞎骗奇闻》,呼和浩特:内蒙古人民出版社(中国历代孤本小说精品大系),1998年。

《玉佛缘》,收于阿英编《晚清文学丛钞·小说》一卷下册,北京:中华书局,1960年。

张謇,《张季子九录》,上海:中华书局,1931年。

章太炎,《訄书》,收入《章太炎全集》第三卷,上海:上海人民出版社,1984年。

张之洞,《张之洞全集》,石家庄:河北人民出版社,1998年。

张之洞、荣庆、张百熙,《奏定学堂章程》,武昌:湖北学务处,1904年。

《浙江风俗改良浅说》,杭州:浙江官报,1910年。

郑观应,《盛世危言》,郑州:中国古籍出版社,1998年。

科举考试与帝制中国晚期的政治、社会与文化

艾尔曼(Benjamin Elman) 著*

刘晓艺 译

"孔乙己,你当真认识字么?"孔乙己看着问他的人,显出不屑置辩的神气。他们便接着说道:"你怎的连半个秀才也捞不到呢?"孔乙己立刻显出颓唐不安模样,脸上笼上了一层灰色,嘴里说些话;这回可是全是之乎者也之类,一些不懂了。在这时候,众人也都哄笑起来:店内外充满了快活的空气。

——鲁迅

---

* 编者注:编者在此感谢艾尔曼教授对本译文的审阅以及他的学生陆海默对本译文的校订。

此文最初是为1989年6月8日至14日间在加州蒙特其托(Montecito)的La Casa de Maria山庄举办的"帝制中国晚期的教育与社会研讨会"所写作,该会得到美国学术学会理事会(American Council of Learned Societies)、国立人文基金会(National Endowment for the Humanities)及梅隆基金会(Mellon Foundation)的赞助。与会者中,杰克·古迪(Jack Goody)、奈地田哲夫(Tetsuo Najita)、魏斐德(Frederic Wakeman, Jr.)和余英时当场予此文以评论,令我受益匪浅。此文的写作得到加大洛杉矶分校的1987、1987—1988及1988—1989三个学年的"学术参议"奖的资助。我在此向艾坡比(Joyce Appleby)、黄宗智(Philip Huang)、韩书瑞(Susan Naquin)、俄当克(Albion Urdank)及伍德塞(Alex Woodside)几位对拙文的修改更正方面的建议致谢。我也想要感谢两位匿名推荐人的建设性评论。最后,我要特别指出,贾志扬(John Chaffee)、李弘祺(Thomas Lee)和罗文(Winston Lo)近年来的有关宋代科举的著作突破了早些年的研究成果,也因此推动了近些年的相关研究去重新考量有关帝制中国晚期的科举的既有观念和认识。

绪 论

此前有关帝制中国科举考试制度的学术研究,多强调科举为前现代社会所带来的社会流动性的程度。同样地,历史学家们自现代欧美国家的现代化角度出发,考量了帝制中国晚期的科举进程。他们成功地揭示出儒家体系在培养和发展科学专门化人才方面的缺憾,而这是一个国家超越其前现代体制和专制政治传统过程中所不可或缺的条件。在本文中,我对以当代性和非历史性的视角来审视政治、文化和社会形成过程的标准持审慎反对的态度。这些先验性的判断,一旦涉及"现代化叙事"往往以目的论的形式表达出来,充斥于与明代(1368—1644)和清代(1644—1911)中国相关的历史写作之中①。

科举考试制度在1400年至1900年间稳步走向成熟,在西方帝国主义到来之前,它在决定帝制中国晚期政体和文化性格方面构成了一支主导力量,这一国家性格的形成是由满人与汉人共同选择奠定的。儒学、文人荣誉、国家力量和文化惯例都在一定程度上经由这一教育考试系统体现出来,于是,科举制度在明清社会中起到了量度与仲裁精英文化、政治和社会的作用。始自唐朝(618—906)的科举制,起初是一个小规模的、用以扩大官员社会基础的铨选机制,至宋朝(960—1279)已发展成为强有力的"教育陀螺",其激烈且自我中心式的运作模式在很大程度上成为士绅官员和贵族与整个社会保持适切平衡和方向的必要条件。

由此看来,中国的科举考试制度,并非前现代的时代错误(pre-modern anachronism),或反现代性的巨大障碍(antimodern monolith)。传统的考试制度是一个有效的遴选机制,它在知识、社会、政治方面均能满足国家官僚机构的运行需要,同时支持帝制中国晚期的阶级结构。通过考试与学习必修科目而树立起来的新儒家的正统文化构建,

① 参见史华慈(Schwartz)1972:71—88对自信的现代化理论的颇有见地的探索。

保障了新儒学处于知识分子思想生活中的垄断地位。帝制国家、士绅社会和新儒家文化紧密地交织在一起,其轴心就是科举考试这一"教育陀螺"。通过他们之间相互依存的关系,这三个层面得以相互渗透并稳定地存在了500年。进入20世纪以后,它们也一起倒台,留下的只有断裂的纽带,从其所强化的皇权与儒家霸权的筋腱中歪斜凸出。因此,要对中国科举考试进行正确评估,不应将其与明清时期的教育、社会和政治等各种形式的具体操作隔离开来。

公元750年之前,唐代中国如同前现代的欧洲一样,主要由拥有土地的贵族统治主宰。这些贵族以家庭和宗族为单位,战略性地分布于西北地区接近政治权力中心的渭河河谷、西都长安和东都洛阳地带。然而至1250年,南迁的中华帝国定都于长江下游的城市——杭州,这象征了中国南方不断增长的经济优势以及南方官僚士绅(士绅文人)作为"最优秀和最聪明的"精英集团的涌现①。

在750年至1250年间,中国的精英组成经历了革命性的变化。大贵族家族的没落始于安史之乱(755—763)之后的时代,伴随着10世纪后期南方文人在国家政治生活地位中的崛起,北宋(960—1126)皇帝推行了在中国史乃至是世界史上前所未有的的科举制度的改革。由此,中世纪以降存在于中国社会的家族政治网络已基本瓦解。少数来自西北的大姓家族虽能够维系下来,但他们不得以去适应已经脱离他们掌控的新社会条件。(Hymes 1986:18—19,116—117,24;Lo 1987:1—34;Lee 1982:287—297)

北宋以前,进入社会的政治精英阶层的主要渠道是官员举荐或宗族关系。例如,在汉朝(公元前206年—公元220年),"通一经"是任命一位博士进入汉代太学的先决条件。太学的建立,正是为了在国家赞助的前提下确保正统经文的传播。在完成自己的课程后,博士(通常为能够在五经中"通一经"的专家)的弟子们会接受一门口头性质

---

① 有关欧洲部分,参见 Hexter1979:45—70;Stone 1964:41—80;Stone 1969:69—139;和 McClelland 1976:146—173。有关中国部分,参见 Johnson 1977;Ebrey 1978;Grafflin 1981:65—74;和 Hartwell 1981:365—442。

的考试,然后由政府授予官职。从本质上说,这个简单的招聘程序是唐宋所设立的精密细致的儒家科举考试制度的先驱。(Houn 1956:138—164)

虽然远远超出汉代的非正式甄选程序的科举制度肇始于六世纪的隋朝(581—618),并在唐高祖和唐太宗手下得以重新设置,但实际上直到武则天(690—705 年在位)当政的时代,统治者们才发现可以利用其公开考试的性质在政治争斗中打击权力系统中处于盘根错节、根深蒂固地位的贵族势力。日本学者荒木俊和宫崎市定等,在内藤湖南的理论基础上,将这一变化诠释为部分地反映出帝制晚期王权专制的兴起。尽管如此,唐朝的绝大多数儒学官员并非出自科举制度。而且,科举制度由一个简单的两层框架组成,其体制仅行于首都,合格的候选人或由地方举荐产生、或由在首都学校中就读的学生群体中选出。(邓嗣禹 1967:25—49,77—134;Des Rotours 1932;Waley 1949;宫崎市定 1981:111—116;Wechsler 1975:99;荒木敏一 1969;宫川尚志 1954—1955:533;贾志扬 1985:14—15,182)

宋朝的皇帝们,出于对地区性门阀家族的离心势力和藩镇军阀势力的担忧,唯恐其祸乱再现于 960 年重新统一后的中国,故颁布科举取士制度以征选天下之良才。他们所面临的问题是,如何统治一个同时经历着巨大的经济增长及重要的人口地理变迁的帝国。北宋统治者欲建立起一个包容广泛的新型机制以管理其六千多万臣民(至 1100 年中国人口已达一亿),其中的一项作为就是选择文官考试来限制军事和贵族的另类权力中心的发展,并将中国南方的新兴精英家庭中的学子们吸纳到政府中来。他们巧妙地利用了儒学系统里的平民价值理念来使科举显得合法化,因为这一体制包含着官员铨选渠道的公正性和合理性的意义。从理论上讲,这一渠道应对所有的中国人开放,无论其社会背景为何。宋朝的皇帝们所建立的这一考试制度,将会在中国的政府和社会体制中占据中心地位,直至 1905 年科举被废除为止。(Eberhard 1962:22—25;Kracke 1947:1—27;Franke 1960:1—15;Lo1987:4—15;Lee1985:19—45)

宋王朝的这一举动意在创制一个增强社会控制和政治效力新工具,而它的独特之处正在于非常成功地实现了它预先设计的目标。如从其基本职能的视角检视之,整个帝制中国晚期,科举取士的过程有效地重新建构了社会身份、政治权力及文化特权等复杂的关系。由于精英教育几乎已经完全与科举取士的首要目的认同为一体,如仅仅根据科举制度在经济或科学方面的贫瘠状态而对其进行评价(不少当代学者曾如此研究科举),则不免失去重点①。

尽管将科举制丑诋为妨害中国现代化的制度障碍已经成为汉学界的某种行话,但如我们能对其进行全面分析,则不难发现,其实并无什么先验原因妨碍由这一制度产生出来的士绅官员式的管理精英成为所谓前工业化社会的"权力管理者"(power managers)。事实上,基于"非技术性"的儒家道德和政治理论而产生的传统教育,在遴选精英进入最高层权力运作的方式服务于帝国方面,其正当合理性并不亚于早期现代欧洲的民族国家所使用的人本主义和经典主义教育。如果仅从学术分科和经济生产效率的现代目标出发来评价儒家教育的话,我们势必会对这一文化和体制运作的社会及政治动量作出错误的诠释。(梁启超 1959:28;对照参看 Grafton 与 Jardine 1986:161—220)

尽管数个世纪以来一再承受批评和不断的改革努力,"科举生活"却像是死亡和税务一样成为了精英社会和流行文化中的一个固件。科举代表着一个聚合点,在这个点上,国家的利益、家庭策略、个人希求和愿望都汇在一处。由于没有可带来同等社会地位和政治威望的其他职业与之相伯仲,为官为宦的目标遂成为天字第一要务。一旦确立并给予充分的合法性,科举取士制度为教育带来了在前现代社会中迄所未见的全国性的标准化和地方上的重要性。更何况,经过一段时

① 帝制中国晚期的"国家"与充斥其间的士绅官僚轩轾有分(也就是说,它是半自治的)。皇家保持着自己的天皇贵胄谱系,而这些皇家贵族的利益时常会与以阶级区分为基础的士绅精英的利益不一致。特别是在征服王朝(元代,1280—1368 年,及清代,1644—1911 年)下,当蒙古人与满族人成为王朝统治者时,服务于贵族精英的国家利益并不总是与官僚或地方精英的利益等同划一的。

间后,科举流风所及,渗透入医学、法律、财政政策和军事等各个领域。不过,南宋(1127—1279)以后,只有武举考试仍然被保留在体制内,作为与文官考试相并行的一种制度存在,用以招募武科将官。(Needham 1970:379—395;Hartwell 1981:281—314;McKnight 1989:493—516;宫崎市定 1981:102—106;Nivison 1960:177—201)

科举考试反过来催生了全国性的学校系统,在宋代,这系统可达及州郡一级,至明清两代,则达及县级。这些高级的公立学校设立之初,目的在于预备考生参加笔试,此种笔试的题目,则由国家任命的考官给出。这一创设早于欧洲整整七个世纪,而中华帝国已能在财政上倾力支持这种全国性的学校体系。

例如,在 11 世纪的神宗皇帝(1068—1086 年在位)朝,宰相王安石(1021—1086)曾一时试图以国立学校的毕业生作为铨选官宦的基础,用以取代科举的成功者。可是这一改革并未坚持下去,科举考试的成功被认为远远优于国子学的正规训练。朝廷建立的学校虽在早期颇为成功,但它们最终还是被吸纳入科举制度里,至明清两代,这些学校不过徒具其名而已。这些学校很少真正进行教学,他们最终成为考生们自己准备科举考试的一个中间站。(邓嗣禹 1967:140—148;Lee 1985:55—137;宫崎市定 1981:18—19,116—17,24)

此外,进入公立学校的先决条件是已能熟识古文。由于古文和白话文这两方面的教育历来都由私教承担,中国的公立学校在 20 世纪以前从未以大众教育为目标。经典教育原为国家抡材而设,它使得人才能够进入恰如何炳棣所适切定义的那个“成功的阶梯”,为了获得社会和政治优势,参与打理国家和地方事务,接受经典教育已成为一种必要条件。帝国的统治者在自身儒家化的同时,承认基于儒家典籍的精英教育为政府的一项基本任务,而中国士绅则将经典教育视为他们的道德和社会价值的准确的衡量标志。双方都认为那些古老的儒家智慧,如果经过正确的推广和灌输,能够将普通人塑造为领导人,并能使他们在中央和省级的官场及地方衙门施展政治权术。(Woodside 1983:3—35;何炳棣 1962:255—266)

帝国对精英教育进行控制的前提是国家选仕及升迁官员的特权。事实上，国家更关心的是科举竞争的组织和章程化，而非建立学校或培训教师。皇帝既已在官僚体系中创建了一些职能单位、俾使其空缺通过竞争选拔的方式来填补之后，也就无妨任由实际的中国典籍学习和培训考试的教育过程飘离正轨，进入到由塾师、书院和宗族学校主持的领域。

有趣的是，尽管明清时代的皇帝及其亲信往往会试图限制国立学校系统以外的私人书院的扩展，当时很少有人提出教育应独立于帝国的政治和社会控制之外这种争议性的问题。在统治者及其臣下的心目中，教育与公众秩序之间的联系是毫无疑问的。无论是处于理想主义的目的，还是作为现实主义的控制手段，统治者与精英集团都将社会和政治秩序等同于教育在道义上和政治上的灌输功能。如，御史这样的谏官可以挑战皇家特权，但却不能挑战皇上对科举考试的控制。直到20世纪，对非国家性教育自治的要求才风行起来，这一要求给在政治上失势的知识分子带来了可预见的灾难。从1000年到1900年，儒生学而优则仕；1911年后，仕宦阶层则更多地为党人所占据。20世纪的知识分子因此而受制于他们，不再能够有施加影响的政治力量。（Wakeman 1972：35—70；Barry 1974：226—237）

然而，真正争议的中心，则是儒生们关于何种教育才能最好地实现他们的社会及政治角色的看法之争。高瞻远瞩的官员往往会请求给私立书院以相对的教育自主权，以此来矫正因激烈的科举竞争而造成的扭曲的儒家教育目标。例如在明末，私立书院成为了政治异见的中心。在派系斗争和宦官专权导致明代覆亡之前，这些政治异见能够通过科举人士的成功而被制度化地渗透到文官系统内。（Meskill 1982：66—138；沟口雄三 1978：111—341；小野和子 1980：563—594；1980：307—315）

但即使是在其最为尖锐的表达形式里，政治异见文人也从未质疑过科举取士的过程或国家通过教育政策来决定社会分层的正当性。士、农、工、商四阶层，其等级与特权递减，这样的社会分层是教育的一个基本预设。例如,直到明代之初,商人子弟是不能合法参加科举考试的。更有甚者,从所谓的“贱民”到僧道,举凡所操职业在被禁之列,更使一大批人被排阻在科举之外。直至14世纪晚期,当这个社会歧见发展到与现实脱节时,朝廷才在抡材之道上才稍作调整,准许商人子弟参加科举。通常来说,文人们出于在政治上分一杯羹的、生硬粗糙的目的,要求儒家教育的相对自主权,只是更有利于国家的政治导向,这样一来,这一选择过程中的社会和政治功能,就被伪装在文人自治的面纱之下。(Bourdieu 和 Passeron 1977:194—210;Carnoy 1982:79—126)①。

科举与人缘政治的维续(Political Reproduction)

通常来说,帝制中国的教育被认为是适如其分——它是国家机器用以维持公众秩序及政治功效的工具之一。从国家的立场上来说,不断提供训练有素的、忠诚的儒家官员才是其主要目的。朝廷对教育和考试的支持,必与科举过程所生产的、可以供帝国纳用的贤能忠诚之士的成功息息相关。

由于文官职位所承载的声望、权力及报酬相较同等的商业及军务职位为更高,故此,所有能够负担得起科举考试所需的教育时间及花费的人,无不寄望于跻身于文官系统。如罗文(Winston Lo)的研究显示,宋代的文官系统,是依据职务分类(工作性质)和官阶分类(个人资格)的双重原则来运作的。职员的总人数为实有职位数目的两倍之

---

① 虽然作为一项功能性描述,布迪厄(Bourdieu)与帕斯隆(Passeron)有关特定社会和政治框架下的教育体制的外部结构分析非常有用,但它严重地低估了体制与将体制予以合法性的观念的变化,以及其如何变化和为何变化。如欲了解有关中国科举制下的教育变革的内部意识形态过程的讨论,请参看艾尔曼即将出版的新作(译者注:此书题为《中华晚期帝国的科举文化史》(*A Cultural History of Civil Examinations in Late Imperial China*),加利福尼亚大学出版社,2000年)。布迪厄与帕斯隆倾向于低估机构的意图及其制度后果之间的功能性联系,尽管这些意图与后果之间间隔着很长的时期。他们未能以更充分的视野来看待这一貌似普通的问题,即,从历史的长期性来看,意图与后果两者可以截然不同,并非遵循着功能主义的铁定律而来。参见 Boudon 1989:156—157,223 n. 26,26 n. 17。

多,而在一个平均化的定量工作制度下,这一现象竟然差可人意。同样地,所有科举毕业生都能被保证得到最低限度的职位和薪偿。由于文官机构每四年的三年中都要经历一次百分之一百的人员周转,与之同样经历周转的职位和薪偿的分配就主要取决于职务分类、即所被填补的职位的重要性。(Lo 1987:115—170)

宋代的官阶分类决定着文官职员的名义上的薪资、身份及相关福利。由于依据职务分类而指派的工作才是薪偿之本,定量工作制取得了相当的节省效果。一个官员,他的与官阶挂钩的基本薪资逐渐成为其收入中微不足道的部分。支持文官系统运作的资金不足,这一问题的解决方式是用一个复杂的官阶和工作分配系统与官职的明确头衔挂钩。由于文官系统实则运作于只有一个雇主的市场上,定量工作制度传承了一个中世纪式(欧洲与中国皆同)的惯性,即官职被视为私产,既可卖掉,也可世代传袭。明清两代,由于帝国的省份已经成为格局全面的行政单位,文官系统遂放弃了其功能齐全的双官衔系统,而主要依赖于职务分类。对官员进行任命的权责多已从中央转移到了地方政府。(Lo 1987:217—225)

宋、明、清三代的文官系统都确认了一条规律,即资优年长者往往成为吏治的壁垒。严格的铨选程序理论上应该破除在任命和升迁方面的个人成见。这一相对摆脱了朝廷干预的吏治自主只是在一定程度上减少了、而非清除掉了统治者对公共事务的反覆无常的干预。通过确立为成规的官员人事法令,儒家官员获得了一点点与他们作为科举成功人士的职业身份相称的“自尊”。朝廷也确然尊重精英集团的利益,“精英集团则回馈朝廷以政治合法性及训练有素的人力资源”。(Metzger 1973:397—417;Lo 1987:19—22,217—218)

如此一来,在政治和社会两方面,儒家教育的方针都服务于国家的利益。在其早期,宋代的科举体制对于完成从中世纪贵族统治到士绅社会的的社会转变与有力焉。其后的明清两朝,朝廷不再试图以教育来改变社会形态。国家对教育系统的最低要求是它要服务于加强和鼓吹政治、社会和道德价值观,以维护本朝的当前存在,这些价值观与儒家崇尚学习、崇尚作为社会的道德规范的平民价值的理念不可分割。

政治的再生产通过普世方式铨选对朝廷具有无可置疑的忠诚的儒家官员，这一方式由10世纪末(973年)的宋太祖(960—976年在位)的一个决定而成定局，这个决定要求皇帝亲临一个最后的"殿试"，使所有参加最高级的京城会试者都成为"天子门生"。在其后的朝代里，皇帝本人成为事实上的国家最高考官，他象征性地要求成功士子坚定不渝地向他宣誓效忠[①]。

政治合法性是一项由准备科举考试而衍生出来的自然而然的副产品。一个人如身仕两朝或多朝，就已背离这一忠诚的伦理标准，尽管这种背离也是常见的。事实上，由国家考试制度来对朝廷的儒家政令进行政治合法化，事先已经预设了这一铨选过程的合法性为社会所认可。意识形态领域的忠诚有如一块织布，其花纹斑驳令人费解，却曲结盘绕，涵盖国家与社会，甚至皇帝也需受教于科举出身的太子傅，学习有关他们的皇权合法性的儒家理念！(宫崎市定 1981:74—101; Chaffee 1985:49; Kahn 1971:115—181; Bourdieu、Passeron 1977:11—67)

宋代之重科举，乃出政治权谋之意。自997年后，朝廷对中榜和落榜考生的比例作出规定，这更证明了宋朝将参与科举视为一种对精英势力进行制约和笼络的手段。政府对精英集权构成的干预，通过对文官和武职的铨选而达成，这一干预最清晰地表现在科举的首期阶段，宋之于郡、明清之于县，都设有严格的审核程序，以决定生员是否有资格进入考试选拔过程。(Lee 1982:297—310)

例如，在1400年，合格的生员人数计有约3万，而当时人口约为6500万，生员与人口的比例为1比2200。至1700年，合格生员计有约50万，当时人口为1亿5000万，生员与人口的比例为1比300。当生员与人口的比率随着时间变得越来越缺乏竞争性，生员通过高等考试

---

① 更多具例请参看艾尔曼即将出版的著作。

的可能性就变得微乎其微了。事实上，有清一代，生员身份已经不再是一种稀缺之物，而成为一种个人的社会必需品，与此相似者，为今日美国之大学毕业生的身份。

至1850年，约有200万考生参加了两年或三年一度的县试。这些人中，只有3万人（1.5%）取到生员资格。其中，又有1500人（5%）通过了三年一度的乡试；而乡试成功的举子中，只有300人（20%）能通过三年一度的京都会试。每一个阶段的考试都会将考生中的绝大多数人刷下来，而能够成功冲出各个阶段的概率是6000人中才有一人（0.01%）①。

帝国晚期人口增长，其相伴生的潜在考生数目的增长，与极为缓慢的官职（国家级别、省级和地方级别）数目的增长相形之下，意味着绝大多数生员永远不可能得到一官半职，这就会给地方带来一个治安问题：心高志大的儒生弘愿未遂，可能会引发叛乱，或会肆无忌惮地干预官府，要求免徭役、逃赋税。在人口增长、甚至低级官场都人满为患的前提下，朝廷使用一些手段来严格裁定县试、乡试和会试的配额，以期将士子的人数限制在一定的限度之内。官员们担心，过多的生员数目，会导致地方上律令的松懈，使一县父母官的权威减弱②。

地方精英希望通过科举来扩展其影响力，而教育官员则希望将社会流动性之阀门放置在政治掌控之下，两方相持不下，拔河战几乎成为一种常态。如一段时间内生员人数有不寻常的扩张，则其后，呼吁减少配额的声音就会常常出现于教育方针的争辩之中。清朝的当政者将生员人数过多视作明亡的原因之一。（宫崎市定1981：23—24；Wakeman 1975：84—89；Oxnam 1975；Kessler 1976：154—158；Ayers 1971：44—50）

---

① 以上比例来自Wakeman 1975：21—23。来自宫崎市定1981：121—122书中的数据没有魏裴德的那样惊人，因为宫崎的计算包括了明清两代的科举。亦参见Barr 1986：92—103。

② 但是，Naquin Rawski 1987：106—114，23—27，224—225认为，历史学家们低估了中国行政机构扩张的规模。

此外，朝廷还会在京城会试中格外添加地方配额以达到省份间的地理平衡。在会试中，由于中国南方（特别是长江下游，但也包括福建和广东省）的经济优势，南方考生一般比来自北方（北中国平原）、西北（渭河流域）和西南（云南和贵州）等欠发达地区的考生表现要上佳。为了给南方的科举优势以一定的敛约，教育官员们最终决定以60比40作为南北双方对分进士配额的官定比率。（Chaffee 1985：119—156；何炳棣 1962：222—254）

宋、明、清三代，国家都致力于维护科举制度，使之成为在公众及私人生活中传播儒家文化的工具。国家对最具法理性的文化标志（legitimate cultural symbols）——包括典籍的学习、绘画、文学和书法——的垄断，使得它能够生产及再生产其自身生存所必需的制度条件。通过将自经商与军功得来的财富与权力再分配入文官系统，科举本身的等级分层有效地再生产出了恰如人意的社会等级。政治合法性的意识形态功能通过教育传递下去，它能成功是因为社会地位的提升本身就是科举竞争的一个重要的副产品。

科举与地方社会阶层的维续（Social Reproduction）

如果说朝廷重视的是渊源不断地拥有衷心能干的臣子，那些作为忠诚的帝国子民参与到考试中的人则将科举视为获取个人成功的最佳手段。然而这种成功却要求一个人必需先行投资巨大的时间、精力与训练。对于家庭、宗族和世系而言，国家的政治抡材机制则成为地方上维续社会阶层的目标。

由于晚期帝国时代的国立学校系统只招收已通晓北京官话（官场上所用的方言）、素具古文修养的学生，并由此而定位在重考试而轻阅读、写作或其他方面的基本能力，故此，训练和培养子弟、为科举做准备的初级阶段的责任就落到了家庭头上。这些家庭或是想要跻身获得、或是想要保持住其为官做宦的精英门楣。一户人家，一旦其子弟通过了生员级别的初等考试，它就在地方上获得了士绅门户的地位，相应地享有财政和法律方面的特权。即使更高级别的乡试和京城会试对一个年轻人来说是高山仰止般不可征服的障碍，在县试中获得生员身份所带来的社会回报对于一个家庭撙节资源以供子弟读书的投资而言已经物有所值。（张仲礼 1955：32—51；Freedman 1971：68—96）

为了获取身份和特权，一个人必需取得通往官场和高等文化的护照——北京官话和文言文。与在早期近代欧洲讲拉丁语或讲方言成为受过高等教育和中等教育的分界标志的情形相似，在帝制中国晚期，北京官话与古文写作与日常用语截然不同，且只作为精英科目教授给少数人。由此一来，那些要栽培子弟以举业的人家，如能够负担金钱与精力方面的牺牲（或曰“投资”），则必付出而无反顾。孝道与科举成功的关联，在史书上的例子比比皆是，往往都是这样一些故事：家庭如何竭尽绵薄之力供给子弟读书，苦读的子弟在中举后又是怎样回报他们的长辈。有才华的年轻人有时会面临选择，究竟是对父母亲长履行社会责任呢，还是追逐个人志趣行事，一般来说，名利之逐总会胜过个人的理想主义。（Bol 即将出版；Nivison 1960：177—201；Peterson 1979：18—43；Houston 1988：23—24）

科举如此成功地俘获了野心勃勃的年轻人与其家人的梦想，科举的成功变成了士绅身份的一个重要标志。社会优势可轻易变形为学术优势（即布迪厄[Bourdieu]所谓“象征资本”）。财富和权势为充足的语言学训练和文化训练提供了资源，在科举中，这些训练反过来又会为一位成功的士子带来财富和权力。一旦法律准许其参加科举，商人家庭，正如官宦家庭一样，无不视科举为巨大财富和正途成功与权势的终南捷径。与现代欧洲和日本不同——那里存在着贵族与平民间的强大社会藩篱，阻碍着商业财富转换为精英身份——明清两代的地主和商人的财富与科举身份息息相关，如此减低了一些以阶级为基础的社会叛乱的潜能。（艾尔曼 1990：第一章；Bourdieu 1977：159—197）

士绅的社会身份及官员的政治位置是宋王朝科举考试制度化决定的一个双重结果——政府官员的政治上的维续是与地方上的士绅阶层的维续相切合的。国家有效地制造出一个精英集团。尽管科举制下考生的机遇不平等这一现实情形被宣扬公正和普世主义的儒家理念给成功地镇压住了,但在地方上,科举的成功已逐渐成为富贵权势人家的特权。在地方配额和科举考试成功的竞争中,工匠、农民与职役人员处境窘迫,准备贫乏,很难利用起科举制度仅存于理论层面的开放性。因此一点也不足为奇,在晚期帝国时代,中国全部人口中仅有1.6到1.9的百分比属于士绅阶层。(Eberhard 1962:22—23;Lo 1987:22—34;Wakeman 1975:22,36 n. 7;Bourdieu、Passeron 1977:152—164)

由于科举考试考的是基于古代典籍的知识,其内容来自至少1500年以前的周朝(公元前1122?—公元前221)和汉朝(公元前206—公元220),这种考试本质上就是考文言文,一种与帝制中国晚期的中文口语截然不同的文字。除此之外,考生所必需会讲的北京官话与其他可被视为下等语言的地区方言不同。这些考试政策使得那些仅会说地方性方言的人处于文盲一般的不利位置。为了获得合法的文化训练,以便有资格参加科举,多数准备参考的学生需要掌握一种新的方言(北京官话)为第二语言,并掌握一种书面语(文言文)——其语言精炼,具有上千种不常见字,语法古拙,掌握它需要自幼年至成年的长期背诵和训练。(费孝通 1953:71—72;Houston 1988:138—139)

宫崎市定曾估算,要掌握科举课程必读的四书五经,共有超过40万个生字需要记诵,“以一天学两百个生字计,这就需要整整六年时间进行记诵”。这一计算还不包括卷帙浩繁的朝代史书(至宋朝已经有十七部,至清则已有二十一部“正史”),对此考生理应也是要掌握的。魏斐德(Frederic Wakeman)曾言:“一个在举业中的中等偏上之人,其发蒙识字必始于五六岁间,至十一岁时已能背诵四书五经,十二岁掌握作诗,此后则习八股作文之道。”①(宫崎市定 1981:71—72;Wake-

① 在1905年废科举之前,四书五经乃为教育体系的支柱。《五经》包括《易经》、《尚书》、《诗经》、《礼记》和《春秋》。《乐经》在古典时代已经失落无存。《四书》则为《论语》、《孟子》、《大学》、《中庸》,后两部节选自《礼记》。

man 1975:23)

通常来说,富贵人家子弟从孩童到青年,其成人礼仪的路数正是由某一岁数所能掌握的典籍数目所决定的。例如,男孩的“冠礼”加于其十六岁至二十一岁之间,寓意他已掌握全部四书和五经之一,达到可以参加科举考试的最低要求。如果他能够在这些死记硬背中游刃有余,则他可以早试雏凤之声,以十五岁的幼龄出考,通过生员考试,尽管多数年轻人都是要等到二十一岁之前才能取得生员身份。(Dardess 1987:5—21)

如此这般,科举考试所必需的文化及文字资源,只有少数人家能够提供给其子弟。生员考试的设立是有目的的,它的障碍作用在于将至多是粗通文字的大众与完全精通典籍的文士精英区分开来。在世家巨族内,教育男孩与教养女儿之间亦有清晰的分界,这一分界直延续至17世纪,其后世家女子受教育的情形才变得普遍起来。整个晚期帝国时期(宋以降),参加科举仍然是儒家社会里的一项男权至上的象征。(Elvin 1984:111—152;Handlin 1975:13—38;Wolf 1970:37—62)

自然,如认为工匠和农民家庭的父母能够负担他们的子弟进行多年的训练,学习一种与口语语法截然不同的“外国”语言,这种看法未免失之天真。极少情形下,也会有农家少年为了通过科举,白日在田间劳作,夜晚在油灯下苦读,这种异例总是会很著名,其原因正是因为非常罕见。尽管科举在理论上是对所有人开放的,但在成功阶梯的第一步,这一竞争就已经将百分之九十的中国人排除在外了。语言和文化资源的不平等分配,意味着在文凭的市场上,那些家庭文化传统不足的人是不太可能竞争得过那些素有渊源家学的人的。[①](费孝通 1953:71—72;Bourdieu、Passeron 1977:114—130)

在科举的神秘化过程中,少数出身低微的士子的罕见成功已经成

---

① 据 Johnson(1985:59)的估计,清代至少有五百万受到过经典教育的平民男子,约占1800年代所有男性人口的5%,1700年代所有男性人口的10%。闵斗基(1989:43—44)的研究显示,清代小农有出钱买学位以实现其科举梦者,这种现象在19世纪更为盛行。

为传奇、故事和宣传品。在常人的想象中，一个人的命运能突出于芸芸众生之外——通常是由因缘律或德报所致——是可以用来正当化（亦即“解释过去”）考试遴选过程中的固有的社会不公正的。通过获得低层阶级（不易相与的僧道当然除外）的认可，让他们承认古文经典教育是测试教育成功的合法基础，这样一来，低层阶级通过科举的高失败率遂在意识形态上被合法化了。关于科举的选择过程，这些平民百姓虽然法律上有权参与，但事实上已经从语言文化上被排除在外，科举体制要求他们承认，他们无法走上学术道路的宿命是由于他们缺乏良好的智力。而受足古文典籍训练的精英士子，则可以贬嘲那些不识之无的人的无知。这等精英士子如若名落孙山，又不乏自我疗伤的一套陈词，用宿命的理论来说明为何自己失败而他人金榜题名。落榜士子在此事上引入命运的诠释，无非说明那些高中者也并不比他们更优秀出色。（Chaffee 1985：157—181；宫崎市定 1981；Ropp 1981：91—119，52—91；Barr 1986：103—109）①

帝制中国的社会流动性主要发生于某一特定阶层之内，这些阶层的人拥有文化和语言方面的资源，可预备其子弟进入制度苛严的科举圈子，让他们记诵长篇累牍的古文。据柯睿格（Edward Kracke）与何炳棣的研究估算，官员在未中会试前之近祖三代皆为平民者，以宋、明、清三代的进士考试而计，分别为 53%、49.5% 和 37.6%。近年来的研究显示，即使这些数字也是过度夸大了的，因为此前的研究未曾计入这些平民出身者中有做官者的亲戚——或出于宗族的旁支，或以姻亲相连——的情形。对于那些本来可能会成为普通人的人来说，这些族人或姻亲有可能会对帮助他们求学上进起到决定性的作用。（Krack 1947：105—123；何炳棣 1962：70—125，特别是第 14 页（表 10）；Hymes 1986：34—48；Waltner 1983：30—36）

---

① 不过，伍德塞（Woodside）曾对我提到，与佛教和印度教盛行的南亚和东南亚地区的那些信命的农民相比，中国的这种社会流动力的观念对农民有一定的影响——他们不会认为教育是无用的。这又造成了秀才之类的下等举子的过高期望，当他们的科举梦被重复打破时，他们往往会起而造反。

科举制度是中国社会、政治、和文化维续过程中的一个杰作,它驱使着统治者、精英和生存力顽强的普通人,让他们一起做着儒家兼济天下和“朝为田舍郎、暮登天子堂”的好梦,也由此在各个领域引发出对其导致的客观后果的误解。自宋以降,科举制度要求应试者的考卷送递阅卷者处时做匿名处理,似乎这就杜绝了以社会和政治身份传其子弟的特权;由此,它巧妙地将科举制度本身就是一种社会等级分化的事实(大部分人没有能力参与科举)掩盖起来。如此一来,柯睿格、何炳棣和其他一些学者对科举之于社会流动性的研究就隐含着一个缺陷。他们将成功士子与人数更多的考生全体区分开来,其研究建构仅注重于前者,我们所知所闻只不过是这个科举过程中的特定的“幸存者”群体。更有裨益的研究方式应该是强调科举之于产生一个广义上的男性文人士子阶级的作用,他们都竞逐参与这一筛选过程,失败者也在内。

皮埃尔·布迪厄(Pierre Bourdieu)和 J. C. 帕斯隆(Jean-Claude Passeron)曾颇有见地地指出,如过分关注于名落孙山者和金榜题名者之间的对立矛盾,就会引发对科举制之于教育的整体作用的错觉。这样的分析遗漏了生员与因教育程度太差或因法律身份而被排除在科举之外者的关系。科举在遴选过程中有一个潜在的社会目的,即它是社会身份的守门人。(Bourdieu、Passeron 1977:141—167;Balazs 1964:6—7)

科举将那些缺乏文化和语言资源的人们的子弟拒之于门外,但门面上它仍包装以儒家“为国抡才”的公开竞争性。自宋代以降,人们对国家视子民的社会身份为平等的幻觉和对文化自治的误解,蒙蔽了社会建筑于文化特权之上的真相。科举遴选过程对弱势社会群体的淘汰实则更为彻底。(Lockridge 1974:3—7;Bourdieu、Passeron 1977:1—27)

因为许多人根本就不可能通过最初级的考试,这套三等级科举考试体制并没有给与帝国的各个社会阶层一个均等的机会,事实上,科举将社会优胜劣汰包装在抡才的公正性之下。此外,县一级的考试和复试有种种苛严要求,通过者才能被准许参加乡试,这就意味如果家庭需要其子弟务农、务工或经商,就不能让他们花费多年的光阴专注

举业。（宫崎市定 1981：18—32；Eberhard 1962：22—23）

将农民、工匠、杂役、僧道——更不用说妇女——排除在生员考试之外，这时网内就只剩下了文化上占据优势之人。这一举措确保了应试之年轻人的来源，他们都出身于不吝于以文化资源为其男性子侄投资的儒学家庭、世族和谱系①。

那些“最好和最聪明”的子弟赢在了起跑线上。士绅阶级拥有被国家视为正统合法的文化和语言资源，这就使富贵权势之家能够垄断这些资源，并代代相传。儒家的科举制所要求的读书握笔之才，属于社会分层里的“劳心者之人”，这就将那些不识之无的粗人堵在了门外。取代中世纪门阀官职世袭的，从此就是文化资源的累代相传。基于掌握古典文字娴熟程度的科举考试是一场严酷的历练，它掩藏了初始阶段的社会选择，其实这种优胜劣汰早在生员考试前就已经发生。（Goody 与 Watt 1968：27—68）

科举与文化的维续（Cultural Reproduction）

除了其在维系社会阶层和政治关系上的作用，科举竞争还成功造就了一种全国性的必修科目，它们将帝国的士绅家庭巩固在一起，成为了一个文化上的统一阶级。通过掌握诘屈聱牙的文言文，国家权威将青年英才导入一个预设的世界——基于四书五经的政治和道德话语。尽管无人能够否认，孝道和祖先崇拜之类的道德价值在帝制中国实则是超越阶级和文化障碍的存在，而以方言形式流传的通俗文学在非精英士子的人群中也广为流传，但宋代以后，口语与文言文之间的巨大鸿沟实际上保证了文士官员所进入的话语世界已不容普通常人涉足或理解。（Rawski 1979：1—23；Wakeman 1975：23）

在朝廷上和官员中占主导地位的价值观、观念、问题与争论都要用一种“半隐秘”的文言文来表达出来，该种语言的发音巧妙地基于京

---

① 体系内教育成功的实例请参看艾尔曼 1990。

畿地区的标准北京官话，而非人口众多、经济发达的南方方言。这一政策反映了“语言学党争”的一个初期形式，中国可被分为不同的语言单元，可是占据优势的只有其一。

这种“官话”——无论在书面还是口语的形式中——只有少数特权人物通过数年的训练才能完全掌握。如此一来，准备科举考试就意味着要长期地对正统的（京畿）地区化的古文、思想、概念、审美、行为等进行消化学习。在阶级和个人的层面上，社会和政治的维续既产生出“士子文化”（literati culture），也产生出作为“文人”（man of culture）的士子。当儒家文化的授业与社会精英和政治成功紧密相联，它就会通过为官僚体系抡才的过程而连续地再生产出浸淫于其价值观的个人。南方人的母语与占优势地位的北京官话不同，他们靠着由家庭财富而转化为的教育资源才能克服其初始的语言障碍。不过他们付出了驱离自己母语的代价。（Peterson 1979：25—35；Bol 1989：151—185）

在士绅社会内组织严密的宗族集团，如地方大族，有能力将社会和经济力量转化为科举的成功，其成功又会反过来将他们与对地方的文化资源的控制紧密结合在一起。高门巨姓之族，家资巨万，田连郡县，往往在当地互为联姻，一荣俱荣，一损俱损，它们的领导者，需要精通文墨、身份高雅，在文人墨客中来去自如，并能代表宗族折冲于官府，与郡县、省城及中央的权要相结纳。富裕的宗族经济上多有余裕，特别是在富庶的长江下游，这就使得其中的季子多金者有更多机遇享受经典教育，并取得科举的成功，并以此获取在宗族之外的政治和经济权势。（艾尔曼 1990；Ebrey、Watson 1978；Esherick、Rankin 1990）

长期的成功有赖于宗族的经济资源，这是负担族内聪睿子弟为了掌握深奥古文、学有经年的教育经费的必需。一个人，如出身自素具渊源学风、会讲北京官话的家庭，就已在未来的社会和政治仕进之途上占有地方先机。教育并非是一个社会身份的简单标志。在一个充斥着文盲和仅会讲北京口语或其他方言的人的大社会中，对官场的习用口语和文言写作的掌控有着政治上的优势。如此，宗族策略中的一个要素就是要求其子弟娴熟掌握北京官话和文言写作。族谱的编纂，文契的准备,及领养协定和房屋贷款的签署,都需要特殊的专才和社会能力,这些唯世系纯正的精英之士才能备办。经典教育遂成为文化认同的一颗印章。正如15和16世纪的欧洲精英弃方言而使用古拉丁文为中等教育的授课语言,多数明清时代的中国人,一旦接受了高等教育,也会放弃他们的母语,转而逐北京官话和文言文之利。(Houston 1988:33;Watson 1982:601)

在帝制中国晚期,商人们也常会成为经典学术的文化赞助人。事实上,他们与士绅精英之间的差别几不可辨,尽管直到18世纪,"商户"列为世袭的职业身份的规定还有效。在长江三角洲地区,商人提供资源,建立起了多所地方性学校和私人书院。其后果就是文士和商人的社会策略和权益交融在了一起。明清两朝,长江下游地区及他处的商人成为了文化与学术生活的先锋。在地方社会、特别是在大城市里,商人的成功会带来商业利润与尊贵社会地位的相互转换。由于商人的支持,经典学术繁荣兴盛,出版之发达,藏书之盛行,都达到从未有过的规模。(何炳棣 1954:130—168;大久保英子 1976:221—361;Freedman 1971:58—59;Peterson 1979:67—72)

接受经典教育并非只是士绅精英们的高远目标。但是,商人、工匠及其他普通人通常得不到适当的语言工具,也缺乏掌握儒家政治和道德话语的教育训练。而维持宗族的长期威望于不堕的一个必要因素是科举的成功及成功者此后的为官做宦,这种宗族策略使得直接的权力和尊荣往往落于那些与登科举子和官员有最近密关系的人。随着宗族中的男性出外为官,或族中有人与多年垄断当地考试名额的传统世家结为姻亲,地方性的特权也会延伸出域外。当然,族中的非重要人物也可以认同、并在某种程度上分享他们的高官厚禄的族人或姻亲的尊荣权势。(Twitchett 1959:122—123;Watson 1985:7,98,105,75)

宗族中的义学就是一个很好的例子,它是慈善事业、教育和仁爱的复合体。宗族出资所办的学校为族中的家境略差的子弟提供了上进的机会,如这些子弟生在并非那么兴旺著名的家族,这样的机会就不太可能。同祖同源的人们聚在一起,受益于其族中的任何一位举业成功人士,无论其出身何等低微。如此,族中的累代不中科举之家,其失败可由其他族人或姻亲的举业成功而得到弥补。这样以来,被视为一体的宗族,其社会流动性即与单个家庭不同。

在文化兴盛的长江下游地区,世家巨族与新富都通过为其有才华的子弟提供出色的教育机会的方式来保持其高贵的地方身份。宗族学校和商人书院(例如在扬州,就有为盐商子弟所建的书院)都是令人眼红的私有财产,地方精英间互相竞争,攀比社会、政治和学术优势。在一个士绅和商人占主导的经济和政治环境里,成功运作的家族资产起到了关键作用。当以家族的名义举办慈善事业时,已在地方社会上素有建树的人往往占有优势。(Cohen 1983;Freedman 1971:54;Rawski 1979:28—32,85—88)

成千上万的年轻人在两年一度或三年一度的科举之路上竞争着,因此毫不奇怪,要想精通掌握正统文化的符号,就必需淹通经史,能诗能文。文化上的倾向是使用儒家典籍的写作方式援古以喻今。这种教育的结果,就是让人获得文言读写能力及艺术素养,从而跻身入政治精英集团。科举的内容由精英文化所掌控,至明清两代,由于严格规定所有考生的文章都必需以严谨对仗的八股文写作,这一现象益发突出。八股作为一种文字流派在考生中的名誉颇为狼籍,但对于商人、农民和工匠等大字不识一斗的粗人来说,却又能使他们在精英话语前望而却步。(邓嗣禹 1967:281—282;涂经诒 1974—75:393—406;Woodside 1983:11—18)

考试已经如此之难,但还有一项要求使之难上加难,那就是考生都必须写得一笔好字,而书法正为中国文字书写中最玄妙、也最具特色的文化形式,非有长期训练不能精通。人所共知,要作书写字需有一套笔墨纸砚的工具。最上等的中华文化要求一个人不光要精于文字,且要有将文字以优美的书法书写下来的艺术训练。京试对书法的要求尤严,考试卷纸都为特制,考生的书法应达到专家水准不说,且试卷应无有涂抹点污。尽管考生答卷之时只能用"正楷",但既被称作文士,自然别人也期望他们同样掌握行书、草书——到了清代,甚至还有古篆书。篆书、草书,都是非极渊博之士不能通者。如此这般,本已诡秘聱牙的古文言文通过其年深代久的书法形式就更加神秘化了。(Ledderose 1972,1979;艾尔曼 1984:191—197)

如何评判一个人是否为饱学之士?首先的考量是那些可以作为社会功用表达出来的文化形式:典籍、文字、书法的掌握,而非其人的技术专才。在精英圈中,"玩票"的风气甚浓,它将文化价值与社会地位等同起来,而非精英式的娱乐根本不得其门而入。尽管唐、宋两朝的科举都有法律、医学和财经的科目,自南宋以来,专门科的考试已经不复存在,这就标志着帝国已不再将技术科目看作是有社会和政治威望的东西。从那以后,法律、医学、天文、财经之训练,都成为普通人——充役于官僚系统中的技术性衙门里的小职员、文秘、幕僚,甚至穆斯林和欧洲人——的专学。

儒家官员寒窗皓首多年,苦读宋儒所注的四书五经,淹通史书,精于书法,一朝学成,便自以为"明明德"。只有在面对异族统治——先是蒙古人,后是(很短一段时间内的)满族人——时,他们才会在科举之外寻求谋生之道。在 18 和 19 世纪,人口压力膨胀,甚至举人和进士也未必然一定能取得官职任命,许多儒生审时度势,转而教人子弟,或专治学问,作为另外的谋生之计。(Hymes 1986;Spence 1980;Levenson 1957:320—341;艾尔曼 1984:67—137)

儒生应试求仕进,带来古典价值与历史眼域心智的代代传承,这一传承具化为话语与意识形态的霸权,意味着普天之下的士绅在文化上的息息相通,更甚于他们与同乡同井的其他社会阶层的人们。例如中国南部的广东士子经过长年累月的经典训练之后,与帝国其他区域——无论是北方的山东,还是西南的四川,或是其他与粤语截然不同的方言区——的文人一样,都能使用北京官话,都能引经据典地著文辩论。北京官话作为官场语言的使用,儒家典籍经籍在科举中的使用,这两项制度以一种不可预料的方式滋生了完全儒化的精英与下层的老乡间的阶级裂差。生活在同一地区的士绅与农民在精神概念层次上属于不同的话语和文化世界。一位来自西北的山西士子可以很轻易地克服方言障碍,与其来自广东的同僚进行沟通,尽管这一交流很可能仅限于翰墨文字。(费孝通 1953:71—72;邓嗣禹 1967:343—347;DeFrancis 1985:53—66)

科举考试下的政治和社会再生产铸就了一种唯有经典教育才能提供的文化和话语统一。为科举而设的儒家课程因此而反映出一种文化上的集大成,在话语和概念的领域,它保证了帝国晚期的精英政治势力与社会身份的确立都以国家认可的方式来进行。无论是好是坏,有意无意与否,宋代理学在文化层面上提供了以下两者:对统治王朝,它提供了政治合理性;对统治者群体,它提供了社会优越性。(DeBary 1981:1—66;刘子健 1973)

明清两朝的文化维续对国家的政治目标尤能行方便之利。其"盛世文化"在意识形态层面上是支持当时现状的。通过提升北京官话的地位、压抑地区方言,让青年男性都受教于正统文化,传统价值铸就的阶级等级代代相传。考生以北京官话的发音死记硬背四书和儒家典籍,他们为这种机械的学习方式而悲叹,却又无可奈何,这意味着在帝制中国晚期,统治阶级的文化成规习俗牢不可破,像程式一般被传承下去。(Bourdieu 1971:190—201)

将必考的儒家科目课程死记硬背、终达融会贯通之境,对汉人来说是一项极具意义的文化行为。正如在现代欧洲早期,学问强调秩序与统一性,于是问答教学法在教育进程中占有根本地位,帝制中国晚期的教育家们也崇尚正统经典,于是对正统经典的死记硬背应运而生。作为学习的一项习惯,学而时习之是教学法上一个重要工具,有助于开发记忆力,产生教育的统一性。为了灌输一整套观念和事实,统治者、官员和考官无不确然深信虔诚背诵的力量,汉人学生背诵四书五经,此行为本身就代表着对儒家道德价值的信念和对朝廷统治权威的服膺。(Houston 1988:56—58)

通过积年累月的训练来进行价值灌输,产生出韦伯(Max Weber)所谓的"帝国雇佣的儒家圣贤"。明清的皇帝们以圣贤的三皇五帝作则,拟古而施之以今。通过科举构建一个制度化程式以传输儒家文化价值,此事肇兴于宋,有宋一朝的君臣将科举与宋朝特殊的社会政治建构紧密相联,到了明清两朝,反过来,科举又在儒士中再生产出这等建构。科举考试成为决定文化公意(cultural consensu)和在盛行于精英社会中的理性与话语形式的一项基本要素。(韦伯 1954;1958:104—117;Bourdieu 1971:190—191)

在无意间,一项巧妙的教育和社会工程已经完成。刨除科举的缺点——生员资格的取得受限于教育条件,公正性上打了折扣;某些官员靠世荫、商人则靠花钱买学位而出仕;无论是以地区性形式还是城乡形式,登科中举的成功都存在着地理上的不平等——但直至帝制中国晚期的 19 世纪,科举仍然是通往财富与权势的一条阳关大道。出仕官员与在野士绅之间异体而同形,导致低等阶级的人们不得其门进入壁垒森严的官场,尽管这种"清场"是掩盖在公正社会流动性的意识形态之下的。科举成功的机会被荣耀光大化了,与此同时,通过筛选的微茫机率被遮掩住了。作为一项政治、社会和文化制度,为中国科举所设的教育系统的服务目标是:捍卫并合法化将中国社会分为贵族统治者(甚至非汉族出身的统治者)、儒家士绅官僚和目不识丁的普通人、或虽然略识之无但不通典籍的普通人的这种区划。(Chaffee 1985:95—115;萧公权 1960:67—72;黄宗智 1985:231—233)

参考书目

Araki,Toshikazu(荒木敏一),《宋代科举制度研究》(*Sōdai Kakyo Seido Kenkyū*),京都:同朋舍,1969 年。

Ayers,William(艾耶斯),《张之洞与中国教育改革》(*Chang Chih-Tung and Educational Reform in China*),剑桥:哈佛大学出版社,1971 年。

Balazs,Etienne(白乐司),《中国文明与官僚系统:同一主题的变更》(*Chinese Civilization and Bureaucracy:Variations on a Theme*),H. M. Wright(芮玛丽)译。纽黑文:耶鲁大学出版社,1964 年。

Barr,Allan(白亚仁),《蒲松龄与清代科举制度》(Pu Songling [P'u

Sung-Ling] and the Qing [Ch'ing] Examination System),《明清研究》(*Late Imperial China*)第7卷第1期(1986年)。

Bol,Peter(包弼德),《朱熹对文士之学的定义》(Chu Hsi's Redefinition of Literati Learning),狄百瑞、贾志扬编著,《新儒学教育的形成时期》(*Neo-Confucian Education:the Formative Stage*),伯克利:加州大学出版社,1989年。

——书评《贾志扬的〈中国宋代从学的荆棘之门〉》(Review of John Chaffee,the Thorny Gates of Learning in Sung China),《哈佛亚洲研究学报》(*Harvard Journal of Asiatic Studies*)(即将出版)。

Boudon,Raymond(雷蒙·布东),《意识形态分析》(*The Analysis of Ideology*),芝加哥:芝加哥大学出版社,1989年。

Bourdieu,Pierre(布迪厄),《教育体系与思想体系》(Systems of Education and Systems of Thought),Michael Young(杨麦可)编著,《知识与控制:社会学教育的新方向》(*Knowledge and Control:New Directions for the Sociology of Education*),伦敦:寇利尔-麦克米兰(Collier-Macmillan)出版社,1971年。

——奈理查(Richard Nice)译,《实践理论大纲》(*Outline of a Theory of Practice*),剑桥:剑桥大学出版社,1977年。

Bourdieu,Pierre,and Jean-Claude passeron(布迪厄、帕斯隆),《教育,社会与文化的再生产》(*Reproduction in Education,Society and Culture*),贝佛利山庄(Beverly Hill):赛吉(Sage)出版社,1977年。

Carnoy,Martin(卡诺依),《教育、经济和国家》(Education,Economy,and the State),艾珀(Michael Apple)编著,《教育的文化和经济再生产》(*Cultural and Economic Reproduction in Education*),伦敦:路特莱格-凯根保罗(Routledge & Kegan Paul)出版社,1982年。

Chaffee,John(贾志扬),《中国宋代从学的荆棘之门:科举的社会史》(*The Thorny Gates of Learning in Sung China:A Social History of Examinations*),剑桥大学出版社,1985年。

Chang,Chung-Li(张仲礼),《中国士绅:关于其在19世纪中国社会中作用的研究》(*The Chinese Gentry. Studies on Their Role in Nineteenth-Century Chinese Society*),西雅图:华盛顿大学出版社,1955 年。

Cohen,Myron(孔迈隆),《中国的宗族发展与家庭》(Lineage Development and the Family in China),草稿,1983 年。

Dardess,John(窦德士),《帝制中国晚期上层人家对儿童和青年的管理》(The Management of Children and Youth in Upper-Class Households in Late Imperial China),美国历史学会太平洋沿岸分会的 1987 年夏季学会[Summer 1987 meeting of the Pacific Coast Branch of the American Historical Association],1987 年。

DeBary ,Wm. T.(狄百瑞),《新儒学正统与心学》(*Neo-Confucian Orthodoxy and the Learning of the Mind-and-Heart*),纽约:哥伦比亚大学出版社,1981 年。

DeFrancis,John(德范克),《中国语言:事实与幻想》(*The Chinese Language:Fact and Fantasy*),檀香山:夏威夷大学出版社,1985 年。

Des Rotours,Robert(戴何都),《条约的考试:〈新唐史〉翻译》(*Le Traité Des Examens:Traduit De La Nouvelle Histoire Des T'ang*),巴黎:拉鲁斯(Ernest Leroux)图书馆,1932 年。

Eberhard,Wolfram(艾伯华),《传统中国的社会流动性》(*Social Mobility in Traditional China*),列登:布瑞尔(E. J. Brill)出版社,1962 年。

Ebrey,Patricia Buckley(伊沛霞),《帝制中国早期的贵族家庭:博陵崔氏的个案研究》(*The Aristocratic Families of Early Imperial China:A Case Study of the Po-Ling Ts'ui Family*),剑桥大学出版社,1978 年。

伊沛霞、James Watson(华琛) 编著,《帝制中国晚期的家族组织,1000—1940》(*Kinship Organization in Late Imperial China*, 1000—1940),加州大学出版社,1978 年.

Elman ,Benjamin(艾尔曼),《典籍、政治与宗族:帝制中国晚期的常州今文经学派》(*Classicism, Politics, and Kinship: The Ch'ang-Chou School of New Text Confucianism in Late Imperial China*),加州大学出版

社,1990 年.

——《明清两朝的儒家科举制与帝国的意识形态》(Confucian Civil Service Examinations and Imperial Ideology During the Ming and Ch'ing Dynasties),艾尔曼、Alexander Woodside(伍德塞)编著,《帝制中国晚期的教育和社会》(*Education and Society in Late Imperial China*),美国学术学会理事会,国立人文基金会及梅隆基金会所赞助学术会议文章,即将出版。

——《从哲学到语言学:帝制中国晚期的社会与思想方面的变化》(*From Philosophy to Philology*:*Social and Intellectual Aspects of Change in Late Imperial China*),哈佛大学东亚研究学会,1984 年。

Elvin,Mark(伊懋可),《中国的妇德与国家》(Female Virtue and the State in China),《过去与现在》(*Past and Present*),第 104 期(1984 年):111—52 页。

Esherick,Joseph,and Mary Rankin(周锡瑞、兰金)编著,《中国的地方精英与统治模式》(*Chinese Local Elites and Patterns of Dominance*),加州大学出版社,1990 年。

Fei,Hsiao-Tung(费孝通),《中国士绅:城乡关系论文集》(*China's Gentry*:*Essays on Rural-Urban Relations*),芝加哥大学出版社,1953 年。

Franke ,Wolfgang(傅吾康),《传统中国科举的改革与废除》(*The Reform and Abolition of the Traditional Chinese Examination System*),哈佛大学东亚专论系列,1960 年。

Freedman,Maurice(弗里德曼),《中国南方的宗族组织》(*Lineage Organization in Southeastern China*),伦敦:艾施龙(Athlone)出版社,1970 年。

——《福建与广东的中国家族与社会》(*Chinese Lineage and Society*:*Fukien and Kwangtung*),艾施龙出版社,1971 年。

Goody,Jack(古迪)、Ian Watt(瓦特),《识文断字的后果》(The Consequences of Literacy),古迪编著,《传统社会的识文断字》(*Literacy in Traditional Societies*),剑桥大学出版社,1968 年。

Grafflin, Dennis(格罗夫林),《中世纪中国南方的世家大族》(The Great Families of Medieval South China),《哈佛亚洲研究学报》,第 41 卷(1981 年):65—74 页。

Grafton, Anthony(格拉夫顿)、Lisa Jardine(贾汀),《从人本主义到人文主义:15 到 16 世纪的欧洲教育和自由艺术》(*from Humanism to the Humanities: Education and the Liberal Arts in Fifteenth-and Sixteenth-Century Europe*),哈佛大学出版社,1986 年。

Handlin, Joanna(韩德琳),《吕昆的新听众:女性文学对十六世纪思想的影响》(Lü K'un's New Audience: The Influence of Women's Literacy on Sixteenth-Century Thought"), Margary Wolf(卢蕙馨)、Roxanne Witke(维特克)编著,《中国社会中的女性》(*Women in Chinese Society*),斯坦福大学出版社,1975 年。

Hartwell, Robert(郝若贝),《财经专长、考试及北宋时期经济政策的形成》(Financial Expertise, Examinations, and the Formulation of Economic Policy in Northern Sung China),《亚洲研究学报》(*Journal of Asian Studies*)30 卷 2 期(1971 年),281—314 页。

——《中国在 750 至 1550 年间的地理人口、政治和社会变迁》(Demographic, Political, and Social Transformations of China, 750—1550),《哈佛亚洲研究学报》第 42 卷(1981 年),365—442 页。

Hexter, J. H.(赫克斯特),《历史的重新评估:有关早期现代欧洲历史和社会的新见解》(*Reappraisals in History: New Views on History and Society in Early Modern Europe*),芝加哥大学出版社,1979 年。

Ho, Ping-Ti(何炳棣),《帝制中国的成功阶梯》(*The Ladder of Success in Imperial China*),哥伦比亚大学出版社,1962 年。

——《扬州的盐商》(The Salt Merchants of Yang-Chou),《哈佛亚洲研究学报》17 卷(1954 年):130—68 页。

Houn, Franklin(侯服五),《汉代的文官录取系统》(The Civil Service Recruitment System of the Han Dynasty),《清华学报》新加卷 1 期(1956 年):138—164 页。

Houston, R. A(郝斯顿),《现代欧洲早期的文化与教育:1500—1800》(*Literacy in Early Modern Europe: Culture and Education*, 1500—1800),纽约:朗文(Longman)出版社,1988 年。

Hsiao, Kung-Chuan(萧公权),《乡村中国:十九世纪的帝国控制》(*Rural China: Imperial Control in the Nineteenth Century*),华盛顿大学出版社,1960 年。

Huang, Philip C. C.(黄宗智),《中国北方的农民经济和社会变革》(*The Peasant Economy and Social Change in North China*),斯坦福大学出版社,1985 年。

Hymes, Robert(韩明士),《政治家与绅士:两宋年间的江西抚州的精英士子》(*Statesmen and Gentlemen: The Elite of Fu-Chou, Chiang-Hsi, in Northern and Southern Sung*),剑桥大学出版社,1986 年。

——《不那么绅士? 宋元时期的医生》(Not Quite Gentlemen? Doctors in Sung and Yuan),《中国科学》(*Chinese Science*) 7 期 1 卷(1972 年):11—85 页。

Johnson, David G(姜士彬),《中世纪中国的寡头政治》(*The Medieval Chinese Oligarchy*),卜德(Boulder):维斯特维(Westview)出版社,1977 年。

Kahn, Harold(康无为),《皇帝眼中的君主制:乾隆年间的表象与现实》(*Monarchy in the Emperor's Eyes: Image and Reality in the Ch'ien-Lung Reign*),哈佛大学出版社,1971 年。

Keenan, Barry(秦博理),《民国初年的教育改革与政治》(Educational Reform and Politics in Early Republican China),《亚洲研究学报》33 卷 2 期(1974 年),226—237 页。

Kessler, Lawrence(凯思乐),《康熙和清代统治的巩固》(*K'ang-hsi and the Consolidation of Ch'ing Rule*),芝加哥大学出版社,1976 年。

Kracke, E. A.(柯睿格),《中国帝制时代科举考试下的家庭与功德》(Family vs. Merit in Chinese Civil Service Examinations During the Empire),《哈佛亚洲研究学报》,10 卷(1947 年):103—123 页。

——《宋代中国的科举考试》,(*Civil Service in Early Sung China. Cambridge*),哈佛燕京学社,1968 年。

Ledderose, Lothar(雷德侯),《中国书法研究》(An Approach to Chinese Calligraphy),《故宫博物院通告》(*National Palace Museum Bulletin*) 7 卷 1 期(1972):1—14 页。

——《米芾与中国书法的古典传统》(*Mi Fu and the Classical Tradition of Chinese Calligraphy*),普林斯顿大学出版社。

Lee, Thomas(李弘祺),《宋代科举考试配额制的社会意义》(The Social Significance of the Quota System in Sung Civil Service Examinations),《汉学研究所期刊》(*Journal of the Institute of Chinese Studies*,香港中文大学),13 卷(1982 年):287—318 页。

——《宋代官学教育与科举》,香港中文大学出版社,1985 年。

Levenson, Joseph(列文森),《以画为证:明清社会中的消闲理想》(The Amateur Ideal in Ming and Early Ch'ing Society: Evidence from Painting),费正清编著,《中国的思想与制度》(*Chinese Thought and Institutions*),芝加哥大学出版社,1957 年。

Liang, Ch'i-Ch'ao 梁启超,《清代学术概论》(*Intellectual Trends in the Ch'ing Period*),徐中约(Immanuel Hsu)翻译,哈佛大学出版社,1959 年。

Liu, James T. C.(刘子健),《新儒学如何成为国家正统之学的?》(How Did a Neo-Confucian School Become the State Orthodoxy?),《东西方哲学》(*Philosophy East and West*) 23 卷 4 期(1973 年):483—505 页。

Lo, Winson(罗文),《宋代科举考试简介——着重介绍其人事管理》(*An Introduction to the Civil Service of Sung China: With Emphasis on Its Personnel Administration*),夏威夷大学出版社,1987 年。

Lockridge, Kenneth A.(洛克里奇),《新英格兰的教育程度:探寻早期现代西方社会环境中的教育程度》(*Literacy in Colonial New England: An Enquiry into the Social Context of Literacy in the Early Modern*

West),纽约:诺顿(Norton)出版社,1974年。

Lu Hsun(鲁迅),《孔乙己》(Kung {K'ung] I-chi},Yang Hsien-yi(杨宪益)、Gladys Yang(戴乃迭)译《鲁迅小说选》,北京:外文出版社,1972年。

McClelland,Charles(麦克里兰),《贵族统治与18世纪德国的大学改革》(The Aristocracy and University Reform in Eighteenth-Century Germany"),斯通(Lawrence Stone)编著,《学校与社会:教育史研究》(*Schooling and Society:Studies in the History of Education*),巴尔的摩:约翰·霍普金斯大学出版社,1976年。

McKnight,Brian(马伯良),《作为法政专家的政府官员:宋代中国的官学》(Mandarins As Legal Experts:Professional Learning),Wm. T. de Bary(狄百瑞)、John Chaffee(贾志扬)编著,《新儒学教育的形成时期》(*Neo-Confucian Education:the Formative Stage*),加州大学出版社,1989年。

Meskill,John(穆四基),《明代中国的学院:历史论文集》(*Academies in Ming China:A Historical Essay*),图桑:亚利桑那大学出版社,1982年。

Metzger,Thomas A(墨子刻),《清代官僚系统的内部组织》(*The Internal Organization of Ch'ing Bureaucracy*),哈佛大学出版社,1973年。

Min, Tu-Ki(闵斗基),《国家政体与地方权势:帝制中国晚期的变迁》(*National Polity and Local Power:The Transformation of Late Imperial China*),哈佛燕京专论,1989年。

Miyakawa Hisayuki(宫川尚志),《内藤湖南假说的概论及其在日本汉学研究中的作用》(*An Outline of the Naito Hypothesis and Its Effects on Japanese Studies of China*),《远东季刊》14卷(1954—55年):533—552页。

Miyazaki,Ichisada(宫崎市定),《中国的考试地狱:帝制中国的科举考试》(*China's Examination Hell:The Civil Service Examinations of Imperial China*),耶鲁大学出版社,1981年。

Mizoguchi, Yuzo(沟口雄三),《东林党人的思想》(Iwayuru Torinha Jinshin No Shiso),《东洋文化研究所纪要》75 期 3 月卷(1978 年):111—134 页。

Naquin, Susan(韩书瑞)、Evelyn Rawski(罗友枝),《十八世纪的中国社会》(*Chinese Society in the Eighteenth Century*),耶鲁大学出版社,1987 年.

Needham, Joseph(李约瑟),《中国及医药考试的起源》(China and the Origins of Qualifying Examinations in Medicine),李约瑟编著,《中西方的杂役和工匠:科学技术史演说集》(*Clerks and Craftsmen in China and the West: Lectures and Addresses on the History of Science and Technology*),剑桥大学出版社,1970 年。

Nivison, David(倪德卫),《反抗传统与传统的反抗》(Protest against Conventions and Conventions of Protest), Arthur Wright(芮沃寿)编著,《儒学说教》(*The Confucian Persuasion*),斯坦福大学出版社,1960 年。

Okubo, Eiko(大久保英子),《明清时代书院的研究》,东京:国书刊行会,1976 年。

Ono, Kazuk(小野和子),《东林党研究之一》,《东方学报》52 期(1980 年):563—594 页。

——《东林党研究之二》,《东方学报》55 期(1980 年):307—315 页。

Oxnam, Robert B.(安熙龙),《马背上治天下:1661—1669 鳌拜当政期间的满族政治》(*Ruling from Horseback: Manchu Politics in the Oboi Regency, 1661—1669*),芝加哥大学出版社,1975 年。

Peterson, Willard(裴德生),《苦葫芦:方以智与思想变迁的驱动力》(*Bitter Gourd. Fang I-Chih and the Impetus for Intellectual Change*),耶鲁大学出版社,1979 年。

Evelyn Rawski(罗友枝),《清代教育与大众识字》(*Education and Popular Literacy in Ch'ing China*),密歇根大学出版社,1979 年。

Ropp, Paul(罗溥洛),《早期现代中国的异见之声》(*Dissent in Early Modern China*),密歇根大学出版社,1981 年。

Schwartz, Benjamin(史华慈),《作为诠释项目的〈传统对决现代〉的困境》(The Limits of "Tradition Versus Modernity" as Categories of Explanation: The Case of Chinese Intellectuals),《代达罗斯》春季期(1972 年):71—88 页。

Spence, Jonathan(史景迁),《改变中国:在华的西方顾问,1620—1960 年》(*To Change China. Western Advisers in China*, 1620—1960),企鹅(Penguin)丛书,1980 年。

Stone, Lawrence(斯通),《英国的识字和教育,1640 至 1900》(Literacy and Education in England, 1640—1900),《过去与现在》,42 卷(1969 年):69—139 页。

——《英国的教育革命,1560 至 1640》(The Educational Revolution in England, 1560—1640),《过去与现在》,28 卷(1964):41—80 页。

Teng, Ssu-Yu(邓嗣禹),《中国考试制度史》,台北:台北学生书局,1967 年。

Tu, Ching-I(涂经诒),《中国科举文章:某些文学考量》(The Chinese Examination Essay: Some Literary Considerations),《华裔学志》(*Monumenta Serica*)31 期(1974—75):393—406 页.

Twitchett, Denis(崔瑞德),《范氏义庄,1050—1760》(The Fan Clan's Charitable Estate, 1050—1760 年),倪德卫、芮沃寿编著,《儒学在行动》(*Confucianism in Action*),斯坦福大学出版社,1959 年。

Wakeman, Frederic J. R.(魏斐德),《自治的代价》(The Price of Autonomy: Intellectuals in Ming and Ch'ing Politics),《代达罗斯》101 卷 2 期(1972 年):35—70 页。

——《帝制中国的覆亡》(*The Fall of Imperial China*),纽约:自由出版社,1975 年。

Waley, Arthur(威利),《白居易的生平和时代,772—846 年》(*The Life and Times of Po Chu-I*, 772—846),伦敦:艾伦-恩文(Allen & Unwin)出版社,1949 年。

Waltner, Ann(王安),《构筑成功的阶梯:帝制中国社会的成功阶梯及近年来有关流动性的著作》(Building on the Ladder of Success: The Ladder of Success in Imperial China and Recent Work on Social Mobility),《明史研究》17 卷(1983 年):30—36 页。

Watson, James(华琛),《重新考量中国宗族:历史学研究中的人类学视角》(Chinese Kinship Reconsidered: Anthropological Perspectives on Historical Research),《中国季刊》(*China Quarterly*)92 卷(1982 年).

Watson, Rubie(华如璧),《兄弟间的不平等:中国南方的阶级和宗族》(*Inequality among Brothers: Class and Kinship in South China*),剑桥大学出版社,1985。

Weber, Max(韦伯)、Hans Gerth(葛思)译,《中国的宗教》(*The Religion of China*),纽约:麦克米兰(Macmillan)出版社,1954 年。

——Talcott Parsons(帕森斯)译,《新教伦理与资本主义》(*The Protestant Ethic and the Spirit of Capitalism*),麦克米兰出版社,1958 年。

Wechsler, Howard(魏侯玮),《天子的明镜:魏征在唐太宗之朝》(*Mirror to the Son of Heave : Wei Cheng at the Court of T'ang T'ai-Tsung*),耶鲁大学出版社,1975 年。

Wiens, Mi Chu(居密),《地主与农民:十六至十八世纪》(Lord and Peasant: The Sixteenth to the Eighteenth Century),《现代中国》(*Modern China*)6 卷 1 期(1980 年):3—34 页。

Wolf, Margary(卢蕙馨),《儿童训练与中国家庭》(Child Training and the Chinese Family),弗里德曼编著,《中国社会家庭与亲属关系》(*Family and Kinship in Chinese Society*),斯坦福大学出版社,1970 年。

Woodside, Alexander(伍德塞),《明清流行学派的理论家》(Some Mid-Qing [Ch'ing] Theorists of Popular Schools),《现代中国》9 卷 1 期(1983):3—35 页。

反抗传统与传统的反抗

倪德卫(David S. Nivison) 著

方 强 译*

我们常常发现学生们抱怨他们被要求学习并要为所学的课程负责(考试)。这些抱怨通常是老生常谈的问题。然而如果我们能洞察该问题背后存在的更深层的因素并同时假定学生们的抱怨也是认真的话,我们将会发现他们的抱怨既深刻也重要。这种状况即使在中国也是切实存在的,那里不仅有优秀的学生,教师享有世界其他地方所没有的尊重,而且皇帝本人就是主考官。

让我从几个故事开始谈起。

一

就在1060年前不久,宋初史学家兼文官欧阳修和其他文人一样,在他的私人图书馆里收藏的一本特别珍贵的书的背面撰写了一篇短文。该书是9世纪作家韩愈所写的散文集,是来自四川的早期版本。在这篇短文中,欧阳修提到他作为一个来自贫困家庭的年轻人,所以没有任何藏书。但是当他在一个朋友的屋子里发现这本被遗弃的书后,他恳求他的朋友把书给他并怀着极大的兴趣去阅读。他自称,虽然自己当时并没有完全读懂这本书,但却能悟到此书的价值。在欧阳修所处的时代,人们经常偏好所谓的"时文"而不是唐代韩愈式的自由

---

* 译者注:由于有些原文所引著作未含出版社名称,译者则严格按照原文翻译。

格式或“古文”。欧阳修写道:“能者取科第,擅名声,以夸荣当时,未尝有道韩文者。”与此同时,欧阳修本人没有成功通过科举考试。科考的失利更加深了他对当时文学标准的不满。欧阳修又说:“因取所藏韩氏之文复阅之,则喟然叹曰:‘学者当至于是而止尔。’因怪时人之不道。”欧阳修自己也承认他必须现在参加科举考试才可获得一个官职以便能够赡养他的父母。不过他也下定决心在科考成功后再重新去做他认为真正有意义的事情。欧阳修还说道:“其后天下学者亦渐趋于古,而韩文遂行于世。至于今,盖三十余年矣,学者非韩不学也。”①

欧阳修明显感到他还是年轻学生时产生的观点是对的,而那些被官方和传统支持的观点则是错误的。同时他的观点也得到了时间的证明。此外,欧阳修能够确信他追求知识的动力来自于对知识本身最纯粹的兴趣,(他说道:“亦志乎久而已矣。”)而不是来自对名誉或物质利益的冀望。对他以及其他同时代的儒生来说,保守主义,也即对古典事物的热爱,实际上是一种对低俗传统性的鞭笞。然而,难道欧阳修就不曾屈服吗?毕竟他以前的学习只是为了通过科考而且也获得了显著的成功。另外,就像他自己所承认的,他参加科考就是为了得到一个带薪的官职。这种介乎忠于崇高的理想和屈身于世俗的现实必要性之间冲突的激烈程度,只有通过诉诸孝顺这一儒学中的至高社会责任才能看得真切。

这种诉诸孝顺的合理性几乎不能被否认,因为孝顺是一个儒生对其父母所必须承担的义务。这就带来了另一个冲突,它存在于两种儒家价值观之间:一种是社会的,另一种是学术的;一方面是家庭义务,另一方面是个人的发展。

让我们再看一个稍有不同而带有启发性的发生于唐朝初期的故事。那时的科举考试在历史上第一次成为重要的制度。8 世纪初期,

---

① 我特别要感谢加州大学伯克利分校东亚图书馆的房兆楹先生和斯沃斯莫(Swarthmore)学院的西柔考尔(Conrad Schirokauer) 先生所提供的很多有益的建议。那些建议有助我对本文的写作。欧阳修,《记旧本韩文后》,《唐宋八家文》第一卷(国译汉文大成,第 2 系列,第七卷),第 12 章,第 135—136 页。

史学家刘知幾曾经在他所著的《史通》一书的自传里写道，还在孩提时代，他已被指定要专攻儒家经典中的第三部——《尚书》。但他写道："每苦其辞艰琐……虽屡逢捶挞，而事业不成。尝闻家君为诸兄讲《春秋左氏传》，每废书而听……因窃叹曰：'若使书皆如此，吾不复怠矣。'"刘知幾的父亲对儿子在学术上的独立倾向感到惊讶，但却表现出异常的宽容；刘知幾被允许阅读《左传》并非常迅速地将此书阅读完了。自那以后，刘的父亲要求刘知幾专攻《左传》并阅读有关该书的所有其他现存的注解。为了解刘知幾父亲的想法，我们需要明白在唐代的科考中如果认真攻读一两部儒家经典就足以成功通过**进士**和**明经**两种考试。这两种考试可能是刘知幾所处时代里最常见的。在进士考试中，考生必须详细阅读一部儒家经典并且还要准备回答各种针对该儒家经典所做注解而非经典本身所提的问题。至于明经，考生只需要对二到三部儒家经典进行泛读即可①。

虽然刘知幾的父亲对此事的处理可谓合情合理，但是刘知幾仍然再次为读书上的自由而斗争。他曾经想读《左传》的理由不是因为该书是一本科举考试教材而是因为它是一本历史书；现在刘知幾想读更多的历史书，这并非由于历史书能给他带来何种好处，而是由于历史有趣并且他认为自己对历史的某些洞察颇有价值。然而刘知幾最终把自己爱好的历史放在一边，并花费了几年的时间学习写作科举考试要考的诗歌和散文。虽然他没有提及当时中断历史学习给他带来的痛苦，刘知幾还是直白地表示他的工作曾被中断过②。

很清楚，刘知幾和欧阳修都认识到他们年轻时曾追求过相互矛盾的目标。假使欧阳修和刘知幾的个人经历以及他们对经历的态度是绝无仅有的话，那么，人们对它们（欧阳和刘的个人经历和对经历的态度）的兴趣将是微不足道的。不过，我们将发现，这种个人经历和对经

---

① 戴何都（Robert des Rotours），《考试论文》（Le Traite des Examens, traduit de la Nouvelle Histoire des T'ang, Bibliothèque de l'Institut des Hautes Etudes Chinoises），翻译自《新唐书》，高等汉学研究院图书馆，巴黎，1932 年，第 2 章，第 147 页。

② 浦起龙，《史通通释》，王氏翻印，翰墨园出版，无日期，第 10 章，第 11b 页。

历的态度绝非独一无二，它们在过去一千年里的中国学者身上表现得如此频繁以至我们都可以用陈词滥调来形容。这种频繁肯定会引起人们极大的关注，因为人们都担忧在生活中会出现各种形式的矛盾，而且当人们担忧时他们会思考解决的办法。

我认为，当一个学生感到被强迫进入一个教育框架内时，就会出现一个可认知的反对该框架的传统的反抗。第一，这里有一个或许在任何贵族社会体制中都存在的倾向——怀疑凡是大众的、流行的观点都比较肤浅。让我们考虑一下一种经常会遇到的奇异的感觉，也即仅有极少的人才可能欣赏一幅真正优秀的图画或一本好书。这点我们完全可以从欧阳修年轻时持有的信念里看到：只有他才能正确地观察事物，被大众接受的文学标准只是“误导”。类似的观点韩愈也曾多次坦诚地表达过。每当有关“古代”和“当代”文章各自优点的问题出现，无论对一个批评家而言站在古文一边是何等的时髦，还是赞同“献身于过去”，韩愈通常会在批评的同时认为自己是处在文化缺失的荒野中（欧阳修所谓只有他才能欣赏韩愈完全是毫无根据的）。第二，另外一种基调，也即一个人在被强迫去做一件令他厌恶的事时所表现出的原始的直白的反叛，可以在任何相同压力出现的地方被发现。这也是我们在刘知幾身上看到的反应。然而，设使这两种反抗方式在中国文化中并不特殊，我们也可以确定地说它们应该会在像中国那样的专制文化中自然产生——因为刘知幾的独立倾向是一种对中国文化中父权权威的反抗——而且在中国文化里屡见不鲜的一个说教就是那些“上等”人在观察问题时能够比常人看得深刻。

我们刚谈到的那两种自我主张和反抗的风格，可能在其他作者甚至包括最近的一些作者的生活和回忆录中也可以看到。我们还经常有那么一种印象，即某些特定的文学模式也起到一定作用。让我们看一下两个近代的例子，如近代史学家顾颉刚，和刘知幾一样，他也谈到在小时候不顾父母和老师的反对而坚持研读《左传》（顾颉刚最厌烦的书是《诗经》而不是《尚书》），并且在最终被允许阅读《左传》后用他的阅读能力令老师称奇[①]。胡适在他的自传里写道，当他进入邻居的房间后，他发现了一本残破的《水浒传》小说。在得到邻居的同意后，胡适将此书保留了下来。这便是胡适对通俗小说产生兴趣的起点。他日后成功地支持了通俗类读物并反对当时已被普遍接受的观点[②]。我猜想胡适身上发生的这件事也许真的存在，而且其重要意义应该予以承认。但是这种事情之所以值得一提应该归功于欧阳修。

王阳明在1518年为两个正准备科考的年轻人写了一封忠告信：

> 家贫亲老，岂可不求禄仕，求禄仕而不工举业，却是不尽人事而徒责天命，无是理矣。但能立志坚定，随事尽道，不以得失动念，则虽勉习举业，亦自无妨圣贤之学。[③]

和欧阳修一样，王阳明用孝顺来证明追求世俗目的的合理性。当然，王所表达的态度还不止这一点。他透露了他自己对科举考试可能对年轻人的想法产生的影响表示疑虑。他勉强同意这样一种可能存在的情形，就是一个人为通过获得举人和进士地位所做的努力不会对他本人的发展有所损害。然而，正如王阳明自己所写的，太多的人，由于"原无求为圣贤之志，虽不举业，日谈道德"，结果"亦只成就得务外好高之病而已"。一个年轻人必须经常抵制科考给他带来的诱惑而屈从于世俗价值，并能将他自己的热情投身于所正在从事的工作中去。

一个关于运用这些传统的反抗和自我主张的最引人入胜的例子可以在章学诚（1738—1801）身上找到。与刘知幾（和顾颉刚）一样，章在幼年时就对《左传》产生兴趣。他想用写正史的写法重写《左传》的秘密计划在被发现后遭到老师嗤之以鼻，因为这对他平时准备科考

---

① 顾颉刚（哈木[A. H. Hummel]翻译）《一个中国历史学家的传记》（*The Autobiography of a Chinese Historian*），莱顿（Leiden）汉学书系，第一卷（莱顿，1931年），第8—10页。

② 胡适，《四十自述》（上海，1940年），第46页。

③ 汉克（F. G. Henke），《王阳明哲学》（*The Philosophy of Wang Yang-Ming*），芝加哥，1916年，第453页（我的翻译和汉克的有所不同）。

需要的经书和散文来说是离经叛道。章学诚这种对为了科考而进行的考试训练所表达的厌恶之情在其早期的书信中有强烈的反映。在那些书信中,我们可以发现他抱怨准备科举要考的时文既浪费时间也没有价值。不过他还是必须去学习准备那些"时文"以便得到一个官职,"家贫,亲老,不能不望科举"①。

让人特别感到好奇的是章学诚曾经写过一个他年轻时期的轶事。他回忆说,在他十七岁那年,他买了一本韩愈的书。但是他的老师们都禁止他接触任何与科举考试无关的课外读物。老师们主要担心章学诚从课外读物中获得的某些文学习惯会损害他在科考中的成功机会。结果,章学诚只能暗地里读他新买的书。虽然他承认不能完全读懂这本书,但是该书给他带来的极大的快乐使他对此书爱不释手。这里我们可以发现一个有趣的事:一个年轻人通常在接触图书和选择读哪些书上受到严格的限制。更有趣的是,章学诚好像很可能曾经读过欧阳修的书,而事实上他也确实读过。欧阳修的个人思考被记载在一本旧版的韩愈书中。和章学诚一样,那些思考谈及的也是欧阳修十七岁时发生的事情。章学诚还在另一本旧版的韩愈作品,朱熹编的《韩文考异》中写了评论。欧阳修曾说过,他写的是三十年前发生的事。章学诚在他的文章结论中也写道:"古人离文别自为书,非但自存谦牧,不敢参越前人之书而已,亦欲学者不惮繁难而致功,庶几有益耳。一取便于耳目,未免漫忽而不经心,此意亦可思也。"②。很显然,章这样写的原因是他已经到了适当的可以以这种方式表达他情感的年龄。

虽说几个例子不足以证明个别作者对科举考试及其所必须的训练所做的主观抗争沿续着一个带有陈腐细节的非常有趣的模本,但是它们仍可为这种可能存在的情形提供某种可信度。下面的讨论将会加强这方面的论证。

---

① 胡适、姚明达编,《章实斋年谱》上海,1931年,第7、18页。

② 《朱子韩文考异原本书后》,《章氏遗书》,嘉业堂版本,1922年,第2册,第13卷,第19a—b页。

二

以上我们并非仅仅讨论了一系列令人好奇而又没有意义的文学传统。科举制度曾经被称为是“儒家国度”的标志,为获取一个官职而准备科考是对家庭和社会所负的基本责任。作为一个制度的存在,科举比其他任何制度都更象征了一个人在社会中知识和文化的上升程度。然而,在中华帝国后期,几乎就在科举制度刚体现它的重要性的时候,其制定的考试科目和教育标准就遭到憎恨和批评。考生们也对受到的束缚和压抑感到不满。政治家们发现这个制度不适合成为一种“培养才智”的方式和吸纳最优秀的人从事公共服务事业。文学批评家和道德哲学家们则哀叹科考制度可能对文学质量以及公共和私人的品德所可能造成的损害。这些抗议或许在所有的时代都有所反映。一个令人惊奇的事实却是,我们在所有以上的反对声中看到,科举和教育的合成,其功能和效应是为了确保儒家经典传统的统治地位,而对科举的批评又恰恰以儒家的道德、审美和政治理念为宗旨。

这种情形不是我们所能预料的。其特异性也许能有助于说明为什么尽管学者们对科举制度及其产生的后果倍加关注,而这样一个长期反抗科举制度的传统却被完全忽视了。在下面的讨论中,我将试图进一步剖析这个问题。不过我的努力肯定会极为肤浅,因为相关的材料实在是太多了(这些材料中还必须包括无数的个人书信和文章,有关文人的小说[如吴敬梓(1701—1754)的《儒林外史》],以及许多官员和平民对公共政策所写的评论文)。仅是把历史上所有的科举改革和有关科举制度变革的建议联系起来将需要宏篇大论才能做到,但将长期以来对科举批评背后的某些理想和动因进行分析则可能更为可行。

刘知幾个人自我主张的动因是他想追求一个较容易理解的对历史和历史写作传统的兴趣。至于为何追求这个兴趣,刘知幾几乎没有必要提供更多的理由(尽管在儒家学说里存在足够的理由)。但是,对欧阳修来说,情况就不一样了。确实,他崇拜韩愈的文采,但这还不是全部的理由。欧阳修还“投身于过去”,而且他看不起当时的仅仅为了追求某种利益而去刻意服务他人的文学风格。我们可能会问:欧阳修对当时文学风格的冷漠是基于一种什么理想?虽说欧阳修没有提及,但是可以公正地说,这种冷漠本身(即追求个人利益和名誉对一个作家来讲毫无价值)即是一种更高层次的理想。然而,为何欧阳修会觉得这种态度是与对韩愈的尊重紧密相连的呢?

原因或许就在于韩愈已经把中国文人的这个理想以最优美和极有鼓动性的方式表述出来。在《答李翊书》的信中,韩愈为读者利益考虑(很显然李翊曾问过关于文学艺术的问题,并可能寄过一些作品),谈到了他早年在学习和写作上做的一些努力。首先,韩愈说他曾埋身于阅读汉代和汉代以前的古籍,不加批评地欣赏任何能找到的作品。在阅读期间,他不仅把周围的世界都给遗忘了而且无视别人的批评和戏谑。他说,在那个阶段,他试图在写作中剔除“陈腐的”章句,但要做到这点非常难。他所想到的词语用在文章里根本配不上。在他的写作水平进步以后,韩愈开始对古代文人进行更多的批判,看到前人作品里好和不好的东西之间的差别“昭昭然黑白分矣”。当他再试着自己写作时,他发现他所用词语的自由度更大了。其效果可通过观察别人对他的文学努力所做的反应里得到测试:“其观于人也,笑之则以为喜,誉之则以为忧,以其犹有人之讼者存也。”现在,韩愈可以用的词语有如泉涌,但这也对他的自我检查带来更严峻的挑战。他必须控制语言的使用,并确定所用的语言全都“纯正”。通过对语言的“培养”,“行之乎仁义之途,游之乎诗(《诗经》)书(《尚书》)之源”。

学习写作的工作并不只是学习语言技巧和格式,它还是一种自我修养的工作,一种道德的训练,和一种培养个人的气或精神。气就像水,词语这一物质“漂浮”其间。如果有足够的气,那么词语的使用就没有任何麻烦。这一文学理想在中国唐朝以降的批评思想中普遍存在(这一点和凯黑尔(Cahill)先生在本书里提出的“君子画家”的理想肯定有关联),它使得中国的文学批评几成为道德哲学的一个旁支。

韩愈告诉他的读者"将靳至于古之立言者,则无望其速成,无诱于势利,养其根而俟其实,加其膏而希其光……"

如果哪个人能做到这点,他就近乎完美了。但是韩愈强调他本人基本上得不到别人的赏识,因为他"虽几于成其用于人也",即被那些当权者雇佣。而且决定做一个良好的作家并非是能获得一官半职的捷径。在他的结论里,韩愈指出,正因为知道他的朋友对获得官职没有什么兴趣,他才愿意说老实话。"虽然,待用于人者,其肖于器邪,用与舍属诸人。君子则不然,处心有道,行己有方"。职位高低对他来说毫无意义。"用则施诸人,舍则传诸其徒。垂诸文而为后世法"[①]。

对任何认真考虑韩愈有关写作意见的人而言,有一个问题会难以弄明白。那就是为什么为参加文学考试做的努力——主动寻求一个能获得官职和得到更好的待遇的途径——到头来不过是自我修身道路上的绊脚石?同时我们还要特别注意到韩愈不仅把写作而且把教学和对世俗的成功或失败联系起来。一个好人是不会刻意寻求官职的。如果他有一天真的当官了,他会尽力而为。如果不当官,他就从事写作和教学。在这两种不同的生活方式下,他都能致力于道。

但是,在韩愈给李翊信中提到的文学和道德理想是否真的与韩愈思想里有关科考存在的问题相关联呢?在他给另一个叫崔立之的朋友的信中明确地回答了这个问题。

在韩愈写这封信时,他刚在吏部举办的科考中第二次失败。而且崔也给他写信要他不要太伤心。在其回信中,韩愈做了较长的辩白:

> 仆始年十六七时,未知人事。读圣人之书,以为人之仕者皆为人耳,非有利乎己也。及年二十时,苦家贫,衣食不足。谋于所亲,然后知仕之不唯为人耳。

韩愈到了首都长安后,发现那些成为进士的人都享有很高的荣

---

① 《朱文公校昌黎先生集》(四部丛刊本)第16章,第9a—10a页。

誉。于是他也极力希望去获得某种技巧以便将来通过科考成为其中的一员。有人将以前礼部主管的某些科考考题透露给韩愈。其中包括格律散文、诗和论文。对这些样题,韩愈自认不用更多复习就能写成。所以再次参加了科举常科考试。不过,考官的评卷标准非常主观。韩愈总共参加了四次考试,最后才获成功。即使通过考试后,他还是没有得到官职。在此之后,韩愈又尝试参加了两次科举常科考试。这主要是因为他为通过进士考试后可能获得的名誉所激励,虽然他也惊奇地注意到那些成功通过考试的论文恰恰正是符合礼部所要求的类型。正如一个演员要准备台词,韩愈也开始继续他的备考。几个月后,他追求官职的努力再一次落空。

韩愈后来说,在回顾了他自己考试经历以后,他明白他之前所遵循的文学标准和那些考官的标准完全不同。设使屈原、孟子、司马迁、司马相如和扬雄也来参与对这些名誉的争夺,他们将会感到羞愧,因为他们不会朝这个方向去做:

> 设使与夫今之善进取者竞于蒙昧之中,仆必知其辱焉。然彼五子者且使生于今之世,其道虽不显于天下,其自负何如哉?肯与夫斗筲者决得失于一夫之目而为之忧乐哉?

韩愈于是明白他能从科举考试中得到的最多也不过是渺小的物质利益。

在信的结语,韩愈向崔立之(和他自己)保证他不像崔所建议的那样把自己和《韩非子》故事里的卞和相比。战国时期的卞和曾经两次将他的"未经雕琢的玉石"献给楚王,但结果每次都失去了一条腿。虽然至此韩愈还没有向皇帝献上任何的"玉石",但他能够做到这一点。韩愈所处的时代属于多难之秋。古代的理想在当时整个社会中已经所存无几,唐帝国在军事上也是千疮百孔,而皇帝和大臣则是忧心忡忡。韩愈希望能够对这些困境加以分析并提出他的解决办法。也许,他还能借此机会出人头地并被授予一官半职。韩愈还说道,如果此计不通，他就将他的个人计策安静地保留下来，并想办法搜集详细的唐代史料、唐代名人的生平事迹，以便写一本关于唐代的“经典”。这个经典将抨击恶棍和吹捧拍马者、褒奖被掩盖的道德事例。他将把这本书传给他的后代①。

显然，对一个真正的好人而言，他不屑于常人所玩的游戏，并拒绝接受其他很多人所做的判断。如果朝廷有任用他的智慧，那最好。如果没有，这也不会阻止他献身于道。其所在的处境类似于本书牟复礼(Mote)教授所描写的隐士。而韩愈有关写作历史——传统上是一种重要的训练——的想法又似乎对那位志在放弃科考的人来讲是一种非常合适的职业。

韩愈的有关科举考试和他本人的文学理想相关连的看法表明，在他所处的时代，科举制度是一个活跃的政治话题。这点似乎与实际情况也相符。正如蒲立本先生(Pullcyblank)在本书中所提到的，晚唐时期经历着深层的社会变革(对这点尚缺乏足够的了解)。曾经在唐朝初期叱咤风云的北方大贵族家庭正走下坡路或正在解体。而与这些上层精英无关的“新人”正走上政治舞台。这种打开的官职大门对来自不同的社会和地方群体的人来说具有极大的吸引力。与此同时也有人质疑，那些通过科举考试当官的人是否真的称职?

一种显著的批评意见是，科举考试只是奖励那些碰巧仅有好的记忆力的人，即使他们对经书的“根本意义”——它们和现时道德和政治问题的关系——并不真正掌握。另外一个常提出的问题是，要求考生具备写一些非常主观的文学作品如赋(格律散文)和判(决定)的能力是否得当。因为那些被要求的作品与考生日后从事公职期间的表现毫无关系。比如于806年，元稹在一篇殿试上做的文章里提出了一个革命性的建议。那就是科考的重点应放在了解当时的法律和历史上面，而且科考应当对社会所有阶层的人开放(他很可能会废除韩愈考

---

① 《朱文公校昌黎先生集》(四部丛刊本)第16章，第7a—9a页。

砸了的常科考。它要求考生证明其父亲既非工匠也非商人和罪犯)①。

不过,除了一个重要的批评做到了这点外,其他的批评意见原则上都没有质疑科举制度的价值。即使是这个批评也使我们感到困惑,因为我们发现它在被特别明晰地提出的同时又间接地肯定了科考里对文学的要求。这点在《新唐书》的《选举志》一章中可以看到。《选举志》的作者观察到,尽管进士考试"方其取以辞章,类若浮文而少实",成功通过考试的考生仍然在任官期间成绩斐然。作者们继续说道:

> 及其后世,俗益媮薄,上下交疑,因以谓按其声病,可以为有司之责,舍是则汗漫而无所守,遂不复能易。呜呼,乃知三代乡里德行之举,非至治之隆莫能行也。②

这里,11 世纪的历史学家们重提 763 年的建议:"恢复"过去那种向朝廷直接推荐"道德高尚"的人为官的制度中一些做法。虽然这不过是他们的评论而已,但是我们需要记住的是编辑《新唐书·选举志》的主要编纂人——甚至很有可能其直接的撰写人——就是欧阳修本人。

那种彻底废除科举制度以及通过推荐下层"道德高尚"的人担当政府仆人的想法一再被提起③。它反映了宋明时期的政治理想主义中的一个几乎令人难以置信的极端。其设想是一个在古代可能出现过

---

① 威利(Arthur Waley),《白居易的生活和时代,772—846》(*The Life and Times of Po Chü-I*,772—846),伦敦,1949,第 27,40—41 页。

② 戴何都,《考试论文》,第 185—86 页。

③ 这个基本上属于儒家封建理想主义的观点不应当和宋朝实际上采纳的由推荐升职的制度混淆起来。正如柯睿格所清楚证明的(柯睿格[E. A. Kracke,Jr.],《早期宋朝的文官制度,960—1067》[*Civil Service in Early Sung China*,960—1067],剑桥,麻萨诸塞州,1953 年,第 58,75—76,119,190 页),宋朝的推荐升职制度本质上是一种提升和委派官员而不是招募官员的方式。这种方式在宋朝初期逐渐发展形成。唐朝时期的官员推荐制度参见侯子曼(Donald Holzman),《中世纪挑选官员的起点:无偏公正的九等官员》(Les Débuts du système medieval de choix et de classement des fonctionnaires: les beuf categories et l'impartial et juste),《高等汉学研究所学报》,第 1 期(巴黎,1957),第 387—414 页。

的完美的社会。在那里,政府有至高的道德而且在贵贱之间存在着完全的互信和融洽,生活在社会下层的人晓得他们在社会中所处的位置并没有任何高于其能力的非分之想,而社会上层的人的行为只被对道德最纯粹的热爱所驱使。在这样一个社会里,最优秀的人总是会被选择当官的(那些未被选上的毫无怨言),因为只有最优秀的人才总是受到统治者的注意而且统治者也总能发现最优秀的人才。在这样一个理想国度里,科举考试不但是多余的而且与之格格不入,因为科举考试会在人们中间激发自私的竞争的意识。而这点恰恰是科举考试所造成的,而且对很多宋明时期的思想家来说,科举考试最大的缺陷在于它对人们的思想进行腐化和烦扰,使得人们将自己的目标制定在短期的利益上,而不是在终极的道德价值上。

在宋朝的党争政治里,一幅出现在古代的、官僚制度形成之前的完美儒家社会的理想画面是支撑和塑造宋代教育政策和考试惯例的基本要素。确实,这么一个理想的概念似乎在当时所有的改革派和反改革派的心目中都居中心地位。在这里虽然我不能详细谈论宋代的政治斗争,但是我们要注意到以上所谈问题的重要性。因为科举考试的要求总是在更改,所以肯定会造成很多的烦恼,从而导致对这些问题产生极大的关注①。从根本上来说,有关结束科举考试并回到过去假想的能够使好人当官的更好的制度的呼吁(它与当时受孟子启发的对地方学校改革的考虑一拍即合),是孟子在经济和土地政策上抱有的"井田制"的理想的一部分。从本质上来说,这个呼吁又是一种理想主义惋惜的一部分。而惋惜的内容就是那种被法家思想玷污并连带着对其官僚生活(真实的或假设)进行道德腐化的"儒家"官僚制度已经完全生成了②。

这一看法可以从两个第一流的宋代哲学家的阐述中得到验证。程颐(1033—1107)在一篇针对由宋朝翰林学士院中的"三院"操办的

---

① 陈东原,《中国教育史》(1934 年),第 271—272 页。

② 如要了解更多有关这种态度的描写可阅读我在《实践中的儒家主义》(*Confucianism in Action*)的序言。斯坦福,1959 年,特别是第 4—9 页。

科举考试写的长篇大论中表示了他常有的遗憾，那就是科考中正式的、详细的并且由法律规定的文学标准没有办法评估考生的道德操守，而且科考造成的竞争气氛将促使考生的思想转向一种对"利益"的热爱从而使他们事实上忘却了他们的父母。其间存在的问题在于政府靠"烦琐的规则"对可能从事公共事务的考生进行考核，而不是靠那些身居高位的人可能具备的任何能力去发现考生的"德行"。然而那些"烦琐的规则"真的是多余的吗？

> 或曰："长贰得人则善矣，或非其人，不若防闲详密可循守也。"殊不知先王制法，待人而行，未闻立不得人之法也。苟长贰非人，不知教育之道，徒守虚文密法，果足以成人才乎？①

对这个貌似法家的方案，程颐的答复是一种标准的儒家式辩答：法律自身不能保证它的有效执行，因此它最多也就是一个考察好人的指导标准。

不过，程颐在反对官僚制度上并非走的很远。但是另一个哲学家张载（1020—1077）出于对粗俗的竞争官位状况的厌恶，反过来赞同给予和保持世袭的官位制度。这种制度在晚期的官僚帝国里持续存在并成为对古代封建时期制度的一种不是很重要却又非常人为的继承。张载写道：

> 世禄之荣，王者所以录有功，尊有德，爱之厚之，示恩遇之不穷也。为人后者，所宜乐职劝功——长廉远利。

但是张载也抱怨道，在他生活的时代"近代公卿子孙，方且下比布衣，

---

① 朱熹，《近思录》丛书集成版，第250页。格拉夫（Olaf Graf），《朱熹，近思录，宋朝儒学大全》（*Dschu His, Djin-si Lu, Die Sung konfuzianische Summa*），东京，1953年。我感谢斯季柔考尔先生提醒我这个以及后面两个《近思录》的材料。

工声病，售有司”，即参加科考以获得官职任命，而“不知求仕非义”①。

张载对一个有品德的人不应该去干常人才做的追逐利益的事的看法可以从另一个劝导中得到支持，那就是凡君子都不应该主动逐利。这是人们所期望的在社会阶梯中攀爬的人应有的品格。在皇帝召唤他之前，真正“高尚的人”所做的就是等待。但是这并非过度的谦卑，相反，他会因为他的声誉可能被质疑而感到深刻的冒犯。一个由“程姓哲学家”（程颐或程颢）所说的有趣故事表明这类想法是多么的根深蒂固：

> 谢湜自蜀之京师，过洛而见程子。子曰：“尔将何之？”曰：“将试教官。”子弗答。湜曰：“如何？”子曰：“吾尝买婢，欲试之，其母怒而弗许，曰：‘吾女非可试者也。’今尔求为人师而试之，必为此媪笑也。”湜遂不行。②

尊严确实是一个很珍贵的东西！很明显，以下所有的观点态度，如，一个对参与科考竞争的既有尊严又高尚的拒绝，一个高贵的反抗——即某人对晋升毫无兴趣并愿将从事的事物交由命运决定，以及对一个不存在不顾一切地追求“利益”的社会的憧憬都相互间紧密地吻合在一起。

当我们谈论新儒家伦理思想对科举考试制度问题的特点时，我们不能忽视宋朝最著名的哲学政治家朱熹（1130—1200）。朱熹在描述古代理想的选拔官员的政策习惯时，直接建议取消科举考试。他认为，科举考试废除后，“是以士有定志而无外慕，蚤夜孜孜，惟惧德业之不修，而不忧爵禄之未至”。显然朱熹也有新儒家们中常见的对古代理想制度的怀念③。

---

① 《近思录》，第 220 页；格拉夫，第 2 卷，第 497—498 页。

② 《近思录》，第 216 页；格拉夫，第 2 卷，第 491 页。这段文字是斯季柔考尔先生所翻译的。

③ 《朱子文集》（商务印书馆，国学基本丛书版），第 471 页。

在一篇文章里，朱熹写下了一个在他那个时代非常著名的声明：《私议》。《宋史·选举志》在提到这个声明时告诉我们这篇文章曾被"天下诵之"①。朱熹在声明中严厉地抨击了当时的科举考试的标准和惯例。他建议至少有限地采纳荐举官员的方式，并要求终止选官中的偏袒行为。他特别呼吁对参加科考的考生实行更公平的按地域分配通过名额的制度。但是，朱熹建议的主要内容则是关于改变科考的内容和形式方面。他建议以十二年为周期改变科考的考试科目，这样就能保证为国家服务的官员有广泛而不同的特殊背景。他还建议抑制科考中的诗歌和赋。朱熹希望考生能够思考并知道如何自己考虑问题。在学习儒家经典的过程中，考生应当不仅学习经典作品，而且还要阅读不同学派对经典作品做的注解。此外，在回答一个问题时，考生必须准备引用不同的观点及做出自己的结论。接着朱熹还列举了一系列他认为考生应该被要求阅读的各种学派的注解。有些奇怪的是，尽管从总体来讲朱熹反对王安石的政策，王安石的注解却被收录进所有最重要的儒家经书里。朱熹对自己的倡议的效果有很高的期望。他写道，如果它们被采纳，"则有定志而无奔竞之风，有实行而无空言之弊，有实学而无不可用之才矣"②。

朱熹在此文中对科举制度的责难的部分原因出于他对完美的社会和政治秩序所抱有的理想。然而他这种关于完美道德社会的理想却是模棱两可的，因为它可被用于批评考生自己而不是谴责那些大量的考试要求、标准、压力或者不公平的惯例。有人可能会说，在一个完美的道德社会里，政府将不会犯由科举制度造成的错误，但同样地，考生们也将不会出现由科考所诱发的对个人私利无止境的追求和焦躁不安情绪的状况。朱熹有一个常被人引用的评论，就是"非是科举累人，自是人累科举"。他接着说道：

若高见远识之士读圣贤之书，据吾所见而为文以应之，得失

---

① 《宋史》第156卷，开明版，第4851.1—2页。
② 《朱子文集》，第473—475，472页。

利害置之度外，虽日日应举，亦不累也。居今之世，使孔子复生，也不免应举，然岂能累孔子耶？①

朱熹还坦承他年轻时对科举考试也有某种蔑视。但他也说当时的感觉并非建立在对科举有任何了解的基础上。这种情形有些像一个人对酒的味道或某个颜色有天然的厌恶，但这种天然的没有理由的反感本身并不重要。

朱熹以上的以及其他更多的相关评论都被清政府在18世纪早期收录保存在一本具有多个主题的朱熹言论集里面。该书书名为《朱子全书》，由李光地主编。《朱子全书》的目的是从官方角度来阐述正统朱熹哲学。有一章是朱熹对科举考试表达的看法，朱熹的相关评论被从他的论文里摘选出来以便为经常遭到考生们抱怨的科举制度进行辩护。不用说，在这个章节里编辑们甚至对朱熹写的批评科举的《私议》一文的存在有某些暗示。当然我们没有必要将《朱子全书》看成纯粹是清朝时期的文献，因为该书形象地说明了新儒家的理想可用于为科举制度的现状辩护。《全书》中那些朱熹回答考生们对科举制的抱怨毕竟反映了他同时代的人事实上向他反映过的问题。12世纪的考生对科举的典型的不满很可能与17世纪的考生的不满一模一样。

让我们看一下一些抱怨及其回答是如何进行的。请注意评论中一句重复朱熹的话，即一个真正令人尊敬的学者会将有关个人“得失”的考虑放在一边。这句话听来像是韩愈的话。但其间存在很重要的差别。换言之，一方面有一个不甘服从的学者勇敢地告诉他自己和社

① 《朱子全书》（李光地奉敕编纂，66卷，1714年），第65卷，第28页a，b。朱熹在这里想要避免的烦扰（disturbance）是他对世俗的成功与失败以及在和本人有关事件中的情感介入的关心。朱熹的态度（他似乎假定每个人都持有）或许是新儒家对佛教空无道德思想的一种转化。类似的程颐观点参见《近思录》，第219页；格拉夫，第2卷，第495—496页。李光地以八股形式写的论文被高度推荐为准备科考考生的范文。关于李光地的政治观点参见我的论文《王阳明以后中国思想界中“知识”和“行动”的问题》（The Problem of “Knowledge” and “Action” in Chinese Thought since Wang Yang-ming），于芮沃寿（A. F. Wright）编辑，《中国思想研究》（*Studies in Chinese Thought*），芝加哥，1953年，第133页。

会，他将不会受由国家和社会压力造成的追求“名声和利益”的诱惑所驱使。而这里却是一个教师武断地告诫考生不应该被那种诱惑所驱动过多，并说如果他们没有被诱惑驱动，他们就没有理由抱怨人们对他们寄予的期望。

在同一段落中，还有一点值得一提。朱熹说他年轻时对准备科举考试自然地反感，但他也说这种天然反感毫无意义。朱熹的这些言论表明，他遇到了很多对科考不满的学生，那些学生厌恶对科考进行的复习准备并觉得他们自身的学习兴趣是有价值的。他们还发现他们与欧阳修和刘知幾一样更愿意把时间用于其他科目的学习和自身改善。《朱子全书》的编辑们把朱熹描绘成从不同的方面对考生的类似抱怨进行解答。有时候，朱熹对考生就此问题持有的所有大惊小怪嗤之以鼻：

> 科举事业，初无高论。贤者俯就，盖有余力。既知有命之说，则日用之间，内外本末，不须作两截看，必先了此然后及彼也。①

换句话来说，当你发现你能够适当地培养自己并学习正确的观点，而且这两者之间又没有矛盾的话，你在科考中自然就能发挥得好。正如韩愈所说的，一个好人自然写得好文章。1181 年，朱熹的朋友和哲学竞争对手陆九渊在被邀请到朱熹的白鹿书院做讲座时也发表了类似的看法。陆九渊说，认真培育你自己，全神贯注于正确的事物，并且学习排除所有对自私性便利的冲动。“由是而进于场屋，其文必皆道其平日之学，胸中之蕴，而不诡于圣人。”②。

如果有某个年轻人骄傲而妄自尊大地说他有比学习科考文章更好的事情要做，那该怎么办？朱熹对此种人浇了以下一盆冷水：

---

① 《朱子全书》，第 65 卷，第 28b 页。

② 同上，第 65 卷，第 25b 页，第 30b—32b 页。

> 不赴科举也是匹似闲事。如今人才说不赴举,便把做掀天底大事。[1]

以上朱熹言论的最有意思的部分是对科举的厌恶在考生中普遍存在。

朱熹意识到,考生们普遍认为他们必须为赡养父母而准备科考,他对之进行了批判。朱熹的这一态度仅仅表明学生们的思想尚不沉稳,因为他们还是在为了科考而学和从事"真正的学习"之间感到矛盾[2]。有时候,朱熹也含蓄地承认这样一种矛盾的存在,而且他尝试着用一些论证和策略去处理和解决这个矛盾。有一回,朱熹的一个叫黄谦的学生被其父亲要求去知府办的学校学习准备科考,但那里所学的东西可能都是黄所厌恶的。当黄把他的处境告诉朱熹后,朱熹回答说:"日则习举业,夜则看此书,自不相妨。"并接着说,如果黄拒绝服从其父亲的意愿,他们父子的关系将会出现乖离。这种情况的出现对黄的"学习"计划(如:修身)造成的损害并不比科举考试来得少[3]。

我们可以想象,王阳明也抱有新儒家那种对一个完美的、没有争斗的社会的憧憬。在1525年王阳明描绘了一幅美好的古代幸福社会的图画:

> 下至闾井、田野、农、工、商、贾之贱,莫不皆有是学,而惟以成其德行为务。何者?无有闻见之杂,记诵之烦,辞章之靡滥,功利之驰逐,而但使孝其亲,弟其长,信其朋友。

在那个古老的社会里,"学校之中,惟以成德为事",而且"天下之人熙

---

① 《朱子全书》,第65卷,第27b页。

② 同上,第65卷,第25b页。

③ 同上,第65卷,第25b页。1740年,清朝皇帝乾隆在一个针对翰林院学生所下的有关道德教育的谕旨里,娴熟地运用了《朱子全书》所表达的朱熹思想。乾隆规劝那些学生不要太在乎通过科举考试并将其看作称为更好的人的首要目标。参见我写的《和珅和他的控告者:十八世纪的思想方式和政治行为》(Ho-shen and His Accusers: Ideology and Political Behavior in the Eighteenth Century),于《实践中的儒家思想》,第223页。

熙皞皞,皆相视如一家之亲……而无有乎希高慕外之心",每个人都对他自己的处境感到满意。那时候的人们对别人的成就没有嫉妒之心:"而无有乎已之分……譬之一人之身……"正如人不会因为眼睛听不到东西感到惭愧一样,没有人会因为缺乏伟人才有的学术造诣而自惭形秽或被人看不起[①]。

如果王阳明的观点值得关注的话,这主要是因为它是新儒家中的一个常见的政治观念的一种强烈的(带有幻想的)重述。很明显,科考制度的存在至少会严重破坏王阳明所憧憬的美好图画。如果王阳明的话里强调了什么新的东西的话,那就是他近乎道家的想法:人的纯真思想将被太多的"看和听"、"记和诵"或者"华丽的演讲和作文"所伤害。这是一个典型的王阳明对精神存在中的语言和概念部分的完全不信任。他对语词所持的不信任态度符合于一个不断成长的、在清朝有着非常重要的影响的学术潮流。

如果我们对明朝举人和进士考试的特点(在很大程度上也适应于清朝)进行调查的话,我们就能更容易地理解王阳明的观点。明朝的科考是在继承了宋朝于1071年进行的科举改革基础上稍加变动形成的。1071年的科举改革是王安石变法的结果。它取消了明经考试但把某些考试内容归并到进士考里面。在科举考试最后成型的明朝(进士和举人考试),科考由相隔几天的三个部分或考试组成。第一个考试考"关于经义的文章"。其中三篇文章有关《四书》,另外四篇是关于其他经书的。第二个考试是"论"(文章)和"判"(决定,一种唐代的考试形式),并且回答就皇帝的某些"指示"所提出的问题。第三个考试是针对历史和现实问题的"策"[②]。就这些考试要求而言,科举考试的内容非常全面。实际上,正如顾炎武所指出的,考官所真正重视的唯一考试是第一个,即关于经书的意义和《四书》的考试[③]。此外,尽管所有的考生必须回答有关《四书》的问题,他们很可能只需精通《四

① 汉克,第328—330页。
② 《明史》(宫廷版),第70卷,第1b—2a页。
③ 顾炎武,《日知录》(国学基本丛书版,1933年[1935年]),第1卷,第6章,第46页。

书》之外的一本经书即可。这点和朱熹在其“私议”中所希望的情况肯定有很大距离。

更有甚者,虽然朱熹要求参加科举的考生了解多种不同学派的观点,明朝科举制度却只要求考生掌握一种学派的观点。具有讽刺意义的是,这一学派正是朱熹自己。在明朝永乐年间官方出版了全面反映朱熹学派观点的《四书五经大全》以后,即使是通用的唐代注解也没有被收录进去。结果,科举考试越来越少地考广泛的学习或真实的理解,甚至对经书本身也是如此。另一方面,对考生而言,他们的第一场科考关于经书含义的考试论文能否写得漂亮变得越来越关键①。

科考第一个考试中的论文形式是怎样的呢?一个有关经义论文的形式在王安石改革后不久由礼部确定下来。而且这一官方形式在以后的朝代里不断得到发展改进。到了明朝,科举考试的形式被固定为八个部分(其通俗的名称是八股文)。各个时期对每篇论文中的字数限制也都有不同的规定。一篇典型的八股文包括明确的标题(一般是某篇经书中的一段)以及对该题目用两个副主题加以分析。然后,论文进一步对那两个副标题进行更为详细的论证。在论文的主体部分,每个副主题要包括有一个加长的文句或一组文句,文句的格式是比较随意的“古代散文”格式,但紧接着那些文句是一个或一组几乎相同的讨论另一个副主题的文句。后面的这些文句在格式上与前面的文句要相符。这样的游戏在论文写作结束之前要被重复好几次。在格调上,这种论文与教堂有关《圣经》篇章的讲道非常相像②。

八股文实际上并不很令人讨厌。如果某人仅仅浏览少数已经是古董的八股文,他肯定会从任何要求中国读书人去写建构完好并编排合理的散文片断的文学形式中发现一些有价值的东西。但是,假如一个人必须多年阅读和模仿那些似乎他的全部生活都寄托其上的八股

---

① 《明史》,第70卷,第2a页。

② 刘麟生,《中国骈文史》(中国文化史丛书,第一部,上海商务印书馆,1936年[1937年]),第117—118页。许多明朝散文家如著名的归有光(1506—1571)都被公认为是这种写作形式的行家。比较《章氏遗书》,第2章,第36a页。

文,以获取所需的足够技能去取悦考官的话,他一定能够想象到他对八股文的怠倦很快会变成极度的厌恶。在副主题中找寻对比关系以便继续论文的写作的这一八股文要求更加令人愤恨,因为这一要求把一个纯粹是形式上的要求置于经书章节可能包含的任何涵义之上。考生必须准备好对给他的考试文章的意思进行歪曲乃至创造;而且他还需要经过长期的训练把这一技术练得炉火纯青[①]。

更糟的是,通过挑选一些难以把握的经书文章,或通过去除上下文而仅保留最具迷惑性的原始经书中那些平时基本被忽视的章句和断句,考官在几百年时间里自然地形成了一个与考生戏耍的小传统。朱熹(他在《私议》中严厉斥责了科举考试)曾经例举过这样一个宋代考官出的考题,它由《诗经·大雅·文王》中的三行句子组成:

上天之载
无声无臭
仪刑文王[②]

理雅各(Legge)的翻译如下:

上天所做的
没有声音和气味
从文王那里学到榜样[③]

诗歌中第二行的下半段被去掉了,其大意是"所有国家都给予你他们的信心"。不过,如果一个人要了解这个段落的意思,他应该需要更多的上下文。其实,如果将朱熹的这个例子和另外一些考题相比还是较

---

① 这个八股文的特点也具有朱熹所在年代经义的特征。朱熹对此强加指责:"如此不惟不成经学,亦复不成文字。"(《朱子文集》,第476页)

② 《朱子文集》,第476页。

③ 理雅各(James Legge),《中国经典》(*The Chinese Classics*),1895年版,第6卷,第431页。

温和的。让我们想象一下你要根据下面这五个字写一篇论文：

苟为无本七①

这五个字大概和下面从《孟子》摘抄的文章里的粗体字相对应。

徐子曰："仲尼亟称于水，曰'水哉，水哉'，何取于水也？"

孟子曰："原泉混混，不舍昼夜，盈科而后进，放乎四海。有本者如是，是之取尔。苟为无本，七八月之间雨集，沟浍皆盈，其涸也，可立而待也！故声闻过情，君子耻之。"②

很清楚，在科考中的八股文里，我们发现了一个违反勿因字坏义的经典原则的最好例子。八股这一名词从而变成了仅有灵巧的语言却无任何的内容的训练的代称。设想每个学生必须努力学习八股文，而且所有的社会、家庭以及课程的压力都逼迫着他们学好这一体裁。再考虑一下这样一种情况，一个学生为了学好八股文，必须在长时期内形成一种对八股文至少是假定存在的兴趣。他因而迫使自己适应一种他很可能抱有认知和审美上厌恶的学习模式。如果了解到这点，我们就不难理解17、18世纪的学者在书信和回忆中对时文（这个名词现在变成了八股）所表达的强烈抱怨。

在17世纪，顾炎武是当时少数几个著名的对明朝的衰落和灭亡的原因进行分析和写作的人之一。他写的《日知录》的大部分都是这方面的观点。该书有一部分还特别地从深刻的历史角度讨论科举和学校制度，对明朝科举制度的特点和运作进行常常极端严厉的抨击。但是在其中很多带有批评性的章节里，顾炎武似乎在批评当时（清朝

① 刘麟生，第120页。

② 莱吉，第2卷，第324—325页。

初期）的科举制度状况。我们或许可以设想顾炎武当年写作时的科举制度现状和明朝时期没有很大不同。

顾炎武强调指出，写作如果要有任何意义，那就必须有内容。而且作者必须不被刻板的条条框框所束缚。他写道：

> 文章无定格，立一格而后为文，其文不足言矣。唐之取士以赋，而赋之末流，最为冗滥。宋之取士以论策，而论策之弊，亦复如之。明之取士以经义，而经义之不成文，又有甚于前代者，皆以程文格式为之，故日趋而下。晁董公孙之对，所以独出千古者，以其无成文格式也。欲振今日之文，在毋拘之以格式而后异才出矣。①

在宋、元、明各朝，这种特有的反对科举制度的意见往往是针对它所引起的激烈的考试竞争。而从顾炎武对八股文的谴责来看，在清代初期，这种反对科举的意见变成了针对科举对考生写作和思考造成的不良影响的关注。对纯粹是规范性的、语言上的操作的强调已到了迂腐的程度，因而科举考试实际上已经让政府得不到优秀的人。顾炎武认为，现在的科考情况是如此的糟糕，以至唯一的良药是在一段时间内暂停科考并教导人如何去重新学习。顾炎武还抨击科举考试所造成的大量的没有思想的正统学说。他建议科举考试里针对《四书》所提的问题应该涉及“含糊的”问题，那些问题将会探究令人感到困窘的矛盾。顾炎武引用了唐代科考中的“判”类考题并把它作为他想要的范例。然而很有可能的是，那些王安石所制定的考试问题或许更适合顾炎武的想法。不过，顾对王安石这个宋朝改革家没有好的评价②。

但是，顾炎武最强烈的谴责是针对另外一个现象。正因为科考极为重视正式而准确的论文写作，它们完全没有认可或鼓励真正扎实的

---

① 顾炎武，《日知录》，第1卷，第6章，第52页。

② 同上，第45、49页；威廉姆森（Williamson），第1卷，第333—335页。

学问。取而代之的是,科考被设计成仅让那些无知的人通过考试。顾炎武对这种情况的揭露是他文章里最严厉并且最有趣的部分之一。科考这种弊端含有一个顾炎武叫做“拟题”的惯例。顾说道,在整个科举制度中没有比这更坏的了。它是以下面的方式进行的:在关键的第一个考试里,当一个考生必须就他自己所专门研读的经典写作论文时,可被选择提问的问题往往只有几十个。因而,

> 富家巨族,延请名士,馆于家塾。将此数十题,各撰一篇,计篇酬价,令其子弟及童奴之俊慧者记诵熟习。入场命题十符八九,即以所记之文,抄写上卷。①

顾炎武发现,这个步骤要比历来所想象的科考容易得多。因为很明显,一个出身富裕家庭的儿子或许能够以这种方式通过科考而不用研读任何一篇经典文章。顾炎武写道:“四书亦然。发榜之后,此曹便为贵人。年少貌美者,多得馆选。”

顾炎武接着说道,由于经典已经往往不再被科举考试选为考题,一个年轻人在准备科考过程中必须学习的经典也就越来越少。因而,“止记其可以出题之篇”的策略使科考变得更加方便。其结果是,

> 昔人所须十年而成者,以一年毕之。昔人所待一年而习者,以一月毕之……卒而问其所未读之经,有茫然不知为何书者。故愚以为八股之害,等于焚书。而败坏人才有甚于咸阳之郊。

通过引用朱熹的私议,顾炎武进一步建议科举考试应该考核那些要考生有创造性思维的经典章句,应该要求考生在学习一个经典文献以后还要对其他经典有大概的了解,熟悉那些对经典文献做的相互矛盾的解释,并且在他们的答卷中做出自己的判断。此外,科考中的考题不

---

① 顾炎武,《日知录》,第1卷,第6章,47页。

应该是标准型的以免在事前就被考生猜到,“而其文必出于场中之所作,则士之通经与否,可得而知”①。

顾炎武言论中的有趣部分还包括他对富人最容易逃脱谋杀罪的坚信,但是他的主要观点是,扎实的学术基础应该为每个考生所必需,并且它也是衡量考生素质高低的尺度。由于顾炎武作为一个儒家经典学者的声誉在18世纪急剧上升,他的这一观点或许对社会有很大的影响。以后几代成长的学者对顾炎武都带着崇敬,而其中的许多人肯定经常担任科举考试的考官。我们可以有把握地想象,顾炎武提及的“年少貌美者”在这些考官(如阮元)下面将很少有可能通过科考②。

不过顾炎武这个作为著名儒家经典学者的声誉以及18世纪发展起来的哲学时代思潮,对科举考试的标准最终有着另一个非常不同的影响。虽然存在一种不时地提高考试官员的水准的趋势,但是在任何我们可以看到的案例中,考官将会面对这样一种情况,即他们要对那些在语言学上比他们造诣更高的考生做出评判。处在这种情形下的考官倾向于用一个简单而靠得住的防线来保护自己。在这件事上,考官采用再一次地将他们的评卷标准仅限于考察考生的答题格式上:现在不是考察考生论文的正确性,而是考察考生写的文字——考生的书法。到了19世纪二、三十年代,写一手好的毛笔字成了时尚,因为它是考生最容易通过科考的标志。

毋庸讳言,这种新的科考现状有理由遭到强烈的批评。这样的批评可以从龚自珍的一篇带有极度讽刺的文章里找到。龚自珍是一位热情、聪明、古怪的学者官员。他还是一个语言学家、诗人,并是魏源和林则徐的朋友。龚自珍在1829年获得进士之前参加过几次科举考试,他认为自己失败的原因在于书法不好,而书法是在殿试中一个成功进士具备的基本技能。龚自珍首先用一种嘲弄性的尊重描述了他曾经失败过的殿试考试仪式:考官们“则朝服北面三跪九叩头,率贡士

① 顾炎武,《日知录》,第1卷,第6章,47—48页。

② 在这段和下一段,我感谢房兆楹先生为我提供的一些有价值的建议。

亦三跪九叩头，就位有虔。既试，八人者则恭遴其颂扬平仄如式、楷法尤光致者十卷，呈皇帝览。”

龚自珍描绘了更多的科举考试，如殿试之前的预备考试和殿试后进行的考试。这两种考试都重视考生的书法技能。他抓住任何机会谈论如此关键重大的考试却这么关注一个没有什么价值的技能。“三试皆高列，乃授翰林院官。本朝宰辅必由翰林院官，卿弍及封疆大臣由翰林者大半。”被选进军机处去做一个职员也是一种荣誉，因为“有军事则佐上运筹决胜，无事则备顾问祖宗掌故以出内命者也。”但是，“保送军机处有考试，其遴楷法如之”。龚自珍接着告诉我们其他一些重要的官职是如何任命的，它们的任命也总是采用和军机处选人相类似的以书法为最后标准的决定办法。

最后，龚自珍不经意地透露了他的真实想法：

> 龚自珍中礼部试，殿上三试三不及格，不入翰林，考军机处不入直……乃退自讼，著书自纠，凡论选颖之法十有二，论磨墨膏笔之法五……论点画波磔之病百有二十，论架构之病二十有二，论行间之病二十有四，论神势三，论气禀七。既成，命之曰《干禄新书》，以私子孙。

龚自珍在他专著的《序言》里写下的日期是道光十四年(1834)[①]。

不用说，龚自珍从未完成甚至认真思考过写作这本专著。应该强调的是，龚自珍对科考中书法要求的严厉批判是由他所处时代特殊的情况引发的。我们在顾炎武身上则发现了一个与龚自珍非常不同的态度。顾炎武希望考生写一手好字但不要写没有意义的东西。他明确赞同把这点和一个北齐时代宫廷考试中存在的做法相联系，似乎在那个遥远的年代一个考生如果写字邋遢就会被要求喝点墨汁作为

---

① 龚自珍，《〈干禄新书〉自序》于《定庵文集》，国学基本丛书版，1936年，第138—139页。

惩罚[①]。

中国的科举制度直到1905年才被终止。然而从龚自珍到1905年有关科举制度的故事将是另一个研究的课题。在这篇文章里我由于缺乏所需的空间和知识而不能再接着探讨。不过,清楚的是,我们不能仓促地把清朝政府废除科举制度归因于对西化的狂热,或者说成是中国人仅仅为了摆脱一个保守的体制性势力而废弃科举制度。也许我们可以证实“西方的影响”所成就的就是加强了几个世纪以来的老看法,但是这种老看法本来还不足以从根本上改变一个官僚国家的整套制度。那种认为科举考试未能给国家培育实用的、有才华的人的抱怨在19世纪既非新颖也不激进。与之相反,这种抱怨在9世纪就已经是常见的批评了。顾炎武(和朱熹)有关科考助长了对“空洞文字”和死气沉沉的考试格式的怨言,实际上在科举废除前的许多上疏里被反复强调过。那种有关儒家理想国度的想法(该想法曾经被新儒家哲学家用来对科举制度进行道义上的反对),在19世纪绝非销声匿迹。即使现在,这种想法或许仍未灭绝。

科举考试无疑应该被称为儒家学说的考试。该学说主张的理想状态是统治者应当挑选最好的人担任政府官员。它在大多数时期都为那些对阅读和爱好儒家经典存有特殊兴趣的社会成员通往辉煌和官场指明了一个固定的却又狭隘和艰难的途径。然而中国人对科举制度表示的强烈遗憾也应该被称为是儒家式的遗憾。新儒家的乌托邦理想以及韩愈在9世纪和顾炎武在17世纪所阐明的“反形式主义者”和文学价值标准,都是根植于孟子的儒家传统中理想主义的主要内容。

当我们观察每个学生或科举考生的处境时,我们会发现他被同时推向两个方向。一方面,他必须为了父母和家庭而去做正确的事情。这点他可以通过引用太多先师孔子的原话来论证。如果他能够做到的话,他作为一个儒生的职责是去谋得一官半职并能“行其道”。在中

① 顾炎武,《日知录》,第1卷,第6章,第54页。

华帝国晚期，唯一明显的可以履行这些职责的办法是准备科举考试以获得一官半职。

不过在另一方面，一个儒生还有责任培育自身并尊重自己的人格。他有义务参加科考竞争官职这件事似乎在他本人所排列的价值顺序里将“利益”放到了“正义”之上。而且他至少还似乎寻求别人的赞许，无论那些人是否是他可能认为的粗俗的或心胸狭隘的饶舌市井小人或者是考官。如果我们对像《儒林外史》一类的小说边阅读边思考，我们会猜想这种对科举考官和考试写作的嘲弄不过是所有对之不满的冰山中已经暴露出来的那部分。这个冰山的大部分是那些顶着社会压力并具有独立思考能力的人对遵守、接受粗俗传统和价值观、对追求所谓成功的漂亮标签、以及对奉承讨好城镇里居住的“最显赫”的家庭的一种普遍存在的厌恶。在这种性情之下就经常产生那些不为区区小事所动摇的“君子”的想法。

一个对自己和社会有着严肃思考的中国人，不会生活在一个所有问题都有现成答案的平和的学术世界。他生活的世界实际上充满着诸如我在本文中一直在谈的社会和学术的矛盾。如果我们想要去理解这个中国人在政治、文学和哲学上的观点，我们必须估量那些矛盾及其对他的影响。我们必须从他当时所处的环境来了解他。

为功名写作：晚明的科举考试、出版印刷与思想变迁

周启荣(Kai-wing Chow) 著
杨凯茜 译

印刷文化史与阅读已成为当前中国史学家的研究议程之一①。这些新的研究成果为重新检视晚明的思想变迁提供了一个成熟的契机。要了解晚明的知识分子，详细考察蓬勃发展的印刷事业对于晚明士绅文化的影响是不可或缺的。本文拟从多个角度来探讨商业印刷的扩张是如何影响士绅文化中的一个重要副文化——考试文化。

晚明学者顾炎武(1613—1682)与黄宗羲(1610—1695)向来认为，商业印刷的扩张，加重了晚明时期科举考试文化鼓励出来的按模本作文的风气，以及从一群只在记忆力上展现能力的候选人中延揽官员所造成的危机②。我们是否该相信顾炎武与黄宗羲提出的商业印刷造成知识分子的能力退化与教育制度缺陷的负面评价？又或者这两位著名的晚明学者对于印刷带给知识分子的其他影响实际上并不以为意？

顾炎武与黄宗羲对于印刷术如何影响教育的负面评价，过度简化

---

① 柯丽德(Katherine Carlitz)，《晚明〈烈女传〉版本中女德的社会功用》(The Social Uses of Female Virtue in Late Ming Edition of Lienu Zhuan)，《明清研究》(*Late Imperial China*)，第12卷第2期(1991年)，第117—152页；柯律格(Craig Clunas)，《过剩的东西：中国近代早期的物质文化与社会地位》(*Superfluous Things*：*Material Culture and Social Status in Early Modern China*)，伊利诺依州大学出版社，1991年；高彦颐《闺塾师：明末清初江南的才女文化》(*Teachers of the Inner Chambers*)，斯坦福大学出版社，1994年。

② 顾炎武撰，黄汝成编，《日知录集释》，《四部备要》，卷16，第10页上；黄宗羲《驳邪论》。

了印刷术与教育历程之间复杂的关连——特别是印刷与科举考试之间的关系。印刷与思想变革有着十分复杂的关连。任何出版书籍与出版材料都承载了种种价值、观念与作法。然而,如果因此而假设文本的融合与观念的传布直接关连的话,我们就会忽略读者对于观念的接受,也忽略了版刻书的诸多用途乃由文化价值与社会习俗所形塑这一事实。如学者查提耶(Chartier)就曾指出,书籍的拥有权不能作为探讨观念如何传播的唯一研究角度。这种单一的角度一方面夸大了文字对于书籍拥有者——包括不同意书中论点的拥有者——的改造能力;另一方面,由于思想与价值观也可以透过书籍的团体使用——如从公共或私人图书馆借阅——来传播,因此该研究方法低估了某些出版物的影响力①。据查提耶指出,在近代初期的法国,“很明显地,人们所读的书并非全属自有。”②正如同研究近代欧洲书籍史的学者所主张的,通过探讨书籍中的观念与价值来研究思想变革的研究方法同时需要考虑什么样的人读什么书、如何读、在哪里读等问题③。从文艺复兴时代起,欧洲历史学家就已提出警告,提醒人们在解释思想变革时,不要过于看重印刷的影响力④。

---

① 译者按:作者原注为 Chartier,此处当指罗杰·查提耶(Roger Chartier),其代表作有《法国大革命的文化根源》(*The Cultural Origins of the French Revolution*),卡克伦(Lydia G. Cochrane)译,杜克大学出版社,1991 年;《书籍的秩序:十四至十八世纪欧洲的读者、作家与图书馆》(*The Order of Books: Readers, Authors, and Libraries in Europe Between the 14th and 18th Centuries*),斯坦福大学出版社,1994 年。

② 同上注。

③ 达尔特(Robert Darton),《18 世纪法国的阅读、写作与出版:文学社会学的个案研究》(*Reading, Writing, and Publishing in Eighteen-Century France: A Case Study in the Sociology of Literature*),《戴德勒思》(*Daedalus*),第 100 卷第 1 期(1971 年),第 218—219 页。

④ 爱森思坦(Sergei Eisenstein)主张印刷是将中古欧洲文化转化成现代文化的主要力量。关于批评爱森思坦对于印刷转化学术与知识惯例的夸大,参见葛瑞芬特(Anthony Grafton)对其书的书评,《跨学科历史学刊》(*Journal of Interdisciplinary History*),第 11 卷第 2 期(1980 年),第 256—286 页。爱森思坦相信书籍的印刷逐渐稳定的观点也受到挑战。参见韩林葛(Lotte Hellinga)《印刷术开始前十五年中的文本编辑》(Editing Texts in the First Fifteen Years of Printing),见奥林芬(Dave Oliphant)等编《文本研究的新方向》(*New Directions in Textual Studies*),德州大学出版社,1990 年;切尔尼雅克(Susan Cherniack)《宋代中国的书籍文化与文本传播》(Book Culture and Textual Transmission in Sung China),《哈佛亚洲研究学报》(*Harvard Journal of Asiatic Studies*),第 54 卷第 1 期(1994 年),第 79—82 页。

研究中国史的学者也正开始研究印刷与中国晚帝国时期的文化之间那种复杂的关连①。正如同达尔顿(Robert Darnton)所指出,在18世纪的法国,“社会、经济与文化力量都自然地交汇在印刷活动上”。不仅如此,研究印刷术的同时也必须考虑政治的因素②。这些观点,同样适用于研究晚明中国的印刷术。

印刷术与教育两者皆为大题目③。本文的研究将集中在教育与出版的交汇点——晚明时期所出版的科举参考书④。在本文中,我将讨论科举应试者如何利用印刷来增加他们获取功名的机会。然而,科举应试者对于参考书的使用也同样受到那些希望透过对书籍的包装以吸引更广大的读者的商业书坊的影响。我们必须理解的是,不仅科举应试者利用印刷术来达到他们的目标;身为商品,出版书籍也被包装以吸引更多读者。出版者的策略性包装反映出他们如何理解读者——科举应试者——的兴趣。这样的探讨可以加深我们对于应试者透过印刷材料而接触到的知识分子世界的认识,以及了解在科举考试的背景下,书籍如何影响资讯的流通。

---

① 参见魏爱莲(Ellen Widmer),《十七世纪中国才女的书信世界》(The Epistolary World of Female Talent in the Seventeenth-Century China),《明清研究》第10卷第2期(1989年),第1—43页;柯丽德,《晚明〈烈女传〉版本中女德的社会功能》;董玥(Madeline Yue Dong),《社区与沟通:杨乃武的个案研究,1873—1877》,《明清研究》,第16卷第1期(1994年),第79—119页;季家珍(Joan Judge),《印刷的党派功用:梁启超、时报与晚清革新运动的分歧》(The Factional Function of Print:Liang Qichao, Shibao, and the Fissures in the Late Qing Reform Movement),《明清研究》,第16卷第1期(1994年),第120—140页,以及《明清研究》第17卷第1期(1996年)中收录的论文。关于印刷如何形塑明清时期中国妇女的文化生活,参见高彦颐《闺塾师:明末清初江南的才女文化》。

② 达尔特,《十八世纪法国的阅读、写作与出版:文学社会学的个案研究》,第214页。

③ 关于明清时期中国教育的近期研究,参见艾尔曼(Benjamin Elman)与伍赛德(Alexander Woodside)编《帝制中国晚期的教育与社会》(*Education and Society in Late Imperial China*),加利福尼亚大学出版社,1994年;秦博理(Barry Keenan),《帝制中国的最后古典书院:长江下游的社会变化,1864—1911》(*Imperial China's Last Classical Academies:Social Change in the Lower Yangzi*,1864—1911),加利福尼亚大学东亚研究中心,1994年;罗友枝(Evelyn Rawski),1979年。译者按:此处当指罗友枝《清代中国的教育与一般识字率》(*Education and Popular Literacy in Qing China*),密歇根大学出版社,1979年。

④ 本文所使用的原始史料为明清时期出版的168种四书评注。这些评注为现存于日本与美国图书馆中原本的影印本。这些影引本收藏于台北“中央图书馆”的汉学研究中心。

艾尔曼(Benjamin Elman)中肯地主张,自宋代以降,直到1905年废除科举,中国的科举制度一直是连接帝国政府、士绅与儒家正统的“杰出的社会、政治与文化生产力量”①。此种关于科举考试体系的社会、政治与文化功能之描述,绝不是夸大其词。然而,在晚明时期,当诸多势力——商业扩张、货币化的经济、以及宦官对于官僚运作的制度性干涉的增加——正动摇着程朱理学的地位、帝国统治的正当性以及士绅的领导权时,科举考试的这些功能也被严重地削弱了②。在本文中,我将主张,在16世纪及17世纪初发生的商业印刷扩张,松动了帝国政权、士绅阶级与程朱道学之间的紧密关系。同时,商业印刷的扩张也创造了一个鼓励在科举考试中开放地、多元地解释儒家经典的环境。

印刷与科举考试

在明代初期,书籍主要是由地方与中央政府的印刷机关印制③。位于北京与南京的国子监仅印制少量书籍④。在15世纪晚期,私人印刷书坊的数量开始增加⑤。自16世纪起,商业印刷开始繁盛

---

① 译者按,此处当指艾尔曼《古典主义、政治与宗族:中国晚帝制时期的沧州今文经学派》(*Classicism, Politics, and Kinship: The Changzhou School of the New Text Confucianism in Late Imperial China*),加利福尼亚大学出版社,1990年。

② 广义的社会经济变化对社会造成的普遍影响构成了我所称的“儒家秩序的危机”。参见周启荣《明清时期儒家礼教主义的兴起:伦理、经典与宗族讲道》(*The Rise of Confucian Ritualism in Late Imperial China: Ethics, Classics, and Lineage Discourse*),斯坦福大学出版社,1994年,第15—21页。关于晚明时期社会经济的变化的一般论述,参见包筠雅(Cynthia Brokaw)《功过格:明清社会的道德秩序》(*The Ledgers of Merit and Demerit: Social Change and Moral Order in Late Imperial China*),普林斯顿大学出版社,1991年,第3—17页;罗友枝《帝制晚期中国文化的经济与社会基础》(Economic and Social Foundations of Late Imperial Culture),见姜士彬(David Johnson)等编《中国帝制晚期的大众文化》(*Popular Culture in Late Imperial China*),加利福尼亚大学出版社,1985年,第3—16页。

③ 与私人书坊相比,政府的印刷办公室如礼部以及南京与北京的国子监的出版数量较为少量。位于北京、最重要的印刷办公室是由司礼监的宦官所主持。参见张秀民《中国印刷史》,上海:人民出版社,1989年,第340—342,第353—355页。

④ 由几个机构所印刷的书籍超过430种。叶德辉,《书林清话》,台北:世界书局,1961年,第五卷,第116—120页;张秀民,《中国印刷史》,第337页。

⑤ 陆容(1436—1496)指出,在14世纪20、30年代,私人印刷并不普及。引自张秀民《中国印刷史》,第337页。

发展[①]。印刷的发达可视为商业扩张的一部分，因其增加了对于纸张、墨水、木制活字版、书籍装订材料等的需求。曾有学者稍嫌夸张地指出，如果木制印刷活字版被卖到市场上作为燃料，木材与煤的售价将会大幅下跌[②]。

除了彩绘印刷之外，在16世纪的中国，并没有重大的印刷科技突破[③]。然而，商业印刷的扩张规模与印刷数量的增加，造成了印刷工作的细化以及印刷技艺更为精细[④]。大量的书籍被印制，以满足形形色色的精英与日益增加的城市人口的种种社会、文化与宗教需求[⑤]。除了印制科举考试所需要的大量应试书籍，书坊也刊行如山野地方志[⑥]、

---

① 据叶德辉，木版印刷在嘉靖与隆庆朝后开始发达起来。叶德辉《书林清话》卷1，第1页；吴光清（K. T. Wu）《明代印刷与印刷者》（Ming Printing and Printers），《哈佛亚洲研究学报》第7卷第3期（1943年），第203页。关于明代印刷中心的讨论及印刷工业的详细资料，参见张秀民《中国印刷史》，第337页。由私人团体如家庭、宗族、宗教教派所出版的出版品也促成了晚明时期印刷业的扩张。关于宗族研究，参见多贺秋五郎《宗谱の研究》，东京：东洋文库，1960年，第58—60页；泰尔福德（Ted Telford）等编《美国家谱学会中国族谱目录》（*Chinese Genealogies at the Genealogical Society of Utah: An Annotated Bibliography*），台北：成文出版社，1983年，第41—43页。关于宗教教派印刷的文本，参见欧大年（Daniel Overmeyer）；韩书瑞（Susan Naquin）等人的著作。

② 叶德辉，《书林清话》卷7，第185—186页。著名的出版商毛晋个人就拥有超过十万的印刻木版。叶德辉《书林清话》卷7，第194页。司礼监的印刷处累积了几十万的印刻木版。见张秀民《中国印刷史》，第353—355页。

③ 吴光清，《明代的印刷与印刷者》，第203页。

④ 徽州画派的兴起与16世纪图绘文本的扩张印刷有密切关系。见小林宏光与沙宾（Samantha Sabin）《安徽画派的伟大时代》（The Great Age of Anhui Painting），见《黄山的阴影：中国绘画与安徽画派的印刷》（*Shadows of Mt. Huang: Chinese Painting and Printing of the Anhui School*），加利福尼亚大学美术馆，1981年，第25—26页；高彦颐，《闺塾师：明末清初江南的才女文化》，第1章。

⑤ 姜士彬曾提出警告，反对将"明清时期受经典教育的文人们视为一个没有多样性的团体"。见姜士彬《明清社会的信息沟通方式、阶级与意识》（Communication, Class and Consciousness in Late Imperial China），见姜士彬编《帝制中国晚期的大众文化》，第61—62页。

⑥ 关于地形志与制度志，参见卜正民（Timothy Brook）《明清历史中的地理资料》（*Geographical Sources in Ming-Qing History*），密歇根大学出版社，1988年，第3—19页；关于名山志，参见于君方（Chun-fang Yu）《普陀山：朝圣与中国普沱洛迦的孩子》（Pu-t'o Shan: Pilgrimage and the Children of Chinese potalaka），见韩书瑞与于君方编《朝圣与中国圣地》（*Pilgrims and Sacred Sites in China*），加利福尼亚大学出版社，1992年，第59页；高居翰（James Cahill）《黄山绘画为朝圣之图》（Huang Shan Painting as Pilgrimage Picture），见韩书瑞与于君方编《朝圣与中国圣地》，第272页。

编年志、百科全书、功过格[①]、医药手册等[②]。实用性书籍如书信参考书、仪式书、黄历等等也十分普遍[③]。为旅人、商人、业余收藏者等而写的书籍,甚至于教导人们如何分辨不肖商人与混混常用的骗术的刊物亦被刊行[④]。

晚明时期的中国有一亿两千万人口。因此,对于当时的中国存在着多种阅读群体的假设,当是合理的推测。我们至少可以归纳出三种阅读群体:城市人口、应试者、妇女[⑤]。这些阅读人口彼此之间并非相互区隔,他们所阅读的书籍也有重复之处,如三个群体皆会阅读与娱乐相关或实用性的书籍。旅游书、编年志、小说、戏曲、短篇故事、医书、仪式手册、书信写作指南等等,都是为一般大众所印制的。至于考试文章范本、四书与其他经书的评注、诗歌散文选集以及各式各样的考试参考书等,则多半是科举应试者在购买和阅读。

16 与 17 世纪时,准备各阶段科举考试的学生是数量最大的阅读群体[⑥]。对 16 世纪末期的精英而言,书籍不仅是普遍可见,而且也不昂贵[⑦]。例如,一本在 1615 年的南京所出版的低品质四书注释,定价

---

① 克鲁纳思,《过剩的东西:中国近代早期的物质文化与社会地位》。关于功过格,参见包筠雅《功过格:明清社会的道德秩序》,第 61、115 页。

② 魏爱莲,《杭州与苏州的还读斋:十七世纪的个案研究》(The Huanduzai of Hangzhou and Suzhou:A Study in the Seventeenth-Century),《哈佛亚洲研究学报》第 56 卷第 1 期(1996 年),第 77—122 页。

③ 关于礼仪手册如《朱子家礼》,见伊沛霞(Patricia Ebrey)《朱子家礼:十二世纪中国冠礼、婚礼、葬礼、与祭祖的手册》(*Chu Hsi's Family Rituals:A Twelfth-Century Chinese Manual for the Performance of Cappings, Weddings, Funerals, and Ancestral Rites*),普林斯顿大学出版社,1991 年,第 176—183 页。

④ 关于旅游书,见卜正民,《明清历史中的地理资料》,第 3—19 页。关于欺骗的伎俩,见张应俞,《杜骗新书》,北京:中华书局,1987 年。

⑤ 达尔顿认为在现代初期的法国,其九百六十万人口中有几个不同的阅读群体。见达尔顿《18 世纪法国的阅读、写作与出版:文学社会学的个案研究》,第 225 页。

⑥ 张秀民,《中国印刷史》,第 337 页。在南宋,书坊已经印制了极大数目的科举参考书。切尔尼雅克《宋代中国的书籍文化与文本传播》,第 80—82 页。

⑦ 虽然我们掌握了一些讯息,晚明时期的书籍价格依然十分不清楚。晚明时的银价膨胀以及各地区间不同的银钱兑换标准对于评价民众购买力、书籍的市场价格以及供应,造成了困难。高彦颐主张虽然书本的价格在晚明时急速下跌,社会下阶层的家庭依旧买不起书。见高彦颐,《闺塾师:明末清初江南的才女文化》,第 36 页。

只有0.5两银子。在当时，一个只有生员资格的私人教师，一年可以有四十两以上的学费收入①。持有生员以上功名资格的教师或是科举应试者，更可透过如帮人写书信、书法、纪念文、墓志铭等，获得几两甚至几百两的额外收入。在小说《金瓶梅》里头，西门庆就为了一对手帕上的书法，付给一个生员半两银子②。著名的戏曲家与作家徐渭(1521—1593)写一篇纪念文，收费是两百两③。当然，徐渭的收费标准非同一般。但是对于一般文人来说，一本定价0.5两银子的书仍是负担得起的。

低廉的印刷成本，为出版业者提供了新的机会，让他们可以出版更多科举参考书来开发书籍市场。为了增加在科举考试中成功的机率，应试者们越来越依赖印刷出版的书籍。然而，如果同顾炎武与黄宗羲一样，将科举应试者的低学识能力归因于他们对于科举范文的依赖，就是过度简化了晚明科举应试者复杂的阅读行为。我们对于科举应试者读什么书来准备考试，有个基本的概念。应试者们不仅仅只阅读科举范文。书籍广告为了解书坊如何锁定读者提供了可靠的讯息。著名的福建建阳出版家余象斗，曾在1591年出版了一本附带广告的书，列出了已出版与即将出版的书目，并且通告读者：这些书是专门为科举出版的。余象斗列出的书目包括了经书、历史、诗集、科举范文，以及六种四书集注④。

士子应试时，依照规定，需以八股文的形式来回答出自四书的考题。由于此种官方规定，八股文又被称为"制义"、"制艺"。到了16世纪晚期，商业出版社已经出版了多种不同的科举范文。第一种是主

---

① 张应俞，《杜骗新书》卷2，第1271页。罗友枝曾指出在清代，私人教师的薪水约在5—80两银子之间。大部分的私人教师领20—30两的薪水。参见罗友枝与巴尔(Alan Barr)《四位塾师：李海观的〈歧路灯〉中的教育议题》(Four Schoolmasters: Educational Issues in Li Hai-Kuan's *Lamp at the Crossroads*)，见艾尔曼与伍赛德编《帝制中国晚期的教育与社会》，第66页。

② 柯律格，《过剩的东西：中国近代早期的物质文化与社会地位》，1991年，第131页。

③ 徐渭，《徐渭集》，全四册，北京：中华书局，1983年，第611—612页。

④ 肖东发，《建阳余氏刻书考略》，见上海新四军历史研究会印刷印钞分会编《历代刻书概观》，印刷工业出版社，1991年，第123—125页。

考官为应试者写的“程文”[①]。第二种则是进士评论四书的文章，称之为“墨卷”[②]。到了16世纪末，进士都会为每次会试撰写几百种不同的范文选集。职业作家之间常常为了争取读者支持而相互敌视、毁谤[③]。第三种范文是由在会试中中选的候选人所写的经书评论，称为“坊刻”[④]。商业书坊并且聘请职业编辑——“选手”——来解释成功范文的书写技巧以及其为佳文的理由。第四种范文则是由文学社团所出版的文选，称之为“社刻”。在16世纪20年代，科举应试者加入文学社团来帮助彼此准备科举。“社刻”也随之产生[⑤]。

在晚明的市场经济中，印刷将教育与学术转化成另一种商品。它悄然而又深刻地改变了师生之间的关系。科举参考书显著地降低了较优秀的学生对于教师指导的依赖度。初级、中级与高级的学生都可以找到适合他们程度的文章。除了初级的学生以外，对于中高级的学生来说，城市书店中易于取得的专业写作知识，补充甚至取代了教师的学术权威。对于官学教师日益不受尊重的抱怨，也因而时有所闻[⑥]。不过，对于那些正努力追求生员资格的年轻学子而言，教师仍然是值得尊敬的。教师地位的日益低下，部分源自于主考官的影响力以及能

---

① “程”、“墨”都是指主考官或是应试者写的范文。谢国祯《明清之际党社运动考》，北京：中华书局，1982年，第139页。

② 科举成功者的文章选辑早在15世纪时就被印刷。不过，被选来出版的文章只占全部考试文章的一小部分。例如，蔡清在担任江西省主考官时，就为一本文集写了序文。蔡清，《虚斋蔡先生文集》，台北：文海出版社，1970年，卷3，第35—36页。顾炎武，《日知录》卷16，第10页。1587年，朝廷命礼部从明代开国起到嘉靖早期的进士文章中选择文章出版。顾炎武，《日知录》卷16，第21页。

③ 顾炎武，《日知录》卷16，第10页。陆士仪，《复社纪略》，见《笔记小说大观》，第10编，第4册，台北：新兴书局，1975年，第2068页。

④ 据沈守正指出，讨论经典的科举文章约在1583年开始被出版。杨彝则将该时间点定在1592年。这些不同的时间点并不一定就是彼此矛盾。沈指出的时间点或许是评论某些五经的文章的出版，而不是指所有的经典。而杨或许是指所有评论所有五经经典的文章。沈守正，《四书说丛》卷5，第9页；顾炎武，《日知录》卷16，第9—10页。

⑤ 谢国祯，《明清之际党社运动考》，第119页。

⑥ 造成教师日益不受尊重的原因有很多。自明代中期起，由于地方教谕是由国子监生或是贡生中选择，其整体素质低落。吴智和，《明代的儒学教官》，台北：台湾学生书局，1991年，第255页。海瑞，《海瑞集》，北京：中华书局，1962年，第20页。

力较高的士子们愈趋依赖书本来准备科举。明代著名作家陈际泰(1567—1641)曾经建言,如果政府禁止文社以及进士出版文章,省下来的印刷纸墨支出将有助于政府财政[①]。

1595年,一个在殿试中获得第二名的进士,爆发了丑闻。人们发现,他在考试中逐字地抄袭了商业书坊出版的范文。据传,他甚至在头七段的考试中就抄袭了民间出版的范文[②]。此次事件实际上仅是冰山一角。1616年,一名在会试中拔得头筹的会元,也因为在科举中抄袭了1595年头榜进士汤宾尹(1568—?)在当年科举中撰写的文章,而被剥夺了进士头衔[③]。汤宾尹与其他进士的文章,普遍被收入在当时出版的文集中。这些流通普及的文集与出自四书、数量相对有限的考题,让科举应试者有机会复制已中进士者的文章。顾炎武曾经强调,这些出版了的考试范文,对于瓦解为征选官员而立的科举考试制度有重要的作用。他指出:“举天下而惟十八房之读,读之三年五年,而一幸登第,则无知之童子俨然与公卿相揖让,而文武之道,弃如弁髦。”[④]黄宗羲也发出同样的感叹,指出大部分的科举应试者已不再阅读五经、《左传》、《史记》、《汉书》及唐宋古文八大家的文章。他们费尽心思所背诵的,仅仅只是科举范文以及中举者的文章[⑤]。

科举应试者利用印刷来增加知名度,是商业印刷蓬勃发展的另一个结果。日益严重的官场腐败现象及考试竞争,使得士子们不得不利用多种管道来增加他们在科举中成功的机会。大部分的人继续使用传统的管道,如透过宗亲、友人、师生关系、贿赂主考官或者学官等等,

---

① 陈际泰,《已吾集》,台北:伟文图书,1977年,卷3,第8页。

② 沈德符,《万历野获编》,见《笔记小说大观》,第16编,第6册,台北:新兴书局,1977年,卷16,第424页。

③ 谈迁,《枣林杂俎》,见《笔记小说大观》,第22编,第6册,卷上,第10页。谈迁原籍福建,在其担任南京国子监大学士时,曾参与了对抗由顾宪成所领导的东林党的党争。

④ 顾炎武,《日知录》卷16,第10页。

⑤ 黄宗羲,《驳邪论》,第7页上。

来扩大他们的人际网络[①]。有些则是利用功过格来累积道德名声[②]。而有些程度较高的应试者则开始透过出版他们自己的练习文章，打响名气以吸引主考官的注意。这些人往往会寻求主考官、学政、儒学教授、儒学教谕、地方名宦等人，来为他们的出版品撰写序言。在明人文集中大量出现的科举范文集序言，就证明了此种策略的日益盛行[③]。文坛知名度极有可能让应试者中举，甚至让他们在出版界占有一席之地。当一个科举应试者获得知名作家的名声后，书坊就可能会聘请他评论、批判进士的文章。

科举参考书出版数量的增加，为许多才华洋溢却考场失意的文人，提供了出路。那些官僚体系无法吸收的文人，在商业出版界找到了用武之地。在继续准备下一次考试的同时，许多文人也同时写作、编辑、收录甚至出版文章，以维持生计。有些著名文人，如明代戏曲家张凤翼(1527—1613)，就曾出版他们自己撰写的科举参考书[④]。

美国学者艾尔曼曾强调，古籍教育对于特殊的文学与语言学技巧要求很高。此种看法是正确的[⑤]。科举应试者所接受过的书法、经典、历史、诗词散文的技巧训练，使他们视出版为仅次于做官和当私人教师的最佳第二选择。只要继续从事与文学材料相关的工作，这些人就可以继续准备科举，无需再学习另一种不同的谋生技能。这一系列专业的文学知识本身，成为了出版市场的一种商品。对许多人而言，写作、收录、编辑与儒家经典、历史、散文、诗词有关的书籍的工作，正好与科举考试的准备相互呼应。举例来说，具有作家与出版商双重身份的明代小说家冯梦龙(1574—1646)，为了能够通过科举中必考的五经

---

① 张萱，《西园闻见录》，台北：华文书局，卷45，第10—12页。

② 袁黄主张积德可以带来科考成功。包筠雅，《功过格：明清社会的道德秩序》，第107—110页。

③ 一些例子可参见陈际泰、张溥、钟惺的文集。陈际泰，《已吾集》卷2—3、张溥，《七录斋论略》，台北：伟文图书，1977年，卷1—3；钟惺，《隐秀轩集》，上海：上海古籍出版社，1992年，卷18。

④ 张凤翼仅有举人资格。他撰写的科举参考书交由商人贩售。

⑤ 艾尔曼，《古典主义、政治与宗族：中国帝制晚期的沧州今文经学派》，1991年。

考试,就对《春秋》钻研甚深。然而,他连州试都没有通过,仅仅在五十七岁时得到一个贡生头衔。尽管如此,冯梦龙出版了相当多的科举参考书,其中包括了他自己为《春秋》撰写的两本评注。冯梦龙的例子,清楚表明了出版工作对于考生的吸引力。从事出版工作的另一个优势是可以由此接触到出版商拥有的图书收藏。对于很多无法通过更高一级科举考试的文人来说,这类兼差工作往往变成终生的事业。

然而,此种替代仕途的职业及从事专业文学评论所带来的权威地位,对科举应试者并不是有利无害的。就应试者的职业生涯而言,前所未有的印刷业扩张有利也有弊。在印刷业逐渐发达的同时,文人阶级的规模以及考中进士功名所需要的准备时间也在增加[①]。一方面,由于私人印刷店需要作家、编辑、书法家以及文学评论者,商业印刷业为文人提供了新的职业机会。而另一方面,教育机会的扩充以及各种低价书籍的普及,也使得科举考试的竞争益发激烈[②]。

为功名出版与追求与众不同的压力

虽然大部分的职业作家和编辑都曾通过低阶段的科举考试,但是他们并未成功地取得举人或是进士的头衔。很多士人甚至只获得生员的资格并且终生从事专业评论或是充当私人教师。对部分士人来说,在出版界取得的成功是考场失意的补偿。一些士人在与科举直接或间接相关的文学领域中获得专业作家的名声。1559 年,一群来自福建的考生在前往北京参加会试的途中相遇,他们对于著名散文家归有

---

① 明代政府并没有增加进士的名额,也没有扩大官僚体制来吸收大量的应试者。从 1451 年到 1505 年,朝廷仅录取了 290 个进士。在 1508 与 1643 年之间,这个数量些微增加到 330 个。傅吾康(Wolfgang Franke),《明代史学史》,见《剑桥中国史》,第 7 册,第 726 页;何炳棣(Ping-ti Ho),《明清社会史论》(*The Ladder of Success in Imperial China*),约翰威利父子(John Wiley & Sons)出版社,1988 年,第 189 页。

② 学者们已经注意到晚明时教育机会的扩张以及功能性的识字率。罗友枝,《晚帝国文化的经济与社会基础》(*Economic and Social Foundation of Late Imperial Culture*),加利福尼亚大学出版社,1985 年,第 11—16 页。

光(1506—1571)的文章均相当熟悉[①]。另一位知名考试文章评论者艾南英(1583—1646)也是很好的例子。他是少数从未通过会试,却在文学评论领域与出版界享有名望的职业作家之一[②]。来自江西的陈际泰,早在中进士之前(67 岁)就已经是知名的评论编辑。许多阅读过他所编辑的文集的士人老早就通过会试而成为高官[③]。

具有讽刺意味的是,许多在商业出版界成名的作家与文学评论家,却一直在考场中失意,从未获得功名。也正是由于他们一方面具有当职业作家的能力,另一方面却对科举不再抱持任何幻想,所以能对科举产生离心影响力。这些作家们的挫折感是由其所扮演的双种角色混合而成。他们一方面评论其他科举应试者,另一方面也受到科举主考官的检验。作为科举应试者的挫折感,加深了他们想要在专业评论事业上谋求自主的欲望[④]。然而,由于这些作家依赖书坊的赞助,因此他们往往需要妥协自己的理念。作为一个职业作家,书籍销售量与版税是马上可以获得的报酬。但是,这些收入对于他们追求科举成功并没有直接的影响。

出版业的激烈竞争,进一步加重了要与众不同的压力。在区域性与全国性范围内,为了争取读者,专业编辑与评论家们彼此相互竞争。许多人在自己的家乡建立了名气,如艾南英、陈际泰、张溥(1602—1641)、陈子龙(1608—1647)、沈守正(1572—1623)、江西的罗万藻、江苏的顾梦麟(1585—1653)、浙江的黄汝和(1558—1626)等。陈际泰与艾南英甚至在其家乡以外的地区都有名气。艾南英编选的文章在16 世纪 20 年代就特别受到欢迎[⑤]。不过,艾南英后来被一群支持“复

---

① 归有光,《震川先生别集》,见归有光《震川文集》,《四部备要》,卷 6,第 10 页。

② 谢国祯,《明清之际党社运动考》,第 119—120 页,第 127—129 页。

③ 陈际泰,《已吾集》卷 13,第 19 页。参见其子陈孝逸《痴山集》卷 1,第 11 页(收入于陈际泰的文集中)。

④ 在通过省级科考后,陈禹谟在进士科考中不断失败。他因此归乡并撰写了《经言枝指》。参见朱彝尊,《经义考》,卷 257,第 10 页上。

⑤ 陆世仪,《复社纪略》卷 1,第 2062 页。

社"领导者张溥的编辑挑战[①]。书籍市场中的激烈竞争,使得书坊与作家们为了证明他们的出版品与众不同,并且揭露在考场中成功的秘诀,承受了极大的压力[②]。

四书评注与明代思想史

为了了解印刷如何形塑教育与学术,我将集中讨论一种针对科举中最重要的考试而出版的参考书,即四书评注。在科举考试中的三个部分,第一部分的四书考试是最重要的部分[③]。由于每场考试只有少数主考官,数量众多的应试文章使得主考官们不得不集中精力在第一阶段。如果在第一阶段表现欠佳,就意味着当次科举的完全失败。四书考试的压倒性重要程度创造了对于四书考试参考书的大量需求。大量需求也意味着大量供应[④]。一些四书参考书甚至被出口到日本等海外国家[⑤]。

商业出版的四书评注主要是为了帮助应试者通过科举而撰写。我们可以假设,除了非常少数的例外,大多数的应试者都会阅读此种特定的参考书。这些应试者对这类参考书的熟悉程度,可能比他们对知名思想家如王阳明(1472—1529)与湛若水(1466—1560)等人的作

---

① 谢国祯,《明清之际党社运动考》,第129—132页。冒称由原籍湖北的金陵学派创始人锺惺所著的书以及确由他本人著述的书籍,在1620年代与1640年代之间极受欢迎。关于锺惺的文学理论以及批评锺惺仅延续了公安派的理论,参见周伟民,《明清小说理论批评史》,广州:花城出版社,1988年,第113—118页。

② 南宋的书坊已经开始使用书名来表示该书的新见解。切尔尼雅克,《宋代中国的书籍文化与文本传播》,第79—81页。

③ 孙承泽,《春明梦余录》,见《四库全书珍本》,第6编,台北:商务印书馆,1976年,卷40,第26页下。钱大昕也曾有类似的观察。其观点参见顾炎武,《日知录》卷16,第15页上。

④ 宋继澄,《四书正义》"序",引自朱彝尊,《经义考》,卷259,第9页下—第10页上。亦见《四书千百年眼》"范例",第1页上。

⑤ 陈际泰的儿子指出,为帮助应试者准备科考而写的范文流传到了国外。虽然这个特例可能是发自陈际泰之子的孝顺情怀,为数不少的科举参考书的确流传到了日本。大庭修,《江户时代中国典籍流入日本之研究》,关西大学出版社,1967年,第721—728页。在这些流传到日本的参考书中,陈际泰的作品是最受欢迎者之一。陈孝逸,《痴山集》卷1,第10页下。

品更深。此外,既然这些出版品主要是针对科举,其内容就必须与影响主考官的学术思潮结合。因此,这些参考书可以作为了解知识分子思潮变化的索引。我们可以因此知道新思潮,如王阳明的良知学说,是否在大多数的应试者之中流传。同理,我们也可因此了解当时流行的思潮是否也在这些参考书中呈现。

许多参考书的格式可以被归为单页两部分或者三部分。单页两部分的格式与大部分小说及戏曲所使用的"上图下文"格式类似。许多此类参考书将四书的原文与评注放在页面下方。页面上方通常是保留给章节或是文句的要点,即"章句",或者额外的评论。许多四书评注并未使用此种页面分隔的形式,而是在序言与阅读范例中直接或间接的提到科举。一些出版品就很直接清楚地指名该书是为考试者而撰写[①]。另外还有一些出版品则包含了撰写八股文的指南[②]。

然而,由于抄袭与冒名的情况普遍,这些出版品的作者并不容易辨识[③]。许多书籍冒充近期中举的进士或是著名学者的名义被发售。"复社"领导人张溥就曾经指出,在城市的书店中,充斥着各式各样号称是由知名学者或高官所撰写的科举参考书。事实上,就有超过十种的科举参考书号称是由张溥本人所作[④]。知名画家董其昌(1555—1636)也曾经发现,许多号称由他本人所作的科举范文文集在长安城中广为流传[⑤]。既然个别文本的作者不易被辨识,将这些作品当作是学者们的思想资料是不可靠的。很多时候,冒名的情况是有迹可寻的。不过,将这些情形都当作是商业书坊的肮脏伎俩是不明智的。我们知道,离家到府州城甚至首都参加科举考试,是十分昂贵的开销。

---

① 袁黄,《四书删正》。张嵩,《四书说乘》。汤宾尹,《四书衍明集注》、《天香阁说》。周文德,《四书圣贤心诀》。余应科,《四书千百年眼》。

② 参见李廷机,《四书文林贯旨》。

③ 余应科,《四书千百年眼》"范例",第1页上。

④ 张溥,《七录斋论略》卷6,第609页。

⑤ 董其昌,《容台集》卷2,第11页下。

许多家境普通的应试者必须从事家庭教师或者其他兼职来自力更生[①]。因为官员薪资很低,因此,即便是获得举人资格也无法立即改善应试者的经济状况。在追求进士功名的过程中,许多应试者积欠了商人、债主、甚至可能是书坊等大笔债务[②]。一个新科进士经由提供评论或者充当编辑来偿还债务,应该是很自然的情况。姑且不论作者是谁的问题,整体而言,这些商业出版品为了解匿名应试者的思想世界提供了有价值的资讯。

新说与科举考试

明代官方认可的四书评注是由朱熹(1130—1200)撰写的[③]。在王阳明崛起之前,朱熹始终是儒家经典评注的权威[④]。尽管王阳明本人是个练达的官员与学者,在嘉靖年间(1522—1566),其学说并没有对科举考试产生显著的影响。应试者感兴趣的始终是如何成功地通过各个阶段的考试。他们阅读科举参考书来增加成功的机会。在16世纪,直到万历朝前的大部分时间中,蔡经(1453—1508)的《四书蒙

---

① 宫崎市定著,施洛考尔(Conrad Schirokauer)译,《中国的考试地狱:帝制中国晚期的科举考试》(*China's Examination Hell:the Civil Service Examination in Late Imperial China*),魏乐山(Weatherhill)出版社,1976年,第118—119页;何炳棣,《明清社会史论》,1961年,第36—37页。

② 例如,《四书说丛》的作者沈守正在1603年获得举人功名之后,穷到必须继续举债度日。他靠为书坊收集与编辑科举参考书为生。沈守正,《雪堂集》,第2页下—第3页下、第5页上。当陈际泰中进士后,他没有足够的钱按惯例来宴请主考官与其他新科进士。他因此催促家人帮他借钱。陈际泰,《已吾集》,第13—19页。

③ 魏伟森(Thomas Wilson)把程朱道学学派变成国家权威的时间点定在明代,特别是在永乐皇帝下令完成《四书五经大全》后。与元代不同的是,1416年后经过科举考试录取的官员们都充分熟读程朱道学对儒家传统的解读。魏伟森,《道统:帝制中国晚期的儒家传统建构与利用》(*Genealogy of the Way:the Construction and Use of Confucian Tradition in Late Imperial China*),斯坦福大学出版社,1995年,第47—55页。

④ 杜维明(Tu Wei-ming),《行动中的新儒学:青年王阳明》(*Neo-Confucian Thought in Action:Wang Yang-min's Youth*),加利福尼亚大学出版社,1976年,第15—176页。虽然狄百瑞(William de Bary)主张王阳明重新建构了"心学",他同时也反对将朱熹学说与王阳明学说间的差异两分成理学学派与心学学派。狄百瑞,《心学与道统》(*The Message of Mind in Neo-Confucianism*),哥伦比亚大学出版社,1989年,第79—87页。

引》、陈琛(1477—1545)的《四书浅说》、林希元(约1480—1560)的《四书存疑》等四书评注,在科举应试者当中都很受欢迎[①]。这三种四书评注采用的主要都是朱熹的观点[②]。

在嘉靖朝,偏离朱家评解的观点在科举文章中出现的情况越来越多。在嘉靖元年,一位礼部主事谴责偏离朱熹评解的观点以及批评[③]。自那时起,礼部对主考官们发出数次警告,反对主考官在省级科举中接受偏离程朱正统的答案。不过,我们并不清楚礼部是否能厉行此一政策。从万历中期起,这种现象已演变得更令人忧心。

在万历朝,科举文章很少符合官方认可的观点[④]。为了吸引主考官的注意力,许多应试者刻意追随新式评解的潮流[⑤]。他们在应答文章中广为引用佛教经典[⑥]。复社成员顾梦麟感叹道,自15世纪90年代起,参加科举的学生们偏好新注解与简化的作答。由于内容过于琐碎与陈腐,《四书大全》不再被重视[⑦]。原来那些由明代学者撰写且受到欢迎的四书评注也不再受到青睐。顾梦麟甚至发现,到了16世纪20年代,书店已不再贩售陈琛与林希元所撰的四书评注以及《四书大全》,原因是书坊因其没有销路而停止印刷[⑧]。陈琛与林希元的著作皆以朱熹之注为据。顾和其友人杨彝因而力图重振程朱学派对于四书的解释[⑨]。

虽然以程朱学说为中心的四书评注的印刷量渐减,提供不同观点的评注的印刷量却在激增。透过对于印刷科举参考书的控制,书坊与专业作家开始在形塑科举的过程中,扮演更重要的角色。这一群人决定什么样的参考书、谁的观点可被出版。幸运的是,书籍的出版与销

---

① 黄宗羲,《明儒学案》第9册,卷44,第27页。

② 朱彝尊,《经义考》卷256,第18页上。

③ 《条例备考》,"礼部",卷1,第2页下—第3页上。

④ 钱谦益,《牧斋初学集》卷19,第17页。

⑤ 李乐,《见闻杂记》,台北:伟文图书出版社,1977年,卷6,第72页。

⑥ 顾炎武,《日知录》卷18,第29页。

⑦ 顾梦麟,《增补四书说约》,"序"。

⑧ 同上。

⑨ 陈际泰,《已吾集》卷19,第17页上。杨彝有相当大数量的藏书。他的居处——江苏常熟——是最常被造访的地方。叶德辉,《书林清话》,第192页。

售并没有被垄断。因此,市场竞争带来了更多的"新说"。

很明显地,新说的大量出现对科举造成极大冲击。自万历朝中期起,负责科举考试的礼部官员试图改正这种情况,却徒劳无功。在15世纪80年代中期担任礼部尚书的沈鲤(1531—1615),为此种现象感到忧心,建议政府彻底消灭不当的写作风格与引用佛教、道教、百家学说的情况①。沈鲤特别谴责商业出版者出版的科举参考书②。其他礼部官员如余继登(1544—1600),也发出类似的警告③。然而,这些警告如同对牛弹琴,毫无作用。在1602年,礼部尚书冯琦(1559—1603)因为深扰于引用佛道文本来批评儒家经典的普遍情况,建议将所有新说的印刷活字版统统烧毁。不过,冯同时也抱怨地方官员并没有执行先前政府发布的禁毁异端文本的命令④。四年之后,礼部尚书李廷机(1541—1616)对科举文章中以"新说"论述的潮流及引用佛教与非正统文本的情况,继续加以批评。他努力地过滤地方主考官通过的文章,并且取消任何违反礼部标准的中举者资格⑤。讽刺的是,一些评注参考书竟标明是他撰写的⑥。一本由福建书坊出版的评注,不仅列出李廷机为作者,还列出礼部尚书沈鲤为校正者之一⑦。

由于缺少对书坊的系统性控制以及审查书刊的监察体制,礼部的警告根本无法解决问题⑧。不过,虽然书坊继续出版新说,他们也不是

---

① 沈鲤曾在1584—1586年间针对教育与科举考试的八个议题上奏。《明史稿》卷96,第6页。

② 张萱,《西园闻见录》卷44,第12页上—14页上。《明史》卷217,第5734页。

③ 《明史》卷216,第5705页。

④ 孙承泽,《春明梦馀录》卷40,第3页上;顾炎武,《日知录》卷18,第21页下—22页上。《明代名人传》,1976年,第444页。

⑤ 李廷机,《李文节文集》卷4,第8页下—9页上,第11页。

⑥ 如李廷机的《四书文林贯旨》、《四书大全参考》。

⑦ 李廷机,《四书文林贯旨》。

⑧ 与18世纪的法国相比,明代政府并没有发展出科举考试之外的有效监察制度。书坊与印刷者并不需要跟政府注册。出版的书籍也不需要送到县官衙门审查。关于18世纪法国的监察制度,参见罗彻(Daniel Roche),《监察与印刷工业》(Censorship and the Printing Industry),见达顿(Robert Darton)与罗彻编,《印刷革命:法国的出版业,1775—1800》(*Revolution in Print: The Press in France*, 1775—1800),加利福尼亚大学出版社,1989年。

完全忽视政府的禁令。一些书坊在书籍序文中象征性地说明,他们遵守政府的政策,不采用批评朱熹主张的观点。一些作者则使用不同的对策,以便继续采用新说而不用担心会违反政府的政策。如《四书微言》的作者就在其序言中声明,他采用新说的目的是为了要揭露新说的错误。该作者不仅没有摒除新说,他反而给了读者认识新说的机会。如果读者选择忽略作者的警告,其后果是他们要自己承担的风险[①]。万一被指控散播异端文本,此一对策为作者——或者更准确来说,为书坊与校正的编辑——提供了保护。

编辑们的另一对策是采用先前已经被主考官们接纳的新说。《四书删正》的作者就把那些与朱熹的注解不合但被以往的主考官接受的新说列成了清单。此种以过去的事例为依据的对策,具有避免被点名指为拥护异端学说的优势[②]。这些对策的结果都是一样的:他们鼓励了与官方主张不合的分歧,并支持了差异的产生。这些新式评注验证了异说的潜力以及其如何削弱了程朱学说的正统性。

新式评注与讽喻式途径

如上所述,本文中所探讨的四书评注大多在 17 世纪前 25 年中出版,其内容包括朱熹、宋代学者与一些明初学者的评解。可能的解释有以下两种。首先,那些不包括朱熹评解的四书评注是针对已经熟背朱熹评解的学生而出版。其次,由于考生日益依赖坊间刊行的时文,他们发现与其自行从评解中汲取"一些观点"来写作,不如死背一些现成的时文来得"有用"。这两种情况是极有可能同时并存的。此种四书评注提供极少的知识来解释发音与字义。其作者对于文字训诂与历史事实并没有太多兴趣。这些书商出版的四书评注采用一种典型的编辑方法,即在每个章节与段落下方罗列其他职业评论者的"大

① 唐汝谔,《四书微言》,"序"。
② 袁黄,《四书删正》,"范例",第 1 页上—5 页上。

意”,意指一般评解[①]。有别于蔡经、陈琛、林希元等人基于朱熹的观点而撰写的四书评注,这些新式评注颇为自由地发表与朱熹的观点背道而驰的主张。同时,许多四书评注的作者并不同意朱熹关于读完《小学》应该紧接着研读《大学》的主张[②]。

这些保证提供新观念的四书评注充斥着书籍市场。许多评注的书名都带有“新义”、“主意”等词语[③],如钱肇阳的《四书会解新意》、董其昌的《四书新义》[④]、朱长春的《四书主意心得解》、郭伟的《四书主义宝藏》等。《四书说乘》的作者甚至主张摒弃学术诸说,认为它们是了解四书的障碍[⑤]。

郭伟的《四书主义宝藏》仅提供对文字训诂无丝毫兴趣的十大评注者的一般评解。例如,有位评论家就对论语中名句——“学而时习之,不亦悦乎”——下了新的注解。该注者首先引用《老子》中的“绝学无忧”,并接着说“时习”意指“工夫”和“本体”的结合。正因为此种结合,在学习中,一个人可以马上达到“悦”的境界,而不需要等到完全熟读之后(不待习熟而后悦)[⑥]。在《论语》中,该句话的意思相当直接明了,无需多费唇舌。然而,在评论者的手上,其意思变得复杂,并且带有当时流行的“本体”、“工夫”等意涵。由于引用《老子》,《论语》中对于学习的强调受到挑战,而且也被颠覆了。老子认为学习是腐化人性与个人本质的主要根源,他的话毫不含糊地指出快乐源于对学习的摒弃。这个观点明显地与孔子认为快乐来自好学的主张背道而驰。

这些强调四书的新式或者主观的解读,不该被看成是王阳明学说影响力的证明。实际上,这些注解的出现,是由于书坊与编辑者为了

---

① 参见唐汝谔《四书微言》、沈守正《四书说丛》、徐奋鹏《古今大全》等。

② 姚文蔚,《四书闻》,“道学”,卷1,第4页上。郭伟,《郭沐源先生会辑十太史四书主义宝藏》,“道学”,卷5,第1页下。

③ 在书名中使用“义”字,可以回溯到南宋时期。叶德辉,《书林清话》,第148—151页。

④ 唐汝谔的《四书微言》序文中就引用了董其昌的著作。

⑤ 张嵩,《四书说乘》。

⑥ 郭伟,《四书主义宝藏》,“论语”,卷1,第2页。

广大的应考读者而提供。王阳明的学说仅仅只是当时逐渐流行的新思潮中的一种。

如同本文下面即将讨论的,这些评注提供读者种种对文本的可能解释。这些新式评注中的参考资料,其性质往往是百科全书式的,很少是文字训诂或者历史学的。引用其他参考资料的目的不是为了解读四书中的含意,而是为读者提供新的观点来阅读四书。带有精确文字训诂的评解和注疏,对于想尽可能给考生提供更多些新奇、怪僻的解释的作者而言,用处不大。例如,在《四书说丛》中,沈守正在参考书目里列出了226本书,其中包括了李贽(1527—1602)、王艮(1483—1541)、王畿(1498—1583)、周汝登(1547—1629)、杨起元(1547—1599)等人的著作以及《传灯录》、《弘明集》等①。

对于同一个文本的各种评解,作者并不解释其间的异同。一位作者甚至解释道,读者可受益于不同观点或其间的细微差异②。这些评解并不全是为了提供正确的答案,而是给予文本一些新解。由于《新锲六才子四书醒人语》和《郭洙源先生辑汇十太史四书主义宝藏》等书的介绍,许多知名的评注作者被其他书引为权威。在这些知名的评论者当中,有许多人是著名的官员或是职业作家。有一位编者甚至收录了许多明代作家的评注③。这种涵括式的编辑方法,应当被理解为编辑与书坊试图吸引更多读者的手段,而非对于学术多样化的推广。尽管如此,由于大量引用不同的参考资料,商业书坊不仅一方面鼓励了对儒家经典的开放态度,同时在另一方面也鼓励了独立思考能力的训练。一个资质聪颖的读者想要前后一贯地理解文本,就必须在不同的观点中做出独立的选择。当然,这并不是说大多数的文人都会因此而被训练成独立思考者。尽管顾炎武、黄宗羲等人曾经指责坊刻使得

① 译者注:此两本书是佛教典籍。

② 周文德,《四书圣贤心诀》,"范例",第2页。

③ "复社"成员马世奇据传曾收集了三十位知名作家的评解编辑而成《鼎锲三十家汇纂四书纪》。而声称由焦竑所撰的《新锲皇明百名家四书理解集》号称收录了超过一百个作家的见解。

文人越来越重视背诵式学习,这些在万历朝晚期出现的百科全书式评注扩大了经典解读的其他可能性。

新式评注与思潮大势

随着思想领域的扩张,一些清晰可见的思想趋势也随之出现。在坊刻评注的几种趋势中,王阳明与其弟子王畿(1498—1583)和王艮(1483—1541)的学说明显地日益受到欢迎。早在嘉靖朝(1522—1566),王阳明的学说已广为士绅所知。1527年,当欧阳德出任国子监司业时,便公开讲授王阳明的学说[①]。在王阳明的弟子和王学发扬者徐阶担任内阁大学士时,王学更加受到欢迎。1573年,王阳明的牌位被朝廷安置在孔庙中陪祀孔子[②],他的观点也开始出现在科举考试中[③]。

如果学生们对于新思想的公开讲演不感兴趣,他们依然可以从四书评注中接触到王阳明的学说[④]。王阳明学说的流行以及其弟子在官场中的崛起引发了朱子正统支持者的批评。一篇在15世纪70年代晚期出版的四书评注就批评"良知"为自发的主张[⑤]。即使到了15世纪90年代,一些作者仍然继续支持朱熹的观点且批评王阳明"知行合一"的主张[⑥]。然而,许多在15世纪90年代后出版的评注特别热中于推广王阳明的"良知"学说[⑦]。一些作者甚至在自己的书里头引述了王阳明的极端看法,说朱熹在其晚年追悔自己的错误,并同意其论敌陆九渊的主张。另一些作者则继续引用王阳明对于朱熹的《格物补

---

① 林丽月,《明代的国子监生》,台北:商务印书馆,第134—135页。

② 朱鸿林,《王阳明从祀的争议》(The Debate Over Recognition of Wang Yang-ming),《哈佛亚洲研究学报》,第48卷第1期(1988年),第68页。

③ 艾南英,《天佣子集》,卷1,第28页下。

④ 最早引用王阳明的"良知"学说的四书评注之一是许鏁所著的《四书初问》。

⑤ 黄光升,《四书纪闻》卷1,第28页上。

⑥ 王樵,《四书绍闻编》,"道学",第40页下,第70—71页。

⑦ 沈几,《四书体义》卷1,第5页下,第24页下,第30页下—31页上。姚文蔚,《四书闻》,"道学",第7页上—12页下,第9页上—10页上。

卷》的反对立场[①]。值得注意的是,许多职业评论者并未给予王阳明学说最高的评价。在编辑者与读者眼里,王阳明仅仅是诸多权威中的一个。

另一个流行的思想潮流是用佛教的术语来解释儒家文本。许多四书评注随处引用禅宗术语。在16世纪初出版的《四书说乘》中就充斥着佛教的观点[②]。在另一本评注《四书吾学望洋编》里,佛教将人心比作一盏明灯的譬喻被用来解释《大学》中的"明德"[③]。在1620年出版的一本评注中,作者就在序言里清楚得指出自己是在习佛之后才理解儒家学说[④]。此语让人想到王畿所主张的:"不知佛氏所说,本是吾儒大路。"[⑤]许多作者也声称,他们的书中收录了佛教观点以及儒家之外的文本[⑥]。这种为扩充新观点而接受佛教、道教及其他异端文本的意愿,与许多探讨晚明思潮发展的学术著作中所指出的多种汇合性思潮运动正相互呼应[⑦]。如果由蓬勃的印刷业与晚明科举考试的角度来理解此一多元、汇合的思潮运动的话,我们可以说,书坊与作家在宣扬多元地解释儒家经典的过程里扮演了重要的角色。

对于新观念的追求也使得许多作家回到先秦典籍中找寻灵感。有些作家转向了春秋战国时期的诸子百家学说以谋求新的启发。自嘉靖中期至万历前期以"前七子"为首的古文派兴起后,书坊就刊刻那些古籍[⑧]。"前七子"对于仿效先秦与汉代的写作风格的兴趣,促成了诸子百家著作的重新刊布。这些古籍的文学重要性后来也激励了嘉

① 姚文蔚,《四书闻》,"道学",第11页上。

② 林散,《四书说乘》卷3,第18页下—19页上,第46页下—47页上。

③ 姚光祚,《四书吾学望洋编》卷1,第11页下。

④ 姚文蔚,《四书闻》,"道学"。

⑤ 柏林,《林兆恩的三一教》,第51页。

⑥ 徐奋鹏,《古今道脉》,"道学",第6页下。

⑦ 荒木见悟,《晚明时期的儒家与佛教》,1975年;于君方,1980年;柏林,《林兆恩的三一教》,1980年;钱新祖,1986年。

⑧ 译者注,"前七子"指的是明代弘治、正德年间的七位文学家:李梦阳(1473—1540)、何景明(1483—1521)、徐祯卿(不详)、边贡(1476—1532)、康海(1475—1540)、王九思(1468—1551)、王廷相(1454—1544)。

靖晚期至万历前期主导文坛的“后七子”兴起[①]。古文作家如李攀龙(1516—1570)、王世贞(1526—1590)等参照这些先秦典籍的本意并不是为了给《四书》做新注解,但是这些易于得手的典籍却被《四书》评解者拿来做新解之用。这些古籍因而轻易地渗入到万历朝晚期出版的四书评解中。

这些早已为人所遗忘的古籍突然成了新观点的丰富来源。1595年,陈禹谟(1548—1618)出版了自己所著的《经言枝指》。该书包括了二十四个专门讨论四书中“名”与“物”的章节。如同晚明时期的出版界惯例,这二十四个章节另外被独立出来出版成《四书名物备考》。每个条目下均列有一些参考资料。在这些参考资料中,有一大部分是汉代学者所著的经典,如《尔雅》、《风俗通义》、《春秋繁露》、《白虎通德论》等。这些被引用的参考资料常常彼此相异,甚至互相矛盾。举例来说,在“心”的条目之下,上述各书中提到“心”的段落都被罗列出来[②]。陈禹谟并不尝试协调不同主张或是决定哪一个是正确的,他的著作仅仅提供文字训诂的知识,而非学术评断。正如书名中的“备考”一词所暗示的,该书与其说是评论性著作,还不如将它看成是词语字典。由此看来,清代《四库全书》的编者批评陈的著作无意于贯通汉代学术主张,也就不足为奇了[③]。

此外,在《四书征》中,作者大量引用了《尔雅》、《说文》、《白虎通》、今文经经典《韩诗外传》以及西汉的一些“伪经”[④]。项煜的《四书人物类函》和徐奋鹏的《古今大全》皆收录汉代经文注解[⑤]。不过,如同陈禹谟的作品一样,这两本书都不是对四书中的人物、名称、物等提

① 译者注,“后七子”指的是明代嘉靖、隆庆年间的七位文学家:李攀龙(1514—1570)、王世贞(1526—1590)、谢榛(1495—1575)、宗臣(1525—1560)、梁有誉(约1522—约1566)、徐中行(?—1578)、吴国伦(不详)。

② 陈禹谟,《四书名物备考》卷1,第11页下—12页上。

③ 《四库全书总目提要》,“经部”,卷37,第31页。

④ 王梦简,《四书征》。

⑤ 项煜原籍江苏吴县。谈迁,《枣林杂俎》壬集,第7页下。徐奋鹏,《古今大全》,“大学”,卷2,第5页上—6页上,第64页下—66页下。

供正确解释的学术性著作。同时,这几本书并不偏爱任一特定的注解传统,也没有花功夫调解各种解释间的差异。它们对于汉代或是宋代的注解也持不偏不倚态度。这些书的作者并没有像18、19世纪的清代考证学者一样,把汉代的训诂学知识当做是批评宋代学术的武器[①]。

反过来说,由于书坊重新刊刻先秦两汉典籍,这些古籍因而能作为讽喻之用。如果不考虑此种现象的背景,先秦两汉古籍的广泛引用可以被当作是18世纪中期考证学蓬勃开展的先声。不过,下面我将在本文的结论里解释为什么不应当如此解读。

文学批评与经典权威受损

长久以来,主考官们一直限于一个尴尬的局面。科举考试主要是测试考生们对于四书以及其他经典的理解,但是,重复的考题与数量限制鼓励了主考官们利用一些固定的标准(而不是对于经典的理解与解读)来评判考卷。长期以来,八股文的格式规定被当作是科考成功的重要标准[②]。更何况,主考官们自己很少具备渊博的学术水平。与文章的格式相比,学术渊博很少被拿来作为鉴别考生的水平的依据。依赖写作格式来选拔考生进一步腐蚀了儒学经典的权威性。在职业评解家手中,这些典籍不是儒学经典,而是写作风格的范本。

文章风格与学术要求间的内在冲突,因专业评论的分工细化而愈趋紧张。主考官需要在考生的文章中寻找优良的文学格式和学术特点,而专业作家们只需专注其中的一个。例如,四书评注的作者可以专注于对文本的新解读,而无须顾及写作技巧。专长于批评文学技巧的作家则没有必要提供文本的"正确"解读。这些作家的职业就是评

① 艾尔曼,《从理学到朴学:中华帝国晚期思想与社会变化面面观》(*From Philosophy to Philology: Intellectual and Social Change in Late Imperial China*),哈佛大学出版社,1984年。周启荣,《明清时期儒家礼教主义的兴起》,第6—7章。

② 关于对八股要求的批评,参见倪德卫(David Nivison)《反抗传统与传统的反抗》(Protest Against Conventions and Conventions of Protest),见芮沃寿(Arthur Wright)编《儒家的信念》(*The Confucian Persuasion*),斯坦福大学出版社,1960年,第194—197页。

论。而身为评论者,他们有义务指出儒家经典撰者的文学技巧中之优缺点。的确,四书与其他经典不再被认为是神圣的文本,反而越来越被当作是要受到评论作家审视的文学作品。儒家经典中的先圣先贤受到的评价不再是基于他们的道德智慧,而是基于他们的文学技巧。清初时,顾炎武就曾尖锐地指责钟惺和孙鑛,批评他们对儒家文本的不敬态度①。

戏剧创作理论的日益复杂化也造成了经典重要性的衰落。明代文人对于戏曲观赏与创作的兴趣在中国历史上前所未有。到了16世纪,关于戏曲表演与创作的论述越发成熟。小说家与剧作家们的灵感来源皆为当时的民间故事、正史、野史等。许多作家还同时创作小说与戏曲②。在晚明时期,文学类型间没有严格的界线,作家们的议论批评也不受任何制度性的限制。作家们可以自由借取其他文类的评论。戏曲评论中的口语议题就是一个恰当的例子③。

对散文写作比戏曲创作更有兴趣的唐顺之(1507—1560),提倡平淡简单的写作风格④。唐顺之的弟子、著名剧作家徐渭(1521—1593)将这个主张应用到戏曲上。他主张口语的表达对于在舞台上呈现角色的真实性是不可或缺的。一个好的戏曲家应该避免让一些不识字的角色说出文诌诌、字斟句酌的话语⑤。戏剧领域的风格要求使得经典权威被视为是追求卓越艺术的障碍。徐渭就坚持:"经、子之谈,以之为诗且不可,况此等耶? ……与其文而晦,曷若俗而鄙之易晓也?"⑥徐渭的主张清楚地表明,作为一种为各种社会团体演出的表演艺术,戏曲无法采用士绅阶级的用字遣词。戏曲要求的是真实地再现

---

① 顾炎武,《日知录》卷18,第29页下—30页上。

② 蒲安迪(Andrew Plaks),《明代小说四大奇书》(*Four Masterworks of Ming Novel: Ssu-ta Chi-shu*),普林斯顿大学出版社,1987年,第44—45页。

③ 郭英德,《明清文人传奇研究》,北京:北京师范大学出版社,1992年,第307—309页。

④ 周质平(Chou Chih-ping),《袁宏道与公安学派》(*Yuan Hung-tao and the Kung-an School*),剑桥大学出版社,1988年,第15—17页。

⑤ 徐渭是王阳明著名弟子王畿的表亲。他曾从师于季本(1485—1563)。

⑥ 周质平,《袁宏道与公安学派》,第20页。

不同阶层的社会、语言习俗。与其说徐渭是基于意识形态而反对，倒不如说他是基于文学理论而反对经典[①]。

在职业作家的手里，儒家经典与小说、戏曲一样，都要接受批判式的检验。对许多作家与戏曲家而言，儒家经典失去了其神圣的光环。经典中古老的语言不适合用来书写戏曲及小说。即使戏曲及小说要传达经典中的道德讯息，这些讯息也须以贴近观众和读者的口语和想法表达出来。

明代文人对于小说、戏曲的兴趣增长，使得异端思想与白话的表达方式越来越被科举考试所容忍和接受。不单是道教与佛教的观点，就连秦汉时的主张也被科举参考书拿来解读儒家经典。沈守正在其颇受欢迎的《四书说丛》中，清楚地告诉读者，他之所以将白话小说与其他参考资料收在一起，是因为它们可以使读者洞悉儒家经典[②]。其他作者也采用与沈守正相同的标准[③]。一些文人甚至在成为官员之后，继续在其所写的奏折中使用白话文句和措词。即使是御史写的奏折也无例外[④]。在奏折中使用方言的情形发展到了令人担忧的地步，以致于在1612年，朝廷批准了礼部的建议，下令禁止在奏折中引用白话小说与戏曲[⑤]。

结　论

在本文的结论中，我想指出，在16、17世纪，商业化与印刷的综合影响改变了不少中国文人，将他们从经典真理的监护人变成了试图帮

---

① 《四书绘》声称是由徐渭所作。张孝裕，《徐渭研究》，台北：学海出版社，1978年，第126—127页。

② 沈守正所列的参考资料中包括《老子》、王畿与杨起元的著作、《弘明集》、《云笈七签》与《传灯录》。见沈守正《四书说丛》。

③ 余应科，《四书千百年眼》，“道学”，第4页上。

④ 耿定向，《耿天台先生文集》，见《明人文集丛刊》，台北：文海出版社，1970，卷5，第42页下。

⑤ 《明实录》。

助读者跃过龙门的专业作家。要做到这点,他们得先吸引到顾客,并达到书坊的要求。如果获取利润必须和正统的解释切割,专业作家与书坊就别无选择,只能给读者他们所要的。

不过,职业作家们也不只是被动地呼应读者与书坊的要求。考生兼作家的职业角色使他们不仅受制于书坊要求利润的压力,还须接受文学体裁的支配。身为专业作家,他们也主动地参与了不同文体的理论发展。不同文体的艺术性要求,比科举考试的意识形态要求更为重要。当朝廷放松了对文人认同官方解读的控制,就筑下了万历朝时让新思潮蓬勃发展的舞台。而这些考生兼作家心里长久累积下来的挫折感也促成了新说的大量出现。文人们希望能够自主地阐述儒家经典的欲望,在其选取且批评时文、经典、史书或其他和科举有关的文献时,得到了满足。

中国文人的新角色——专业作家——见证了发生在他们身上那令人颇感讽刺的经验。许多文人虽然名落孙山,却成为教人如何跃过龙门的权威。这种职业作家的新身份,要求他们必须超越程朱正统与儒家传统来寻求新的解读。为了要寻求“新说”,评论作家们转向被印刷中心广为刊行的异说与古代文本。科举参考书中对新观点的追求与多元主张的包容培养了对儒家学说的个人的、主观的解读。的确,强调以新式的、主观的角度来阅读儒家经典似乎符合了狄百瑞所称的“个人主义”的流行。这种分析很容易被当作是王阳明学说对思想自主的影响所带来的结果。虽然王阳明的学说在万历朝的影响力不容否认,但是,我们依然要认真考虑印刷术与日益扩大的文人阶级是如何促进了不同的思潮,如三教合一,民粹主义、个人主义等的兴起。书坊与作家们使意见相异的评解广为刊布,创造了一个有助于传播和接纳王阳明与其支持者们所主张的“个人主义式”思想的学术环境。

我要强调的是,印刷术并没有促成任一特定思想学派的流行。作为一种公共的沟通工具,印刷术被不同的团体利用,以达成其不同的目的。不过,书坊与作家们的确扮演了重要的角色。他们使更大量的典籍得以流布、传阅。而这些典籍所包括的一些讯息和观点,有助于扩展各种阅读群体的思想领域。不论读者是如何回应这些新的评论，他们都因此而认识到，解读儒家经典的方式不只限于一种而已。

本文初步探讨了印刷对思想文化的影响，同时也提出了一些值得更进一步研究的议题。16 世纪的印刷扩张，是否造成了一个多元的文艺文化，足以腐蚀朝廷正统权威与士绅阶级在思想与美学感知方面的主导地位？这些新的思想与文化的潮流对儒家社会秩序造成什么程度的威胁？在这些受到城市文人阶级们支持的多元的、有时甚至是彼此矛盾的价值中，是否有证据能够证明，有一种独特、突出的文化在发展中的商业经济与开放的社会结构里生了根？

最后，我想针对本文在理解清代中期兴起的主流知识分子潮流——考证运动——上的启发作用做一个简短的讨论。考证学者们对文字训诂与历史研究的强烈兴趣，可以被解释为是对印刷术为教育过程与科举考试所带来的评论狂热与混乱的反应。无限制地以比喻的方式来解读儒家经典所带来的问题，不仅仅只是王阳明学说的支持者与程朱正统拥护者间的争辩。印刷术还使得其他问题更为恶化，如历史与杜撰故事间的混乱、假造、文本切割等。这些问题只能透过严格的版本学、训诂学与历史研究等来解决。因此，在 18 世纪兴起的汉学（考证学）需要被放在印刷工业的背景下来理解。正是印刷业将大量的汉代稀罕文本重新带进了书籍市场。

本文是由台湾"国家图书馆"汉学研究中心、中国学术交流委员会、东亚与太平洋研究中心以及伊利诺依伊大学香槟校区研究委员会所奖助的印刷研究计画的一部分。我同时感谢罗友枝（Evelyn Rawski）、我的同事伊沛霞（Patricia Ebrey）、傅葆石以及匿名审查者的意见与批评。

清代的占卜

司马富(Richard J. Smith) 著
单富良 译[*]

在其备受瞩目的《原命》一文中,清代学者全祖望(1705—1755)表述了他的时代和阶级对命运、占卜问题的暧昧态度。一方面,他承认古人对命运多有论述;但另一方面,他又指出,占星者以及其他卜人有关凶吉运气的言论并不可信。援引黄宗羲(1610—1695)以及其他权威人士,他继续评论道,尽管占卜单靠计算出生时日,不可能产生令人满意的有关命运的讨论,但确有不少智者相信算命术,故不容忽视。

全祖望的基本观点源于正统的理学,即天赋人性,却无法控制人的行为。当然,天意想使人皆为圣贤,让圣明君主的德政把和平带给世界,并希望地上所有的人健康、强壮、丰衣足食。但事实常不如人愿:往往恶人掌权,施行暴政,且得享天年,一生舒适。而圣贤每每饥寒交迫、过早夭亡。这类事情,全祖望认为,天无法控制。

当然,全祖望旨在表明人生祸福犹如晞露融冰,瞬息即逝。历史会最终显露正义与邪恶,因此,人人应当终身不懈,力争成为圣贤。他断言,君子只是在某种不可避免的情况下才论及命运——如孔子于伯牛重病(《论语》6:8)或公伯寮诽谤子路之时(《论语》14:38),但这些与卜人所作预言全然不同[①]。当然,像孟子及其他众多杰出思想家一

---

* 译者注:本文作者对所引著述,只是提供出版社所在城市以及出版日期,有的则只有出版年份。译者感谢钱南秀教授和作者本人对此译文的全面校正。

① 论文收于贺长龄《皇朝经世文编》(1826年),第69卷,第15—16页。

样,全祖望知道孔子对命运的阐述远不止于此[①],但担心直接或间接援引孔子的相关论述,会使他的文章显得凌乱。事实上,清代甚至更早一些的学者们,于如何知命(《论语》20:3)深感困惑,更不必提及如何处理已获得的相关知识[②]。

占卜术在经典文库中确有无可争辩的合法位置,儒家经典中对此多有提及。神圣的《易经》起初只不过是一部算命之书,在帝制时代一直代表占卜的正统。诸如《左传》之类的著作,对以卜筮析梦以定吉凶之例,有大量记载。《礼记》则谓:"卜筮者,先圣王之所以使民信时日、敬鬼神、畏法令也,所以使民决嫌疑、定犹与也。"[③]

诚然,理学的理性主义传统漠视了超自然的鬼神世界——尽管鬼神在古典文学中占有显著的位置——如清代学者王夫之(1619—1692)等极力指出,从《尚书》衍生的宇宙论,虽流传甚广,不过是后世星算先生歪曲撮合的杂烩。《四库全书》的编辑们也极力把《易经》经

---

① 见理雅各(James Legge),《中国古经》(*The Chinese Classics*)(伦敦与牛津,1893—1895年),《论语》第2卷,第4页;第6卷,第2页;第9卷,第6页;第12卷,第5页;第16卷,第8页;第20卷,第1页,第3页;《孟子》第2卷,第1页;第4页;第4卷,第1页,第4页,第8页;第5卷,第5—8页;第6卷,第1页,第7页;第6卷,第2页,第15页;第7卷,第1页,第1—11页。参看马叙伦,《说命》,《学林》第9卷,1941,第15—34页;韦政通,《中国的智慧》(台北,1974年),第181—184页。

② 有关清代儒士的矛盾心态,见贺长龄《皇朝经世文编》(1826年),69:15b—16a;又见理雅各《中国古经》第3卷,第338—339页,注31。关于历代中国对命运的态度,见冯友兰《中国哲学史》(*A History of Chinese Philosophy*)[卜德(Derk Bodde)编辑](新泽西—普林斯顿,1952年),第1卷,第30—31页,第86页,第129页,第181页,第224—225页,第237页,第285页,第293页,第313页,第370页,第374—375页,第384—385页;第2卷,第30页,第46页,第60页,第62页,第71—75页,第125—130页,第162页,第191—193页,第195页,第417—418页,第421页,第466页,第453页,第466页,第494页,第514页,第516页,第527页,第531页,第592页,第631页,第650页;又见本书第249页注①-③、第250页注①,以及第268页注①的资料。

③ 《礼记·曲礼上》。《礼记》中有关占卜的其他记载,可参见翟楚(Ch'u Chai)、翟文伯(Winberg Chai)所编辑的《礼记:礼仪之书》,(纽约-新海德公园:1967年),第1卷:第92页,第94页,第103页,第119页,第235页,第259页,第297—298页,第380—381页,第367页,第385—386页,第428—429页,第472页;第2卷:第4页,第51页,第53—54页,第71页,第74页,第84页,第135—136页,第156页,第223页,第233页,第289页,第295页,第349页,第363页。

典及由其衍生的占卜术分开，以区分正统的儒家传统与道教的神秘传统①。

然而，日常生活中，两者区分极为模糊，甚或全无界限，对于中国社会底层的平民尤其是农民来说，更是如此。他们的利益和观点，《四库全书》中很少触及。对于这些历史长剧中的无名角色，儒家正统与道教秘术之间，本无必要去划一界线，至少日常事务中不必如此。结果在清代（乃至整个帝制时期）农民及其他平民坚持探索命运，且竭尽全力、以图对之有所作为。对中国这些一贯处于弱势的群体而言，任何值得占有的好处都是值得探讨的②。

本文意从通俗与学术两个角度探讨清代占卜现象和这两个角度之间的关系。本文试图表明帝制晚期占卜的普遍性，以及它的多种存在方式与社会政治意义。

一、清代对占卜的态度

令人惊讶的是，对中国帝制晚期占卜的理论或实践，现代学术鲜有研究③。原因之一，是20世纪中国知识分子视算命为迷信，认为不值得认真研究。如狄百瑞（W. T. de Bary）《中国传统资料集》所述：

---

① 纪昀，《钦定四库全书总目》（台北再版，1970年），第146卷，第8页。有关儒家的理性主义，见徐复观（Hsu Fu-kuan），《朱熹与程氏兄弟》，载于陈荣捷（Wing-tsit Chan）所主编的《朱熹和理学》（*Chu Hsi and Neo-Confucianism*）（檀香山，1986年），第52—55页；有关清朝的描写，请见由周元鼎所写的题为《鬼神篇》的论文，载于葛士浚《皇朝经世文续编》（上海，1888年），第61卷，第2—3页。

② 关于平民，见吴荣光《吾学录》（1832年），第9卷，第10页；又见下页注①。参见刘枝万《中国民间信仰论集》（台北，1974年），书中处处可见。艾博华（Wolfram Eberhard），《非共党中国平民生活中的宿命论》，载于由他所编的《中国人的道德与社会价值》（Moral and Social Values of the Chinese）（台北，1971年）。

③ 一个显著的例外是袁树珊。他的《中国历代卜人传》（上海，1948年）是一部不可缺少的资料。由于受本书的启迪，我写了一本题为《算命师与哲学家：传统中国社会中的占卜》（*Fortune-tellers and Philosophers: Divination in Traditional Chinese Society*）（科罗拉多·波德，1991）。这本书和本文的主题观点基本一致。又见洪丕谟和姜玉珍的《中国古代算命术》（上海，1990年）。

"受过教育的中国人敬天及祖先,也祭拜孔子或佛陀、老子,以及一些其他的历史人物;平民则相信三十三层佛天、八十一层道天、及十八层佛界地狱的存在,也相信星占术、历书、释梦、风水、巫术、骨相术、手相术、叫魂术、算命术、符咒、幻术以及其他各种五花八门的迷信活动。"①

然而事实上,占卜并不只是平民的专好,传统中国几乎每一个人都相信占卜。问题不在信否,而在信谁。谚云:"莫道文王卦不灵,只怕卜人算不真。"②占卜理论本身无误,往往是占卜的专业化与职业化使其受辱。从知识精英角度看来,算命如同医药、农耕、园艺以及其他一些非学术专业,不过是小道③。儒士或可学来造益家人,却不应为小人所用,因为他们只知重利④。清代有句格言,据说出于宋代张载:"《易》为君子谋,不为小人谋。"⑤可反映这种精英占卜观。

但是算命或术命的复杂性使职业占卜人士供不应求——不仅在庙宇、私宅,而且在商行甚至政府衙门都是如此。这种复杂性与天象变化的多种庞杂排列有关,包括的变相,与如下因素相连:阴阳、日月、四季、五行及其多种关联组合(如与五星)、六和、八卦、九宫、十天干、十二地支、二十四节气、二十八宿、六十四卦,以及二百多种代表吉凶的星辰⑥。

这些以及其他天体之间的力量互动,据不同占卜体系而变化,而

---

① 狄百瑞(W. T. de Bary),《中国传统资料集》(*Sources of Chinese Tradition*)(纽约、伦敦,1964年)第2卷,第286页。参见托普莱(Marjorie Topley)所编的《今日香港社会生活中一些中国的传统概念与观念》(*Some Traditional Chinese Ideas and Conceptions in Hong Kong Social Life Today*)(香港,1967年),第13页。

② C.威尔弗莱德·阿伦(C. Wilfred Allan),《中国成语集锦》(*A Collection of Chinese Proverbs*)(上海,1926年),第179页。参见《杞县志》(河南,1788年)《人物》第18卷,第18—19页,也有类似的观点。

③ 地方志对方技的介绍通常提及《论语》中子夏论述孝道的言语。又见贺长龄《皇朝经世文编》(1826年),第69卷,第13—14页。

④ 见欧阳纯的《风水一书》的前言(第一部:风水篇,1814年),第7页。

⑤ 见王夫之《周易内传发例》,重印载于严灵峰《易经集成》(台北,1975年),第141卷,第3页。

⑥ 关于完整的术语及其关系的目录,请读允禄《钦定协纪辨方书》(北京,1724年;台北再版,1974年),第1—10卷。又见本书第262页注④。

这些不同体系也会重叠交叉①。但熟练的算命专家通常会综合考虑上述所有变数。佛家业报与道教功过概念,则使[人生的]复杂前景更加复杂。这些观念虽多为清代士人轻蔑,而过去、现在、未来于道德基础上的因果联系,仍使它们广受信奉,借以测知未来。从某种意义来讲,这些观念与中国传统随命思想相关(随命为中国早期命运概念正命或受命之外的一种)。同时,弥勒佛的天运观念,亦如邵雍的运会观念,影响了不仅个人而且整个世界的天象变化预测模式②。

尽管学者和算命先生就如何预知命运及天象之诸变相孰为轻重之类问题有极大分歧,但是清代社会在大多数变相的确认上有广泛共识,且都认为命运实际可知。在某种意义上,中国的占卜如同现代股票市场,经纪人的观测建立在共同经济理论和原理上,不过各有重点。就像咨询传统中医(或现代西方股票经纪人),就同一情况,人们往往会咨询几个不同的专家③。

假设命运可知,应如何对待命运?是被动地接受吗?道家会说"是",如庄子所言,要"安命"。但,如全祖望所示,儒家正统答案则相反。人不能仅仅知命,或满足于安命;人还必须立命,即创立一套道德策略以向命定的处境抗争。如清代大学者唐鉴所言,知命者修其道,依命者伤其道④。

清代的经典著述及大量的民间谚语,指明命运在如下领域中的不可避免:出生与死亡、疾病与健康、财富与福佑、婚姻与子女、官运与学

---

① 张耀文,《五术占卜全书》(台北,无出版日期),尤其是第2—28页。

② 有关中国命运的不同概念,见王充的《论衡》中《命义篇》,世界书局编辑部《新编诸子集成》(台北,1974年),第11—13页。有关天运,见欧大年(Daniel Overmyer)的《民间的佛教:中国中世纪创造学与末世学》(Folk Buddhist Religion: Creation and Eschatology in Medieval China),载于《宗教史》第12卷,第1号(1972年8月),第65页。

③ 司马富,《知命》(*Knowing Fate*),第170页。席文(Nathan Sivin)在他的题为《中国历史上的科学与医学》(Science and Medicine in Chinese History)的论文中也做出了类似的论述;载于罗溥洛(Paul S. Ropp)所编的《中国的遗产:有关中国文明的当代诸观点》(*Heritage of China: Contemporary Perspectives on Chinese Civilization*)(伯克利、洛杉矶、牛津,1990年),第180页。

④ 司马富在《中国的文化遗产:清朝,1644—1912》(*China's Cultural Heritage: The Ch'ing Dynasty*, 1644—1912)(科罗拉多-波德,1983年)一书中引用了唐鉴,第120—121页。

业。但也有证据表明,这类宿命并不妨碍自助。个人可通过自我努力奋斗,并利用道士、和尚、术士、巫师等宗教专职人士的助力,以获取地位、财富与健康长寿①。

当然,原则上中国上层士人并不相信这些宗教专职人士,常指责他们自私、不诚实,对占卜人士亦如是。似乎如此尚不足为难占卜家们,清代学者对传统宇宙观发动了数次强有力的攻击。比如一些权威人士认为,17、18 世纪学者在语言学、天文学及地质学诸领域所推行的"考证研究"具有极大的颠覆作用,不仅导致了传统宇宙论的显著衰微,而且多少导致了对某些流行占卜方式的批评。虽然考证研究毫无疑问对诸多知识领域均有重要切入,但我并未发现任何证据表明清代对算命的兴趣比前代减弱。相反,它在整个清代一直兴盛;且可能在 19 世纪,当佛学在清朝的急剧衰落中复兴的同时,又经历了一次流行高潮。

清代对占卜的兴趣可以多种方式来衡量。仅就 1725 年皇家出版的大型百科全书《古今图书集成》对占卜的重视而言,其"艺术典"有数大部,共 280 卷,专门介绍各种占卜理论、技术及著名占卜专家②。清代的其他资料,从地方志、《大清会典》,到诸如《清稗类钞》中所收之法律案例与逸事,都证明了社会各阶层都对各种算命术的广泛兴趣③。此外,清代的短篇故事、戏剧、小说都反映了占卜术在社会上的

---

① 有关上层人士对平民藐视的论述,诸如不安依命、宠神求福等等,见吴荣光《吾学录》(1832 年),第 9 卷,第 10 页。

② 蒋廷锡,《钦定古今图书集成》(台北再版,1977 年),第 47 卷,第 5681—7135 页;第 48 卷,第 7136—7854 页。这并不包括《易经》关于古典经书的部分、论天部分中有关地球外的现象、论超自然部分关于神的论述,以及地方志政治部分中论述地方占卜的记载。地方占卜风俗的例子(通常被认为是迷信)可参见胡朴安的《中国全国风俗志》(台北再版,1968 年),书中处处可见。大体来说,南方人——尤其是广东人——被认为最信鬼神。见葛士浚《皇朝经世文续编》(上海,1888 年),第 61 卷,第 8 页。

③ 《清稗类钞》有关方技类以及迷信类提供了大量的有关占卜的资料。至于官方律令集和其他官方资料,参考我的《清代历法分析》(Note on Qing Dynasty Calendars),见《明清研究》(*Late Imperial China*),(1988 年 6 月),第 1 号,第 9 页。

重要性,即使卜人时常是社会上层的嘲笑对象①。

外国人的观察也为清代占卜的流行提供了佐证。卫三畏(S. W. Williams)在19世纪曾长期居住于中国,他的观察颇具典型性:“没有一个民族比中国人更受未知恐怖的奴役;没有人比中国人更经常地利用抽签来决定事业成败和药物疗效。这种渴望驱使成千上万社会各阶层人士利用占卜来为自己服务。”米怜(William Milne)在1820年写道:“星占、占卜、风水、巫术遍及中国。”倪维思(John Nevius),另一位富有经验的中国观察家,在1869年写道,算命是中国人“普世流行”的信仰。同样,潘慎文(A. P. Parker)在1888年宣称,算命是中国的“一致信仰”。19世纪末,明恩溥(Arthur Smith)评论道:“依靠占卜过活的中国人无计其数。”②

当然,中国两千多年占卜著述,最有影响的依然是《易经》。学者们事无巨细,都要咨询这部煌煌巨著,故而清代有言:“读了《易经》会算卦。”传统中国,几乎每一个人都不同程度地使用过这部著作,从皇

---

① 诸如《红楼梦》、《儒林外史》和《西游记》之类的小说就此提供了无数的插图。见洪与姜《中国古代算命术》,第235—243页。至于讽刺算命先生,见罗溥洛的《近代中国早期的持不同政见者》。

② 卫三畏(S. W. Williams),《中国》(*The Middle Kingdom*)(纽约,1883年),第2卷,第260页;米怜,《最初十年基督教对华传教之回顾》(*Retrospect of the First Ten Years of the Protestant Mission to China*)(马六甲,1820年);倪维思(John Nevius),《中国和中国人》(*China and the Chinese*)(纽约,1869年);潘慎文(A. P. Parker),《中国的历法》(The Chinese Almanac)载《教务杂志》(*China Recorder*),第19卷,第2号(1888年),第66页;明恩溥(Arthur H. Smith),《中国的特点》(*Chinese Characteristics*)(纽约,1894年),第164页;见亨丽爱塔·淑克(Henrietta Shuck),《中国情景》(*Scenes in China*)(费城,1853年),第71页;丹尼斯(N. B Dennys),《中国的民间传说》(*The Folk-Lore of China*)(伦敦与香港,1876年),第56—57页;J. H. 格雷(J. H. Gray),《中国:人民的法律、礼仪及习俗的历史》(*China: A History of the Laws, Manners and Customs of the People*)(伦敦,1878年)第2卷,第2页;罗伯特·K·道格拉斯(Robert K. Douglas),《中国》(*China*)(伦敦,1882年),第289页;庄士敦(F. R. Johnston),《华北的狮与龙》(*Lion and Dragon in Northern China*)(纽约,1910年),第175页;理雅各,《中国古经》(伦敦与牛津,1893—1895年),第3卷,第335页;注19;禄是遒(Henri Doré),《中国迷信研究》(*Research into Chinese Superstitions*)(M·肯乃理[M. Kennelly]翻译)(上海,1914—1933年),前言,第321—379页。

帝和他的宫廷顾问，到街头求助算命先生的农夫[①]。不少中国知识分子只强调《易经》中的道德价值，而忽略其作为占卜术的实用性（一个长期的辩论课题）。也有一些学者，如毛奇龄（1623—1716）和胡渭（1633—1714），质疑该书于汉代以降添加部分的真实性[②]。无论如何，《易经》保持了解释时间、嬗变以及因果关系的高度经典权威[③]。

例如，极具影响的理学著作《近思录》称《易经》："其为书也，广大悉备，将以顺性命之理，通幽明之故，尽事物之情，而示开物成务之道也。"[④]同样，《四库全书总目》亦谓，《易经》之道，"广大无所不包，旁及天文、地理、乐律、兵法、韵学、算术，以逮方外之炉火，皆可援《易》以为说。"[⑤]

甚至王夫之也对这部神秘的经典存有高度敬意，尽管他批评传统宇宙论中的诸多方面，也感到朱熹强调《易经》的占卜功用仅使之成为一部"方术指疑"。他在《张子正蒙注 · 序论》中仍指出："周易者，天道之显也，性之藏也，圣功之牖也，阴阳、动静、幽明、屈伸，诚有之而神行焉，礼乐之精微存焉，鬼神之化裁出焉，仁义之大用兴焉，治乱、吉凶、生死之数准焉。"[⑥]

《易经》的基本前提在于宇宙是有智识的，而命运是可知的。《说卦》曰："昔者圣人之作《易》也，将以顺性命之理。是以立天之道曰阴

---

① 见司马富的《论〈易经〉在世界文化中的历史意义》（The Significance of the Yijing in World Culture），《易经研究第六届国际会议纪要》（日本静冈，1989 年）；又见司马富，《袁树珊〈中国历代卜人传〉中的清代易经专家》（Qing Dynasty *Yijing* Specialists in Yuan Shushan's *Zhongguo lidai buren zhuan*），载于《周易网络》（*Zhouyi Network*）（1990 年），第 13—30 页。

② 至于清代对《易经》崇拜研究的一个方便的而且带有启迪性的书应是艾尔曼（Benjamin Elman）的《古经、政治和血亲关系：晚期帝国新文儒学中的常州学派》（*Classicism, Politics, and Kingship: The Ch'ang-chou School of New Text Confucianism in Late Imperial China*）（伯克利、洛杉机及牛津，1990 年），尤其第四章。

③ 户田丰三郎，《清朝〈易经〉研究》《广岛大学文学部纪要》，第 22 卷，第 1 号（1963 年 3 月），第 99—128 页。也见户田丰三郎《易经注释史纲》，东京：风间书房，1968 年，第 699 页。

④ 陈荣捷（Wing-tsit Chan）译，《近思录》（*Reflections on Things at Hand*）（纽约，1967 年），第 7 页（前言），第 108 页。

⑤ 纪昀，《钦定四库全书总目》（台北再版，1970 年），第 1 卷，第 3 页。

⑥ 见户田《清代〈易经〉研究》，第 104 页。

与阳,立地之道曰柔与刚,立人之道曰仁与义。”根据《说卦》,若随道、正行、穷理、尽性,圣贤便能达到对命运的全部理解[①]。

《易经》中的六十四卦,其所含八卦、爻、象、系辞(或爻辞)及传注,反映并诠释了各种由自然模式演绎而来的注定情境,以及天象恒变的过程。根据《大传》或《系辞传》,《易经》乃是一种媒介,让咨询者与天建立精神联系,从而通过诠释龟背蓍草所示征兆、观察行星恒星,以及采用《河图》《洛书》等术数方式来预测未来[②]。

二、清代的占卜实践

平民与学者一致认为多数中国占卜术在某种形式上与《易经》有关[③]。算命术中普遍采用八卦与六十四卦作为诠释意象(explanatory symbol),更加强了这种信念。而各种感应体系更把《易经》的符号与阴阳之力、五行嬗变以及古代六十四甲子中的天干地支都联系在一起[④]。术数体系中应用最为普遍的则有六壬占卜、太一和奇门遁甲[⑤]。

其他流行的占卜术到清代时大多有两千余年的历史,或至少也有一千余年之久,包括推命、吉凶之兆、梦占、相人、相面或看相、拆字或测字、占候、堪舆、风水、扶乩、掷珓或杯珓,以及钱卜。日常生活中人们也常咨询官方发行的时宪书(State Calendar)和民间历书(popular almanacs),偶尔也向祖先和神灵求卜前程。[⑥]

---

① 卫礼贤(Richard Wilhelm)译,《易经》(纽约,1967 年),第 262—264 页。

② 卫礼贤《易经》,第 320—321 页。尽管毛奇龄和其他清代儒士都带着总结性的语调认为《河图》及《洛书》只是在宋代才加进《易经》之中,但是那些图表还是被很多人——不论是平民或是儒士——把它们与经典连在一起。见司马富,《清代〈易经〉专家》(Qing Dynasty *Yijing* Specialists);又见苏海涵(Michael Saso),《什么是河图》(What is the Ho-t'u),《宗教史》(*History of Religions*),第 17 卷,第 3—4 号(1978 年 2 月到 5 月),第 399—416 页。

③ 纪昀,《钦定四库全书总目》(台北再版,1970 年),第 109 卷,第 18—20 页,第 43—45 页;第 111 卷,第 15—24 页,第 41—49 页。

④ 关于这些可变因素的传统互相关联的体系,请读亨德逊的书,第 7—20 页,第 23 页。

⑤ 见蒋廷锡,《钦定古今图书集成》(台北再版,1977 年),第 48 卷,第 7136—7438 页。

⑥ 我在《算命师与哲学家》中对这些以及其他占卜体系进行了详尽的分析。如欲读中文的摘要,请读张耀文与袁树珊的《述卜筮星相学》(上海,1926 年)。

一般认为八字——即用天干地支中各一字两两组合,来分别标志某人出生的年、月、日、时——特别灵验。清代计算生辰的方式很多,但最常用的则是宋代徐子平所创“四柱”法,将八字分为四组,每组两字。八字反映了天象与社会的关系。比如,每一天干与地支都被设为阴或阳,与五行、节气、以及由“胎”至“绝”的十二人生阶段相关联。四柱则一般与祖先、父母、配偶以及子女有关。算命先生多特别强调用神,以决定这些关联的创造性或破坏性、以及和谐与敌对的关系,和对当事人及与之相关人士的影响①。

无论使用何种方法,也不管是否八个字都能得到全盘考虑,中国各阶层人士很少会否认生辰与未来——譬如婚姻——的联系。地方志、礼仪手册以及当时中外观察家都指出,整个大清帝国,从偏远的云南楚雄到满洲辽阳,命运的推知、吉日的择定,以及议婚时的八字交换,都极其普遍②。艾博华(Wolfram Eberhard)对广东省荣氏家族1600年至1899年间3700对婚姻的研究表明,这个家族的成员至少“在选择配偶时,不愿受吉凶之兆的影响”。但他的研究,包含近代台湾的一些数据,只探讨了当事人生肖是否般配,因而过分简化了家庭考虑婚姻时对子女前途的斟酌。

中国古代对吉凶征兆普遍敏感,尤其在高层,盖因皇权仰天命而立。祥光、彩气、奇草、异兽、怪石、甘露等等符的出现,昭示天之喜乐、好事将近;不期而至的日月之食、失常的天象、地震、洪灾以及其他种种灾异,则显露上天不悦,君主或将丧失天命。清王朝如同以往朝代,于天象异常认真记录,十分重视③。从17世纪初到19世纪末,朝廷大

---

① 见蒋廷锡《钦定古今图书集成》(台北再版,1977年),第47卷,第5919页,尤其是明代著作《三命通汇》,第6175—6517页。

② 见《楚雄县志》(云南,1909年),地理:第2卷,第23页;《辽阳县志》(辽宁,1918年),风物门:风俗,第30页。

③ 陈高佣,《中国历代天灾人祸编》(上海,1939年)提供了一个非常方便的、由清代以来的年表。至于清代帝国政府有关重要的征兆,见清史编纂委员会《清史》(台北,1961年),《本纪》第1卷,第32页。《灾异志》第1卷,第655—723页;又见下页注④。

赦,三分之一颁布于因人祸而起的灾异,旨在恢复自然秩序的和谐①。

诚然,满族统治者中,信科学不信鬼神的康熙皇帝或曾断言,尽管历代史籍中充斥各种征兆的记录,却于治理国家毫无帮助:最好的征兆应是五谷丰登、庶民富足。② 但《大清十朝圣训》中《敬天》一节,还是提供了无数例证,说明康熙与前代和后继君主一样,极其关注各种征兆,且因此自省其身,并训饬官员改进行政作风。学者们或许不同意朱熹,以为君主修身能防不测,但无人怀疑皇帝对征兆必须及时回应③。

皇族以下,社会各阶层也严重关注天兆,包括一些细微现象,如鸟叫、灯花,乃至身体的感觉,搔痒、刺痛、喷嚏之类④。《清稗类钞》以及其他中外资料对解释各种自然、超自然的征兆给予大量关注。不少逸事涉及学者和一些著名官员⑤。

梦于中国社会有特殊意义,有关论著,常将梦境划分为与之相关的下述各类:如天、日月、雷雨(及相关现象)、山川(包括道路、土地及岩石)、形声、衣食、器用、财产、书卷、科举、灵异、长生、草木鸟兽、取舍、泛喻等⑥。清代最有名的梦占著作无疑是《周公解梦》,有大量不

---

① 墨子刻(Thomas Metzger),《逃出困境:理学与中国不断变化中的政治文化》(*Escape from Predicament:Neo-Confucianism and China's Evolving Political Culture*)(纽约,1977年),第51页。

② 史景迁(Jonathan Spence),《中国皇帝:康熙自画像》(*Emperor of China:Self-Portrait of K'ang-hsi*)(纽约,1975年),第52页;又见第150页;参见第174页。

③ 见《大清十朝圣训》(北京,1880年);康熙,"敬天",第10卷,第1页,第7页,第8页。参见同上,同治,"敬天",第11卷,第1页。

④ 地方志各处记录了不同的征兆,包括对地天相应地域相连的分野体系的讨论。一个典型的条目,谈及《易经》的宇宙权力及强调天与人之间的共鸣相应原理,载于《黄陂县志》(湖北,1871年),《天文志》第1卷第9页;农历通常也包括关于解释鸟叫和身体感受之征兆的各种信息。见司马富《中国历书》(*Chinese Almanacs*)(香港,1992年)。

⑤ 见《清稗类钞》,迷信,第46页。

⑥ 见有影响的明代由陈士元所著的《梦占逸旨》,载于新文丰出版公司编辑部《丛书集成续编》(台北,1986年),第25卷,第322页。

同版本,其简化形式被收入历书,广泛印行于帝国全境①。

清代的梦占记录相当丰富。人们经常祈梦,甚至在寺庙过夜,企盼得到相关梦境以知未来。谈及19世纪中期的福建,卢公明(Justus Doolittle)写道:"不少人逢要事难以决策,乃造访名寺,烧香点蜡,简陈事宜,乞神赐梦,俾以决疑。"②《清稗类钞》梦占记述有数十则,至少十则专注祈梦。有意思的是,祈梦者大多为清代名士,如李光地(1642—1718)、蒋彝(1631—1687)、张英(1638—1708)和徐本(1683—1747)③。

中国人,无论阶层高低,大多相信人的相貌可显示其个性命运。如约翰・格雷(John Gray)写道:"帝国内体面有势力的人士竟也求教于相士,其数量之多,令人吃惊。"《清稗类钞》、地方志以及其他资料都曾指出,众多清代文武官员求策于相士,而不少学者也学习并实践。著名者如嵇璜(1711—1794)、曾国藩(1811—1872)、沈葆桢(1820—1879)、刘铭传(1836—1896)、李文甲(1834—1895)及赵舒翘(卒于1900年)④。

长相卓著在清代中国,其社会重要性不可低估。首先,相术范式无疑影响到各阶层人士的交往。这些范式经由谣谚小说的传播而加强。有些历书也模仿相书,描绘不同面相;职业相士的招贴广告亦"绘有人面相貌"⑤。面相范式甚至能影响一个人的官运。比如,一个举

---

① 我所见到的最早的版本,和当代版本密切一致,在总共二十七个互相重叠的范畴里,有一千零七字的梦释。该文件的一部分也存于大英博物馆中,其英文题名为《玉匣记广记》(*Yü-hsia chi kuang-chi*; *Comprehesive Version of the Jade Casket Record*)(大约是1700年的版本)。关于农历中的梦占部分,请见司马富的《中国历书》。

② 卢公明(Justus Doolittle),《中国人的社会生活》(*Social Life of the Chinese*)(纽约,1865年),第2卷,第130页。

③ 《清稗类钞》,迷信,页75,79,86,87,95,96,106,119,120。

④ 格雷,《中国:历史》,第2卷,第3页。观相的主要原始文献是明代由袁忠彻所写的《神相全编》,重印于蒋廷锡《钦定古今图书集成》(台北再版,1977年)。

⑤ 有关这些以及其他著名的人士,见袁树珊《中国历代卜人传》第3卷,第19页;第14卷,第27—28页;第18卷,第10—11页,第21页;第30卷,第21—22页;第33卷,第21—22页,第8—9页;等等。关于观相者在行政事务中的作用,见上书,第14卷,第25页,第27—28页;第27卷,第10页;第33卷,第22—23页;《清稗类钞》,方技,第79页,第84—85页,第118页,尤其第121页,第123页,第124页,第125—126页,第131页。

人三次赴进士试不第，但如貌相合式，便可进入高级层次做官。职业相士大体关注对象的双手及面部特征，如额头、面颊、耳鼻眉眼口、下颌以及肤色；也会注意身体的其他部位，及动作、声音，甚至大小便①。

与相术之强调释相密切相关，是析字之艺。这不仅是占卜的另一范畴，而且也与释梦相关。清代大学者纪昀（1724—1805）曾经把析字等同于《易经》筮卜和甲骨占卜，所得征兆均为与神灵交通的结果②。职业卜人，为了给文盲、半文盲提供方便，只给他们少数几个字作选择，然后进行解析；而上层人士总是自己带字来测。析字的逻辑，如同释梦、相面以及其他占卜方式，是长期形成的、根深蒂固的一种联想，它允许、也许强迫占卜者把与问卜人有关的所有相联的概念（无论关乎天象还是个人）都囊括进来。有关析字的故事在清代广泛流传，许多牵涉到名学者与官吏，包括康熙皇帝的顾问、著名学者张英③。

中国人对形的注重，深深影响了从“印相”到“占候”的其他各种占卜术。如同印相，占候术当然不像析字那样具有明显的心理导向，牵涉某一程度上的、自觉与不自觉的选择。占候术的预测过程，更大程度地依赖明显的干支联系和天文结构。另外，占候范畴还包含一些隐形的占卜方式，如风角便是其中一例。然而，相雨、望气（或望候）、占云等方式，如同观相、析字、风水一样，要求对外观进行周密的考察④。

---

① 新文丰出版公司编辑部《丛书集成续编》（台北，1986 年），第 25 卷，第 113—115 页；也见托普雷《一些中国的传统概念与观念》，第 61 页。

② 见袁树珊《中国历代卜人传》第 21 卷，第 3—4 页；同上，第 20 卷，第 29—30 页；关于梦析中的字析，见新文丰出版公司编辑部《丛书集成续编》（台北，1986 年），第 25 卷，第 332 页；《清稗类钞》，迷信，第 79 页，第 89 页，等等。

③ 见袁树珊《中国历代卜人传》第 9 卷，第 20—21 页；也见：许地山《扶乩迷信底研究》，第 32—60 页，书中处处可见；《清稗类钞》，方技，第 15—19 页，第 21—22 页，第 26 页，等等。

④ 有关占候对康熙皇帝的重要性，见《大清十朝圣训》，康熙：“敬天”，第 10 卷，第 3 页；至于其他有代表性的著作，见新文丰出版公司编辑部《丛书集成续编》（台北，1986 年），第 25 卷，第 5 页；关于对玺的分析，见张耀文，第 356 页；还有《清稗类钞》，方技，第 118 页。

风水为修墓造屋、选择吉地之用,在清代有各种方式和不同名称。尽管流派分支很多,却只有一个共同目标:在直接的物质环境与宏大的天象体系中,让生者与死者两个处所之间达成和谐。故而,风水术与传统中医有一个共同的特点:即在恒变中保持阴阳的平衡与和谐。如同人体,一个特定的处所是宇宙的一个缩影,它自然要求宇宙之气的平衡以保持合适的运转。风水先生其实就是土地的医生,其中不少人熟谙传统中医①。像相术一样,风水占卜反映并激发了某种特定美学逻辑,但风水先生的计算通常大大地超过对地形、地貌的简单的外观分析。天象测量要求使用罗盘,这是多数风水专家必备的一种复杂仪器,包含每一种中国古代处理时空问题时所需使用的主要意象。

清代事风水者,上自高官如赵执信(1662—1744)、李文田(1834—1895)、张之洞(1834—1895)等,下至名不见经传的普通百姓。据《清稗类钞》,某些皇帝也熟谙此道。再者,尽管有些寺庙禁止风水和其他占卜活动,仍有不少佛教徒及道教徒兼事风水,例如著名的禅宗大师虚云。

风水先生的雇主同样散布于中国社会各阶层。皇帝、皇后、皇族求助于风水先生;各级文武官员亦如是②。从家庭、家族、乡村,甚至到整个城市,清帝国到处有人雇用风水先生,因为孝子们要尽责善待过

---

① 有关风水的文献十分浩瀚,可见蒋廷锡《钦定古今图书集成》(台北再版,1977 年),新文丰出版公司编辑部《丛书集成续编》(台北,1986 年),纪昀《钦定四库全书总目》(台北再版,1970 年),还有其他的一些总目。要想获取一个纲要式的介绍,并想知道对罗盘的详尽分析,请见傅其望(Stephen Feuchtwang)《中国风水的人类学分析》(*An Anthropological Analysis of Chinese Geomancy*)(维塔格纳,1974 年)。关于医生和占卜人的关系,见我所写的《清代中国占卜、科学及医学》(Divination, Science and Medicine in Qing Dynasty China)(在英国剑桥大学召开的第六届有关中国科学史的国际会议所宣读的论文,1990 年 8 月 2 日至 7 日)。

② 见袁树珊《中国历代卜人传》,第 1 卷,第 22 页;第 2 卷,第 2 页,第 22 页;第 4 卷,第 16—17 页;第 13 卷,第 17 页;第 14 卷,第 11 页;第 15 卷,第 8—9 页,第 38 页;第 16 卷,第 4—5 页,第 7 页;第 18 卷,第 16 页,第 13—14 页,第 34 页;第 19 卷,第 32—33 页,第 38 页;第 20 卷,第 2 页;第 21 卷,第 10—11 页;第 22 卷,第 11 页;第 26 卷,第 6 页;第 27 卷,第 15—16 页;第 29 卷,第 29 页;第 33 卷,第 22—23 页;第 34 卷,第 26 页;第 35 卷,第 6—7 页,第 16 页;第 36 卷,第 15 页;第 37 卷,第 2—3 页,第 7—8 页;第 16 页;第 38 卷,第 40 页,第 42 页;第 38 卷,第 43 页。

世的父母(和他们自己),地方社区也不愿忽略风水而贻误本地学者的前程。众多著名官员都在个人生活中雇用过风水先生,如陈宏谋(1696—1771)、魏源(1794—1856)、陶澍(1779—1839)、曾国藩和丁日昌(1823—1882)①。

风水是一种较为低调私下的占卜方式,但其他许多占卜方式则更为公开,至少有数种体现了多姿多彩、高度彰显的戏剧行为。尤其扶乩要求精心安排仪式,包括焚香、祭拜、祈仙,直至乩仙降临乩坛、运乩判事。今日香港、台湾仍可见扶乩及上述其他各种占卜仪式的施行。乩师(通常是位道士)针对祈愿者的提问,[在神灵操控下]奋乩直书,然后[由判读生]大声宣读乩书,[再由纪录生]缮写后,交与祈愿者,以定吉凶②。

扶乩在清代备受欢迎。据许地山,明清两朝,几乎每府每县都有乩坛。当扶乩日盛,乩师们便开始在私宅、祠堂和寺庙中设坛。甚至社会各阶层均建有乩社。尤其江浙两省文风昌炽,人们"简直有不信箕[乩]仙不能考中底心理。扶箕[乩]为问试题,问功名,一次底灵验,可使他终身服膺。居官时,有不能解决的事,也就会想到扶箕[乩]"③。

中国学者注重扶乩,部分因其着意道德诉求——尽管绝大多数占卜同样有明显道德内涵。他们也欣赏扶乩中的精巧文字游戏。很多例证指出,对乩辞的诠释如同释梦,技巧要求恰似传统的文字分析。有时候乩仙与乩师之间的对话有如联对,而身为学者的祈问者,偶尔也把某些特殊风格加诸乩仙诗作。不过扶乩能够吸引清代学者关注,主要因其功用:扶乩能够回答于学者极之重要的问题,诸如包括生死、疾患、康泰、民政、军事、还有仕途。无怪乎有学者祈求乩神助其科举,

---

① 见袁树珊《中国历代卜人传》,第 1 卷,第 18—19 页;第 13 卷,第 23 页;第 18 卷,第 14 页;第 33 卷,第 23 页等等。

② 许地山,《扶乩迷信底研究》(重庆,1940 年);也见大卫·K. 约旦(David K. Jordan)和欧大年(Daniel L. Overmyer)《飞行的凤凰:台湾的中国宗派诸方面》(*The Flying Phoenix: Aspects of Chinese Sectarianism in Taiwan*)(新泽西-普林斯顿,1986 年)。

③ 许地山,《扶乩迷信底研究》,第 32 页;《清稗类钞》,方技,第 28 页。

如指教作文途径,或提供考题信息①。

《清稗类钞》、许地山的扶乩论集、还有其他资料提供了清代扶乩的丰富信息。如同职业卜人,乩师也预测旱涝、瘟疫及动乱。他们也劝告人们如何谋生以获最大利益、如何帮助官员处理政务(包括立法定谳)和清剿盗匪。众多清朝高官中,依赖扶乩的人士有彭定求(1645—1719)、叶名琛(1807—1859)和曾国藩②。妇女通常不参与扶乩,但多参与为妇女举行的巫术仪式,包括治病、算命、驱鬼以及幻术。一些妇女专与死人交流——也许因为中国冤魂多为女性,故特由妇女出面,向专制父权讨还公道③。

清代上层总爱批评女巫,以及追随她们的所谓愚妇。的确,一切灵媒都对士人阶层形成威胁,不仅因为她们蓄意藐视中国的社会准则,也因为她们所具有的社会力量。比如,她们敢于批评地方当权者,或以鬼神名义向官员喊冤。虽然有时巫术有利于权贵——比如有乩仙劝告成千愤怒农众,遵从县令的意愿,取消(江苏)青浦城隍寿典——但是士人们不会忽视这类动乱的政治含义④。

---

① 许地山,《扶乩迷信底研究》,第32页。《清稗类钞》,方技,第19页,第22页。约旦和欧大年,第45—63页载有讨论扶乩及道德书籍。

② 许地山,《扶乩迷信底研究》,第44页。《清稗类钞》,方技,第15页,第17页,第19页;约旦和欧大年《飞行的凤凰》,第41—44页。叶名琛是恒慕义(Arthur Hummel)在他的题为《清代中国名人,1644—1912年》(*Eminent Chinese of the Ch'ing Period* 1644—1912)(华盛顿特区,1943—1944年)中所提及的为数不多的几个信仰占卜术的官吏;同上,第905页。

③ 有关萨满教,请见苏堂棣(Donald Sutton)的《1875—1945年间中国萨满初探,社会史空间的角度》(Pilot Survey of Chinese Shamans, 1875—1945: A Spatial Approach to Social History),载于《社会史杂志》(*Journal of Social History*),第15卷,第1号,1981年,第39—50页。杰克·帕塔(Jack Potter)的文章,载于武雅士(Arthur Wolf)所编的《中国社会的宗教和礼仪》(*Religion and Ritual in Chinese Society*)(加利福尼亚-史坦福,1974年);也见李亦园(Yih-Yuan Li)的文章,载于威廉·莱布拉(William Lebra)的《与文化有关的症状、与民族背景有关的精神疾病以及替补疗法》(*Culture-Bound Syndromes, Ethnopsychiatry, and Alternative Therapies*)(檀香山,1976年)。有意思的是,袁树珊的《中国历代卜人传》完全漠视了扶乩作为占卜的一个范畴,再者,《钦定古今图书集成》仅仅用了15页谈论萨满(第48卷,第8453—8468页),但却用了2172页去讨论占卜。

④ 许地山,《扶乩迷信底研究》,第36页;《清稗类钞》,方技,第16页;萨顿,《中国萨满》,43;贺长龄,《皇朝经世文编》(1826年),第68卷,第1页,尤其是第8—10页。

当然一大批在私宅和寺庙教观用竹珓、竹签所进行的各种不同的占卜，并不需要超自然的干预，也不需要多少正规教育。这些占卜通常由未受过教育的妇女来施行，对她们来讲，去地方寺庙占卜使她们得以走出家门，是难得的的一种娱乐活动[①]。但是，妇女并不是使用这些卑下占卜方式的唯一群体。比如，清代大儒颜元（1635—1704）曾力图用签占寻找他的父亲，因为在满族征服中国时，他刚三岁就与生父失散。其他曾偶尔试过签占的清代上层人士还包括王士祯（1634—1711）、韩菼（1637—1704）、毕沅（1730—1797）以及恩铭（1846—1907）[②]。

三、占卜与官方正统传统

如果说每一个中国人都非常关注命运，清政府同样对命运着迷。原因并不难找到。首先，帝国统治的合法性，很大程度表现在其对未来预测的正确性——无论是预测日食月食、诠释吉凶之兆，还是为国家庆典选择吉日。预测若失败，就会引发人们对朝廷是否恪守天命履行统治的疑问；故而，对每个朝代来说，治历、授时等都有着特殊的重要性。显而易见，整个中华帝国时代，占卜在朝代更替中举足轻重，明清交替亦然[③]。

时宪书是皇权合法性的最明显标志，每年由钦天监与礼部合作编写，经由皇帝审阅后于年底颁发。《大清会典》规定，任何历书，未经官

---

① 《清稗类钞》，迷信，第9页。西方对清代与当代港台地区的珓与签占卜的论述还是相当丰富的。见大卫·约旦（David Jordan），《神、鬼与祖先：一个中国村落的民间宗教》（*Gods, Ghosts and Ancestors: The Folk Religion of a Chinese Village*）（伯克利、洛杉矶与伦敦，1972年）；又见本书第251页注②提及的资料。

② 容肇祖，《占卜的源流》，载于他的《迷信与传说》（台北再版，1969年），第43—44页；又见《清稗类钞》，迷信，第10—13页。

③ 魏斐德（Frederic Wakeman, Jr.），《伟大的事业》（*The Great Enterprise*）（加利福尼亚-伯克利，1986年），第1卷，第245页，第258页，第262页，第281页，第289页，注312，注504；有意思的是顺治皇帝即位的日期被推迟到下一个甲子的第一天，目的是为了清朝将有一个吉利的开端。见《伟大的事业》，第2卷，第857页。

方授权,是为非法。有些版本的时宪书封底明文警示:"伪造者依律处斩,有能告捕者则官给赏银五十两。如无本监时宪书印信即同私造。"①

不过私刻历书,如果仿照时宪书模式,并反映了同样的正统宇宙观,在清代仍得以畅行②。这些历书多为喜庆的红色封面,有别于时宪书的黄色,且除了与时宪书相仿的标准专栏、表格、图解之外,还有很多文字说明。不少历书还刊印时宪书所没有的著名木刻图画,如儿童常遇的二十多种险关,或二十八星宿及其对人生的影响。我自己所见到的每一部历书(当然还有各种版本的时宪书)都有描绘春牛、神童或芒神的插图,其丰富的色彩象征,寓预兆丰年之意,在传统中国具有启迪性、教益性及普遍性③。

晚清历书还包括了民间传说、教化故事(如《二十四孝》),以及有关民间宗教的资料;还有对农业、商业、医学、礼仪以及占卜术的一些建议。20 世纪初,不少历书成了传播最新教育、政治变化、现代科技、以及外交新闻的渠道。清朝政要的照片,如颇有恶名的庆亲王以及其他贵族,也开始妆点历书页面④。

时宪书与历书的核心部分,是把一年按月日分开,以协调控制政治、社会、礼仪以及经济生活的诸方面。每一栏目,或统摄一月,或数天,都注明影响这一时段的特殊神灵、人物、星宿以及其他相关天象变化。神为善,居栏目上方,而煞为恶,居下。逐日(有数天例外)列出宜

---

① 《清稗类钞》,时令类,6。明清历法封底的警示——类似于同类著作的其他部分——在这两个历史时期都有明显的持久性。见司马富的《中国历法分析》,附录 3,A3 及 A6。这一附录提供了一个按时间顺序排列的大约一百个国家历法的清单,还有珍藏于美国国会图书馆、哈佛大学、大英博物馆以及法国国家图书馆的大约七十个地方的历书。清代时宪书封底警示原文,录自司马富《中国历书》页 7,图录 1.2。

② 《大清会典》,(北京,1899 年),第 77—80 卷;允禄《钦定协纪辨方书》(北京,1724 年;台北再版,1974 年),第 1—33 页;有关历法的基本术语及概念之讨论,见茅甘(Carole Morgan)《春牛之画:中国农历之研究》(*Le Tableau du boeuf du printemps: Étude d'une page de l'almanach chinois*),(巴黎,1980 年),尤其是第 158—244 页。

③ 茅甘,同上书,第 92—113 页。

④ 这些概念是基于对如上注所提及的资料,以及伦敦大学东方与非洲研究院所珍藏的二十余个农历的调查而得出的。欲得更多信息,请见司马富《中国历书》。

做不宜做的事项。此类事宜，且为《大清会典》分门收录：六十七项定为御用，三十七项民用，还有六十项为通书选择[①]。

皇家六十七项，主要关乎行政与礼仪，诸如各类祭祀与祝祷、呈接文书、颁布敕令、赐恩行赏、处理人事、外交、军事事务以及举办宴会庆典等。就个人层面而言，历书则指导如何择日处理有关教育、礼仪、经商、咨询等事宜。历书所规范的世俗活动则有：栉沐、裁剪、洒扫、制榻、弃物、搬移、出行、动工、掘井、修建、渔猎、种植、伐木以及蓄养牲畜等等。

民用三十七项，则囊括了上述个人及世俗事务，并附加项目如：访亲接友、主持祭祀、上书朝廷、上任履新、安排葬礼（最后一项不见于御用之列）。通书选择尽管置于末尾，却似乎介于御用与民用之间，包括上述两类主要活动，唯剔除皇帝的专项事务。同时对个人及世俗事务亦有明示，诸如嫁娶程序、疗伤治痛，及一些特别的方剂使用等。此外，还添加上述御用民用未曾包括的一些事务，如建筑、经营，以及维修仓库粮窖、酿酒、冶金、乘船渡水等等[②]。

清代上层，是否严肃对待时宪书与历书中的占卜条文？中文史料中很难找到明确答复，因为人们大多认为这类预测是应有之意，如同现代西方天气预报，无须特别评论。但从日记、通信、碑文以及其他资料中还是可以看到，清代学者官员对日期吉凶十分在意。而中华帝国晚期，历书依然是流传最广的出版物，时宪书也总是供不应求。一本晚清礼仪手册甚至如此断言：没有历书的家庭是不完整的[③]。

此外，西方观察者从未间断评论时宪书与历书的广泛影响。益智会（The Society for the Diffusion of Useful Knowledge）1838 年 11 月 21 日的报告，提到中国各阶层对这类出版物的"几乎扫荡性的要求"，这

---

① 《大清会典》，第 80 卷，第 2 页。

② 司马富《清代历法分析》，第 131 页。

③ 关于农历和历法的盛名，见罗友枝（Evelyn Rawski）和许舒（James Hayes）的论文，载于姜士彬（David Johnson）等主编的《帝国晚期中国的大众文化》（*Popular Culture in Late Imperial China*）（伯克利、洛杉矶、伦敦，1985 年），尤其是第 23—24 页，第 82—83 页；又见司马富《中国历书》。

和 17 世纪初利玛窦(Matteo Ricci)到 19 世纪末赫德(R. Hart)等大批外国观察者的观点一致。潘慎文是中国历书体系的热心研究者,他在 1880 年代写道:"时宪书的占星部分普世皆信,尽管不同的人在具体实践中差异甚大。一部分人认为人生大事比如婚姻、丧礼、建房时要格外留心时间和地点;而另一部分人则认为日常生活的琐碎细节,比如开店、入学、旅行、娱乐、扫地、理发、洗澡等等特别要注意时间和地点。"①

只要历书和非官方历法尚能反映正统观念而且维护皇族的合法统治,官方会予以宽容;但如果违反,官方将实行残酷镇压。这种做法自然更针对那些对抗政权的历法,比如 17 世纪下半叶南明永历皇帝颁布的历法,和 19 世纪中叶太平天国历法。同样,这也是针对那些私自印制的邪历,比如八卦派林清所用的《三佛应劫统观通书》,被嘉庆帝斥为"欺民"、"犯天"。该书一经发现,嘉庆即令销毁所有版本,并大力搜捕作者和出版者②。

以同样态度、同样理由,《大清律例》对危及君主御宇之权的宗教活动亦课以重罚。《大清律例》严禁私人祭天或祭祀北辰(此二者为皇帝禁脔),严禁测天仪器、图表藏于私宅。阴阳术士不准进入文武官员住宅妄言吉凶。术士、巫师及其他礼魂人士等不准召引邪神、书写符咒、挈带偶俑、祈求圣贤、供奉熏香、夤夜集会、施行邪术、撰写妖书、散布邪言等。尽管清廷对这类及其他邪恶罪名从未明确界定,也不总

---

① 《澳门月报》(*The Chinese Repository*),卷 7,第 8 号(1838 年 12 月),第 399 页;潘慎文《中国人的农历》,第 66 页;又见司马富《知命》,第 161 页,第 178 页;司马富《清代历法分析》,第 132—133 页;关于卫三畏的观察,见其《中国》,第 2 卷,第 80 页;道格拉斯《中国》,第 277—278 页;格雷《中国:历史》,第 2 卷,第 15—16 页;丹尼斯《中国的民间传说》,第 27—32 页;尤其应见丁韪良(W. A. P. Martin)《中国的轨迹》(*A Cycle of Cathay*)(爱丁堡、伦敦,1897 年),第 310 页。

② 司马富,《清代历法分析》附录 2A1,第 37—39 页;高延(J. J. M. de Groot),《中国的神秘宗派与宗教迫害》(*Sectarianism and Religious Persecution in China*)(阿姆斯特丹,1903 年);第 458—459 页。太平天国的新历法尤其有趣,因其代表王权新的特殊的外部标志(黄色又加上双龙双凤),因为他们放弃了几乎所有的传统宇宙观,还有他们的宣传办法——包括他们社会、经济计划的有关信息以及对满族及旧清"异端"历法的强烈谴责——他们拒绝进行吉凶活动,故意使用清朝所禁止的字(如"历"字,这是乾隆皇帝的名字的一部分)。

是严格追查,但是相关法典的存在,以及其他有关资料提供的证据,表明统治者非常清楚占卜与皇权之间的联系。从朝廷的角度来看,把有关未来的权力拱手送给非正统的卜者术士,无疑动摇帝国的统治根基[①]。

清朝统治者畏惧最甚的,莫过于国家控制圈之外的个人操纵煽动百姓。清代官方占卜手册《协纪辨方书》之御制序言,谓“术士以吉凶祸福之说,震惊朕师,不可方物”[②],正反映了这种焦虑。政府的畏惧,不仅对卜人和巫师,亦延伸至白莲教之流。这类教徒相信太平盛世将临。他们汲取正统宇宙论符号——包括八卦、九宫、十天干、十二地支及二十四宿——将其置于一种异教结构之中,以宣昭弥勒佛的到来。作出如此预言的占卜,其潜在的政治威胁无疑十分巨大[③]。

诚然,占卜未必因其危险才招致批评。如上所述,在帝制晚期,甚或更早,一批有影响的中国知识分子曾对推命、相术、择日、尤其风水等占卜术严辞攻击。著名的晚清《皇朝经世文编》就收有抨击占卜和其他相关问题的文章,作者包括顾炎武(1613—1682)、陆世仪(1611—1672)、冯景(1652—1715)以及全祖望[④]。

这些论文反映了中国上层人士对占卜问题的主要关注。一重畏惧,最为广泛,是平民对命运的盲目接受,将消磨他们自我道德完善的冲动。二重畏惧,是错误的预言容易惑人作乱,导致叛乱。三重畏惧,

---

① 见我所写的《清代文化中的礼仪》(Ritual in Ch'ing Culture),载于刘广京(Kwang-Ching Liu)主编的《帝国晚期中国的正统传统》(*Orthodoxy in Late Imperial China*)(伯克利,1990年),第304页。

② 允禄,《钦定协纪辨方书》(北京,1724年;台北再版,1974年),前言,第1页。

③ 韩书瑞(Susan Naquin),《中国盼盛世到来的反叛》(*Millenarian Rebellion in China*)(纽黑文、伦敦,1976年),第12—18页;欧大年(Daniel Overmyer),《大众佛教》(*Folk Buddhist Religion*)(麻萨诸塞—剑桥,1976),第146—150页,第172页;杨庆堃(C. K. Yang),《中国社会中的宗教》(*Religion in Chinese Society*)(伯克利,1961年),第230—243页;这句引言源于允禄,《钦定协纪辨方书》(北京,1724年;台北再版,1974年),前言,第1页。

④ 见贺长龄,《皇朝经世文编》(1826年),第69卷,第15—25页;盛康,《皇朝经世文编续编》(1897年),第74卷,第1—8页;又见本书第250页注②。至于耶稣会的批评,请见南怀仁(Ferdinand Verbiest)《妄推吉凶篇》(北京,1699);《妄占篇》(北京,无出版日期);又见上页注②、上注。

是众多的占卜实践加剧了社会紧张,并导致了对礼仪制度的破坏(如因风水而导致葬礼的推迟)。最后,在不少士人眼中,卜人根本不可靠。顾炎武强调了占卜先生的诠释往往歧见丛生、误导听众;陆世仪对星卜预言、预兆解释之可靠性产生疑问,因为他们不符合科学规律(他指出,占卜在西学中毫无地位)。遵循黄宗羲的观点,全祖望指出:许多人出生在同一天,但有人走运,有人倒霉;有人长命,有人早夭。冯景《驳阴阳家言》也指出,术数的神秘技巧,并不等于对那些事物原则的理解[①]。

有意思的是,尽管陆世仪援引西方科学颇不寻常,上述对占卜的抨击并不新鲜。事实上,他们不过紧紧追随了千百年前学者们的类似言论,例如战国的荀子、汉代的王充、唐代的吕才——他们的言论被节录在《图书集成》有关占卜的不同章节里。正如他们的前辈,还有同时代更正统的理学者们那样,清代考证学者们对占卜本身的理念并不排斥,因其实践早已成为中国经典传统的一派血脉,悠久而辉煌,不容忽视。相反,他们的敌意针对某些人的滥用占卜而发——尤其是那些算命先生,其身份本不属于正统上流人士。就宗教而言,清代上层人士,在他们自己的文明信仰与大众的粗鄙习俗之间,划了一个明显(尽管有点造作)的界线。对占卜的偏见根本是一种阶级歧视,不过带了一张儒家道德修辞的面具[②]。

无论如何,学者们对占卜术的批评很少奏效。甚至无人听从他们对卜人误占的谴责。事实上,中国占卜体系的复杂性提供了其概念上的灵活性,从而造就了占卜术的自强。错误的预言并不能宣告命运可知之观念无效(这毕竟是儒家信仰的一部分,而且《易经》本身也多加鼓励),而只能指明有人对大千宇宙变数的误读,或者卜问双方有一方

---

① 贺长龄,《皇朝经世文编》(1826),第69卷,第14—16页;第23页,第23—24页,第24—25页;同上第63卷,第1页;第8—9页,第10—11页;吴荣光,《吾学录》(1832年),第9卷,第10页;第19卷,第3—7页;又见王夫之,《周易内传法理》,载于严灵峰《易经集成》(台北,1975年),第141卷,第2页;李辅耀关于"卜士"的短文,载于《读礼丛钞》(1891年),读礼小事记,第21—22页。

② 司马富,《清代文化中的礼仪》,第307—308页。

缺乏真诚[1]。此外,如上所述,不少清代学者,尽管谴责占卜,却使用不辍。王维德出版于1709年的名著《卜筮正宗》,即批评中国上层名流表面蔑视占卜,私下却通过友人或仆人进行同类活动[2]。大清帝国政府也显示了同样的虚伪,于占卜申饬不已,却依赖成习。如《大清律例》注解谓风水荒谬、错误、不值得相信;然而皇帝及皇族成员、还有文武官员,却经常雇用风水大师,而且也利用过其他各类占卜者和占卜术[3]。

四、占卜的持久性

上层的虚伪姑且不论,占卜在中国经久不衰、广受接纳,又当如何解释?一个可能的答案是,中国人对现代(西方)科学的兴趣相对微弱。虽然17、18世纪"科学"的考证研究方法确实给中国带来了新的认识论,并进而形成了"一个知识生活转变的基本模式";但是,考证于方术占卜,并未产生如同期欧洲"科学和哲学革命"的效用[4]。同时,并非所有前现代社会都以同样热情接受占卜艺术。事实上,世界上有两种文化对占卜毫无兴趣,即澳洲土著与美国大平原印第安人[5]。

占卜在中国力量持久,更可能的解释是,占卜体现了中国传统文明最基本的特征。虽然占卜总带有某种异端倾向,但其本质并非一种反文化现象。相反,整个中华帝制时期,占卜始终是国家及家庭的最为重要的宗教仪式中不可分割的一个组成部分,从官方祭祀到生命周期的各种仪式。

---

① 王维德,《增补卜筮正宗》(台北再版,1961年),格言;参见倪维思,《中国和中国人》,第181页。至于大众所信可的自信性格,见基思·托马斯(Keith Thomas),《宗教与魔方的衰落》(*Religion and the Decline of Magic*)(纽约,1971年),第642—643页。

② 王维德,《增补卜筮正宗》,格言。

③ 见司马富,《清代文化中的礼仪》,第307—308页;又见本书第259页注②。

④ 基思·托马斯语。我在《算命师与哲学家》一书中对这个论点做过详尽的阐述。

⑤ 伊凡·宙赛(Evan Zuesse)《占卜》(Divination),载于莫西亚·艾利亚德(Mircea Eliade)所主编的《宗教百科全书》(*The Encyclopedia of Religion*)(纽约、伦敦,1987年),第4卷,第375页。

为大量古典经书认可，且拥有悠久历史，中国占卜实践遵循了中国传统思想的主要发展脉络。清代占卜方式大多是折衷的、“精神性的”、联想式的、直觉的、牢附于传统的、而且含有高度的道德观念。这些特质非常适合一个多元一体的社会：其统治阶级崇敬古代儒家价值观，高度依赖相互关联的逻辑原理，相信天、地、人之间的精神联系（这一点毕竟使占卜成为可能），并把认识当成“一种追求知识的理性行动计划，而这和我们［西方人］所谓的直觉、想象、启发、狂喜、美感、伦理或肉欲并不完全分离”①。《易经》综合了中国的哲学和占卜传统，并在两者之间建立了一个至关重要的认识论的纽带。虽然《易经》具有一种《圣经》般的权威，它指向的是对于宇宙、本体的一条非常不同的理解途径。

用更世俗的语言来讲，占卜具有明白无误的一种出自本能的感染力。清代卜人无一例外地使用了一套扎根中国各阶层意识深处的、丰富且广获共鸣的象征手法。卜言中所引用的历史、古典、神话人物，以及某些象征性的色彩、数字、草木鸟兽，能激起问卜者的强烈反应。另外，卜人也会在身边摆满为人熟知的文化器具。即连最低层的、在街边摆摊的算命先生，摊位上也会陈列士人文化道德修养的标志，诸如文房四宝、书籍和书法条幅。讲究点的场所，如私宅或占卜店堂，更供上神像或灵牌、享以香烛。《太极图》、八卦等宇宙力的视觉呈现则处处可见，通常印入命书、历书，或装点算命摊位，也是上层与平民共享的家居装饰和符咒。

占卜仪式因其文化熟悉感，同样使问卜人满意。比如焚香为占卜程序平添一种神秘乃至魔幻气息，确具普世感染力。占卜者的书写，不仅提高了他们的社会声望，且赋其参天法力，因中国人大多相信汉字书写有一种神秘力量。同时，算命先生的戏剧化表演，也为他们增强了公众吸引力。从某些角度来看，请人占卜如同看戏，甚至自己也参与演出。戏剧化的占卜，诸如扶乩以及其他灵魂附体的方式，让观

---

① 席文，《中国历史上的科学与医学》，第169—170页。

众着迷。即连更为低调平和的观相、推命、拆字，也在街道、市场或者庙观吸引了不少观众。虽有私人算命摊位和店堂，且不少中国人也在私宅咨询占卜者，但中国的占卜术根本还是一种公共事务，故而多数清朝臣民视其为理所当然。

占卜术和传统中医的密切联系，可能也为两者提供了经久耐力。中华帝国晚期的医学及占卜理论虽复杂多样，而医生、卜人禳鬼除病，依恃的宇宙观及其感应系统大抵一致①。尽管儒家经典与大量格言强调健康长寿乃命中注定，清代中国很少有人被动接受命运。大多数人认为可以通过道德修养或方术修炼来改变命运。事实上，这两种力量资源互相关连。上层人士由《礼记·中庸》得到修炼启迪，所谓："至诚之道，可以前知。……善，必先知之；不善，必先知之。故至诚如神。"使人前知的精神能力，也会帮助至诚之人与天地协同，改造命运。至于平民，卜人的符咒和劝告足可奏效。

另一方面，命运不可摆脱的观念，偶尔也被用来解释挫折与失落。坚定刚毅如儒者曾国藩尚云："事功则运气居其七分，人力不过三分。"②勤勉如学者郭嵩焘（1818—1891）却运气不佳，清末时为首任驻欧大臣，外交理念遭国人误解唾骂，遂嘱身后铭诰，当以"不信书，信气运"作结③。

尚有一点不可忽视：清代占卜并不像在17、18世纪欧洲那样，与科学或宗教俨然对立。诚然，清代士人已经意识到了自然世界知识参数的扩展，以及准确预测能力的增强，但是清代有科学头脑的人，既没有同期欧洲人所拥有的那种能够激发灵感的宗教信仰，也没有信心来发现现象世界的终极奥秘。其时的典型信念是："自然程序编织了一

---

① 至于医学，见文树德（Paul Unschuld）《中国的医学：观念的历史》（*Medicine in China: A History of Ideas*）（伯克利、洛杉矶、伦敦，1985年），尤其第197页。

② 《曾文正公手书日记》同治8年12月22日。

③ 关于曾国藩，见袁树珊《述卜筮星相学》第5卷，第14页；关于郭嵩焘，见袁《中国历代卜人传》，第18卷，第11页；关于命运的有关格言，见格利夫·普劳波（Clifford Plopper）《通过格言看中国宗教》（*Chinese Religion Seen through the Proverb*），（1926年），第291—315页；尤其第294页。

个连续关系模式，其微妙多元非我辈所谓实验调查或数理分析能够完全理解。科学分析，为了有限的、务实的人类目的，只能表达对这一复杂结构部分的、间接的了解。”①有影响的宋代科学家沈括（1031—1095），曾如此论述这一概念：“世之谈数者，盖得其粗迹。然数有甚微者，非恃历所能知，况此但迹而已。至于感而遂通天下之故者，迹不预焉。此所以前知之神，未易可以迹求，况得其粗也。”②

占卜术在清代常被看作是科学。尽管这一时期，因耶稣会致力教育，激发人们对数学、数理、天文、地理等兴趣的回潮，但是星占仍然是中国传统科学的一个有机组成。耶稣会成员自己也在钦天监中实行这种占卜③。中国的算命术，如同所有自圆其说的方法，不能说是完全谬误的，因其至少牵涉到基于实证检验与观察的概括方法。此外，更重要的是，占卜通过具有文化意义的途径，把经验分类解释。占卜者分析天象、地形、人格类型等所使用的精细方案，无疑比清代任何其他科学解释系统更为人知、更具有说服力。如果科学可被看作是梳理数据、资料的工具，则占卜于中国科学亦有同等效用。《易经》便是这样一种梳理自然和人间的工具④。

占卜者对神灵的专注并不排斥科学的调查方法。的确，从事风、雨、云占的专家，如同其他各类的卜人（以及多数清代人），相信超自然力量的影响。但同时他们也是气象学的悉心而有见识的研究人员。奇门遁甲及其他术数体系的倡导者，尽管主要关注宇宙的计算以便测定吉时吉地，但他们的训练也包括军事科学。风水先生使用神秘罗盘

---

① 席文，《中国历史上的科学与医学》，第169—170页；又见托马斯《魔方的衰落》，第657页。

② 沈括，《梦溪笔谈》卷七，象数一。

③ 帕垂西娅・科宁斯（Patricia Konings），《南怀仁向中国皇帝提供的天文报告》（Astronomical Reports Offered by Ferdinand Verbiest S. J. to the Chinese Emperor）（中国科学史第六届国际会议提交论文），英国剑桥大学，1990年8月2—7日。

④ 亨利・维特奇（Henry Veatch）的论文，载于托马斯和格蕾恩・理海（Thomas and Grace Leahey）《心理学中的玄妙幽灵：心理学与伪科学的问题》（*Psychology's Occult Doubles: Psychology and the Problem of Pseudoscience*），（芝加哥，1983年），第240页。我在《占卜、科学与医学》中也论述过占卜的“科学”涵义。

为建筑维修择时择吉地，但他们也熟知地形与水文。这些对公共工程以及军事活动都是极有价值的信息。总之，就其对物质环境的作用以及中国人对其依赖而言，风水术恐怕比当时任何自然科学都具有更深远的影响。

清代占卜术普遍而持久，特别重要的原因，是它多方面的社会功用。首先，它通过调整日常生活中的礼仪与节奏维护了社会秩序。相比中国用时宪书和历书确定吉凶日期的方法，很少其他方式能更有力地维护社会结构。占卜也通过借非人格力量作出困难决策以及维护等级划分有效性的办法，维持了社会的稳定，尤其是在婚丧礼仪之类的重要场合①。当然，如同上层人士长期批评的那样，风水之类的占卜也可能产生社会干扰，但其实践中有益社会之处，无论是对个人或对团体，都远远超过它带来的坏处。因为这个原故，上层人士在很多不同场合都曾经利用过占卜。

另外，中国的算命先生在功能上等同于现代的心理医生。作为治疗者及个人顾问，他们帮助中国个人去对付官场、科举或世俗问题引起的焦虑。占卜指明了困难的症结与性质、抒解疑虑、为生命注入人们期待的内容。占卜使人们因获取有关宇宙的某些特殊知识而力量倍增，占卜也会赐予人们更大的自信和更深刻意义上的个人身份认同。签占和梦释之类的乐观介入，会在人们犹豫畏惧之时提供希望；而风水控制宇宙的迷人承诺，亦有同样功效②。推命和观相的倡导者让人们一瞥远景，并提供切实忠告，以对应似乎不可避免的难题。析字之类应付更加紧迫的问题。个人对《易经》的咨询，则强调通过内省和自我能动性来消除疑虑。虽然这种种方式未必有同等效用，总体上占卜在清代恢复了“人生在危机中的价值与意义”③。

---

① 见乔治·帕克(George Park)，《占卜与社会的联系》(Divination and Its Social Contexts)，载于《皇家人类学杂志》(*Journal of the Royal Anthropological Institute*)，第93卷，第2号，(1963年)，第195—197页；第207—208页。

② 有关占卜的疗效，见司马富《算命先生》，第245页，第268—269页。

③ 宙赛《占卜》，第380页。

但是,算命先生比私人医生涵盖更多。在中国这样的社会里,生活、思想的诸多方面皆需要妥协与调和,而中介人是所有社会交往方式的基点。占卜者被证明是杰出的文化中介人,不仅在问卜者与宇宙之间、在儒佛道对现实的不同认识之间、也在地方社区里的成员争执之间——从夫妻吵架到家族世仇——扮演了调停人[①]。有些主要依靠心理学技巧及语言能力来解决争执。有些则利用他们对社区成员个人经历和地方关系的熟知去调和异议。还有一些,主要是巫师,则用呼唤超自然的力量去达成或维护群体认同,从而"从混乱中找到秩序"[②]。

卜人在清代中国平民与上层人士之间起到了桥梁作用。通过召唤正统英雄的影像、鼓励问卜人接受传统的价值观,算命人也因而强化了占主导地位的文人文化。因为这个原因(当然还有其他原因),卜人因其占卜预测技巧而时获地方官员称道。比如,彭天纶曾获颁匾额,上书"可以前知",这使人想起孟子所称道的少有的、令人羡慕的前知能力[③]。但是,文化的传播程序并不仅仅是一个下行运动。在占卜的运作中,大众的价值观也同样进入上层社会。尽管这种双向交流的确切性质很难用资料精确表明,但我们知道一些算命先生为上层也为平民服务。不少非上层的卜人通过他们非凡的、令人羡慕的技巧而与文士们建立了密切关系[④]。另外,某些占卜传导的信息,尤其是乩占,显然糅合了中国民间传统文化和儒家上层文化的成分[⑤]。

卜人的特殊才能,从天气预报、建筑定位到人事评估,不仅对清代

---

① 关于占卜人作为调停人的作用,见司马富,《清代礼仪与法律中的占卜》(Divination in Qing Ritual and Law)(亚洲研究协会西南区年会论文),新奥尔良,1989 年 11 月 4 日。

② 约旦,《鬼、神与祖先》,第 85—86 页。

③ 袁树珊,《中国历代卜人传》,第 28 卷,第 2 页。参见理雅各《中国古经》(伦敦与牛津,1893—1895 年),第 2 卷,第 363 页;第 370 页。

④ 袁树珊,《中国历代卜人传》,第 1 卷,第 24 页;第 3 卷,第 8—9 页;第 5 卷,第 13 页,第 22 页;第 7 卷,第 17—18 页,第 22—23 页;第 10 卷,第 9 页;第 12 卷,第 13 页;第 14 卷,第 12—13 页;第 15 卷,第 8—9 页;第 18 卷,第 13—14 页,第 19—20 页,第 24—25 页;第 20 卷,第 18 页,第 27 页;第 21 卷,第 19—20 页;第 23 卷,第 16—17 页;第 26 卷,第 5 页等等。

⑤ 约旦、欧大年,《飞行的凤凰》,书中处处可见。

官吏、也对所在社区领袖极具使用价值。卜人帮助维护地方自卫和控制体制、参与抗荒救灾、管理学校、监管公共工程。有些卜人利用他们的特殊才能帮助邻里寻找丢失或被盗的财产;还有些卜人则在危险关头对地方提供免费咨询以及医疗服务。这些利他主义的行为,能够克服以卜人为狡诈自私的社会成见,使之更为全面地进入中国主流社会生活①。

最后,要解释占卜在中国的惊人持久性,我们必须考虑制度因素:一方面,清代宗教机构和西方基督教会不同,并未积极图谋压制占卜。佛寺、道观反而支持由专业卜人和私人所进行的一系列占卜活动②。中国的宗教人士并不握有挑战业经确立的占卜术的制度权力——即使他们想这样做——因为宗教组织在中国向来隶属于朝廷。另一方面,清廷在各级政府加固了由传统继承而来的宇宙观,并将正统占卜术奉若神明。皇帝敕令和官员告示不断提及日、时、事及征兆之吉凶;时宪书指定某日适宜或不宜某类活动,以此在整个帝国范围内把占卜制度化;而官员们则在各类民政和军事场合利用占卜③。如此看来,清政府因奉行占卜而受未来掌控,并不亚于其因坚执传统而受过去掌控,虽然清政府未必充分意识到这一点。故而,如果皇帝放弃占卜,就等于放弃了他对皇位的天赋权利,也就放弃了他在天地之间的中介地位④。

当清政府在1911—1912年间终于瓦解,国家赖以维持的宇宙论遭到致命打击。但天人感应论的衰落,对清廷和帝制覆亡的影响,远逊于现代中国民族主义的兴起。换句话讲,正是对天赋皇权的一种新型的政治攻击,而不是清初对这一宇宙论中某些体系的批判,才导致了这种官方世界观的终结。1912年民国颁发了新的国家历法,强烈谴

---

① 司马富,《清代礼仪与法律中的占卜》。

② 这些活动包括《易经》占卜、观相术、风水以及尤其"签"占卜。

③ 有关宇宙王权,见张灏(Hao Chang),《危机中的中国知识分子:寻找秩序与意义,1890—1911》(*Chinese Intellectuals in Crisis: Search for Order and Meaning*, 1890—1911)(伯克利,1987年),第5—7页,第99—100页,第181页,尤其第184—187页。

④ 同上。

责了清朝旧历的迷信成分,但这并不等于说历史上长期存在的宇宙观就此宣告死亡。事实上,革命政府对旧宇宙观自觉的摈弃,恰应被看成是根除皇权威胁的一种努力①。

由此观之,夏志清(C. T. Hsia)的断言有些误导,他认为,由于阴阳五行"日益萎缩的影响力和功用","五四时期新文化的斗士"根本不把它们放在眼里②。的确,中国知识分子越发地把科学技术、参与政治的现代技巧、还有其他各种新的知识形态,看成是解决中国诸多问题的钥匙。新文化运动对中国传统的抨击当然包括对宇宙观的批评的成分。例如,在其1918年发表的《阴阳占卜》一文中,陈独秀写道,只有摈弃风水、算命、扶乩、咒诅、炼丹等邪术,才能在中国"正人心"。更晚些的1934年,鲁迅在一篇题为《命运》的文章中批评了中国人对和尚、道士、巫师、占星者以及风水先生的迷信③。陈独秀和鲁迅不是在攻击稻草人,因为旧式的占卜术以及宇宙观念依然强劲,不仅在新文化运动中,更在整个民国时期④。

今天,在香港、台湾等地,算命先生继续享有巨大声誉——尽管那里有现代科学的普遍影响以及某些西方思想时尚的吸引。甚至在中国大陆,经过四十年的压制,传统占卜活动的例证,城乡仍处处可见⑤。部分原因,我们可以推测,是由于类似于清代的文化、社会、心理因素

---

① 司马富,《清代历法分析》。

② 见夏志清对浦安迪(Andrew Plaks)《〈红楼梦〉中的原型及寓言》(*Archetype and Allegory in the Dream of the Red Chamber*)所写的书评,载《哈佛亚洲研究学报》(*Harvard Journal of Asiatic Studies*),第29卷,(1979年),第197—198页;亨德逊也曾引用之。

③ 三联书店,《陈独秀文章选编》(北京,1984年),第1卷,第275页,第297页。又见陈有关反叛一文,载《青年杂志》,第1卷,第3号,(1915年11月15日),第1—5页。陈大齐的祝贺新年文,《新青年杂志》,第6卷,第1号(1918年1月15日),第5—9页;鲁迅的论文载于戴乃迭(Gladys Yang)、杨宪益所编的《鲁迅选集》(北京,1980年),第4卷,第135—137页。

④ 我曾在《算命师与哲学家》中详尽地论述过近代中国的占卜;又见司马富,《中国历书》;洪与姜《中国古代算命术》,第276—277页。

⑤ 至于就这些区别的深刻分析,见斯坦利·谭比亚(Stanley Tambiah),《魔方、科学、宗教以及理性的范围》(*Magic, Science, Religion and the Scope of Rationality*),(英国剑桥大学,1990年)。

使算命先生能继续保持其吸引力。但是,我们也可以这样假设:旧有的宇宙观有着惊人的生存能力。尽管就比例而言,在中国任何地方,很少人会像清朝的先人们那样诚挚地相信占卜及其预言,但仍有人发现这一古老的、天人感应的宇宙关系颇具吸引力。尽管有些现代中国人认为有必要在他们看来两种不相容的宇宙观面前作一选择,但是更多的人并不这么认为。对于后者而言,求助算命先生以及使用符咒,其性质未必比祈求上帝指引帮助的西方习惯更不现代、更不科学。

换言之,将科学"理性"与原始"迷信"截然分开的西方趋势,会妨碍我们欣赏这两种思想类型在特定环境下可能达到的相互适应的程度。比如,现代天文学家新发现的恒星和行星,在中国传统的占卜术中没有位置。但这并不足以否认天对命运有影响的中国观念,因为绝大多数中国星神并无可见形质,而他们的终极力量,要靠西方科学并不认可的宇宙力量之间的复杂互动来决定。有意义的是,其中的不少力量——尤其是阴阳五行——以其强有力的预测效果,似乎还在传统中医里继续运作。

明清社会的信息沟通方式、阶级与意识*

姜士彬(David Johnson) 著

徐 彤 译**

本书的大部分章节所论述的重点既不是具体的人物或制度，也不是重要的历史事件，而是文本——包括小说、剧本、经书、讲经以及各种手册等等。这些文本大多是为既没有受过高深教育也没有特殊权力的读者而写的。我们之所以高度关注这些文本，是因为他们能够让我们更好地了解非精英的中国民众是如何看自己以及周围的世界。人们的价值观当然可以体现在非语言的符号或行为中，但如果要解释并传达这些价值观，则必须通过语言和文字。故此，所有关注信仰、理念等题目的历史学家很自然地从文本开始他们的研究。

然而，如果我们不了解某个文本的作者为何人，要准确地诠释它将会有极大的困难。同样，要恰当地评价任何文本的社会和历史意义，我们还必须了解这个文本流传的范围、影响的对象和对象的人数。

---

* 本文初稿的写作期间，笔者是哥伦比亚大学人文研究会(Society of the Fellows in the Humanities)的高级研究员，还得到美国学术委员会(American Council of Learned Societies)的一年资助，在此对这两个组织深表感谢。檀香山会议上对本文初稿的讨论对笔者有很大的影响，对此也要表示感谢。对同事黎安友(Andrew Nathan)和罗友枝(Evelyn Rawski)表示特别的感谢，他们在本文写作过程中每一个阶段的批评都有着无法估量的价值。以下诸位阅读了本文的最后一稿并提出了意见，在此也要表示谢意：华琛(James Watson)、科恩(Myron Cohen)、戴福士(Roger des Forges)、罗兹曼(Gilbert Rozman)。

** 译者注：这篇论文原文收入姜士彬、黎安友、罗友枝共同主编的《明清时期的大众文化》(*Popular Culture in Late Imperial China*)，加州大学出版社，1985 年。以下凡是提到这本书的地方，均用“本书”或“原书”表示。感谢作者姜士彬教授以及他的学生杨劭允先生对本译文的详尽校阅与最后勘定。

最后,如果我们关注的是整个思想体系,而不是单个文本的影响,我们必须考虑到在同一体系中为不同读者而创作、或出自不同阶级背景的作者之手的不同版本之间的区别。简言之,对价值观的研究涉及到对信息沟通方式及社会结构的研究。本书的主要目的之一就是要更好地理解在明清社会中、尤其是在精英社会以外,这三个因素之间的相互关系。本文试图对明清时代的信息沟通方式与权力结构如何影响人们的意识作一个初步的分析。

一

产生于想象或思考的口头或书面的文本只有在人与人之间的沟通中才会具有一定的社会含义。谈话、说书、散布流言、讲经、写信以及阅读,诸如此类的活动在不断地进行,由此而产生的人与人之间的各种联系可以被视为一个极其复杂的网络,它几乎包括了一个文化中的所有人。在明清社会,这个网络的某些特点是很明显的。首先,它包含口头和文字的两大种类,而口头沟通根据方言的不同还可以进一步划分。问题随之而来,在明清时期方言的不同对沟通的阻隔到底有多大?有多少方言之间是无法通过口头来互相沟通的?这些方言区的人口有多少?(显然,如果一种方言的使用者极少,那么它对于我们理解整个文化的意义不大。)如果方言之间的差别确实给沟通带来巨大的障碍,那么进一步的问题是:在两个方言区交界的地方,会说两种方言是不是一种普遍现象?如果从一个方言区到另一个方言区只有突变而没有渐进,而会说两种方言的人又很少,那么这些人在地区之间的文化交流中就有着非常重要的作用。与此相关的问题是,会两种方言的人是否在某些特定的行业或阶层中更多一些?是否某些特定的阶级中有更多会两种方言的人?官员之中会说两种方言的情况有多普遍?对这些问题的探讨将极大地影响我们对很多社会情况的理解,包括民间传说与信仰的流传以及官员与民众之间的关系。

在明清时期,精英阶层以下的社会似乎有着高度的文化同质性,方言的差别对我们理解这一现象也有着直接的影响。价值观与理念跨越了社会与地理的界限,而此跨越源自以下两个过程:其一,神话、传说、故事、歌谣等在人群之中口耳相传,包含于其中的价值观缓慢地扩散,直至为更广泛的人群所熟悉。其二,某些占统治地位的社会或宗教阶层,或出于自身的利益或出于救世的动机有意识地向民众灌输某种价值观。在第二种情况下,被灌输的价值观几乎毫无例外地来源于某种文本,因为文本无疑是保持意识形态持续性和统一性的最好方式。

本书中有很多章节证明了价值观自上而下的灌输。但我们也知道,有一些传统,比如说中秋节、梁山伯与祝英台的传说,以及对灶王爷的祭祀等等在很多不同地区的形式是非常相似的。既然此类传统似乎不是官员或僧侣关注的事,自然的流布大概也起了作用。但我们仍然不清楚口头的信息从一个方言区传到另一个方言区的难度到底有多大。可以断言,口头沟通的难度越大,文字的媒介作用就越重要——即使是在大众节日及民间信仰的流播过程中,也无法避免文字的介入。如果方言的阻碍非常大,那么我们可以说大众文化中那些流播最广的部分应该是最具意识形态色彩的部分,因为在这部分大众文化的流播过程中,文人的介入是最具影响力的。

虽然明清时期的口头文化是单元化和地域化的,但同一个方言区中的每一个当地人都肯定能够说这种方言。与此相反,能够读书和写字的人虽然在中国每个地区都存在,但是在任何一个特定的区域,他们都只构成总人口的极小部分①。再者,识字能力有着极大的程度上的差别,但这种差别并不一定意味着文字沟通的中断。一个只受过初等教育的人只要他能够完整地用文字表达自己,至少可以通过文字与另一个受过教育的人在某些问题上交流。一个有高深学问的文人同样可以通过简单的文字向平民读者表达自己的想法。当然,他也许会

① 罗友枝,《清代中国的教育与大众识字率》(*Education and Popular Literacy in Ch'ing China*),密歇根大学出版社,1979 年,第 8—20 页。

不屑于这种交流,或者会让他的交流对象不知所云,不为所动。

对于一个只会读不会写的人来说,他不可能制造和传递以文字为载体的信息。鉴于此,只有既能读又能写的人才是文字信息沟通网络的成员。所以,信息沟通网络这个概念应该更适于口述的领域而不是文字的领域。能够通过书写的形式双向交流对一个人的意识当然会有重要的影响,但更重要的是他是否有机会接触并理解几千年来所形成的以大量典籍为代表的文献传统。一个对这个传统的接触和理解有限的人,他的意识肯定不同于一个对这个传统有高度接触和理解的人。而这种对文字传统的接触和理解程度取决于一个人的教育程度、阶级地位乃至他的智商,这些因素结合在一起,决定了他能接触到哪种书籍、他有多少时间阅读这些书籍,以及对它们的理解能力。如此,文字领域的形式应该是一个"阶梯"而不是"网络":相对而言,能够阅读并理解所有典籍的人非常少,能够读懂大部分典籍的人就要多一些;以此类推,文本的难度越小,能够阅读它们的人就越多。这个结果不由得让我们想起了社会分层,因为一个人的社会地位和教育程度(这二者又是密不可分的)在很大程度上决定了他对典籍的阅读和理解水平。总之,对于口头的领域来说,有意义的分野来自地域的不同;而对于文字的领域来说,有意义的分野来自于阶级的差别。

但是,文字领域的阶级分野与口头领域的地域分野相比,它对沟通构成的障碍是不一样的,简言之,这种障碍只是单向的。一个教育程度不高的人不能理解文人们研读的玄奥著作,但文人却可以毫不费力地阅读一个坊间通俗读物写手的作品,尽管他不一定喜欢这些作品。对于文字的领域来说,跨越这个障碍实际上意味着将高难度的典籍简化成"平民读者"所能理解的通俗版本。梅维恒(Victor Mair)在本书中以梁延年的《圣谕图解》为例所讨论的圣谕通俗化,似乎就是出于这个目的(见原书第330—335页)。而柏林(Judith Berling)所研究的《三教开迷归正演义》(原书第七章),其目的则是为了让明朝宗教革新家林兆恩的思想能够为更广大的读者群体所理解并接受。我们同样可以断定,许舒(James Hayes)在他的文章中(原书第三章)所提到的地方社会上的专家所用的文本也是出于同样的目的。事实上，受过教育的人对于把他们所熟悉的文本中的内容通俗化有着极大的兴趣。这种“翻译”工作的重要性是不容忽视的。这个问题是本书的一个重点，也应该成为未来研究的一个方向。我在下面还要提到。

如果我们把受教育的人群比喻成一个阶梯，那么我们应该在哪里划分不同的梯次？识字能力的程度可以无限地细分下去。甚至理解程度本身也存在不同的层次：从完全的理解到“得起要旨”。再者，在教育程度不高的人群中还有一种现象，就是识字能力局限于某种行业的常用字，而我们对这个现象的了解是非常有限的（见下文）。我们对识字程度所作的区分很可能是相当武断的，因为不同识字人群之间的界线是模糊而非明确的。但有两点相当清楚：第一，一个生员或准备应考院试的人应该是可以阅读几乎所有典籍的；第二，应有不少人接受过相当有限教育，因而能够阅读许多书籍，却在写作方面仍有一定的困难和局限。这些人对古典文学有所了解，他们的视野因而超越了地方口头文化的局限，但他们无法用文字来组织并记录他们的思想。在文字的领域，最重要的差别之一就是不会写作或者不常写作的人和既有写作能力又时常写作的人之间的差别。这个差别应该和对古典文学有高度接触和理解与否的差别一样重要。对文字领域的所有研究模式都应该包括这个差别。但由于我对能读而不会写的人到底有多少毫无所知，我现在只能在这里强调他们的重要性。希望以后的研究能够让我们对他们有更多的了解，从而能够把他们纳入对文字领域的任何一种研究模式之中①。

至此，本文试图说明口述领域和文字领域最重要的内部分野，以及这种分野如何影响信息沟通的过程乃至意识的形成。现在，本文将要开始论述口述领域和文字领域之间的分野，这也是最基本的一个分野。

一个不识字的人无法超越由民间传说、宗教讲经、闲言碎语以及道听途说所构成的文化领域。这是一个多姿多彩的领域，但它仍有许

① 对这个问题的进一步论述，请见下文。

多局限。所有由文字所传达的信息都必须由别人向他转述,包括经文所包含的道理、《三国演义》里英雄们的故事、最新发布的严禁邪教的圣旨,乃至一封家书等等。而在口述的领域里,沟通是在一个由面对面接触所连接起来的复杂的网络里发生的,任何一个与目前的利益和关注无关的信息会被遗忘,并因此而消失。一个没有被遗忘的信息则会在反复的讲述过程中被改变,直至有多个不同的版本出现。每一次的讲述都是为新的听众而重新创造的,而那些最受欢迎的版本还会一传再传。因此一个不识字的人面临着双重障碍:首先他无法理解由不同的方言或由文字传达的信息;同时他无法用另外一种方言或文字与别人沟通。

但文字和口述领域之间的障碍并非无法逾越。就像传说和信仰在会说两种方言的人的帮助下可以由一个方言区传播到另一个方言区一样,它们也可以跨越横隔在口述领域和文字领域之间的鸿沟。当然这个过程会很复杂,并涉及到很多不同类型的"中介"。对于理解中国历史,至少是宋代以后的中国历史,这种存在于受教育者和不识字者之间的交流体系无疑是至关重要的。它应该引起所有中国文化史研究者的重视。

把文本变成不识字者可以理解的口述形式大概是这个过程中最重要的一步。本书后面的章节提供了很多这方面的例子:如官员(或说书人)解说圣谕;罗教或红阳(弘阳)教派的成员向农民诵读他们教派的经书;算命先生、风水先生以及礼仪专家向他们的顾客或朋友解释他们自己所拥有的类书或小册子中的内容;演员向绝大部分不识字的小镇观众表演由文人所编写的剧本①。

同样,各种不同的口述文学也会被精炼成文字形式而进入文字的领域。有很多文体是通过这种方式而产生的,例如词、诸宫调、变文等等。当然,在说唱文学转化成案头之作的过程中,内容一定产生了重

① 本书的章节并未涉及到把文字材料转变成口述形式的另一种很重要的方式,那就是受过教育的人向他们的族人和朋友朗读书本上的内容。

要的变化,正如一个文本的口述版本会与原著不同。不过口述文学向文字领域的转化毕竟是存在的。

然而,我们所感兴趣的不仅仅是文学形式上的转化。我们所关注的最根本的问题是信仰、观念、价值观等等在不同人群之间的流动。这种流动的方式也许比较微妙。例如,王艮很可能在他的公开演讲中对他的听众解释他从王阳明那里听到的一些话。这个例子说明一个学问渊博的文人的思想是怎样成为教育程度较低的人的意识中的一部分——甚至都不需要经过文字阶段。同样,口述文化中的一些成分显然不需要经过文字阶段就可以进入一个受教育者的意识中。他在孩童时期就吸收了很多口述文化,终其一生也继续接触到口述文化——因为任何一个人都能参与他所成长的地区的口述文化。一个受过教育的人虽然对口述文化和书写文化都会很熟悉,但他并非像伯克(Peter Burke)所说的那样是"双重文化者"[①]。因为一个民间传奇或者宗教故事,对一个受教育者和一个目不识丁的农民可能意味着非常不同的含义。他们各自有一套理念和价值观,也必须把新的理念融入自己的价值体系中,或者以自己的价值体系评估新的理念。一个受教育者在孩童时期学习的民间口述文化在他的思想中无疑会留下很深的印记,但他在成长及接受经学教育的过程中会逐渐对这些文化产生怀疑甚至鄙视。即使他对民间口述文化的某些层面仍然抱有好感,但他的朋友可能并非都如此。这很可能会使他对民间口述文化保持一种情感上的距离,甚至一种思想上的压抑。

二

上文所尝试探讨的内容是语言的产物——故事、谚语、讲经、历史记载等等——在明清社会流播中最常见的轨迹,以及流播过程中所遇

---

① 《欧洲近代早期的大众文化》(*Popular Culture in Early Modern Europe*),伦敦坦泊斯密施(Temple Smith)出版社,1978 年,第 28 页。

到的各种阻碍。这些流播轨迹和阻碍所形成的不同模式自有其研究价值,但更重要的还是被传播的信息。人们用来表达思想和感情的文字是他们意识的最佳证据,而了解这种意识正是本书所关注的课题。

但是,一个文本究竟能反映出“意识”的什么层面?坦白说,我们往往不加思索地把某些文本视为其作者个人意识的体现,同时却把另一些文本所反映或体现的意识假定为整个群体的。前者包括文笔巧妙的、思想深奥的、手法或思想与众不同的、有明显的自我意识的或者是由有名的思想家或文人所写的文本;后者则包括未署名的、用熟悉的方式论述传统题材的、形式或思想简单的、作者自我意识不强的或者功能如教义问答书或谜语一般一目了然的文本。

某些非常有创见的文本所体现的很可能只是作者的意识,反之,常见的文本如神话和传说则确实反映了一个群体而不是个别作者的价值观,因为在代代相传的过程中,这些文本已经在某种意义上变成了一种集体创作。但大部分文本,无论口述的还是文字的,实际上既反映了作者的意识,又在某种程度上反映了一个群体的意识。

群体意识(group consciousness)或集体心态(collective mentalities)是本书关注的重点之一,因此有必要对这个概念加以认真思考。说到群体,有两种:一种是指和作者属于同一个社会阶层的人,另一种则是指文本的读者或听众。笔者认为,我们在一般的阅读和思考过程中,常常会把一些文本——比如欧大年(Daniel Overmyer)在本书所讨论的宗派宝卷或柏林所讨论的《三教开迷归正演义》——假定为体现了上述两种群体或其中之一的集体心态的材料。对于此类的假定,我们必须保持谨慎的态度。

每一个人的意识都是独特的,因此,严格地说,我们不能从作者的意识推断出一群人的意识。作为学者,这是我们平时都心安理得地忽视的一个不言而喻的道理。为了以文本材料进行学术研究,我们也不得不如此。此中最重要的难题在于,我们应如何决定和作者属于同一个阶层的人是谁?换言之,从作者的文本里,我们可以了解到哪些人的价值观和思想?是和作者经济地位或阶级相同的人,还是和作者有着相同职业背景的人,抑或是和作者有着相同教育和文化水平的人,乃至和作者同一城市或地域的人?对于这种问题,不可能有一个最终的答案。在某些课题上,我们似乎要用某种标准来定义一个群体,而在另一些课题上却又要用另一种标准。但一般而言,我们的标准应该是对个体意识的形成最重要的因素。以笔者所见,最重要的因素有两种:一种是与个人在上文所论及的信息沟通体系中的位置有关(包括他是否能够接触和理解古典文学),另一种与他在权力结构中的位置有关。以下将详细论述这两种因素。

除了作者的意识以外,文本也能够显示或折射出读者或听众的集体心态。不过,这个问题极其复杂,容易造成误解。首先,我们必须把一个文本的实际读者/听众与预期的读者/听众区分开来:前者有时也被称为一个作品的“大众”(public),后者是指作者有意识地为其而写作的人。明清时期大部分文本的实际读者/听众群现已几乎无从查考,但我们有时可以作出合理的假设。例如,在一位官员妻子的墓葬中发现的15世纪的说唱词话,我们可以断定是这位夫人生前的读物,并可以说和她同属一个阶层的妇女也是这个文本的读者①;而甘布尔(Sydney Gamble)等人所收集到的民间戏剧的观众则是定县的农民②;至于在山西收集到的民间传说则肯定是在当地不识字的农民中间流传;此外,酒井忠夫(Sakai Tadao)在其讨论明代善书的文章中所提到的带注解的通俗版四书,可以断定在精英阶层以外有相当广泛的流传③。诸如此类,不

① 参见芮效卫(David Roy),《15世纪的〈说唱词话〉作为范文写作的一个例证》(The Fifteenth-Century *Shuo-Ch'ang Tz'u-Hua* as Examples of Formulaic Composition),收入CHINOPERL(中国音乐戏曲学会)论文集,第10期(1982年),第97至128页。又见伊维德(W. L. Idema),《早期的中国通俗小说》(*Chinese Vernacular Fiction:The Formative Period*),布莱尔(E. J. Brill)出版社,1974年。

② 参见《中国的乡村戏剧》(*Chinese Village Plays*),甘布尔编辑,荷兰阿姆斯特丹:费罗(Philo)出版社,1970年。中文原文(应与甘布尔的翻译同时参考)见李景汉、张世文合编,《定县秧歌选》,台北东方文化书局1971年版(影印1933年版),共四卷。

③ 《儒家思想与通俗教育书籍》(Confucianism and Popular Educational Works),收入狄百瑞(Wm. Theodore de Bary)编,《明代思想中的自我与社会》(*Self and Society in Ming Thought*),哥伦比亚大学出版社,1970年,第336页。

一而足。但我们对某个文本的印次则知之甚少。我们大概也很难知道一本书的价钱,从而推测哪些人买不起①。同时,我们依然无法详细了解在一个特定地区的人群中到底有多少人的受教育程度足以让他们阅读和理解某个文本,虽然这方面至少有罗友枝的拓荒性著作可以参考②。正因为这知识上的局限,我们对于明清时期任何一个文本的实际读者/听众群几乎无从作出任何有把握的推断。所以,在假定任何一个文本影响或体现了某一特定阶层的意识时,我们必须特别谨慎。只有在确实的证据说明某一文本在某一阶层的成员中备受欢迎并广泛流传,因此在某个重要层面上符合他们的要求或需要,或者能够影响他们的世界观时,我们才可以做出这样的判断。

至于"预期的读者/听众",这是我们讨论中国文学时最常用"读者"一词来表达的一层意思。一个作者有时会在序言或书中的其他地方很清楚地说明他所期待的沟通对象③。另一些文本,比如个人书信或官方文件,其预期的读者更是不言而喻。但我们在大多数情况下仍然需要作出推测。为了做出合理的推测,我们必须对口头或文字信息沟通网络的结构有所了解:比如,任何一篇书写文本的预期对象都不可能是不识字的群体(少数讲唱文学除外),而一篇高深、充满典故的关于政治或文学理论的文章,其预期读者不可能是一群只接受过乡村学校教育的人;同样,一篇含有粤语特有习语的文本,其预期读者也不可能是北京人。

我们得出这样一些显而易见却极为有用的推论之后,就必须应用一些较为精细的方法。首先是要注意娱乐性作品与教育或启蒙性作品之间的区别。后者的意识形态或教义成分使我们很容易了解它的预期对象为谁。而前者既然是以娱人为目的,作者对其读者/听众集体心态的理解也不难在其作品中发现。但由"预期读者/听众"这个概念所引起的一个根本问题是:即使我们很清楚作者所预期的读者/听

---

① 伊维德的《早期的中国通俗小说》对此有一些很有意思的推测,见该书第44—64页。

② 罗友枝,《清代中国的教育与大众识字率》,第8—20页。

③ 酒井的文章(见上页注③)第334页,及梅维恒在本书的章节都有大量的例子。

众属于哪一个社会阶层，他的作品所直接体现的并不是那个阶层的集体心态，而是作者对那个集体形态的理解。因此，关于一个特定文本的“预期读者/听众”，我们务须了解的是：他们是和作者属于同一个社会阶层，还是属于相当不同的社会阶层。

如果作者和读者/听众在信息沟通网络和权力结构中的位置大致相同，一个文本就能够让我们了解其读者/听众群的集体心态，因为作者与读者/听众有着相似的心态，从而能够通过其作品反映这种心态。但如果作者与读者之间有一道社会结构所形成的阻隔，情况又会怎样？如果一个受过很好教育并在统治集团内拥有稳定地位的人为非精英阶层的读者写了一篇小说，我们能够以这篇小说作为非精英阶层集体心态的证据吗？毫无疑问，如果我们知道这篇小说在它的预期读者中大受欢迎，那么答案是肯定的。但通常的情况是，我们对实际读者的具体情况了解并不多，所知道的仅仅是作者期望什么人会读他的作品。这样一来，任何结论都必须建立在这个作者对其预期读者心态的了解程度的基础上，而我们显然不能断定每一个作者对自己社会阶层以外的人的心态会十分了解和熟悉。

令历史和文学研究者相当苦恼的是，我们所面对的大部分近代以前的文本，要么阙名，要么作者的生平没有任何记载。若想指望这些文本能够告诉我们一些关于特定社会阶层的信息，我们必须相当准确地推断其作者属于哪一个阶级或阶层。在一定程度上，要做到这点并不难。比方说，如果一个文本使用了某种词语或典故，其文笔大致是只有受过教育的人才能掌握的，那么即使这个文本的作者是无名氏，我们也可以推断他属于受过相当高深教育的阶层。更何况，我们知道任何一个书面文本的作者既然有识字能力，就已经属于当时社会中的少数人群。这类推论虽然很有价值，但作用毕竟有限，我们自然地会急于得出更多、更深入的结论。这种心理有时会导致某种循环论证：比如自己或其他学者的直觉会告诉我们，某一个文本的作者和读者都不是受过高深教育的人；我们从这个文本中似乎发现了一些特征；而当我们在另一个文本中发现了类似特征时，就把这些作为那个文本通俗性质的证据。我们在研究中是无法彻底消除这种循环论证的,因为我们对文本的作者和读者的了解实在太有限。对于一个无名氏的文本,我们没有办法把它精确地置于一个确切的社会背景之中,最终往往需要依靠直觉。不过一个学者对明清社会的了解越多、对影响人们意识的因素的理解越深,他的直觉离真实历史肯定就会越近。为此,我们首先需要对所有较可能有着独特集体心态的社会阶层产生更好的了解。以下,首先要论述一个人在信息沟通网络和权力结构中的位置为何会对他的意识有着巨大的影响。然后说明通过运用这两个标准,我们将可以分辨出重要的社会阶层。这些社会阶层中的每一个都有着独特的集体心态,但本文不会尝试去系统地描述——在目前的阶段,即使是对于我们了解最多的阶层也仍然做不到如此的描述。本文只会提供一些常识性的说明,以便我们在未来的研究中对这些文本的直觉更加可靠。

三

在不同程度上由口述或书写文本所传达的意识是取决于口述者或作者所接触到的所有口述或文字材料。从反面来看,他的意识的形成也受到由于种种原因而无法直接接触到的信息和观念的影响。比如说,一个不识字的 17 世纪福建南平的说书人肯定受到福建民间口述文化的浸润,但他对北边吴语区或南边粤语区口述文化的了解则取决于那些材料是否被懂得两种方言的中介人翻译成闽方言。同样,他对任何一个文本内容的了解也不是直接的,而必须以受教育者为中介。毫无疑问,这些中介人也会在口述过程中对原文进行一些变更。

一个只受过基本教育但能够写字的人,对古典文学中的很多作品仍然是不熟悉的。因此他不会引用某些典故,在写作上也局限于某些特定的词汇和文学类型。此类写作上的特征能够显示这个作者对文献传统缺乏全面的了解。

而一个士人的写作,尤其是为别的士人而作的,则会显示出他所受过的经学教育,正如一个不识字的说书人的表演或一个只受过基本教育的人的书信会显示出他们教育上的局限。至少在理论上,一个受过经学教育的人能够阅读中国历代的任何典籍,平时也会比我们所假设的另外两个人接触到更多不同种类的文字材料。此外,一个士人的意识不仅在内容上,而且在思维方式上都会和一个目不识丁的农民有很大区别。当一个人有能力把他的思想写下来的时候,写作本身就会增加其思想的深度和抽象思维的程度。写作过程中的反复修改和润色给了作者一个审视自己思想的机会,从而有助于形成一种思维上的自觉。正如易卜生所说:"写作就是审判自我。"这个问题非常复杂,本文无法详论,但它值得深入研究①。

因此,一个人所能听懂的方言和他所能理解的文本在很大程度上决定了他的知识结构和表达方式,也就是其意识的形式和内容。他的意识的形式和内容又反过来影响他的文字写作和口头叙述,从而也反映于这些写作和叙述。无论他属于富有创意的少数,还是乐于模仿的多数,当他用语言或文字表达自己的想法或感受的时候,他都会自觉或不自觉地应用到以前听到或读到的许多信息。所以,至少在理论上,我们能够发现一个人在思想上受过哪些影响,或者更具体地说,发现一个文本中所应用的材料的出处。任何一个人都在不断地从他所听到或看到的信息中整理出某种具有相对一致性的世界观,也就是把他在生活中接触到的五花八门的文字和语言材料"编织"在一起。这本身就是一个文化整合的过程,也许是此类过程中最基本的一个。虽然这种文化整合既然是个人的,就必定是独特的,但对于在信息沟通网络中处于相同位置的人来说,他们个人的文化整合在形式和内容上都会有许多共同之处。我们从而看到信息沟通和意识之间存在着直接和必然的联系。

---

① 见戈迪(Jack Goody)所著《对野蛮思维的驯化》(*The Domestication of the Savage Mind*),剑桥大学出版社,1977 年。该书探讨了文字的发明对人们意识的影响,富有启发。但它对我们研究像中国这样文字传统和非文字传统并存的传统社会并没有很大帮助。易卜生的话引自戴维(Robertson Davies)所著《狮身人面兽》(*The Manticore*),企鹅(Penguin)出版社,1976 年,第 73 页。

然而,语言或文字并不是影响意识的唯一因素。一个人所听到和读到的信息必须和他的人生经验相结合。对于两个同样受过经学教育的人来说,如果一个有权有势,而另一个却靠着在富商家里坐馆来维持生计,他们写的文章在态度和价值观上难道不会有所不同吗?同样,面对一出苛责贪婪的地主的乡村戏剧,一个富农想必不会像他的佃户一般痛快地欣赏吧。当然,人们意识的不同是由很多社会的、经济的以及心理的因素综合在一起形成的,但笔者认为大部分因素和一个人在所谓的“权力结构”(the structure of dominance)中的位置有直接关联。“统治权力”(domination)的种类有许多,因此,“权力结构”也可以有几个不同的含义。这倒是这个概念的长处之一,因为在实际生活中,一个人是从整体上而不是用某些便于分析的类别如“财富”或“声望”去感受自己的处境。本文并不会详细解释“权力结构”这个概念,因为它的各种含义会在下文逐渐明朗①。

在统治结构中的位置如何影响一个人的意识是一个极其复杂的问题,只有在讨论具体的历史事实时才可能得到充分的说明。笔者在这篇简略的大纲中所希望达到的只是为将来的研究提供一个清晰的基础概念。在进入正题之前,笔者想先对一个很重要的现象加以说明,即统治阶级所认同的价值观——韦伯(Eugen Weber)所称的“官方文化”——在中国社会中的广泛传布②。这个现象乍一看和我们讨论的问题似乎有着紧密关系,但实际上却完全是另一回事。

---

① 在论述阶级关系时使用“统治权力”(domination)和“被统治”(subordination)这两个概念似乎是从葛兰西(Antonio Gramsci)开始的。我个人则是首先在两位当代英国马克思主义学者威廉斯(Raymond Williams)和鲁德(George Rudé)的著作中接触到的(见下文及第292页注④)。葛兰西的“统治阶级”和“被统治阶级”的概念对金斯伯格(Carlo Ginzburg)《奶酪和蛆》(*The Cheese and the Worms*)一书中对一个16世纪晚期北意大利磨坊主的精神世界的精彩重构有着重要影响。霍普金斯大学出版社,1980年,第14页及第129—130页。

② 韦伯于1981年1月在美国学术委员会于檀香山召开的“明清时期通俗文化中的价值观与信息沟通方式”学术研讨会上的发言中使用了“官方文化”这个词汇。韦伯的杰出著作《农民如何成为法国人:1870—1914年法国农村的现代化》(*Peasants Into Frenchmen: The Modernization of Rural France*, 1870—1914)对所有对“被统治阶级”与集权化政府权力之间的关系感兴趣的人都会有很大帮助。斯坦福大学出版社,1976年。

代表统治阶级利益的价值观和理念在很大程度上渗透到大众的意识中——这是明清文化的一个重要特征,本书中的很多章节都说明了这一点。这种渗透在某些方面是几个世纪以来历朝官员及精英阶层的其他成员不断努力的结果,他们一直试图用意识形态上可以接受的成分取代民间文化中那些所谓"伤风败俗"和"迷信"的成分。如此一来,对钱塘潮的祭拜就和对伍子胥的祭拜联系起来,而伍子胥在更早以前已被儒家史学家从一个武士型的英雄改造成了忠君和自我牺牲的典范[①];而华中和华南地区在仲夏时节对河神与瘟神的祭祀在某种程度上被转化成对"忠臣屈原"的祭祀[②];相应的地方传说也被更改以符合标准的道德规范[③]。华琛(James Watson)收入本书中的论文生动地描述了清代统治者对祭拜天后以及其他民间祭祀的利用和推广。他写道:"政府以某种微妙的方式介入,使得原本区域性和地方性的祭祀达到某种同质性。"(见原书第293页)

历史上,这种过程在许多时代和地方都看得到。例如,托马斯(Keith Thomas)的《宗教的产生与魔法的衰落》(*Religion and the Decline of Magic*)[④]揭示了正统基督教的代表是如何在英国的农村中铲除古老的习俗与信仰。中世纪欧洲异教的圣地如泉水和山洞变成了基督教的朝圣中心和教堂,相应的基督教传说与奇迹也随之出现,这也是广为人知的例子[⑤]。如同弗赖伊(Northrop Frye)所说:"'中心传说

---

① 参见拙作《伍子胥变文及其来源》二,(The WuTzu-hsu *Pien-wen* and Its Sources, Part II),《哈佛亚洲研究学刊》(*Harvard Journal of Asiatic Studies*)第40卷第2期(1980年12月)。

② 见艾博华(Wolfram Eberhard),《中国的节日》(*Chinese Festivals*),台北东方文化中心,1972年,第77—104页。

③ 笔者在对城隍崇拜的起源与早期发展的研究过程中发现了很多类似的例子。《哈佛亚洲研究学刊》即将刊登这篇论文。

④ 纽约,斯克瑞伯纳(Scribner's)出版社,1971年。

⑤ 勒戈夫(Jacques Le Goff)对这个过程在欧洲中世纪早期的发展作了一个发人深思的概述。参见《中世纪的时间、工作与文化》(*Time, Work, and Culture in the Middle Ages*)中的一章"墨洛温文明中的教会文化与民间传说",芝加哥大学出版社,1980年,第153—158页。伯克认为在近代早期的欧洲有一个"大众文化的改革",即"一部分受教育者有计划地尝试改变(按照维多利亚时代人们的说法,是改善)其他人的态度和价值观"。见《欧洲近代早期的大众文化》(本书第283页注①),第207页。

体'(即那些能够表达一个社会所最关注的事情,并被这个社会的成员认为是极其重要和严肃的所有"故事")是一个具有特别权威的集合。这就意味着当权者必然掌握它。"①一个文化中的这种"中心传说",在被利用和重新解释之后成为了一个包含理念、价值观和思想在内的体系的核心,并逐渐渗透到整个社会中。这样的体系无疑包含了维护现存秩序的因素,但如果我们把它们仅仅看成统治阶层为了维持和巩固其特权与地位而刻意发明的体系,则未免过于片面地理解它们的意义。无可否认,在这个过程中有自上而下的灌输,但同时也有某种"被灌输"的渴望存在,即渴望能够符合"正确"理念的标准。在普通人的眼里,统治阶级的价值观和理念具有某种真理的光芒。如同鲁德在他的《意识形态与大众抗争》(*Ideology and Popular Protest*)一书中所写:"人民在自己被统治的过程中成为了心甘情愿的合作者。"②

上面这句话出现在鲁德对葛兰西"霸权"这一概念的简述的结尾部分。虽然鲁德的概述没有传达出葛兰西所要表达的全部意思,但它毕竟抓住了一个要点。鲁德认为对葛兰西而言,霸权意味着"统治阶级以一种大致上平和的方式建立起(全社会)在思想上的某种一致性,即建立了他们在思想领域的统治地位。这个过程是通过掌控葛兰西所谓'公民社会'中灌输思想的传播媒介而实现的:即通过报章、教会以及学校。"(对明清社会而言,我们应该说"通过出版业,尤其是戏剧和小说的出版"。)③

葛兰西对公民社会④中私人组织与国家公共机关的区分对明清时期的中国来说没有多大意义,因为在明清社会,国家所有的机关和组

① 见《世俗的经书:对传说结构的研究》(*The Secular Scripture: A Study of the Structure of Romance*),哈佛大学出版社,1976,第6—7及第27页。

② 纽约众神殿(Pantheon)出版社,1980,第23页。该书的第一部分尤其有启发性。

③ 《意识形态与大众抗争》,第23页。

④ 葛兰西认为,"公民社会"是相对于国家的公共机关而言,它是"所有私人组织的集合体";"私人组织包括教会、工会以及学校等等。"见他的《狱中札记选文》(*Selections from the Prison Notebooks of Antonio Gramsci*),纽约国际出版社(International Publishers),1971,第12页,第56页注释。

织已被同一个精英阶层所控制。但这也让"霸权"在中国达到了惊人的强度和范围。不仅如此,统治阶级"对灌输思想的传播媒介的掌控"在明清时期达到了非同寻常的程度,因为此时的中国已经成为了一个"学者政权"(grammatocracy)。无论是根据法令还是根据传统,统治阶级是由精于写作并熟悉古典文学的读书人所构成。再则,几乎所有高等次教育的目的都是为了参加科举考试,而科举考试所测试的内容包括了考生是否符合正统意识形态,因此读书人往往只会在既有的传统和正统意识形态的基础上稍做发挥,而不是创造新的思想。就连多数初级教育也是极端的意识形态化,不过由于统治阶层并没有完全垄断初级教育,所以某些不同的教育形式还有可能出现[①]。最后,政府官员的职责包括保护乃至提升社会道德,因此他们有权审查民众可能会读到的书籍或看到的戏剧,有权惩罚任何表演或传布被认为有伤风化材料的人。

这不仅是一种取得文化整合的方法,更是把文化整合建立在一个特定的意识形态基础上;这种文化整合不是人与人相互接触并进行文化交流的自然结果,而是某一个阶级刻意制造的社会局面。这给予我们一个有用的提醒:虽然不同的信息沟通体系只是文化景观(cultural landscape)的一部分,文化景观如同自然景观一样,变化是缓慢的。但正如人们可以为了某种目的改造山川,某些社会阶层——只要他们有能力动用足够的社会资源——也可以为了达到某种目的而改造信息沟通体系。在明清时期,一个人所听到或读到的信息中有一部分,有时是很重要的一部分,往往会包含统治阶级所认可的思想和价值观,因为这些书籍、戏剧等等是由统治阶级的成员所创作,或者受到他们的影响。所以我们把这个问题放在"信息沟通"这个标题下讨论是理所当然的。可是,只有在充分了解权力关系之后,我们才能真正理解这个文化整合的过程。如此,我们就能很自然地过渡到下一个问题的讨论。

---

① 罗友枝,《清代中国的教育和大众识字率》,第 49 页,第 128—139 页。

下文的基本主张是，一个人在权力结构中的位置本身会对他的意识有决定性的影响。这种影响无论从逻辑上还是历史上来讲，都不同于与一个人在信息沟通体系中的位置对他的意识所造成的影响。如上文所说，这是一个非常复杂的题目，我们恐怕很难只把它看成单一的"问题"，它也肯定没有简单的答案。纵然如此，我们无法否认一个人的意识是受到他在权力结构中的位置的影响。为了进一步说明这一点，本文将再次引用葛兰西以及其他一些受到他影响的当代英国马克思主义历史学家和理论家。

葛兰西认为早期的马克思主义理论家过分低估了普通民众意识的重要性。一般的观点都把知识分子看成一个单独的社会阶层，而葛兰西坚持认为"每个人都是知识分子"，即使他们不一定"在社会中扮演知识分子的角色"①。他认为每个人都有其"自发的哲学"，包含在以下几种形式中：一、语言本身。语言不仅仅是按语法组织起来的一些空洞的字句，它是具体思想与观念的集合；二、"常识"与"日常知识"②；三、民间信仰以及民间传统（folklore），后者包括理念、迷信、想法、观察事物及行为处世的方法等等③。"常识不是某种特定的、超越时空一成不变的概念。常识是哲学领域的'民间传统'（folklore），像民间传统一样，它有着无数不同的形态。""普通人的道德观形成于不同的社会和文化环境"，这些不同的环境决定了常识的不同形态，所以这些不同的形态是对"现实中面对的某些具体问题"的反应④。

在《马克思主义与文学》一书中，威廉斯（Raymond Williams）对葛兰西这些零碎的观点做了精确的总结和诠释："起决定作用的不仅仅是有意识的思想和理念的体系（即统治阶级利益的体现或折射，传统马克思主义理论称之为'意识形态'），而是那在现实生活中被具体而

---

① 《狱中札记》，第9页。

② 葛兰西的英文译者对这两个概念的解释相当有用："一般上，'常识'（common sense）指那些为某一个社会所广泛认可的臆说和理念，但并没有任何系统性；而'日常知识'（good sense）指那些来自理性观察的客观知识。"见《狱中札记》第323页注释1。

③ 《狱中札记》第323页。

④ 同上，第419页、第324页。

强势的观念和价值所左右的社会进程。"意识形态的概念忽视了"在一个(特定的)时代和社会,人们的意识往往是相当混杂的、不清楚的、不完整的、不明确的"①。这也就是鲁德在葛兰西的基础上所总结为"在平民中流播的没有完整结构的思想,他们通常由民间传说、神话、日常经验所组成,这些思想有时会自相矛盾,混淆不清"②。威廉斯认为,葛兰西的思路:

> 当然没有排除统治阶级发展和推广的清晰而完整的观念、价值观以及理念。但他的思路并没有……把这些当成意识的全部,而是把权力关系视为浸透在所有生活经验中的现实意识……包含了每个自觉的生命以及这些生命之间的关系,以至于那些原本是某一特定经济、政治或文化制度所造成的压力或局限,在多数人的眼里都成了某种经验和常识意义上的压力或局限。……因此,对多数的人而言(统治者的霸权)构成了他们对现实的认知,这种认知是绝对的,因为它来自人们的亲身经历,而没有多少人在生活中能够超越这种现实。③

E. P. 汤普森(Thompson)或许是英国马克思主义史学家中最杰出的一位。他用了一个非常有说服力的例子来说明被统治状态对意识的影响:

> 在回应地方法官让他解释为何疏怠职责时,迪福(Defoe)小说中的织布工人说,'不是我的主人,法官大人,我想我是自己的主人'。当他拒绝对他的雇主表示恭敬时,他的话语中却很有心机地充满了对'法官大人'的奉承。他希望摆脱眼前日常的依附和屈辱,但是更大的权力结构,包括社会地位和政治权威,似乎就

---

① 牛津大学出版社,1977,第109页。
② 《意识形态和大众反抗》,第23页。
③ 《马克思主义与文学》,第109—110页。

> 是天经地义,不可改变。在这样的一种文化霸权影响下,人们觉得现存的权力结构乃至剥削方式都是再自然不过的。①

上述观点可以概括为:人们所处的生活现实对其意识有着极为重要的影响,而这些生活现实中最基本的因素是与权力结构紧密相连的——这些看法为我们研究明清社会提供了一个非常好的分析问题的角度,下文将对此作进一步阐明。在此需要说明一点:本文所讨论的是集体心态而不是马克思主义意义上的阶级意识,所关心的是特定社会阶层的成员所特有的理念和价值观,而不是这些成员是否意识到自己属于一个有着共同利益,并且可以通过集体行动来维护和促进这些利益的社会阶层。笔者之所以引用威廉斯、鲁德、汤普森的观点,并不是因为完全同意他们的理论立场(这从上文看应该已经很明显),而是因为他们对权力结构中的位置是如何影响个人意识提供了笔者所见到的最有说服力的阐述。

四

明清时期中国乡村权力结构的主要特征应为学者所熟知②。每个村庄都会有一些家庭或个人因为没有土地或者土地非常少而不足以自给。他们为了生存而采取不同方法:租种土地、当雇工、从事家庭手工业,在经济更困难的时候,也许还会借债、乞讨,甚至——如裴宜理(Elizabeth Perry)所描写——偷窃③。这些人的生活极度仰赖地主、雇

---

① 《贵族社会与平民文化》(Patrician Society, Plebian Culture),《社会史学刊》(*Journal of Social History*)第7卷第4期(1974年夏季号),第387—388页。

② 有一点必须指出:我们对18世纪和19世纪(尤其后者)中国社会结构的了解远胜于对明代与清初社会结构的了解,本文自然也反映了这种不平衡。由于本文的分析把明清时期作为一个整体,因此读者会有一种印象,即19世纪的状态存在于整个明清时期。实际情况当然并非如此,罗友枝在本书的导言中对此已提供很清楚的说明。但这未必会减弱本文的论点;不论各个社会阶层的人数有多少,本文的分析方法都可以适用。

③ 《造反者和革命者:华北1845—1945》(*Rebels and Revolutionaries in North China, 1845—1945*),斯坦福大学出版社,1980年,第3章。

主、债主以及家庭手工业品的客户。我们很难说清在中国乡村中这一部分仰人鼻息的村民到底有多少。他们的人数肯定在不同时期或不同地区出现差异。但多数学者认为，这一部分村民的数量在19世纪晚期和20世纪初已经非常多。在一篇近年发表的研究论文中，周锡瑞（Joseph Esherick）得出的结论是：在20世纪30年代，有40%到80%（不同省份的比例不一）的农村人口是不能自给自足的①。这是中国乡村中整个权力结构的一个巨大底盘。

在乡村社会，富余土地的拥有者是最有权力的。他们或者雇人耕种他们的土地，或者将土地出租。这些人包括中国共产党在其阶级分析中所认定的"富农"和"地主"，他们在20世纪30年代约占农村人口总数的10%②。

乡村社会的权力结构非常复杂，其中另有许多因素值得一提。比如说，有些佃农几乎有权永久租种某一块相当大的土地，因而生活相当富裕。还有一个阶层应该受到特殊关注，因为它正好处于富裕者与不能自给者的分界线附近。这个阶层的成员未曾积累过很多剩余物资，但他们所拥有的土地或者其他的稳定收入足以让他们称为经济独立或自给自足。根据周锡瑞的统计，这部分人在20世纪30年代约占农村人口总数

---

① 《数字游戏：关于革命前中国的土地分配的一个说明》（Number Games：A Note on Land Distribution in Prerevolutionary China），参见《现代中国》（*Modern China*）第7卷第4期（1981年10月），第404页，表7。全国的平均数是68%。显然，对于本文所要达到的目的而言，周锡瑞的统计是不够理想的。首先他所依据的数据是不完整的（对此，他也表示承认），其次，这些统计所反映的是中国历史上的一个异常时期。但是在关于明清社会史的专著和论文中，笔者未能发现类似的统计，更不用说比它更好的统计了。与此同时，我们应该注意一段由当今最杰出的研究农村生活的欧洲学者之一古贝尔（Pierre Goubert）所写的论述："[在17世纪的博韦（Beauvais）]12公顷以下的土地在任何情况下都无法保障其主人最起码的经济独立。我们所掌握的材料充分说明，大部分的农民——四分之三以上——所拥有的土地远远低于这个标准。这是否意味着他们注定要忍饥挨饿乃至无法生存？在大多数情况下，答案是肯定的。"接着，他非常有力地论证了这个可怕的结论。古贝尔的文章《17世纪农民的一个地区性案例研究》（A Regional Case Study of the Seventeenth-Century Peasantry）收入沃洛克（Isser Woloch）编，《旧制度下的农民：他们的生存状态和抗争》（*The Peasantry in the Old Regime：Conditions and Protests*），纽约浩特—莱茵哈特—温斯顿（Holt，Rinehart & Winston）出版社，1970年，第37页。

② 见周锡瑞《数字游戏》，第405页，第408页注11。

的22%①。在现实中,要在不能自给者与自给自足者之间划一条清晰的界线是非常困难的,因为总会有一些处在界线上的人,我们很难把他们归类。然而,在概念上对这两者加以区分是非常重要的。这个区分给我们划出了两类人:一方面是必须直接仰赖别的村民而生存的人,他们大概每天与自己所依赖的人碰面,熟悉对方,了解对方的生活习惯;另一方面,是那些不需要仰赖他人而生存的人,用古贝尔的话说,他们能够"用他们所得的那部分收成来养活全家"②。能够自给的家庭中的最低阶层的生活大概是相当没有安全感的,因为几年的歉收就可能使他们陷入贫困日子。然而,与仰赖别的村民相比,这种受制于变幻莫测的大自然的生存状况所产生的心理作用是非常不同的。不错,自给农民在法律上其社会地位低于士绅与官员,在现实中甚至要向地方豪强低头,但和生存能力都掌握在别人手中的农民相比,这些人的处境还是不一样的。有鉴于此,如果把中国农村人口分为"不能自给者"和"自给自足者"两大类,笔者选择把这一处于两者间的阶层划入后者,也就是说与地主属于同一个类别,而不是与贫农同类③。

景苏与罗仑所著的《清代山东经营地主的社会性质》对中国乡村中的权力关系做了非常有力的概述:

> 地方事务是在(乡村)地主阶级的权力范围之内。他们通常负责组织救灾与类似事务,也有权对任何争端进行仲裁,无论是宗族内的争端还是村落内的争端。他们的决定时常带有政府法令一般的权威。……这些权力极大地影响了农村中自耕农和贫农的生活。这些农民——包括长工和短工——由于完全或部分

① 周锡瑞,《数字游戏》,第405页,第408页注11。

② 《17世纪农民的一个地区性案例研究》(见前页注①),第35页。

③ 布卢姆(Jerome Blum)在他的杰出著作《欧洲农村旧秩序的终结》(*The End of the Old Order in Rural Europe*)中虽强调农民社会结构的多样性,实际上却使用了一种与本文所论述相似的三重结构模式,即"富裕"农民、"拥有刚好足以自给的中等土地"的农民,以及"因土地太少而不得不寻找其他收入来源"的农民。不过,布卢姆没有强调前两类与第三类的区别。普林斯顿大学出版社,1978年,第105页。

> 靠着为地主做工来维持生计，所以不得不在他们的权力下战战兢兢地唯命是从。[①]

权力结构中，位于乡村地主之上的是外居地主。他们拥有大量的土地，却并不亲自耕种，而是通过驻地管家或代理人把土地出租，自己则住在市镇或城市里。他们的收入除了地租之外，还有来自各种商业活动的盈利。所以他们比较属于城市社会而不是乡村社会，虽然他们在拥有土地的任何地方都会有影响力。

城镇有自己的权力结构，这个结构的最低阶层与乡村的权力结构有很大的不同。（柏林的文章对晚明的城市社会结构做了简略而生动的概述，见原书第 193—194 页。）首先有一个贫困阶级，包括劳工、拾荒者、小贩等等；当然还有一个富裕的阶层，包括作坊和店铺的老板；介于这两者之间的是雇员，一个典型的城市群体，这个群体的成员应是相当众多而且多样，从不领薪的徒工到相当有权力的掌柜。既然是雇员，任何时候都有被解雇的可能。从这个意义上说，雇员也是极度“仰人鼻息”的一群，虽然他们当中有一部分在经济上还相当过得去（这一部分尤其值得深入研究）。雇主与雇员之间的这种权力关系常常在行会里得到体现，这在徒工身上表现得最为明显。在探讨清代行会规章时，葛平德（Peter Golas）写道：“一般上，徒工的行为准则是对上级的绝对服从。……（徒工必须）根据每个同事的地位和年资，用相应的亲属称谓来称呼他们。……当他的学徒期满了之后，他仍然要对师傅尽一个儿子对父亲的义务。”[②]

---

① 该书的英文译本由哈佛大学出版社于 1978 年出版。英文版书名为 *Landlord and Labor in Late Imperial China*，译者为魏根深（Endymion Wilkinson）。引文见英译本第 210 页。彭湃的《海丰农民运动报告》第一部分对农村中最受制于人的农民的生存状态作了十分生动的描述。英文译本书名为 *Seeds of Peasant Revolution: Report on the Haifeng Peasant Movement*，译者为霍罗克（Donald Holoch），由康奈尔大学中国-日本研究计划于 1973 年出版。有关描述见英译本第 8—19 页。

② 《清代早期的行会》，收入施坚雅（G. William Skinner）编，《明清中国的城市》（*The City in Late Imperial China*），斯坦福大学出版社，1977 年，第 566 页。

无论在城市或乡村，权力结构的上层都是所谓的士绅。他们的社会优势不仅仅源于财富和权势，更是由法律界定并得到法律支持的。他们在科举考试中获得的功名以及各种封号给他们带来一系列法律上的特权，比如免交赋税、诉讼过程中的特殊待遇、以及穿戴表明官阶和地位的服饰①。法律上的特权也带来了许多习惯上的特权，以及种种其他由士绅地位而带来的好处。总之，这个相对人数极少的阶层在中国社会占了无可争议的优势。

虽然有些细节仍具有不少争议，但大多数学者都认为明清时期的士绅阶层的核心是由以下群体所组成：现任或退职的官员，以及具备任职资格的人——包括文武进士和举人以及贡生（包括通过纳捐取得贡生身份的例贡），在明代还包括监生②。在这个阶层中，现任官员最有势力，也无疑是中国社会中最有权力的群体。瞿同祖和张仲礼的研究都表明清代的生员和监生虽然享有士绅阶层在法律上的特权，但是在权力结构中却明显处于较低的位置③。因此生员（以及清代的监生）是一个过渡性的群体：根据法律和习惯，他们位于普通百姓之上，但他们的地位又低于真正的士绅④。在知县、退职官员及县里的举人和进士眼里，生员和监生的地位很低；但是在普通百姓看来，他们确有点高不可攀：他们的屋外有旗杆，门上有朱红的匾额⑤。正如孔飞力所

① 张仲礼（Chung-li Chang），《中国士绅在19世纪社会中的角色》（*The Chinese Gentry: Studies on Their Role in Nineteenth-Century Chinese Society*），华盛顿大学出版社，1955年，第32—43页。

② 孔飞力（Philip Kuhn），《晚清的叛乱及其镇压者》（*Rebellion and Its Enemies in Late Imperial China*），哈佛大学出版社，1970年，第3—4页；何炳棣（Ping-ti Ho），《明清社会史论》（*The Ladder of Success in Imperial China*），哥伦比亚大学出版社，1962年，第24—42页；景苏与罗仑，《清代山东经营地主的社会性质》英译本（见上页注①），第11页。

③ 《中国士绅在19世纪社会中的角色》第6—8页；瞿同祖（T'ung-Tsu Ch'ü），《清代中国的地方行政》（*Local Government in China under the Ch'ing*），哈佛大学出版社，1962年，第173—175页。

④ 《明清社会史论》，第35页。

⑤ 赖恬昌（T. C. Lai），《清代中国的士人》（*A Scholar in Imperial China*），香港凯利—华尔叙（Kelly and Walsh）出版社，1970年，第2页。

指出:“生员或监生……在穷乡僻壤可以很容易地支配乡村社会。”[①]

生员与监生的例子有助于让我们了解到,统治结构的较低阶层里的社会地位是来自财富和权力,而在这个结构的上层,社会地位是来自官阶和特权,这些官阶和特权则取决于科举考试中的成绩。生员处于一个异常的地位因为他们介于权力结构中这两种决定社会地位的标准之间。他们在科举考试中的成绩给他们带来声望,但不一定足以带来社会优势[②]。(出于类似原因,非常富有但没有用钱买功名的商人也有着相当异常的社会地位。)总之,在统治结构的这一部分,最重要的分野在于因官阶或功名而拥有法律特权的士绅与普通百姓之间。

由于妇女很少参与家庭以外的社会生活,以上所描述的统治结构中很难有她们的位置。但是如果把家庭也看成是一个有着权力关系的地方,那么显然在任何一个社会阶层中,妇女都是被统治的另外一群人,因为在中国的家庭中很少由妇女掌权的。在任何一个社会阶层中,女人和男人的集体心态都应该或多或少会有某种区别。(华琛在他的文章中关于男人和女人对宗教信仰的心态的不同有引人深思的论点,原书第320—321页。)这一点对我们理解明清文化的内在运作极为重要,以下将做进一步说明。

综上所述,明清时期的权力结构中包含了这些主要成份:底层是无法独立养活自己和家人的百姓,他们的生存必须仰赖较富有或较有权力的人——这底层包括无地或少地的农民、城市里的劳工,以及法律身份低于普通老百姓的世袭佃农、奴婢以及奴隶。结构的上层是少数因官阶和功名而享有法律特权的士绅。介于这两者之间的是至少拥有足够的土地或其他财产来维持生计的中层,其中有些人或许还拥有相当多的土地和财产。他们虽自给自足,却不享有士绅阶层所拥有

① 《晚清的叛乱及其镇压者》,第4页。

② 寒酸的秀才(生员的俗称)被人蔑视的形象在讽刺小说(如《儒林外史》和《老残游记》)中很普遍,也出现在《三教开迷归正演义》中(见原书第202页)。这种形象在明清社会史的研究中有一定的影响,只是仍嫌客观证据不足(参考《明清社会史论》[见上页注②]第36—37页)。在明清时代的特定时期和地区,生员贫穷落魄而遭人鄙视的情况是否真的如此普遍?认为生员身份无足轻重的学者也许无意中受到了士绅阶层上层偏见的影响。

的任何特权,因此同样可能面对某种出于仰赖他人而产生的焦虑和不满,当然他们还是不必经历完全仰人鼻息所造成的屈辱感受。这个结构的中层和底层都可以进一步区分为乡村和城市两部分;而生活在城市的中层成员,如工匠和店主,还可以更进一步以各种方式分类(这些分类反映于行会制度);最后是妇女,她们几乎无一例外地处于丈夫和公婆的权威之下,而且不能参与家庭以外的任何社会活动。

一个人对权力关系的知觉极大地取决于他当时所处的环境。一个村长来到府城会变得无足轻重,但他对这一点完全明白。人们对于整个权力结构内的所有权力关系有着十分深刻的理解,就算每个人平时只会经历其中的几种关系。一个不识字也没有功名的乡村自耕农一般上不可能不怕官绅,甚至不会不对一个秀才表示尊重。这就是一个人在权力结构中的位置会影响其意识的原因所在。更进一步说,这个权力结构中任何一个重要部分的成员当中都会形成一种独特的意识或集体心态。

五

上文已说明了一个人在权力结构和信息沟通网络中的位置会影响他的意识。但是这两者不是孤立的,每个人都会同时受到这两方面的影响。另外,一个人在一个体系中的位置会影响到他在另一个体系中的位置。因此,为了确认哪些社会阶层对意识的形成有重要影响,我们必须同时考虑一个阶层在权力结构中的位置和在信息沟通网络中的位置。例如,在口述领域里方言是一个很重要的因素,但一个人是否能够自给(即是否需要仰赖他人以维持生计)也一样重要。在同一个方言区里,贫穷的雇工和佃农所讲的故事必定会和衣食无忧的人讲的故事传达出不同的价值观和态度。而一个不识字的富农和一个由于某种机遇而受过经学教育的富农也一样会有相当不同的意识。

权力结构中三个最重要的阶层是:仰赖他人以维持生计的、享有法律特权的、以及介于这两个极端之间的自给自足的普通百姓。如果姑且不论方言的因素,信息沟通网络中三个最重要的组成部分是不识字者、受过经学教育的人、以及没有受过经学教育但或多或少识字的人。若把这两个体系结合起来考虑,我们会发现有九个不同的社会-文化群体,见表1。

表1:

	渐大←权力→渐小		
渐高↑教育程度↓渐低	受过经学教育/享有法律特权	受过经学教育/自给自足	受过经学教育/不能自给而仰赖他人
	识字/享有法律特权	识字/自给自足	识字/不能自给而仰赖他人
	不识字/享有法律特权	不识字/自给自足	不识字/不能自给而仰赖他人

理论上,表1中应该加上一条与这两轴垂直的轴线,以显示不同方言区,并且根据城镇和乡村之间的区别进一步划分。如此,不同方言区以及城市和乡村之间的分界线在表的上部会很模糊,尤其在"受过经学教育/享有法律特权"那一组。而这些分界线在表的下半部分会非常分明,尤其在"不识字/自给自足"以及"不识字/不能自给而仰赖他人"这两组。虽然讲闽方言的士大夫应该会表现出一些和讲吴方言的同僚不同的态度和理念,但这种差别若与这两个方言区的农民在心态上的差别相比,大概是无足轻重的。此外,乡村的口述文化和城镇的口述文化大概会有很大区别,而士人文化无论在乡村还是城镇应该是大同小异的①。然而,我们对于不同方言区的口述文化之间的区别仍然知之甚少,若要对这种区别的重要性作出适当的评价,还有待

① 牟复礼(F. W. Mote)在《南京城的转变:1350—1400》(The Transformation of Nanking, 1350—1400)一文中否定了中国文化中普遍存在城乡二元对立现象的可能性。但是,他也认为"城镇居民和乡下人之间的差别在社会下层大概会明显得多,(和上层精英相比)乡村和城镇的区别在这些人的日常生活中也肯定更为重要"。再如他认为"城市生活在意识及态度上肯定有其独特之处"。施坚雅,《明清中国的城市》第117页,第106页。

将来许多研究工作。对地方戏曲的深入研究似乎是解决这个问题的一个好方法,因为不少地方戏的流传范围想必是和方言区一致的①。另外就是对不同地区谚语以及民间传说的比较研究(前者为欧达伟[R. David Arkush]所首先提议②)。在上述研究或其他相关研究有一定进展前,我们对不同方言区文化上的区别难以作出任何结论。

至于表1所列出的九个社会群体,会使我们至少在概念上有个更加坚实的立足点。其中有些群体,如"受过经学教育/不能自给而仰赖他人"者,也许在历史上并不重要(但我们对此也不应过早作出臆断)。另一些如"受过经学教育/享有法律特权"及"不识字/不能自给而仰赖他人"这两个群体,学界早已认识到他们在历史上的重要性。还有一些如"不识字/享有法律特权"及"受过经学教育/自给自足"这两个群体虽然非常重要,却还未受到学者的重视。以下将对每一个群体做一个简要的论述,并指出他们的一些重要特征。

至少对男性来说,他们在这两个体系中的位置是彼此紧密相连的。这是因为教育程度与对古典文学的接触和了解往往取决于财富,财富又和一个人在权力结构中的位置紧密相关。与此同时,一个没受经学教育的人是不可能进入这个权力结构的最高层的。人人都想在这个权力结构中升级,或至少保持现有的位置,因此每个家庭往往会在其资源所允许的最高限度以内让儿子接受教育。只有赤贫如洗的家庭的子弟才得不到任何教育。再者,学问本身在传统中国社会就是统治权力的一个关键层面。在正统观念里,统治权力是通过学问得以合法化的,所谓"劳心者治人"。在现实生活中,普通百姓们也对有学问的人报以极大的尊崇。这不仅仅因为他们往往比普通百姓富裕而且有权势,同时还因为,在一个相信文字有着某种神奇效力的文化中,

---

① 参见马克林(Colin MacKerras),《明清时期中国地方戏曲的发展》(The Growth of Chinese Regional Drama in the Ming and Ch'ing),刊于香港大学《东方研究学刊》(*Journal of Oriental Studies*)第9卷第1期(1971年),第58—91页。

② 见欧达伟《中国乡村谚语中所反映的经济思维和社会道德》(Economic Calculation and Social Morality as Seen in Chinese Peasant Proverbs),"明清时期的正统与异端"(ACLS-NEH主办,1981年8月20—26日于加州蒙特西托)学术会议上宣读论文,第5页。

在一个几乎人人都公认熟知并遵守礼仪的重要性的社会中，他们是文字和礼仪规范的专家。

士绅——也就是享有法律特权的社会群体的成员——从原则上说都是受过经学教育的。他们是以上所描述的教育和权力结构中最为人们所熟悉的群体之一。他们也是迄今为止明清社会中被当代学者研究得最多的一群人，因此本文没有必要再强调这个社会阶层的重要性或论述其主要特征。

表1上层的另外两个群体——“受过经学教育/不能自给而仰赖他人”和“受过经学教育/自给自足”——的情况又如何呢？在受过足够教育而能够参加院试的人中，很少人会在权力结构中与贫农或劳工处于一样低的地位。我们当然有读到一些关于潦倒士人（如乡学的教书先生）的材料，但大部分受过经学教育的人无疑来自衣食无忧的人家，或者至少得到过村里小康人家的资助。真正来自贫穷家庭又受到良好教育的年轻人，如何炳棣用来说明社会流动的李颙（1627—1705），可以说像圣人一样稀少——其实，何炳棣所引用的某些简略的传记，其内容有点像基督教的圣徒言行录[①]。这一阶层中的大部分人应该是出身于衣食无忧的家庭，并受过良好的教育，只是此后由于种种原因而陷入贫困。不过，笔者并不认为这一部分人的数量很多，而且相当肯定“受过经学教育/不能自给而仰赖他人”的阶层是无关紧要的。或许有很多受过经学教育的人认为自己很“穷”，而且比他们富有的朋友也会这样认为，但是他们的“穷”和无地的农民或城镇里的劳工的“穷”是不可同日而语的。

列在表1上层中间的“受过经学教育/自给自足”这一社会群体在中国文化的整合中起到了非常重要的作用，因此最值得深入研究。十分值得探讨的问题包括，这一部分受过高深教育的平民百姓到底有多少人？几乎每一个接受经学教育的人的目标都是参加科举考试，因此接受过经学教育的人数应该大致相当于童生（参加院试者）的人数加

① 何炳棣，《明清社会史论》，第280—283页。

上曾经是童生但后来放弃了科举之路的人数。由于院试只是一个初级的资格考试,因此人们一般认为年纪较大的人已不适合参加——张仲礼所用的材料的确显示在30岁之后通过院试的人数少之又少①。张仲礼估计士绅的预期寿命接近60岁②。如果我们假设"准士绅"(pre-gentry,指受过经学教育但没有士绅身份的人)的预期寿命与此相同,那么可以得出一个结论:曾经是童生的人数应该是保留童生身份的人数的两倍(每人参加院试的限期是15年,此后平均还有30年的寿命)。所以,我们应该把张仲礼所估计的某一"地区"的童生数量——1000至1500人——乘以三倍,因为他显然只考虑了实际参加了院试的童生③。张仲礼所说的"地区"应该是指县和州,而县和州的数量在清代大概是1400左右④。如此计算,直至19世纪晚期,清代任何一个时期的童生和曾经是童生的人数大概在四百二十万至六百三十万之间。从张仲礼的数据基础上所得到的另一个估算也支持上述结论。他估计只有1%至2%的应试者能够顺利地通过院试(不过,他并没有说明估计方法)⑤。太平天国起义之前,清代生员的配额总数是二万五千人⑥,因此在任何一个特定时期,实际参加院试的人数应该在一百二十五万至两百五十万之间。把这个数据乘以三倍,我们得出实际参加院试的童生和曾经是童生的人数总共大约在三百七十五万和七百五十万之间,而以上的第一个估计正好在这个范围之内。因此可以肯定地说,在清代的任何一个特定时期,受过经学教育的普通百姓(男性)至少有五百万。这个数字在19世纪初是成年男性人口总数的5%左右,在18世纪上半叶,这个数字应该是成年男性人口总数的

① 宫崎市定(Miyazaki Ichisada),《科举——中国的考试地狱》(*China's Examination Hell: The Civil Service Examinations of Imperial China*),耶鲁大学出版社,1981年,第19页;张仲礼,《中国士绅在19世纪社会中的角色》,第95页。

② 张仲礼,《中国士绅在19世纪社会中的角色》,第97页。

③ 同上,第92页。

④ 瞿同祖,《清代中国的地方政府》,第1—2页。

⑤ 张仲礼,《中国士绅在19世纪社会中的角色》,第11页。

⑥ 同上,第78—79页。

10%左右①。此外,应该还有数量不多的一部分受过经学教育但不出于士绅家庭的妇女。总之,在清代的任何一个特定时期都有相当可观的一部分人是受过经学教育的平民百姓。这样的人大概在每个小镇以及许多乡村都可以找到。在清代户籍中,有一个表示身份的词汇"耕读"(作者译为 farmer-scholar——译者注)。这显然表示某人既受过教育又从事农业生产。笔者虽然不清楚一个人要达到什么样的教育程度才能获得这一称号,但这个标准可假定是相当高的。其实,对耕读的另一种翻译可以是"classically-educated commoner"(受过经学教育的平民百姓)②。无论是否得到官方的承认,这些受过经学教育的平民百姓在乡镇社会中无疑属于文化精英,甚至是社会精英。其中一些人是村社的首领或宗族的管事。另外一些人如林兆恩(1517—1598)则是宗教革新者,《三教开迷归正演义》就是为了推广他的教义而作,而这本书的作者很有可能和林一样是受过经学教育的平民百姓(见柏林的论文,原书第 189—190 页、第 196 页)。活跃于 16 世纪初的罗清是所谓"罗教"宗派的创立者,他所写的一些宝卷在民间广泛流传。罗清可能是受过经学教育的平民百姓,但也极有可能属于"识字/自给自足"的群体(见欧大年的论文,原书第 231 页)。佛教与道教的上层僧侣与道士也应该划入这个群体,因为他们同样受过高等教育,并且对一般百姓的价值观与理念有很大的影响。除此之外,这个群体的其他一些成员可能成为教师(这一点也许被过多地强调)、礼生、私

① 如果运用罗友枝在《清代中国的教育和大众识字率》一书中关于年龄比率和性别比率的数据(第 183—184 页),并以 15 岁作为成年的开始,在 19 世纪初期成年男性的数量大概略少于 1 亿 1 千万。19 世纪初的总人口约为 3 亿,1700 年前后的总人口约为 1 亿 5 千万。牟复礼曾估计清代童生的数量为"2 千万到 3 千万"。这个数字显然太高(牟复礼自身也对此表示怀疑),因为他忽视了很多人不止一次参加考试的现象。见《中国历史与研究现代中国的关系——对所罗门(Richard Solomon)近期著作的若干评论》(China's Past in the Study of China Today—Some Comments on the Recent Work of Richard Solomon),刊于《亚洲研究学刊》(*Journal of Asian Studies*)第 32 卷第 1 期(1972 年 11 月),第 108—110 页。虽然我们知道晚明之前的生员数量大大低于清代,但整体上对明代的情况不是很清楚。见何炳棣,《明清社会史论》,第 172—179 页。

② 笔者是从加州理工学院的李中清(James Lee)于 1982 年在亚洲学会于旧金山举行的年会上所发表的简短报告中,第一次认识"耕读"这个概念。

人书记、专业书法家、写信先生、医生、算命先生、风水先生等等。他们因为某一方面的专长而成为乡镇生活中不可或缺的人，这些人也是许舒收入本书的论文中的主角（特别注意原书第93—96页，第98—99页）。这些人——受过经学教育的平民百姓以及上层僧侣和道士——相当肯定是大多数以老百姓为对象的读物的作者：从善书到廉价的便宜的小开本小说，从日用类书到书信指南。这些人在把复杂的思想和理念通俗化，尤其是推广儒家思想的过程中起了很大的作用；他们对塑造平民百姓意识的重要性应受到最高度的重视。

至此应该很清楚，把明清时期受过经学教育的人看作一个清一色群体是个很大的误解。他们当中有些人享有士绅的地位，另一些人只是平民百姓。他们受过同样的思想灌输、对古典文学也有同一个程度的接触和理解，但他们只有一小部分人能够通过科举考试。其他没有通过的人或多或少地仍然处于某种被统治的状态。这些人当中的一部分也许会继续认同士绅及其价值观，但更多的人出于自身的经历和处境会比一般的士绅对平民百姓寄予更大的同情——说到底，他们自己也是平民百姓。和身处士绅阶层的人相比，这些受过经学教育却又不得志的人大概比较愿意倾听甚至倡导不正统的思想和理念；而对于士绅来说，哪怕是表面上对正统的偏离都可能带来很严重的后果。显然，受过经学教育的人并不是一个具有一致的集体心态的单一群体。在明清时期受过高等教育的人的文言文著作中，虽然大部分都会体现出常规的统治阶级的世界观（见下文），但有一些也可能会表现出一种矛盾甚至对立的心态①。（在处于社会精英核心的士绅和处于其边缘的生员和监生之间，也许存在着类似的差别。）

表1中的下一层是至少识字，或许还读过不少书，但没有受过经学教育的人。这一层也同样可以划分成三部分。假如士绅的身份只有通过科举一条途径获得，这一层中的第一个群体（“识字/享有法律特权”者）就没有任何实质意义。但实际上，士绅的身份在晚明和清代

---

① 在此假定，绝大部分童生都有使用文言文写作的能力。

还可以用钱买[1]。典型的买功名者很可能是出生于殷实人家也受过经学教育，却因为记忆力和写作能力有限而没能通过考试的人。然而这个假设还待论证，如果我们反而发现用钱买功名的人中有很多并没有受过经学教育，那么这一群体将会有很大的重要性。

我们可以较有把握地说，"识字/享有法律特权"这个群体也包括了相当数量的妇女。上层社会的妇女无论在法律上还是在习惯上都确实得服从丈夫或公婆，但与此同时，在家庭以外，她们又以多种不同方式分享其丈夫（或者其父亲、儿子）在社会权力结构中的地位。但妇女很少有机会受到经学教育，所以士绅的妻子很可能至多只受过一些基本教育，甚至可能不识字。因此，享有法律特权的女性一般比男性较少接触并了解古典文学。这一区别必然使她们的世界观与男性有很大不同。比如，士绅的妻子肯定比她们的丈夫更接近大众文化的主要动向，因为她们未曾被教导推崇古典文学中的名著、四书五经的奥义，以及正统道学家所建立的思想体系。识字的富家女性应该也是通俗文学的一个重要读者群[2]。她们的娱乐来自上文所提到的15世纪刊印的《新刊说唱包龙图断曹国舅公案传》等说唱词话（在一位官员妻子的墓葬中被发现），而诸如欧大年的论文所探讨的《刘香宝卷》之类的通俗宗教书籍也对她们有陶冶性灵的影响（见原书第228—230页）。富贵家庭的妇女很有可能还是某些常令文学史家困惑不解的印制精美的通俗小说及善书的购买者[3]。正是由于这样的读者群，真正的中国通俗文学似乎都有一个显著的特征，那就是敢于采取主动的女

---

① 何炳棣，《明清社会史论》，第46—47页；张仲礼，《中国士绅在19世纪社会中的角色》，第11—12页，第102—111页。

② 见韩德琳（Joanna Handlin），《吕坤的新读者：妇女识字对16世纪思想的影响》（LüK'un's New Audience：The Influence of Women's Literacy on Sixteenth-Century Thought）。收入卢蕙馨（Margery Wolf）、维特克（Roxane Witke）编《中国社会中的妇女》（*Women in Chinese Society*），斯坦福大学出版社，1975年，第16—19页。

③ 见伊维德，《早期的中国通俗小说》第93—94页。在第41页，该书提到"16世纪初至中叶的一些装帧精美但文笔简单的书籍，我认为它们也许是为上层社会中一些教育程度并不高的人而设计的"。提到这些并不是要贬低伊维德的杰出著作，他的书对我们讨论的这个问题至关重要。

主人公:她们是情节发展的主要动因之一,她们一点也不逆来顺受;相反的,她们为反抗常规的家庭道德的约束而斗争。

与此同时,上层妇女应该也在宗教信仰以及传说和说唱之类的口述文学的传承中起到了重要作用。这并不是"女性文化"的一类(当然"女性文化"肯定也是存在的),而是我们所说的中国通俗文化的一个很重要的部分。妇女们的信仰、她们所知道的格言以及她们讲述的故事,诸如此类的文化对她们的儿子和丈夫来说都应该是最熟悉不过的。上层阶级家庭的母亲(如前所述,她们很少有机会受过高等教育)很自然地在儿子的意识中灌输一些非正统乃至民间文化的因素;而当这些男子长大之后,他们的妻妾又可以让他们不忘掉儿时在母亲膝下所学到的这些,终日服侍他们的仆人也可以起到同样的作用。

因此,享有法律特权的阶层中显然包含一个并没有受过经学教育然而却很重要的群体。这一点对民间价值观和理念向男性士绅意识中的持续渗透起到了很大作用。简言之,由于受过经学教育的男子一般与只受过少许教育的妇女结婚,这个现实情况形成了中国文化整合中的一个基本机制,这个机制所产生的效果与另外一个机制——士绅的文化霸权——所产生的效果是反其道而行之的。中国传统文化与社会的研究者所面临的一个很大挑战就是如何对中国精英文化中的这个隐形层面给与足够的重视。

这一层中的第二个群体——"识字/自给自足"——应该相当庞大而复杂,同时也非常重要(上文所提到的"耕读",其中至少一部分可能应该归入此类)。由于我们对明清社会中非精英人群的识字率知之甚少,因此无法估计这个群体的确切人数;但笔者推测,在一个村子里能够识字的成年男子的比例应该和村里上一代人中"富农"和"中农"家庭的比例相当,或者略少一些,一整个地区的乡村人口中的比例也应该大致如此。对只够糊口的家庭来说,即使是让孩子上乡学也是遥不可及;但多少有一点积蓄的家庭大概会至少让一个儿子受一点教育。正因为如此,在20世纪初,中国农村大概有15%到45%的成年男子（数据各省不同）多多少少能够识字[①]。这个阶层应该还包括一部分妇女，但只受过基本教育的男子，其配偶的教育程度总的来说应该比他们更低（因为人们一般在同一阶层内寻找配偶，而在同一个阶层内，男性的教育程度一般高于女性，处在社会最底层的人们除外）。因此，权力结构中间（即“识字/自给自足”群体）能够识字的妇女的数量应该相当少。许舒的论文中简略描述的一个妇女说唱小组对此提供了一个很好的例证。小组里的乡村妇女聚集在一起听一个人说唱，而这些说唱都是印在“特地为妇女阅读或演唱而设计”的小册子或散页上（见原书第89页）。显然，只有在大部分听众都不识字的前提下，这种聚会才会出现。

在大一些的市镇或城市里，不少店铺老板和一些工匠大概都或多或少认识一些字，但没有受过经学教育，因此他们同样应该属于这个群体[②]。香港中文大学最近组织了一个大规模的关于中国历史上大众识字率问题的研究项目，其中的参与者如李宏祺（Thomas Lee）、科大卫（David Faure）、吴伦霓霞（Alice Ng）在研究报告中强调了不同种类的“行业性识字”的重要性。科大卫和吴伦霓霞所描述的“杂字”书很形象地反映“行业性识字”的“专科”性质。这本书的内容全是鱼名及数字，前者以押韵对仗的方式排列以便记忆。这样的书大概是鱼行的徒工在学习记帐或写发票时所用到[③]。一个只会写三百多种鱼的名字的人当然不是真正意义上的识字。但这个例子显示了识字能力在几

① 关于20世纪30年代不同地区富农与中农的比例，见周锡瑞，《数字游戏》，第404页表7。这些数据与罗友枝的估计大体一致。见罗友枝，《清代中国的教育与大众识字率》，第23页。

② 关于16、17世纪英国不同行业的识字率，参见克雷西（David Cressey），《识字与社会秩序：都铎王朝及斯图亚特王朝时期英国的阅读与写作文化》（*Literacy and the Social Order: Reading and Writing in Tudor and Stuart England*），剑桥大学出版社，1980年，第130—141页。这方面的数字为我们思考明清时期的城镇识字率问题提供了一个很好的出发点。所有关注前现代时期文化分层与社会分层间的关系的人都应该阅读这本书。

③ 相关材料及中文大学研究项目的其他初步成果，见李宏祺、科大卫、吴伦霓霞以及陆鸿基（Bernard Luk）和谭汝谦（Yue-him Tam）在1982年亚洲学会年会上对此项目所作的学术报告。

乎所有商业中的重要性。我们还不清楚明清时期城市人口的识字率，但肯定是比乡村的识字率高[①]。

总而言之，在识字的人群中，“识字/自给自足”的群体所占的比例相当高。这些自耕农和小市民正好处于一个能够调和精英文化与民间文化的位置。他们生活在不识字的农民和城市劳工中间、用相似的方式维持生计、大概还有着相似的娱乐方式。然而他们能够阅读，这就使他们至少能够直接接触到文字领域的一部分。他们与《三教开迷归正演义》中的处士很相似。根据柏林的观点，处士是这部小说中的“中心人物，也是刻画得最成功的人物”。这些处士中确实有一些人是秀才（即生员），但“小说中的大部分处士似乎没有参加过科举考试也没有在官学读过书。这个词似乎仅仅意味一种地方性的（而不是全国性的［即享有法律特权的］）市镇精英。他们也许受过一些教育，但他们的精英身份不是源自于学问”（见原书第194页）。“识字/自给自足”的群体中应该还包括华琛在他的论文中提到的“有土地和商业利益的识字者，［他们］很热心地在规范民间祭祀的事务上与官方合作”，并在修建官方认可的庙宇时出钱出力（见原书第293页、第314页）。许舒的论文则描述了这个群体中的另一种人，他们与不识字的邻居分享从书上得来的知识，如正确的礼仪以及黄道吉日的日期等等（见原书第102页）。这个群体似乎也应该包括梅维恒的论文中所讨论的圣谕宣讲者，他们常常向听得入神的村民们讲故事。虽然他们过着走村串户的生活，不像自耕农和小市民那样受人尊敬，但他们所做的工作同样使他们成为识字者与不识字者之间的桥梁。

由于这个群体中的大部分人只是小康，因此应该不会成为昂贵书籍的购买者。但他们肯定购买了一些相对便宜的读物，如带有简单注释的廉价版典籍、历书，简本的宝卷和善书，印有说唱词曲的散页或小

---

① 罗友枝，《明清中国的教育与大众识字率》，第17页。

册子如广东的"木鱼书"(如前所述,其中一些是专为妇女准备的)等等[①]。这个群体也应该是伊维德所研究的一种廉价小说的主要读者[②]。据伊维德的描述,这些小说是以一种"单调、重复的陈词滥调"写成的,很少引用任何文言文著作的名句(这种引用方法在以教育程度更高的读者为对象的小说中很常见),"一般也不会用任何历史或文学典故,最为家喻户晓的典故除外"[③]。这些小说还有一些特点值得注意:"它们的主题与民间戏剧非常一致",大部分为无名氏所撰,预期读者显然是平民百姓,最后,大部分明显是以低廉的成本印制的[④]。显然,这些书籍的读者与以上所讨论的"识字/自给自足"群体非常相似。这些小说以及其他以非精英读者为对象的廉价读物几乎未曾被研究过,因为老一辈的中国学者对它们嗤之以鼻,而这些学者正是我们老师的老师,这种鄙视便一代一代传了下来。此外,这些书也很难找,因为很少有藏书家对这些"垃圾"感兴趣。但如果把这些书作为一个整体来看,他们无疑是明清时期流传最广的读物,也是许多人惟一的读物。总体来说,这些读物对中国文化的影响是巨大的,它们不仅给受过少许教育的读者在思想和理念上提供了一个体系和方向,而且很有可能对在中国各地不识字者中广泛流传的多种口述文学也有着相当大的影响,如民间不成文的礼仪以及包公的故事等等。这些介于书写与口述之间的文本,在把精英文化中的一些成分转换成不识字的大众可以理解的语言这一复杂的过程中起到了关键的作用。

表1第二层中的最后一个群体——识字/不能自给而仰赖他人者——至少在乡村不会有太多人。真正贫苦的家庭是根本无力让他们的子弟受教育的,所以任何有识字能力的贫农大概都是从少年时期

---

① 见许舒和韩书瑞(Susan Naquin)的文章,原书第82—92页,第272—273页。关于木鱼书,见梁培炽(Leung Pui-chee),《香港大学所藏木鱼书叙录与研究》,香港大学亚洲研究中心,1978年;以及艾博华(Wolfram Eberhard)编,《德国所藏广东词曲》(*Cantonese Ballads from Germany*),台北东方文化中心,1972。

② 伊维德,《早期的中国通俗小说》,第11—12页。

③ 同上,第11页。

④ 同上,第53页,第61页,第119页。

起家道开始中落的。这样的人是不可能对这个世界的现存秩序有什么好感的。从小康生活滑落到濒临贫困深渊的经历只会产生焦虑和怨愤。这个群体很可能会出现特别多的造反者和千禧年教派的信徒。这些人的识字能力让他们能够了解乡村以外的世界(假如他们选择了解),而他们的经历又使得他们对现存秩序愤愤不平。这些人贫穷到甚至连租书的能力都没有,但他们似乎可以在公共场所读到多种被分发或张贴的传单和散页读物。这些读物肯定不都是劝人为善的道德宣传。笔者最近注意到一份可能曾为这些识字失意者所阅读的材料。这是一份最早发现于1811年,并在最近重印的天地会手册。科大卫在一篇非常有意思的论文里对此做了探讨①。在其中非常有洞见的一节——"半文字传统中的文本"中,科大卫指出,这份手册以及类似的文本既属于文字领域又属于口述领域。韩书瑞及欧大年在本书中所讨论的某些白莲教文本也可能是这个群体的读物。对于这类文本,任何扎实的研究都会很快有丰硕的成果,但目前我们知道的还很少。

最后是表1中的最后三组群体:不识字/享有法律特权、不识字/自给自足、不识字/不能自给而仰赖他人。从理论上说,上述第一个群体中不可能有成年男子,但会有一定数量的妇女。她们与受过少许教育的妇女一样,作为母亲和妻子,使得口述文化成为士人意识中的一部分。

虽然我们对特定阶层识字率的了解有限,但似乎可以推测上述第二个群体的人数相当多。例如,识字的商人和富农的妻子一般都不识字,她们应该属于这个群体。还有所谓的"中农"也应该是不识字的,他们或者从未上过学堂,或者因多年的田间劳碌而忘了曾经学过的字。

但上述三个群体中最重要的无疑是"不识字/不能自给而仰赖他人"者,他们是传统中国社会里最底层的受压迫者,即我们所熟悉的乡

① 《19世纪的天地会》(The Heaven and Earth Society in the Nineteenth Century),宣读于"明清时期的正统与异端"学术研讨会。

村和城市的“目不识丁的大众”。在明清时期,这些人至少占乡村人口的一半,因此他们是这些社会群体中人数最多的一个。他们不仅是中国社会中权力结构的基础,而且是各地区不同传统民间文化的最重要的保存者。

我们必须注意,不识字者并不比受过经学教育的人更容易成为一个清一色的社会阶层(或听众群、观众群)。在不识字者中有不同方言文化之间的差别(虽然如前所述,我们对这种差别的重要性还不是很清楚),此外还存在其他一些很重要的差异。首先,很多不识字的妇女位于权力结构的中层乃至上层。在这些人中间流传的口述文化和在被贫困所压迫的农民中间流传的文化在所谓“意识形态内容”上不大可能会是一样的;这两种人所喜欢的说唱曲子或戏剧也不可能完全一样。然而,如果考虑到无论哪个阶层的妇女都得服从丈夫和公婆的权威,在这两种人群中流传的文化还是会有很多共同点。其次,并不是所有的不识字者都是贫穷的农村雇工或城市劳工。有些人会有足够的土地养家活口,另一些人的土地还更多。这些拥有土地的不识字者即使对文字领域同样没有什么接触,他们的集体心态应该还是和赤贫者有很大不同。简言之,口述文化除了有基于方言的不同,还应该存在着上述一些不同的种类。

六

基于对影响意识形成的主要因素以及明清社会主要特征的认识,本文推断出以上九个社会群体的存在。如前所述,笔者希望对这些社会群体主要特点的分析将使“我们在未来的研究中对这些文本及其社会背景的直觉更加可靠”。由于篇幅所限,本文不可能更深入讨论有关集体心态的问题——就算无此局限,笔者的学识恐怕也不足以胜任。但本文所运用的分析模式,即在确认社会阶层和分析文本时同时以“信息沟通”和“阶级”为参数的方法,还有另外一些用途和含义,笔者将以此方面的探讨作为本文的总结。

首先,学者们过去在给“大众文化”与“精英文化”下准确定义的问题上面对极大的困惑,而本文想必已说明这个问题的根源。毕竟,我们通常笼统称为“精英”的群体其实至少包括了三种非常不同的人:即受过经学教育并享有士绅法律特权的男性,他们受过少许教育的妻子和母亲,以及受过经学教育的平民百姓。假如我们为了缩小这个概念的范围而把“精英”定义为“统治阶级”,那就把一些受过经学教育的平民百姓排除在外了,而这些人其实是有机会接触并了解所有的古典文学,其中也许还有非常有建树的作家或思想家。而假如我们以另一种方式来限定这个概念,如从教育程度以及对古典文学的掌握程度来理解“精英”,我们又会把一些社会或政治地位微不足道的人包含在内。与此同时,可以想见,“大众文化”是一个更不好定义的概念,因为所谓“大众”包含了四、五个不同的社会群体;如果把区域间的不同作为一个因素加以考虑,数字还不止四或五个。笔者并不主张摒弃“精英文化”和“大众文化”这两个概念;事实上,这两个概念大概是不可或缺的。但我们若在使用这两个概念时没有完全意识到它们所意味的复杂的社会情况,那它们只会造成混乱和误解。

假如我们把讨论集中在某一个群体的成员为其他成员而创造的文本上,就显然可以通过信息沟通的载体和形式——口头还是文字?文笔简单还是文采飞扬?——来初步推断它们的来源。但我们不能到此为止。即使是受过经学教育的人为受过经学教育的读者所写的读物,也会展现出很多不同的观点,不仅因为每个人的意识都是独特的,还因为受过高等教育的人在权力结构中的位置并不完全相同:一些人属于享有法律特权的士绅,而大部分则是所谓的处于“准士绅”地位的平民。因此我们绝对不能断定任何一个用文言文写成的文本的作者都是享有法律特权的上层士绅。相反,我们若从明清时期的文言文作品中大量取样分析,肯定会在其中看到很多不同的观点。

我们对于口述材料也可以做出相同的论断。当然,大部分由不识字者创造并以不识字者为对象的口述文学并没有留传下来,流传下来的部分又不容易被学者找到,所以我们对这个问题的结论只能建立在假设性的基础上。但我们知道成功的口述文学的传播者——包括说书人、演员、说唱者乃至讲经者——不论他和他的听众是否属于同一个阶层,为了达到娱乐或教化的目的,对其听众的要求和理解能力都是十分敏感的,并会随时调整"文本"以适应听众的需要。他们的表演不复存在,但也许深入的研究不仅能够使我们弄清楚中国民间文学如传说故事、说唱词曲中的地域性分类(或者基于城市与乡村的分类),还能够使我们分辨出至少两个与阶级有关的分类:既仰赖他人程度最高的群体的口述文学和至少能够自给的群体的口述文学,前者如农村雇工所听的故事或城市劳工所听的词曲,后者如地主所听的故事或老板们所听的词曲。

我们还可以用同样的方式来审视一些特地为受过基本教育的人(上文所说的识字者)而写的读物,这些文本的读者跨越了权力结构中的很多不同群体。由于笔者不太相信一个自耕农所阅读的材料会是另一个自耕农所写的,因此我们必须面对本文第二部分所讨论的问题。当一个作者试图为另一个社会群体的读者群写作时,我们必须首先对他所写出的文本的实际读者群有所了解,才有可能以这个文本作为其预期读者群的集体心态的证据。否则,这个文本只能证明作者本身对他的预期读者群心态的理解或假想。然而即使如此,上述的分析方法仍然有用。比如像柏林所探讨的《三教开迷归正演义》和欧大年所翻译并分析的《刘香宝卷》这样具有一定复杂性的通俗读物,其作者对文辞的应用都有相当程度的掌握,我们应该可以有把握地断定他们不是士绅就是受过经学教育的平民。再者,我们时常根据文本的主题本身就可以明确地判断其作者是士绅还是平民,因为明清文学中的一个公理是,士绅阶层的成员几乎无一例外地笃信一种既是哲学又是宗教的正统思想——广义上可称之为理学或道学。他们在准备并参加科举考试的过程中已经被彻底灌输一种特定的世界观。同时,作为官员,他们还是一个"准神职"(quasi-priestly)阶层的一员,其主要职责之一是纠正意识形态上的偏差和铲除异端邪说。虽然会有例外,但一般而言,明清时期任何一个受过经学教育的作者如果倡导新的或异常的宗教思想(特别是带有强烈佛教或道教色彩的宗教)、不认可社会对妇女的压迫、主张天下财产平分、或者支持任何不利于现存社会和政治秩序的思想,我们都可以很有把握地假设他是“准士绅”,或者是平民。

当然,仰赖他人、无权无势的生活状态并不一定会在每个人心里都激起怨愤和反抗,甚至在多数情况下完全不会。很少穷人会对改变自己的命运怀有极大的希望,因此他们通常会尽量适应恶劣的生活环境。他们的这种态度常常得到统治阶层的鼓励,因为让人民“在自己被统治的过程中成为了心甘情愿的合作者”是统治阶层的主要目标之一。我们若以为社会底层只会有愤怒和绝望,那就过于天真了。顺从和认命其实更为普遍,这种态度有的是来自于上层阶级的灌输或强加,有的则是从一代又一代贫穷而无助的前辈继承下来的。

不过,一个人总会有某种对于被统治身份(或统治者身份)的意识,因为这几乎是人生经验里最重要的部分。正是由于这一点,我们常常可以在一个故事或小说里找到某种“社会观点”。作者如何看待平民百姓?故事的主人公来自于哪个阶层?这个主人公如何对待故事中不同阶层的人物?故事里代表各种社会群体的人物出现的频率有多高,他们对情节发展是否重要?即使如大多数故事一样,主人公是一个官员或士人,故事仍然可以体现一个非精英的观点(如张心沧翻译并更名为“小吏之妻”[The Clerk's Lady]的故事)①。此外,一个人在信息沟通体系中的位置基本上决定了他以何种方式表达对自己命运的态度,不管这种态度如何。总之,以上所分析的每个群体中,其成员都会对自己在整个权力结构中的位置有某种特定的认知,而且会以某种特定的方式来表达一个反映这种认知的意识形态。因此我们可以把某一个社会群体的集体心态理解为内容与形式的独特结合。这是因为意识必然是在经验和词语的共同作用下形成的。这也是本文的分析模式为连接文本与其社会背景提供了一个理论根据的主要

① 见《中国文学:通俗小说与戏剧》(*Chinese Literature: Popular Fiction and Drama*),爱丁堡大学出版社,1973 年,第 184—204 页。

原因,而这种连接是正确阐释任何一个文本的关键。

本文的分析模式还有另一个优势,那就是可以和施坚雅(G. William Skinner)的区域体系模式有效地配合。比如,一个富裕的地区和一个贫困的地区相比显然会有较高的识字率和较高的教育水平;因此两地的口述文化乃至士人文化都会有显著的不同。晚清时“江苏和浙江的女诗人数量尤其多”必定反映了这两个富裕省份有较高的妇女识字率①。

此外,同一个区域的边缘地带应该比核心地带有更多贫穷、不识字的人。所以极度贫困的淮北地区若以施坚雅的体系论之,主要属于边缘地带,而淮北的教育水平也非常低②。再者,核心地带的信息沟通网络要比边缘地带密集得多③。一个生活在核心地带的人要比一个生活在偏僻的边缘地带的人接触到更多、更广泛的口述和文字信息。因此,无论教育和识字程度如何,每个社会群体都有可能按照以上的规律存在着“核心”与“边缘”地带集体心态之间的不同。这种不同的例子可以在苏堂棣(Donald Sutton)最近的一篇论文中看到;此文提到,19世纪末与20世纪初,巫术治病在某些区域的边缘地带比核心地带较为普遍④。这个分析模式可以让我们直接得出如下结论:城镇与乡村的集体心态有着重要的差别。虽然施坚雅本人对此持有保留态度,但20世纪中国的城市知识分子的著作——无论出于有意还是出于无意——几乎无一例外地证明了这一结论的正确性⑤。有意思的是,韩书瑞的论文中所讨论的两种不同类型的白莲教宗派中,“念经型”主要

---

① 兰金(Mary B. Rankin),《晚清妇女的崛起:以秋瑾为例》(The Emergence of Women at the End of the Ch'ing:The Case of Ch'iu Chin),收入卢蕙馨、维特克编,《中国社会中的妇女》,第41页。

② 施坚雅,《造反者和革命者:华北1845—1945》,第38页。

③ 施坚雅,《明清中国的城市》,第216页,第281—282页。

④ 《1875—1945中国巫师的初步调查:一个空间性方法的社会史》(Pilot Surveys of Chinese Shamans, 1875—1945:A Spatial Approach to Social History),《社会史学刊》(*Journal of Social History*)第15卷(1981年秋季号),第39—50页。

⑤ 施坚雅,《明清中国的城市》,第253—269页。关于牟复礼对此问题的观点,见本书303页注①。

集中在城镇,而"打坐型"主要集中在乡村;前者更多使用文本、识字的成员也更多(见原书第9章)。

本文所运用的社会文化分析方法还有助于我们更清楚地理解明清社会中思想与价值观的流动方式,这也是本书所关注的主要问题之一。无论是说教还是娱乐,其效力都取决于某种情感上的共鸣;而这种共鸣显然在有着相似社会地位与文化背景的人之间更容易产生①。当我们说一个作者(或说书人、讲经者)理解他的读者或听众时,指的通常就是这一点。他与他的读者或听众有着同样的生活经历和教育背景,知道他们的需要与期盼,所以比一个不了解他们的生活,教育背景又与他们迥然不同的人更容易接近他们。因此,某种价值观或理念从表1中的一个群体流动到另外一个文化距离较远的群体,几乎毫无例外地需要介于两者之间的群体作为中介。假如我们想要了解一个佛教的概念(如阎罗是地狱之王)是如何在几个世纪之间从由梵文翻译而来的文言文经文渗入到普通农民的意识中,表1也许会提示一些这个过程中可能的途径。我们也可以用同样的方法来探讨民间信仰中的一些成分(如非常普遍的土地爷祭拜)是如何进入精英阶层的宗教行为的。

关于思想与价值观在中国社会里的流动还有更重要的一点,这一点与本文的主要假设直接相关——当一个思想体系或一种宗教教义、或任何一种由语言和想象力所形成的产物在中国社会里流播的时候,它必然会产生很多种不同的版本;每一种版本都是由一个重要的社会文化群体所创造、或为一个重要的社会文化群体而创造的。宗教、法律、医学、史学、科学等等是人类生活中最让人望而生畏,却又最让人

---

① 柏林的论文提供了一个有趣的例子,反映说教者因无法跨越自己与听众之间的文化鸿沟而产生的笑话。宝光和尚尝试向一群村民讲解"般若波罗密多"和"观自在"的意思,而其中一个村民将前者误认为另一个方言的词汇。见原书第199—20页。梅维恒的论文里出现的圣谕宣讲者显然较好地理解他们的村民听众,见原书第354—355页。彭湃描述了他在20世纪20年代,以受过教育的地主儿子的身份向农民宣传农民工会的理念的时候所面对的困难。见彭湃著、魏根深译《海丰农民运动报告》(本书第299页注①),第19—26页,尤其是第22页。

充满好奇心的层面,它们每一个都是由传统、信条、信息与灵感所构成的体系。而其中的主要理念和主导思想都是通过一系列相关的文本(口述或文字)来制定和传播的。这些文本可以是农民的谚语和传说,也可以是学术论文和文学著作。若要真正理解某种思想体系(如理学)在中国历史上的重要性,我们务必研究这个思想体系的各种版本(这个原则也适用于相对简单的一套理念,如罗清的教义,甚至一个单独的概念,如妈祖的存在)。就时间范围而言,这种研究既可以是横向的,也可以是纵向的。探寻大传统里的小传统在发展过程中的变异与重合,想必会给我们描绘出中国思想史与宗教史最真实的面目;而要了解某一个成熟的思想体系——如宋代的佛教——对于某一个时期的中国人的真正意义,我们的不二法门就是研究这个思想体系在这一特定时期里的不同流派之间的相似与不同之处。

无论是一个思想体系,还是一个故事系列,或者一种宗教思想,它的不同形态的重要性还在于,它们对我们了解不同社会文化群体的集体心态提供了钥匙。通过研究某一社会群体所独有的文本,即在这个群体中所流行的各种思想体系的特定形态,并找出它们在形式和内容上的共同之处,我们将会逐步对这个群体的集体心态有更深的了解。而当我们对每个群体的集体心态的了解都变得更加清楚的时候,我们对这些集体心态之间的共同之处也会了解得更深入,这最终将使我们理解中国文化的特性所在。

作为正统的社会伦理观：一种观点

刘广京(Kwang-Ching Liu) 著
廖彦博 译

从早期帝制时期起，由国家——君主及其僚臣——来捍卫教条与信仰，在中国已是惯常之事。这种由政治权威来支持的“正教”(right and correct teaching)模式，与后古典时期的西方截然不同。后者直至近代，教化事务主要仍掌握于教会之手。在中国史的“中古时期”(约自四世纪至九世纪)期间，佛教徒及佛教事业曾经试图建立独立的宗教权威。佛、道两教确实尝试保存其核心教旨，但它们也必须和社会礼教融合、妥协，因为道德礼教在社会大众的终极关怀中似乎占有极大地位，正如佛道之徒必须接受朝廷对神职组织的规范①。在许多关于中国历史的教科书当中所称“儒家意识形态的支配地位”用词或许正确，不过，很遗憾的是，在几乎所有的作品当中，关于儒家信仰与价值的探讨，几乎都是哲学概念上的研究，而无对现实社会的全面考察以及儒家思想作为宗教这一层面所带来效益的分析。

帝国朝廷提倡正统礼教，或许可称为一种必须的“治国之道”②，意在以这样的文化政策起到垂范作用。以中国的政教结构(political-

---

① 礼教或许可以更精确地翻译为“道德礼仪的教诲”(teaching of propriety-and-ritual)，或是“道德礼仪的教条”(doctrine of propriety-and-ritual)。但是因本文论旨所在，礼教也同时具有社会道德的指涉。

② 参见本书前一章陈启云(Chi-yun Chen)的论文。(译者按，此处指陈启云《以正统为治国之道——中国古代的“正”的观念》(Orthodoxy as A Mode of Statecraft: The Ancient Chinese Concept of Cheng)一文。见刘广京编，《中华帝国晚期的正统信仰价值》(*Orthodoxy in Late Imperial China*)，第一章。加利福尼亚大学出版社，1990 年。

religious structure)而言,政府若欲巩固其统治,无可避免地需面对价值与精神意义的问题。这种需要即使在今日,与在汉代之时并无二致。不过在此需提出一个更进一步的归纳,亦即:国家政权基于政治需要而提倡的正统信仰(orthodoxy),长期以来均涉及社会文化的典范形成。藉由定义价值典范,国家可以形塑文化(mode the culture);不过或许只有在依照该种文化既有之发展方式进行时,这样的形塑方为有效。在帝国早期,亲属体制(kinship institutions)以及有见解的精英们(包括在朝廷当官的)所阐述的世界观,在形塑文化的过程中占有均等的重要地位。当与宗族和官僚社会所发展出的价值信仰相应时,由国家提倡的正统价值就不再只是区区一种官方意识形态。由此,我们可以说中国传统中正统信仰有这么两个特征:其一,正统信仰由政治权威,而非独立于政权之外的教会权威(ecclesiastical authority)所拥立;其二,在中国传统中,任何长期赓续的正统信仰必须能为主导体制(dominant institutions)服务。此外,其观念在初期发展之时并非出自国家的倡议,而是在形成之后,由国家基于务实的理由,而加以采择、支持。

在上述这两项特点之外,我们还必须加上第三项特色:即国家礼教正统观念在中国传统当中的灵活变通性。在此定义下,正统成为相对于世俗宗教的一种超越平凡的关怀。国家提倡的正统教义,可以是非常刻板的礼仪规范与社会道德的典范,但也可以在为国家服务的目的之下,容忍对其他事物的不同信仰。正如佛、道信仰的寺观,可以和儒家祠堂同处于一条街道之上;佛教对于涅槃以及道家对于长生不老的追求,只要不伴随对儒家典范礼教地位的挑战,均可以在中国社会中占有一席之地。佛、道之徒对于各自宗教的深奥追求,并未被否定,正统观念所要求佛、道教徒的,则是对于儒家终极关怀的认可,即是忠君、孝敬父母,以及侍奉丈夫。当然,这看上去似乎很困难。君上、父母、丈夫,对儒家来说,都具有宗教性的象征意义。与最重要的"三纲"概念联系在一起来看,意即臣下对君上、儿子对父亲以及妻子对丈夫的忠诚。三纲具有优先地位,当三纲被认可,则不同处便能被国家尊重或是容忍。同样重要的是对有特定关系者的义务:如师生之义、朋友之谊,以及乡里之情等等。儒家的正统礼教观念是建立在人际关系(一个并非纯真意义上的团体[community])之上的,而非建立于一种出世的信仰上。

不过,在此我们必须承认,在我们的知识当中有一块较为模糊的区域。这是因为,虽然在传统中国,正统以礼教和社会规范为中心——当中多涉及实践以及风俗习惯的范畴,但是正统价值思想背后仍有一套信仰系统以为支持。这套信仰体系既包括自然宇宙及社会体系,也涵括主宰性的"天"的概念。"天"这一主宰性实体有着可决定个人及其统治者的命运的意志。天意不可违逆,而且它站在善的一方。既然所谓"善",相应地是由个别社会道德的义务所规范,那么对许多人来说,天意作为命运的终极来源,以及社会生活的道德标准,这样一个连结,便已清楚地建立了。正是根据这一意识,在中国传统当中,正统观念绝非仅止于一种官方意识形态。其礼仪保留了神圣精神的元素,其价值与实践被认为是根植于与天相应的良心之上。作为"天"的代表来护卫此一良知者,也许是玉皇大帝或观音菩萨,但在人心中起到主宰力量的,则几乎总是孝道、妇德、忠君这些被认为是常规,却语涉崇高的德行。这些德行,藉由被视为天意的习俗常规,战胜并且实现个人的命运。同样,否认天的道德目的,以及挑战社会道德及礼仪规范者,即被视为背离正统、近乎异端。

上述的归纳建立在对中国历史当中两段漫长时期的思考:1)在汉代,道德礼教的正统典范确立,并且在其后面临中亚游牧民族入侵以及佛教传入时犹能屹立;2)由宋代至明初这一段时期,见证了礼教正统在理学(或称道学,Neo-Confucianism)兴起后进一步的巩固。由于篇幅所限,本文难对此一长时期内的各项复杂事实作出判断,仅是一个大略的探究。

汉代礼教正统:背景与内容

任何对中国传统的礼教正统观念进行研究的尝试,均需以教科书统称为儒家全胜的汉代为起点。但是礼教正统观念的背景为何?儒家思想当中的哪些部份被特别强调?众所周知,在建元五年(公元前136年),汉武帝(公元前141—前87年在位)认可儒家引以为立身之阶的六经,并指派官员当中的若干专家名为"博士"者研读之。在武帝时,将这些古代经典视为蕴藏真理的宝库的这一趋势已在发展,即使当时对经典内关于礼仪经文之真伪的争辩正方兴未艾。我们无论如何必须考察汉代君主所视为正教的是什么内容。汉代以前儒家的主要教诲之一的孝道,是第一个为国家所赞成的教义。然而,到了东汉(公元25—220年)时期,正统的内涵已被拓展至包含三纲以及所有的相关礼仪,这些礼仪背后均有宗教宇宙观作为支撑。

要理解这一正统教条,必须先了解至少于公元一世纪确立的汉代的政治与社会结构背景。西汉(公元前206年—公元8年)时期正逢帝国官僚体系的兴起。这一官僚体系诚然和土地所有权与地方势力紧密连结,但官职仍必须经由皇权本身授与。在社会基本单位的家庭中,一种权力结构亦普遍存在:父亲的财产最终应该平均分给所有的儿子。事实上,当父亲还掌事时,他不但掌控家庭经济,而且还拥有决定在分家时如何分配质量不等的耕地或其他财产的权力。在农业社会中,这类家族长统治不受欧洲封建时期的那种律法上的长子继承的限制,这使得儿子们更倾向于将自己的利益与尽孝道联系起来。至于要出嫁的女儿们,她们依附于男性,准备好接受未来的丈夫及其家庭的经济义务。上述这些习俗与经济生活的事实,构成了孝道的文化典范基础。

政治与社会结构的重要性既已如上所述,其他形塑价值及意义所不可或缺的因素亦需认识。早在汉代以前,上层阶级中,由男性族长来担任所有祭祀先人仪式的习俗业已建立。此举明显早于礼仪经典普遍流传之前。不过,汉代建立后的祖先崇拜必须放在宗教宇宙观的脉络当中方能进一步理解。这种宇宙观是一种信仰体系,经过各种信仰彼此间的竞逐与混杂,终有两种观点——即“魂”与“魄”——融合而胜出。

正统信仰兴起的重要性,或可在至少于汉初即存在的《易经》卦辞当中看见。在卦辞中清楚地申明此种信仰,包括阴阳之力掌管自然运作与人的生活,以及一个同时主宰全宇宙,包括社会与个人生命的“天”的概念。天亦称“乾”,《易经》六十四卦之首;地则为“坤”,相随于乾。但同时天又是“元”,即一切事物发端之始①。阴阳之力根据天道而运作。尤其是,天是创造性的,是“万物资始”;天亦是有德的,有意志与理性来提供人们的职责与义务。《易经》系辞在此,便将天意所主宰的宇宙秩序与作为个人的社会角色和道德义务联系起来,是以“女止位乎内,男止位乎外,男女止,天地之大义也。家人有严君焉,父母之谓也”。更有甚者,“阴虽有美,含之,以从王事,弗敢成也。”②

不过西汉朝廷最初并未特意支持《易经》研究,当时朝廷提倡的是较简易的《孝经》,文帝时指定一位博士进行研究。《孝经》的关怀是平凡的,它强调,孝始于报答双亲恩情,终于光宗耀祖(特别是通过助圣君治国平天下的形式)。《孝经》诉诸作为人子的利益,以及其所承担的崇祀祖先之职责:“故以孝事君则忠,以敬事长则顺,忠顺不失,以事其上,然后能保其禄位,而守其祭祀,盖士之孝也。”③由此可见提倡由《孝经》所界定的孝道,对于稳定社会秩序所起到的作用。约在公元前188年,当汉代第二位皇帝驾崩(译注:即汉惠帝刘盈),朝廷决定在谥号上加“孝”字,终两汉之世,这样的追谥传统一直维持不坠。自公

---

① 《易经》首段是:“乾,元、亨、利、贞。”系辞第一解释道:“大哉乾元,万物资始。”参见理雅各(James Legge)译,《易经》(*I Ching*),收录于《东方圣典》(*Sacred Books of the East*),第16卷,牛津:克莱瑞顿(Clarendon)出版社,1899年;重刊:纽约:多佛(Dover)出版社,1963年,第57、213页。

② 同上,第242、381页;译文稍有更动,若干参考卫礼贤(Richard Wilhelm)和贝恩斯(Cary F. Baynes)译,《易经》(普林斯顿:普林斯顿大学出版社,1950年)。

③ 《孝经郑注疏》,《四部备要》,卷1,“士章第五”。

元前187年起,地方官员必须定期上报朝廷其辖区中合乎“孝悌”的平民,并授与头衔;自武帝一朝,即公元前130年起,被提名者改授以“孝廉”头衔,每年约有两百名“孝廉”获得朝廷嘉奖①。

虽然汉朝廷很早就提倡孝道,但它却很晚才接受被汉人视之为与孝道紧密相关的宗教宇宙观。虽然《孝经》没有提及阴阳之力,但它的世界观是由三部份组成的:天、地、人。《孝经》视孝道为天地间首要准则与行为典范:“天地之性,人为贵,人之行,莫大于孝。”并且引而申之:“孝莫大于严父,严父莫大于配天。”②在董仲舒(约公元前179—前104年)的哲学里,则将天道与人的义务之间的联系做了充分阐述。他不但接受阴阳的观念,并且认为五行也是自然与社会的固有本质。根据冯友兰的观察,董仲舒的“天”的观念,“同时是自然之天与上帝之天”,即使此一“上帝之天”不必是人格化的③。天同时是内在固有的,又是崇高伟大的。虽然天不会与每一个人直接交通,天仍授命给统治者——人君应该要遵循先圣之道,非但要在物质生活层面上嘉惠黎民,也要唤醒百姓的道德意识,换句话说,就是遵守天意。统治者要“建立起正确的职责与礼仪来导引人民”,而这些职责和礼仪,一本于三纲——令人回想起法家韩非的“三顺”,不过现在这样的概念内涵,已经被一种宗教性的宇宙观所合法化了④。在董仲舒身后方行出版的著作(译注,《春秋繁露》)里,明白阐释了所有“人伦之道,正行以及社会习俗,皆全然得自于天”:

---

① 毕汉思(Hans Bielenstein),《汉代的官僚》(*The Bureaucracy of Han Times*),剑桥:剑桥大学出版社,1980年,第134页;刘修明,《汉以孝治天下发微》,《历史研究》,1983年,第37—44页。

② 《孝经郑注疏》,卷1,第17页;卷2,第1页;马卡拉(Mary Lilia Makra)译,《孝经》(*The Hsiao Ching*),纽约:圣约翰大学出版社(St. John's University Press),1961年,第15、19页。

③ 冯友兰,《中国哲学简史》(A Short History of Chinese Philosophy),纽约:自由出版社(Free Press),1948年,第192页引用金岳霖对中国哲学中“天”的定义。

④ 韩非写道:“臣事君,子事父,妻事夫,三者顺则天下治,三者逆,则天下乱。”见《韩非子》(《四部备要》),卷20“忠孝”,1—2页;作者的翻译参考廖文魁(W. K. Liao)译,《韩非子》,伦敦:普罗布斯先(Probsthian)出版社,1959年,第2卷,第312页。

> 天为君则覆露之,地为臣而持载之;阳为夫而生之,阴为妇而助之;春为父而生之,夏为子而养之;…… 王道之三纲,可求于天。①

虽然在上述的构想里,平民的人际网络里仍维持着一定程度的互惠关系,但是正统"三纲"教义,实际上如同冯友兰观察的那样,"使臣下、儿子、妻子从属于人君、父亲及丈夫。"中文里"纲"的意思,字面上指构成网络的主线,旁附以较小的弦线。"因此这即是说,君为臣纲,人君就是臣属的主人。相同的,父为子纲,夫为妻纲,也是一样的道理。"②当主纲或是主人善尽其职责时,弦线或者臣属就有责任拥戴并给予协助这一由天所授与的生命网络。

在董仲舒故后两个世纪之间,他的宇宙观和道德观启迪了许多在汉廷内的改革派官僚。同董仲舒一样,他们上谏皇帝,指称那些偶发的自然灾害,比如宫殿火警,彗星或者日蚀,都表示着上天对人君的统治已感到不满。对信仰儒家的官员来说,那些专以进奉长生不老丹药以眩惑人君,而无意于社会伦理与混乱天道的方士,最是危险。武帝及其继位人好求长生不老,并且崇尚奢华,成了方士们最主要的庇护者。成帝践祚之初,这些方士已掌管全国境内多达六百八十三座祀所,祀奉庞杂的鬼神,并通常操弄戏法与驱魔等术③。一位成帝时的大臣,同时也是受尊敬的《易经》卜卦学者谷永,即痛斥这些方士:

> 诸背仁义之正道,不遵五经之法言,而盛称奇怪鬼神,广崇祭

---

① 董仲舒著,苏舆编注,《春秋繁露义证》(北京:中华书局,1992 年),第 351 页;冯友兰著,卜德(Derk Bodde)译,《中国哲学史》(*A History of Chinese Philosophy*),普林斯顿大学出版社,1952—1953 年,第 2 卷,第 43 页。

② 参见冯友兰,《中国哲学的社会基础》(The Philosophy at the Basis of Chinese Society),收于诺斯洛普(F. S. C. Northrop)编,《意识形态差异与世界秩序》(*Ideological Differences and World Order*),纽海文:耶鲁大学出版社,1949 年,第 26 页。

③ 余英时(Ying-shih Yu),《汉代的生死观》(Life and Immortality in the Mind of Han China),《哈佛亚洲研究学报》(*Harvard Journal of Asiatic Studies*),第 25 卷(1964—1965 年),第 93—108 页。

> 祀之方,求报无福之祠,及言世有仙人服食不终之药,遥兴轻举,登遐倒景,览观县圃,浮游蓬莱,耕耘五德,朝种暮获,……黄冶变化,坚冰淖溺,化色五仓之术者,……皆奸人惑众,挟左道,怀诈伪,以欺罔世主。①

方士此种看似异端的行为,引发定义正统的争论,或可与公元四世纪时因亚利安(Arian)异端对抗基督教会,从而加速尼西亚信经(Nicene Creed)的制定相比拟。然而,不同于基督教正统的是,儒家所遵奉者,非仅只是神学而已。儒家的终极关怀是社会性与道德性的;其着重于如何将天道落实在实质的人际关系当中。

帝国对于天以及其所蕴含的正道的崇祀,成为了重要的议题。汉代君主皆遣人献祭古代传说中的帝王名"五帝"者,旁及其他的神祇。汉武帝在方士建议下,甚至崇祀道教的神祇"太一",因其"洞同天地,浑沌为朴,未造而成物"②。但是董仲舒的著作争论道,身为"天子"的皇帝应该亲往设于京城郊外的祭坛,以崇祀天地:"天子号,天之子也,奈何受为天子之号,而无天子之礼?"③成帝时任丞相的匡衡,则将经典权威(classical authority)与阴阳观念相结合。他指出,祭天之所应在城南之郊,是因为南方为阳;而祀地之所应在城北,是因为北方为阴。公元前31年,在城南之郊祭祀天地的仪式,首次由汉代君主所举行,鲁惟一(Michael Loewe)称此为一次宗教改革。虽然祭祀的礼仪在其后的四十年间曾有多次变动,但是在首都南郊祭祀天地的仪式终在公元一世纪时宣告底定④,其时虽然有关新旧经真伪的争论仍然持续,但

---

① 德沃斯金,(Kenneth J. DeWoskin),"导论"(Introduction),于氏著《方士传:古代中国的医者、卜师、魔术师》(*Doctors, Diviners, and Magicians in Ancient China: Biographies of Fang-shih*),纽约:哥伦比亚大学出版社,1983年,第38页。

② 冯友兰,《中国哲学史》,卷1,第399页,引用《淮南子》,第14章。

③ 董仲舒,第15章"郊义",1—2b。

④ 鲁惟一(Michael Loewe),《汉代中国的危机与冲突》(*Crisis and Conflict in Han China, 104 B. C. to A. D. 9*),伦敦:艾伦-安文(Ellen and Unwin)出版社,1974年,第167—179页。

事实上争论的双方对于天以及由天授命的社会及宇宙观的信仰则无二致①。

董仲舒对三纲的教条，在东汉建初四年(79)由朝廷举行的经典讨论中被确立。这场讨论，尽管未能解决今古经之争，但仍界定了双方对三纲的信仰②。三纲被挑出作为人遵循天道的义务准则。此一准则的内涵，即不可或缺之“五常”，亦即：仁、义、礼、智、信。朝廷宣称，“五常”之美德，只有在透过三纲与人际关系中次于三纲的对应部分——“六纪”——才能够达成。“六纪”指的是与父系的叔伯堂兄弟、母系之舅甥，以及师友长辈间的互动行为准则。朝廷的白虎观会议特意强调上述这些关系的宗教与宇宙观上重要性：

> 三纲法天、地、人。……君臣法天，取象日月屈信归功天也。父子法地，取象五行转相生也。夫妇法人，取象人合阴阳有施化端也。③

三纲在正统价值信仰中居于中央位置，亦可见于马融(76—166年)对今古经文广受推崇的注疏意见中。如他对《论语》“为政篇”的评注：当孔子论及“殷因于夏礼，所损益可知也；周因于殷礼，所损益可知也”时，评道：“所因，谓三纲五常。”④

三纲的教义是否反映了东汉时的社会伦理道德？对朝廷与士大夫来说，他们的确努力对社会灌输忠君、孝亲以及妇德的观念。事实上，三纲已在西汉时被载入法律之中。根据汉律残篇，人子若犯下不

---

① 旧经学者如马融(76—166)和郑玄(127—200)皆同意阴阳五行之说。参见李汉三，《先秦两汉之阴阳五行学说》，台北：钟鼎文化出版社，1967年，第283—284，286—295，322—324页。

② 曾祖森(Tjan Tjoe Som)，《白虎通》(*Po Hu Tung: The Comprehensive Discussions in the White Tiger Hall*)，雷登(Leiden)：布莱尔(Brill)出版社，1949年，第163—671页。曾祖森总结白虎通的内容道：“高度符合后汉的世界观，但官方假托为承袭前汉而来。”

③ 曾祖森，第2卷，559—560页。

④ 马融对此段落的评注成为后世的标准批注。参见朱熹，《四书集注》；《论语》，“为政篇”；刘宝楠，《论语正义》，于《四部丛刊》，卷二，17b—19页。

孝罪行,如殴打父母,将处以斩首示众之刑。甚至汉代的官员/士大夫,自董仲舒起,即开始使用如《春秋》等古代经典来决断诉讼案件。有许多发生于公元前一世纪的知名案件,当中妇女若触犯"七出"时,夫家得与其离婚。经典中所列举的"七出",包括无后(不孕)、忌妒、多嘴、不敬公婆等①。而将孝顺义务与忠君事上观念相连结的《孝经》,则在东汉以前已广为略受教育者所熟知。根据一个当时的记载,即使连京师看守城门的士兵"皆熟知《孝经》"②。称颂妇女"贤淑忠顺"的刘向(约公元前80—7年)《列女传》,于东汉时多次重刊,并且无疑启发了女性史家班昭(约51—120年)的知名作品《女诫》③。

现有的资料显示,孝道和妇德不仅在上层士大夫社会内成为实际的道德概念,亦在平民百姓阶层当中流布。《后汉书》当中的知名孝子与德妇传记,据信应成篇于三世纪后半,虽然直至五世纪《后汉书》编写时都尚未完卷,汉学家侯思孟(Donald Holzman)认为这些事迹有高度的可信性④。《后汉书》描写孝子与德妇的方式,或堪与欧洲中古时期的关于虔信之夸大叙事相比拟。所谓为父母服丧三年,事实上是服丧二十五个月(亦即服丧至第三年的第一个月)的作法,在东汉时已被广泛实行。这种作法只有在西汉末年时获得朝廷支持,当时太学博士及其门生丁忧,得离开职位二十五个月以服丧。但是,在东汉年间,这

---

① 瞿同祖(Tung-tsu Chu),《传统中国的法律与社会》(*Law and Society in Traditional China*),海牙(The Hague):莫敦(Mouton)出版社,1961年,页42—43,118—21;徐道邻,《中国法制史论略》,台北:正中书局,1953年,第12—15页。

② 樊准于公元二世纪中叶所上奏章,见于《后汉书》,北京:中华书局,1965年,第4册,第1126页。

③ 这两本作品的英文翻译,见奥哈拉(Albert Richard O'Hara),《早期中国妇女的地位》(*The Position of Women in Early China*),台北:美亚,1971年;以及孙念礼(Nancy Lee Swann),《班昭:早期中国女性学者的先驱》(*Pan Chao: Foremost Woman Scholar in Early China*),华盛顿:美国历史协会,1932年,纽约:拉索-拉索(Russell and Russell)出版社。

④ 侯思孟(Donald Holzman),《上古与中古中国的孝道:其延续性与在帝王崇拜中之重要性》(Filiality in Ancient and Medieval China: Its Perenniality and Its Importance in the Cult of the Emperor),收于丁爱博(Albert E. Dien)编,《中古时期中国的国家与社会》(*State and Society in Medieval China*),即将出版。(译者注:此书于1991年由斯坦福大学出版社出版)

种作法已经成为所有官员的标准程序了[①]。《后汉书》描述一位人子服父丧，为期不仅二十五个月，而是超过十年，期间他茹素并且不饮酒。另外一位人子，携母亲由家乡到县城登记人口普查时，以身当辕，亲自为母亲推车，只因为他相信由他驾车，母亲可避免乘牛车或马车的颠簸不适[②]。

上述这些故事，只有在当家庭成为平民社会中礼仪与经济生活的主要单位时，方才显得可信。东汉时的官宦之家，多设有家庙和祖祠；平民之家中则可能设有较简单的家庭祭坛。孝道与家庭义务，因此而成为一种广泛的世俗宗教。以父系亲属或夫家为中心划分等级的“五服”是服丧的标准礼仪。儿子、妻子以及未出嫁的女儿被指定在丧礼与之后的服丧期间穿着粗麻布织成、无边饰的丧服为亡者服丧。孝道及其礼仪显然也影响到即使是社会的最低层：一则东汉的资料述说一名奴隶在新年期间窃取食物，只为祭祀其已故的母亲[③]。

《后汉书》当中还有许多关于妇女对丈夫与夫家有卓越奉献的事例。其中一则故事述说一名赌徒的妻子，努力劳作以奉养婆婆，并拒绝其父离婚再嫁的提议；甚至，当其夫为人所害后，她手刃肇事者为夫复仇。另一位女子则每日来回两英里的路程，汲取井水以供婆婆饮用，在被她狠心的丈夫赶出家后，她还继续每天烹煮饭菜，以纺纱所得购置食品，以邻居馈赠的名义照旧供养婆婆[④]。上述这样的女性角色模式令人感到好奇，是否在某些程度上，和宇宙间神秘的阴阳力量所主宰的男女之分有所牵连？在现今已经由考古发现的 TLV 铜镜上（铜镜上饰以三种直线花纹，类似英文字母 T、L、V，故此得名），刻有细致的阴阳象征符号，其时间大多来自公元前 50 年以后。这样的符号，也可以在东汉时的士大夫墓祠遗址当中找到。不过，即使连平民之

① 杨树达，《汉代婚丧礼数考》，台北：华世出版社重刊，1976 年，第 237—273 页。

② 《后汉书》，第 5 册，第 1302 页；第 6 册，第 1750 页。

③ 瞿同祖，《汉代社会结构》(*Han Social Structure*)，西雅图：华盛顿大学出版社，1972 年，第 30—31、313—315 页。

④ 《后汉书》，第 5 册，第 1302 页；第 6 册，第 1750 页。

家,也都了解阴阳在民俗节庆当中的象征意义。在农历腊月的新年庆典中,冬至后一天被视为"阳生",是日阴阳谐和,母鸡和公鸡会被悬挂在农民住所门梁上,象征阴阳两种力量的均衡①。在汉代晚期,阴阳概念在医药用途上被广泛的使用,很可能因此而更增强了大众对阴阳之势的信仰意识。

尽管孝道与妇德似乎于东汉时有长足的进展,忠君这项官员们的主要关怀,却产生了若干问题。自汉初起,有良知的官员们常面临两个议题:对君主及其王朝尽忠的个人义务,以及更为理想化的职责,即儒家所向往的"得君行道"②。东汉儒家当中的理想主义者,对于"忠"的构想,凌驾于人际意识之上。在京师的东汉士大夫以"清议"论政,抨击贪污的宦官,并为此付出生命代价,乃是对这一意识的彻底实践。但是忠诚也经常被认定为一种个人的义务,即一位官员对于他的恩庇者乃至于君主本身尽忠。东汉后期世族豪门掌握地方权力的趋势,使得中央朝廷的权威更加遥远。一位低阶官员可能会在提及地方刺史时称其为"君",同时会对荐举他入仕者以师礼事之,乃至于在座师死后,为其服"三年之丧"③。个人对君主的效忠正在衰退,但并不意味此一"忠君"的观念就此不再影响人的行为。在二世纪末叶,发生了在忠孝之间冲突的经典事例:赵苞是边境省区的守将,当入侵的鲜卑部落首领掳获其母,并要求其投降以换取其母性命安全时,赵苞表示:"昔为母子,今为王臣,义不得顾私恩。"宁可牺牲其母之性命而与入侵

---

① 鲁惟一,《到天堂之路:中国人的永生追求》(*Ways to Paradise: The Chinese Quest for Immortality*),艾伦-安文出版社,1979年,第三章;包华士(Martin J. Powers),《早期浅浮雕与公元一世纪的中国道德宇宙》(An Archaic Bas-Relief and the Chinese Moral Cosmos of the First Century A. D.),《东方艺术》(*Arts Orientalis*)12期(1981年),第25—40页;包华士,《早期帝制中国的混种预兆与公众议题》(Hybrid Omens and Public Issues in Early Imperial China),《远东古物博物馆馆刊》(*Bulletin of the Museum of Far Eastern Antiques*)55期(1983年),第17—24页;卜德,《古典中国的节庆》(*Festivals in Classical China*),普林斯顿大学出版社,1975年,第50—56页。

② 例如,参见贾谊,《新书》(汉魏丛书),第6卷,第1—2页;第9卷,第1—10页。

③ 伊沛霞(Patricia B. Ebrey),《后汉的恩庇—侍从关系》(Patron-Client Relations in Later Han),《美国东方学会学报》(*Journal of the American Oriental Society*),第103卷,第3期(1983年7—9月),第533—542页。

者交战,并将之击败;赵苞安葬母亲后,于墓前自杀以殉[①]。即令到了东汉王朝的最后二十年,皇帝仅是傀儡,忠君的观念仍显而易见[②],一如《后汉书》、《三国志》以及千余年以后的小说《三国演义》所述。

理学与汉代礼教正统

上述对汉代正统内涵的理论与实践的分析,提供了理解后期帝制中国正统的重要背景。在此需更进一步申论的是:尽管理学有其独特的形而上与精神层面,但是理学无论如何在宗教宇宙观与社会道德伦理方面,仍与汉代的正统价值信仰有极重要的一致性。理学家们强调自身的"道统",并追踪这种精神模式在汉代以前的来源。我认为,理学家们有关道德和与礼仪方面教义对明代初期的皇帝特别有用,所以明初朝廷将程颐(1033—1107年)与朱熹(1130—1200年)的理念为其正统的一部分。作为一个哲学概念,理学确有独到长处,但其精神性与知识上的严密,则确实得力于其已内化(internalizing)的宗教性宇宙观和汉代伦理观念的传承,因此而增强了正统信仰的力量。

儒学的历史,从公元2世纪至12世纪这段时期内,当然历经多次兴衰,因篇幅所限,在此不拟详述;此处仅需提及,除了三世纪时新道教(Neo-Taoism)的挑战外,汉代的礼教与名教屹立不摇,这主要归功于六朝时期拥有大量土地的权贵家族协助此时期为数众多的政权,模仿汉代的统治模式所致。余英时已经证明:东晋(317—420)士族持续坚持经典中丧葬礼仪,虽然当中因"缘情制礼"而略有修改。父母亡故的三年之丧之礼仍被严格奉行;藉由对《礼记》中一段隐晦费解段落的巧妙解释,兄嫂之丧则需服丧五月,这反映了她们在数代同堂的大家庭中,经常协助抚养丈夫较年幼兄弟的事实[③]。从南北朝到隋唐,在这

---

① 《后汉书》,第9册,第2692—2693页。

② 陈启云,《荀悦与中世儒学》(*Hsun Yueh: The Life and Reflections of an Early Medieval Confucian*),剑桥大学出版社,1975年,第53页。

③ 余英时,《中国知识阶层史论:古代篇》,台北:联经出版社,1980年,第329—372页。

一段长时期当中,朝廷持续提倡将孝道与忠君做连结的《孝经》之研究。不过,在这段政治分裂的漫长时期当中,官位的保障来自于地主豪门之支持,对人君尽忠乃非保全官位之所必须。至于朝廷祭天之礼,则以某种形式于北魏(386—535)至唐代(618—907)当中维持下来,但期间为数颇多的皇帝,同时也扮演佛、道的庇护者,或是为主流佛教、道教信徒奉为神圣。似乎要等到唐太宗(627—650 年在位)的声明,以及以武后(683—705 年在位)为名发布的《臣范》,揭橥忠君为最高道德之后,忠君概念方才再次复兴。《臣范》呼吁"公忠诚正之臣,尽忠人主"①。同时,三纲在由汉代至唐代这数世纪期间,竟还被众多朝代写入律法之中。

奠基于陈寅恪那篇影响深远的论文,瞿同祖为我们揭示了由三国至唐代"以礼入法"的渐进历程。虽然东汉时之经学家仅以章句写入律法,然则由汉末至初唐这段时间内,出身自豪门世家并自幼致力于学习经典的儒家士大夫,将经典礼仪与社会道德写入"蛮夷"在中原所建立的朝代律法当中。在三国魏(220—264)中期,学养渊深的官员们促使平庸之主颁布律法:儿子不得分家;在父亲分家之前,亦不得分产。魏律亦包括了对皇室成员、高阶官员以及那些"合乎道义"者的轻微罚则。晋代(265—420)的律法则更进一步,制定有关于五服亲戚内相互攻击或谋害的罚则:犯罪者辈分愈低、关系愈近,惩罚愈重;反之亦然。施刑的准则另视年龄、性别、辈份而定。在儒家官员如崔浩(卒于450 年)与高允(390—487)的倡议下,"蛮夷"所建立的北魏(386—535)律法,对官员犯罪者仅褫夺官职,而不明确规定刑罚。而即使是平民百姓,只要犯法者有年迈无靠之双亲需要照料,其刑将可被豁免。另一个"蛮夷"建立的北齐王朝(550—577),在汉人官员的建议下,三

① 吴兢,《贞观政要》(《四部备要》),卷 3,1—9 页;卷 5,2b—13 页;萧公权,《中国政治思想史》,台北:联经出版社,1982 年,第 431 页、444 页注释 6—7。在唐代儒学及其礼仪方面,参见魏侯玮(Howard J. Wechsler),《玉帛之供:唐代法制中的礼仪与象征》(*Offerings of Jade and Silk: Ritual and Symbol in the Legitimation of the Tang Dynasty*),耶鲁大学出版社,1985 年。

纲的概念获得法律的完全承认,体现在律法条款中知名的"十条重罪"当中,即日后所称之"十恶"。这些重罪,包括诸多不忠于君上与朝廷的罪名、"于孝有亏"、以及例如妻子控诉或攻击丈夫及家中其他成员的家庭失和。上述条款皆由后来《隋律》所沿袭,并进一步在唐永徽四年(653)颁布的《大唐律》中获得详细阐释。而于公元八世纪稍作修订而更加完善的唐律版本,则是北宋建隆四年(963)所颁定的《宋律》基础①。

正如在秋月观暎及陈观胜(Kenneth Chen)的著作中所记载的那样,亲族关系与官僚价值安然度过佛教的挑战②。而汉代的天地与阴阳观,则似乎特别在道教思想当中赓续长存。司马虚(Michel Strickmann)认为,在长江下游流域活动的道家茅山派,于公元四世纪起,得自于由中原南迁流亡的世家大族之影响,接收了东汉以来对《易经》的研究成果,以及其他充斥阴阳概念的占卜之书③。根据秋月观暎与施舟人(Kristopher Schipper)于各自的研究中显示,唐代的道教宗派"孝道",利用团体重大祭典,反复宣扬孝顺以及在天子治下对和平与安定的渴求。此一宗派后来为北宋两位皇帝,真宗(997—1022 年间在位)与徽宗(1100—1126 年间在位)所翼护。徽宗皇帝听信道教另一宗派"神霄"之说,相信自己是玉帝之道成肉身,并且在京师开封近郊一座山上,为"孝道"兴建宫观。此宗派与使用"功德簿"形式、于南宋乾道七年(1171)兴起的"善书"密切相关,约在同时,"孝道"更名为"忠孝道"。其宗旨在强调个人长生与集体救赎,需要严格自律,并且宏扬孝

---

① 陈寅恪,《隋唐制度略论稿》,收于《陈寅恪先生论集》,台北:中央研究院,1971 年,第 67—76 页;瞿同祖,《中国法律之儒家化》,原刊于北京大学五十周年纪念论文集(1948 年),重印并稍作修订于氏著《中国法律与中国社会》,中华书局,1981 年,第 328—346 页;亦参见杨廷福,《唐律初探》,天津人民出版社,1982 年,第 6—7、151—52 页。

② 秋月观暎,《佛教与儒家伦理》,京都:平乐寺书店,1968 年;陈观胜(Kenneth K. S. Chen),《佛教的中国转化》(*The Chinese Transformation of Buddhism*),普林斯顿大学出版社,1973 年。

③ 司马虚(Michel Strickmann),《陶弘景的炼金术》(On the Alchemy of Tao Hung-ching),收于韦尔奇(Holmes Welch)与索安士(Anna Seidel)编,《道教诸面向》(*Facets of Taoism*),耶鲁大学出版社,1979 年,特别是 185 页的讨论。

行与裨益国朝的义举美德①。

宋代初期，一些佛教徒亦特意确证世俗体制的正当性。即使他们的慈善事业超越亲属人际圈，这些佛教僧侣仍对其为数日增的信众们宣扬孝道之重要性。唐代华严宗与禅宗并持的高僧宗密(780—841)声称："孝道始于浑沌，塞于天地，通人神，贯贵贱。"宋初的禅宗理论家契嵩(1011—1072)则更进一步，以佛教特有词汇来支持儒家的礼教与社会道德。契嵩宣称"孝为五戒之先"，"夫孝也者，大戒之所先也，戒也者，众善之所生也。……孝名为戒，盖以孝为戒之端也……使我疾成于无上正真之道者，由孝德也。"再者，契嵩承认朝廷权威以及五经之教，他并且敦促其隐友们"重拾君臣、父子之伦"②。另一位禅宗高僧大慧宗杲(1089—1163)：甚至写道"菩提心亦只是忠义心之别称。"③以颂念佛号为成佛之道，在宋代广为流传的净土宗，更于《观无量寿经》上加注："父母之恩既深且高贵。(是故)功德回向父母，更胜佛陀。"宋代净土宗僧侣公开宣扬其阴间信仰："不孝之人，身坏命终，堕于无间阿鼻地狱。"④

然而，欲建立一个文化典范，不能徒托纸面。理念必须伴随着体制与利益，方能成为宰制社会的力量。宋代(960—1279)标志着中国政治与社会史上的一个新时代，同时，一个新的物质利益结构也在发展。在唐代占据朝廷高位的豪门，现在已失去其土地以及地域性之权威。宋代的前两位皇帝，不但十分看重天命的概念，并遵循汉礼郊祭

① 秋月观暎，《中国近世道教的研究》，东京：创文社，1978年；施舟人(K. M. Schipper)，《唐代道教礼仪与地方崇拜》(Taoist Ritual and Local Cults of the Tang Dynasty)，收于《中央研究院国际汉学会议论文集-民俗文化组》，台北：中研院，1981年，第101—115页。

② 陈观胜，第29、48—501页；慧天，《中国社会的佛教伦理形态》，收于张曼涛编，《佛教与中国思想及社会》，台北：大成文化出版社，1978年，第221页；钱穆，《杜契嵩谈经集》，收于氏著，《中国学术思想史论丛》，第5卷，台北：东大图书出版社，1978年，第37、46—47、51页。

③ 于君方(Chün-fang Yü)，《中峰明本与元代禅宗》(Chung-feng Ming-pen and Chan Buddhism in the Yuan)，收于陈学霖(Hok-lam Chan)与狄百瑞(William Theodore de Bary)编，《元代思潮：蒙古统治下的中国思想与宗教》(*Yuan Thought: Chinese Thought and Religion under the Mongols*)。哥伦比亚大学出版社，1982年，第445页。译文稍有更动。

④ 慧天，《中国社会的佛教伦理形态》，第220—221页。

天地[①]；他们尚且致力使之后的文官晋身摆脱家世与武人之掌握。在宋代建立后的一百五十年内，确有许多显赫的家庭，凭借其拥戴创建新王朝之功，而使其后嗣得以跻身朝廷高位[②]。但是尽管如此，大部分政府晋用人才，极大程度上仰赖更为公正且规模更为扩大的科举抡才制度。宋代同时也是农业、商业与教育快速发展的时代。城市繁荣，商贾与致仕官员成为乡间的大地主。这些新崛起的富贵士绅了解使其子通过科举入朝为官的重要性，是以他们不但和官宦之家联姻通好，更务使其子弟能接受适当的指导以通过科举考试[③]，同时，许多政府主办的学校也纷纷涌现，而印刷书本的大量增加与易得又加速了这类学校的发展。这是一个流通与变动频繁的时代，也是一个重构的习俗体制需要有重构的道德观念的时期。这样矛盾的结果，就是正统礼教信仰的与日俱增。

即使人口增加而迫使政府组织不得不在其地方层级作出调整，君主对于文官体系中任命官员的权威，仍促成绝对的忠君观念形成。约在北宋年间，一本仿《孝经》而作的《忠经》出现。这一伪托于东汉马融的著作虽未获得后世的重视，不过《忠经》中的概念却是重要的。其中一个主题，即当人君之德"昭明，则阴阳风雨以和，人赖之而生也"[④]，经常为后世君主所提起。《忠经》所强调"节"的概念，要求人臣在危难时为朝廷死节，在十一世纪时于讲究气节的士大夫当中获得回响。欧阳修（1007—1072）认为，忠君乃评断历史人物的主要标准。在其所著的唐代与五代（907—960）的史书中，欧阳修标举只忠于一君及一个朝代之"节"与"礼义"。欧阳修谴责五代时期历事五朝的宰相冯道（882—954），他感慨地写道，冯道甚至不如一位与他同时代的寡妇；

---

① 《宋会要辑本》，台北：世界书局，1964 年，卷 10，第 417、436—37、440、991—993、1019—1020 页。

② 参见郝若贝（Robert M. Hartwell），《750 至 1550 年中国的人口，政治与社会变迁》（Demographic, Politic and Social Transformation of China, 750—1550），《哈佛亚洲研究学报》第 43 卷，第 2 期（1982 年 12 月），第 405—416 页。

③ 同上，第 416—426 页。

④ 《忠经》（汉魏丛书），2b—3，4；参见萧公权《中国政治思想史》，第 541—543 页。

这位寡妇恪遵儒家教义，当客栈老板不经意握住她的手臂时，她毅然将手臂斩断[①]。著名的《资治通鉴》作者司马光(1019—1086)，似乎视《易经》所指天地自然与人世社会各有不变之角色为人臣尽忠于君主的基本原理所在。在谴责冯道时，司马光援引社会礼教奠基于“天地不易之位”，由是而定为人的基本义务，“贞女不从二夫，忠臣不事二君”。在《资治通鉴》首页，司马光引《易经》“天尊地卑，乾坤定矣”而言其“君臣之位，犹天地之不可易”的观点。若是一个朝代应受百姓拥戴，并且享有天命之授，则“君臣之分，当(情况所需时)守节伏死而已矣。”[②]

虽然新的政治现实要求臣下对君主投注更多奉献，但关于家庭的情况则变得更加复杂。科举考试兴起成为成功之阶，使得家庭中的儿子们需要更加自律的生活；田产、商业生活以及都市文化对准备参加科举考试的生员所带来的诱惑，在在都使得许多殷实之家的未来遭受威胁。司马光在其著名的《家范》中写道：“自于数十年中勤身苦体以聚之，而子孙于时岁之间奢靡游荡以散之。”[③]由此看来，地主或富商之女，嫁至仕宦之家所带来的大量嫁妆，可能在将来为这个家庭带来厄运。一位十一世纪的作家，形容一个可能是普遍的情况——已婚的兄弟在分产前与其父母同住：呜呼！今之人对父母之命不再遵守，而遵妻妾之命……他们不吝其双亲之产，而善加保守他们女人之财产……他们视其年幼兄弟若敌人，待其子侄有如窃贼[④]。

根据伊沛霞具有启发性的研究显示，有许多建议是针对上述这一情

---

① 欧阳修，《新五代史》(北京：中华书局，1974年)，第2册，第611—612页。

② 牟复礼(Frederick W. Mote)，《元代儒者的隐居思想》(Confucian Eremitism in the Yuan Period)，收于芮沃寿(Arthur F. Wright)编，《儒家信仰》(*The Confucian Persuasion*)，斯坦福大学出版社，1960年；于谴责冯道之不忠时，司马光指控冯道毁坏了仁德：“君子有杀身成仁，无求生害仁。”引自王赓武(Gung-wu Wang)，《冯道：论儒家之忠》(Feng Tao: An Essay on Confucian Loyalty)，收于芮沃寿与杜希德(Denis Twitchett)编，《儒者人格》(*Confucian Personalities*)，斯坦福大学出版社，1962年，第123页；司马光，《资治通鉴》，卷1，第2页。

③ 引用伊沛霞，《北宋的家庭观》(Conceptions of the Family in the Northern Sung)，《亚洲研究学报》(Journal of Asian Studies)，第43卷第2期(1984年)，第225页。

④ 伊沛霞，《宋代的家庭观》，转引自王汝川(Wang Ju-chuan)，皇祐五年(1053)进士。

形而提出的。理学家们如张载(1022—1077)和程颐,即建议采用古代奠基于长子继承的宗法制度。他们提出,每代五服内堂兄弟间的财产,交由一位宗族后裔直接掌握。张载建议上述制度可稍作修改:每代堂兄弟间官位最高者,可被考虑为宗族直系后裔,亦即财产掌理人。程颐则较依古代礼仪经典,主张根据长子继承制,委托宗族中辈分长者来管理资产,但他希望惟有出身直系子孙的官员方能中选。一个广被提及的观念,强调家庭的功能是财产所有的单位(家)。若是基于经济利益考虑,或是兄弟间被要求合作,家族分产可以延迟。思考这一问题的学者,在对妻子的利益以及与姻亲的亲善这方面,投注更多的关注。但正如伊沛霞所指出,无论是宗族或是家族的思考导向,皆"对儿女孝顺其双亲、妻子服从丈夫以及公婆的义务,给予无条件的支持"[①]。

宋代朝廷自其初创起,即承袭唐代表彰孝行与妇德的政策[②]。在朝廷所举荐的孝行当中,那些四代、六代甚或长达十世未分产的家族,由朝廷颁给横幅及牌坊,称之为"义门"。义门的家族成员多与长辈同居并且"共灶而食"。《新唐书》中列举整个唐代"数世"不分家,并获朝廷嘉奖的三十六个家族[③]。随着唐宋变革期间战乱频仍,北宋期间有五十五个这样的家庭,均可在《宋史》中找到。然而之后,此种家庭的数目却剧烈减退,至十二世纪末叶时,已经所剩无几[④]。实际上,宋代的主要政策,是尊重、维护小家庭经济,以及沿袭汉代,均分财产给所有儿子的惯例。伊沛霞对于宋代法律案件的研究显示,县令的关切主要在成年男性个体是否能分得他那份祖产。这种强调家族中每代族长的权威,如同前已指出者,有助于子对父的孝敬态度。宋代的讼

---

① 伊沛霞,《宋代的家庭观》,特别是 232 页;亦参见氏著,《宋代中国的家庭与财产:袁采的社会生活观点》(*Family and Property in Sung China: Yuan Tsai's Precepts for Social Life*),普林斯顿大学出版社,1984 年。

② 《宋会要》,卷 2,第 528 页;卷 4,第 1687—1694 页。

③ 《新唐书》,北京:中华书局,1975 年,第 18 册,第 5575—5577 页。

④ 《宋史》,北京,中华书局,1977 年,册 38,页 13385—13413;伊沛霞,《宗亲会的早期发展》(The Early Stages in the Development of Descent Group Organization),收于伊沛霞与华琛(James L. Watson)编,《后期帝制中国的亲族组织(1000—1940 年)》(*Kinship Organization in Late Imperial China, 1000—1940*),加利福尼亚州大学出版社,1986 年,页 29—34。

案同样也显示，遗孀或是养子将能继承其夫的遗产，而非死者的兄弟。必须指出的是，这种惯例是与宋律（奠基于唐律中关于继承法规部分）中的相关条文相符的①。这样的做法或许也促进遗孀对丈夫的忠贞怀念。这位男性家长虽然身故，但在此法律精神中仍旧长存。

以上述这些利益模式（patterns of interests）为背景，我们或许可以对理学的总体面向有一个更进一步的理解。作为一种哲学，理学当然不只是对政治与社会背景的反映。理学很明显地是儒家对佛、道形而上与宇宙观的回应；其宗教性特色明显地受到佛教传入后的影响。然则就理学强调内省的层面而言，程朱理学的要旨确实要求人的内在生活必需与外在言行的正确相符。人世社会不应被放弃，而经典中所昭示的礼教与社会伦理，乃是正统教义与佛、道异端不同之所在。

除了已被详尽研讨的正式哲学外，在近二十年间，理学还有两个面向为学者所关注：即强调精神面的“尊德性”，与强调学术面的“道问学”②。狄百瑞（Theodore de Bary）已经特别阐明理学中关键的“心”概念，或许可理解为一种介于孟子之教与维多利亚基督教（Victorian Christian）涵义之间的一种良知意识。此一难以捉摸的心，统摄人的行为，包括天赐的道德本性，与充满欲望、情感的肉身。狄百瑞亦解释“心法”的细节：据信这一心法由古代圣王传给孔子，再传则应为孟子，但是接下来直到北宋年间，则未再有记载：

人心惟微，
道心惟危；

---

① 伊沛霞，《宋代的家庭观》，第232—239页；《宋刑统》，台北：文海出版社重刊，1964年，第12卷，第12页。

② 因篇幅所限，本文不就学者对于“道问学”面向的强调进行讨论。完整的讨论，可参见余英时的两篇论文，《朱熹哲学系统中的道德与知识》（Morality and Knowledge in Chu Hsi's Philosophical System），收于陈荣捷（Wing-tsit Chan）编，《朱熹与新儒学》（*Chu Hsi and Neo-Confucianism*），檀香山：夏威夷大学出版社，1986年，第228—254页；以及《清代理学智识论兴起的初步观察》（Some Preliminary Observations on the Rise of Ching Confucianism），《清华中国研究学报》（*Tsing Hua Journal of Chinese Studies*），新11卷1—2期（1975年12月），第105—146页。

惟精惟一，
允执厥中。[①]

在此，人面临私欲与天性之间的内在挣扎。理学家认为天性为“理”或“天理”，统摄包括道德生活在内无数事物。周敦颐（1017—1073）深受《易经》系辞启发，相信“所以阴阳者，是道也”。程颐将《易经》“乾”卦视为“天之性情”，但他也相信天即为“上天之主宰”。他的胞兄程颢（1032—1085），则将天命与《易经》、《中庸》之教相结合：“其体则谓之易，其理则谓之道，其用则谓之神。其命于人，则谓之性。率性则谓之道，修道则谓之教。”[②]

人如欲依天理而行，则需以人本有之“气质之性”来克服人欲。而要让天理主宰个人的“情”，则必须求诸上天所赋予人的第三种天赋[③]。这种天赋，存在于包含不纯的人欲与天理的“心”之内，不假外求；而要引出此种天赐之气质，只能靠智识上与精神上艰辛的努力。

而如同程颐（以及其后的朱熹）所特别强调的，智识上的努力必须伴随以精神上同样的努力方可达成。这二者需作为早年为人处世的态度与习惯，亦即一位青年于“洒扫应对”间所能习得者所形成的重要前导（参见本文稍后对《小学》的讨论）。不过基本的训练，则是学习与吸收那些记载知晓天道的圣贤言行的经典。程颐解释道，对经典的正确学习，包含了圣哲为日常经验所设典范、历史上的记载，与个人经

① 理雅各译，《中国经典》（*The Chinese Classics*），台北：1966年重刊，第3卷，第61—62页；此处英译据狄百瑞，《新儒学正统与心性之学》（*Neo-Confucianism and the Learning of the Mind-and-Heart*），哥伦比亚大学出版社，1981年，第5页，稍有更动；朱熹在《中庸章句》中对此段的注释，见狄百瑞，《新儒学正统与心性之学》，第73—74页。

② 陈荣捷（Wing-tsit Chan）译，《近思录：朱熹与吕祖谦新儒学选集》（*Reflections on Things at Hand: The Neo-Confucian Anthology Compiled by Chu Hsi and Lu Tsu-chien*），哥伦比亚大学出版社，1967年，第7、9、17页；英译略有更动。

③ 在此我依照黎惠伦（Whalen Lai）对宋代理学当中“心”的诠释。参见他的《以道御天：朱熹对于性情的非佛教解决方案》（Principle Rides the Ether: Chu Hsi's Non-Buddhistic Resolution of Nature and Emotion），《中国哲学学报》（*Journal of Chinese Philosophy*），第11卷，第1期（1984年3月），第31—65页。

验之间的比较。为求如此，个人需先广泛习得古代圣哲言行。“人之蕴蓄，由学而大。在多闻前古圣贤之言与行，考迹以观其用，察言以求其心，识而得之，以蓄成其德。”①

在这样的智识基础上，精神上的自我修持(self-cultivation)得以开展。达成“敬”的境界，亦即心性严肃专一，上通天道以战胜人欲，是学者所不可或缺的。程颐写道：“学者应敬守此心，不可急迫。当栽培深厚，涵泳于其间。”②这样的修持或许需要以“静”与“诚”为基础的律己之道作为基础。在理学词汇中，“静”是“中庸”的状态，即喜、怒、哀、乐诸情感“未发之际”，伴以适当的审慎，使这些情感得以“中节”性地引发，以致于“和”的境界③。

如同古代圣王，凭借着他们的“敬”与“诚”来实践天道，用程颐的话来说，即是“以此侍天飨帝”④，任何人透过如此智识上与精神上的努力，在理论上至少皆可达到“天人合一”之境，亦即为入圣之道。此种成圣理想所需的智识与精神特质，和其所牵涉的本体论与心理学，为北宋理学家所表达无遗，并且由朱熹于12世纪末所总其大成。朱熹将内在本质，或称为“天地之理”，置于“道”的领域；而情感与欲望则被置于“器”之领域。朱熹十分着重“格物致知”，亦即藉由对经典的勤学慎思，以了解人类生活的所有细节。然而他对于自我修持的基本原则，仍旧是“心统性情”。

上述对理学的简单摘要或许未尽妥当，不过至少提供了可与本文早先所概述的汉代礼教正统思想作一比较的基础。比起汉代的信仰，理学显然更加强调个人以及精神层面。即使天子仍旧是唯一有资格祭天之人，现在每个人都能在自身之中寻找天道，而学习成圣之道。在这方面，理学诚然贡献卓著；不过值得注意的是，这种内化的“天道”观同样也可在《易经》和董仲舒的学说中找到，同时兼具固有与崇高两

① 陈荣捷，《近思录》，第23、45页，亦见100—104页。
② 同上，第128页。
③ 同上，第8、145—147页。
④ 同上，第137页。

种性质，以及如程颐和朱熹所强调的，在道德意涵上“生生不息”[①]。程颐称天或天道为“帝”或“主宰”，而对朱熹来说，天同样也具有主宰的神谕性质，如同他对其门生说道：

> 天下莫尊于理，故以帝名之。“惟皇上帝降衷于下民”，降，便有主宰意。[②] 所谓“天之苍苍”，此是形体；所谓“惟皇上帝降衷于下民”，此是谓帝。以此理付之，便有主宰意。[③]

无论如何，如同汉代的宗教宇宙观，“理”作为终极存在的实体，体现于充盈于所有事物之中的“阴阳”之力中。“理”以仁德赐予生命、维系生命，此一天道之仁同时也是董仲舒的理想。“理”还包容了“义”、“礼”以及事实上所有与三纲相关的社会道德伦理。

虽然以天道的无私与赋予生命为基础的“仁”，现在已可更清楚地被视为主宰人内心之力量，但其定义仍旧不甚明确。理学家当中对于“仁”最为广义的解释观点，当属张载在《西铭》中所宣称的：“乾称父，坤称母。予兹藐焉，乃混然中处。故天地之塞，吾其体；天地之帅，吾其性。民吾同胞，物吾与也。”[④]不过张载这一普世主义(universalism)观点，后来被程颐与朱熹所限缩。程颐既认为“仁”反映了《易传》所

---

① 参见陈荣捷，《中国哲学资料汇编》(*A Source Book in Chinese Philosophy*)，普林斯顿大学出版社，1963 年，第 553—554、594—596 页。如陈教授所揭示，在朱熹的哲学体系中，“天道不只是逻辑的优先，而是确实存在于物质世界之前。但天道又不自外于物质力量……因此，天道既是内在本有的，又是崇高超越的。”见氏著，《陈荣捷理学研究论文集》(*Neo-Confucianism, Etc.: Essays by Wing-tsit Chan*)，汉诺瓦(Hanover)：东方学社(Oriental Society)，1969 年，第 78 页。

② 朱熹，《朱子语类大全》，京都 1668 年本，台北：崇文出版社 1973 年重刊，第 1 卷，第 268 页。

③ 同上，第 5 卷，第 3537 页；张立文，《朱熹思想研究》，北京：中国社会科学出版社，1981 年，第 206—207 页。钱穆认为，朱熹从未放弃天理即主宰这一想法，参见氏著，《朱子新学案》，台北：三民书局，1971 年，第 1 卷，第 370—374 页。

④ 陈荣捷，《近思录》，第 67 页。

强调的上天有好生之德[①],他同时也强调每个人在社会中均有其固定之位置:

> 夫有物必有则。父止于慈,子止于孝,君止于仁,臣止于敬。万物庶事,莫不各有其所。[②]

至于张载本人,在另一著作中,则表达“理一分殊”的立场。程颐在讨论张载《西铭》时,就使用这一观点来阐明并且强调施行“仁”时的差等。这一观点也同样为稍后朱熹在其讨论《西铭》的著名评论时所引申。“而人物之生,血脉之属,各亲其亲,各子其子”,朱熹问道,“则其分亦安得而不殊哉?”朱熹对其门生说道:

> 一统而万殊,则虽天下一家,中国一个,而不流于兼爱之弊;万殊而一贯,则虽亲疏异情,贵贱异等,而不牿于为我之私。此《西铭》之大指也。[③]

程颐和朱熹都相信,“义”可为“仁”的等差范围提供必要的界定。依照程颐与朱熹的观点,正是这种对于特定义务的优先级,使得“仁”得免于沦为等同于古代墨家和佛教观点中致命的普世“泛爱”异端。“仁但主爱”,朱熹写道,“若其等差,乃义之事”。他也言及:“其间事事物物,莫不各有自然之分,如方维上下,定位不易。毫厘之间不过差缪,即所谓义。”朱熹在此强调《易经》中程颐也引用过的名句“敬以直

---

① 参见上页注①;亦见陈荣捷,《儒家仁概念的发展》(The Evolution of the Confucian Concept Jen),收于氏著,《陈荣捷理学研究论文集》,第28页,中文版,第9—10页。

② 陈荣捷,《近思录》,第209页。

③ 同上,第80—81页;冯友兰,《中国哲学史》,第2卷,第295—296页,英译稍有更动。朱熹,《朱子语类大全》,第7卷,第5226—5227页;钱穆,《朱子新学案》,第3卷,第109页。

内，义以方外”而提问：“若无义以方外一节，则儒者与异端又何异乎？”①

对程、朱这两位哲学家来说，“仁”显然接受“礼”的规范。子曰：“克己复礼曰仁。”程颐郑重其事地撰写警句，约束自己非礼勿言、非礼勿视、非礼勿听以及非礼勿行。程颐解释道：“由乎中而应乎外，制于外所以养其中也。”他同时也写下：“义以为质，则礼以行之。”②朱熹则评论道，尽管佛家也有“克己”的工夫，却失之于未能归返礼教。朱熹甚且认为：“礼者，天理之节文也。”他解释道：“礼者天理之节文，人事之仪则。”③程颐与朱熹皆广为著述礼教，其中包括从崇祀祖先、婚礼到朝廷祭祀等一切礼仪。朱熹在淳熙十四年（1187）修纂的《小学》，即是针对青年人的社会礼教启蒙教育之书。该书主要依据《礼记》以及由《后汉书》和其他正史中拣选而出的孝行、忠君、妇德事例。实际上，朱熹投注很大心力于根据经典规范当代礼仪中，而其身后出版之《家礼》，或许是在他著作中最具影响力的一部。

作为天理的定义和升华的“礼”增强了伦理道德中的义务层面。从这样的观点可直接导出个人在五伦以及更重要的三纲中的义务。周敦颐认为上古之时，因三纲五伦设教之故，“百姓大和，万物咸若。”程颐考察历史，相信唐代之所以崩解，乃是由于“三纲不正，无君臣父子夫妇”以致④。朱熹则将五伦与三纲置于玄学层次的首要之理：

> 所谓天理，复是何物？仁、义、礼、智，岂不是君臣、父子、兄弟、夫妇、朋友？岂不是天理？⑤

---

① 引自钱穆，《朱子新学案》，第2卷，第9、65、81页；参见陈荣捷，《近思录》，第139页。亦参见理雅各，《易经》，页420。

② 陈荣捷，《近思录》，第155页；钱穆，《朱子新学案》，第2卷，第185页。上为朱熹引程颐之言。

③ 钱穆，《朱子新学案》，第2卷，第343页；第4卷，第158页。亦参见朱熹，《四书集注·论语》，第6卷，8b。

④ 陈荣捷，《近思录》，第213、218页。

⑤ 朱熹，《朱子大全》（《四部备要》），第59卷，23b。

> 看人心：父子、君臣、兄弟、夫妇、友朋之道，自然蕴含其中。①
>
> 宇宙之间，一理而已。天得之而为天，地得之而为地，而凡生于天地之间者，又各得之以为性。其张之为三纲，其纪之为五常，盖皆此理之流行，无所适而不在。②

理学家将三纲和孟子对五种人际关系的基本原则"五教"联系起来。这五教分别是："父子有亲，君臣有义，夫妇有别，长幼有序，朋友有信。"虽然孟子所提出的这五伦是人际之间的互动关系，然而理学家则视这五伦与"阴阳"概念相联系，着重在单方面的义务上。阴阳虽互补，但阴实则受到较多的限制。"阳常兼阴"，朱熹说道："阴不得兼阳。"③这意味着女人因为无法成为"阳"，而处在较不利的地位。

在家庭当中，母亲与儿子都属于"阴"的范畴。然则，如同《孝经》所言："资于事父以事母而爱同。"④《易经》也建议道：当为人子女者为母亲所肇祸端善后时，立场不可太过强硬（译注：原文为"干母之蛊不可贞"）。针对《易经》的这一警告，程颐解释道："子之于母，当以柔巽辅导之，使得于义，……若伸己阳刚之道，遽然矫拂，则伤恩，所害大矣。"⑤因此儿子需遵从母亲是有充分的依据的。在《小学》中，朱熹引用北宋学者罗从彦（1072—1135）所言："天下无不是的父母。"⑥不过，人子终有一天会为人父，而母亲则终生皆扮演"阴"的角色。程颐便表彰他的母亲之谦抑与顺从："虽小事未尝专，必禀（丈夫）而后行。……抚爱诸庶，不异己出。"⑦程颐对母亲的赞扬，并不意谓他对于失去丈夫的妇女有所同情。他正是那句针对改嫁妇女的名言——"饿死事极小，失节事极大"的作者。朱熹在担任地方官员时，亦亲书

---

① 朱熹，《朱子大全》（《四部备要》），第60卷，第14页。
② 同上，第70卷，第5页。
③ 钱穆，《朱子新学案》，第1卷，第289页。
④ 《孝经郑注疏》，第1卷，13b；马卡拉，《孝经》，第11页。
⑤ 陈荣捷，《近思录》，第171页。
⑥ 朱熹与吕祖谦编，《小学集注》（四部备要），第5卷，第8页。
⑦ 陈荣捷，《近思录》，第179页。

布告，劝导寡妇勿改嫁，不可违背"不变之天理与人心"[①]。

理学家并非无条件地颂扬人君。在阴阳观念中，虽然相对于君主纯然的"阳"角色，为人臣者居于"阴"的位置，然而人臣的角色中却又蕴含一定程度的"阳"。孔子"以道事君"的教诲使历代士大夫都抱持这一大胆的理想。但是，理学家们对于他们个人事业的成功，以及其理想是否能见诸实现这两个方面上，基本上怀着悲观的态度。他们愿意接受"命"的安排，并且在其中找到道德正确的实践。"君子当困穷之时，既尽其防虑之道而不得免，则命也，当推致其命以遂其志。"程颐由此与其他《易经》中的告诫受到启发，从而表示："寒士之妻，弱国之臣，各安其正而已。"[②]朱熹将命运比诸为人臣时常遭遇的困厄。天理虽为正道之所在，但是并不会每次都向人揭示方向以及要如何完成。而虽然天理之目的是要完成一个人的"正命"，但命运亦在某些层面上，是受个人无法完全掌握的"气禀"所主导[③]。

儒者在见用于君主时，自须坚持其"正命"，亦即"道"。然而，官职与任期，毕竟都操在君主的手中；正如程颐所说："用之与否，在君而已。"儒者甚或可能遭遇"生不重于义，生不安于死"之际，正如一个贞洁的寡妇，宁可选择饿死，亦不愿失节之时[④]。在评论战国时悲剧诗人屈原时，因屈原将自己比之为弃妇，且自沉于江，朱熹虽然质疑此时自杀是否必须，却也仍写道："尽其道而死者，是为正命。"[⑤]

任何一位执着的理学家，其毕生的目标都是引导君王走向"道"。被朱熹视为四书之首及理学基础的《大学》，正是嘱咐儒者需由正心诚意开始，然后可以修身、齐家、治国与平天下。然而在现实中，治国权

---

① 陈荣捷，《近思录》，第177页；朱熹，《朱子大全》，第99卷，1b，张立文，《朱熹思想研究》，第560页。

② 陈荣捷，《近思录》，第183、188、191页。

③ 钱穆，《朱子新学案》，第1卷，第492—493、495页。

④ 陈荣捷，《近思录》，第194、205页。

⑤ 施耐德（Laurence A. Schneider），《楚狂人：忠诚与放逐的中国神话》（*A Madman of Chu: The Chinese Myth of Loyalty and Dissent*），加利福尼亚大学出版社，1980年，第77页；另参见钱穆，《朱子新学案》，第1卷，第491、499页。

柄毕竟是操在人君之手。“人主之心一邪,则天下之事无有不邪。”①如同汉武帝时的董仲舒,朱熹也希望人主能够尽其分,努力进学,并且听取建议。身为官员,朱熹随时愿意对皇帝进任何可行的建言。不过他也不得不承认不论君主的行为以及动机为何,他对于人主的坚定奉献,是基于臣仆对君上的必要职分。于此,朱熹所关注的,本质上是源自于《孝经》以及汉代的礼教正统。他告诫其门生:“事亲,事之本也。事亲孝,则忠可移于君;事兄弟,故顺可移于长。”②关于三纲,朱熹写道:

> 仁莫大于父子,义莫大于君臣,是谓三纲之要、五常之本,天伦人理之至,无所逃于天地之间。③
>
> 君臣父子,定位不易,事之常也;君令臣行,父传子继,道之经也。④
>
> 盖闻人之大伦,夫妇居一,三纲之首,礼不可废。⑤
>
> 三纲五常乃不易之理。⑥

由宋到明的文化典范

如上所述,宋代理学确实保留了汉代礼教正统的元素。我在此进一步指出,这一礼教典范,历经中国史上另一次危机动荡,即由宋代到明代的变迁时期,却能存续下来,这主要应归功于支撑礼教与道德于不坠的社会习俗和体制,而非理学的形而上思想。理学信仰者在这段

---

① 朱熹,《朱子大全》,第 11 卷,18b。

② 朱熹,《朱子语类》,第 2 卷,第 1082 页;参见,《孝经郑注疏》,第 2 卷,第 15 页。作为经学家,朱熹质疑《孝经》非孔子时所作,而成书于战国或汉初时。见钱穆,《朱子新学案》,第 5 卷,第 277 页。

③ 朱熹,《朱子大全》,第 13 卷,2b—3。参见程颢写道:“父子君臣,天下之定理,无所逃于天地之间。”陈荣捷,《近思录》,第 53—54 页。英译稍有更动。

④ 朱熹,《朱子大全》,第 14 卷,8b。

⑤ 同上,第 100 卷,第 4 页。

⑥ 朱熹,《朱子语类》,第 2 卷,第 1359、1364—1366 页,以不同语句重复多次。

历史上的艰困时期所作出的壮烈事迹,以及元代与明初的统治者在政策上的需要,近来已经获得学者的高度重视①。然而只有对社会与文化史作广泛的思考以后,才能充分地解释为何理学在明清正统中有那样显著的地位。

在宋代影响广泛的三纲伦理中,我们很难辨别出哪些元素来自于理学思想。见诸《宋史》各传中的著名行为,诸如孝行、贞节、忠于朝廷等,多发生于公元十二世纪末以前,亦即在朱熹及其门生所能发挥影响之前。而事实上,大多数牵涉殉难(非仅隐逸而已)的著名壮烈事例,皆非出自于累世官宦之家②。著名的孝行包括了割股或剐胸,掺入麦粥中,供病重的双亲食用,这一行为始于唐代之时,当时甚至被视为是一项医疗发明!在《宋史》所载三十九例特殊德行的妇女中,大多数是以某种方法结束自己的生命。妻子或妾宁可自杀,也不愿屈从家人要求其再嫁的压力;居住于战乱区域的妇女,在面临可能的强奸威胁之前,宁可先自溺而死。北宋与征服华北的王朝之间的绵长战祸,为我们探求大量文武官员殉国的原因提供了答案。但是,相对来说,在这些殉难者中,很少有出身于理学背景的③。邓若水(嘉定十三年[1220]进士及第)是一位13世纪中叶的士大夫烈士,但他似乎也未与理学有太大的关连。他屡上大胆的奏章,抨击皇帝的政策,并为自己准备一家庙牌位:“自古以来忠臣孝子义夫节妇之位”,显然是以古代

---

① 参见狄百瑞,《新儒学正统》(*Neo-Confucian Orthodoxy*);陈学霖与狄百瑞编,《元代思潮:蒙古统治下的中国思想与宗教》;以及窦德士,《儒家与专制政治:明代建国时的职业菁英》(*Confucianism and Autocracy: Professional Elites in the Founding of the Ming Dynasty*),加利福尼亚大学出版社,1983年。

② 这一看法是根据《宋史》各传当中以个人背景、出身为基础的研究。《宋史》各传依序为,《道学》、《忠义》、《孝义》、《隐逸》、《卓行》以及《烈女》。见《宋史》,第36卷,第12709—12792页;以及第37卷的全部内容。

③ 《新唐书》,第18卷,第5577页。关于“忠”的观念在宋代的普遍化,参见刘子健(James T. C. Liu),《岳飞:从史学史和思想史来看》,《中国学人》,第2期(1970年),第43—57页;陶德文(Rolf Trauzettel),《作为朝向中国民族主义第一步的宋代爱国思想》,收于柯睿格(John Winthrop Haeger)编,《宋代中国的危机与兴盛》(*Crisis and Prosperity in Sung China*),亚利桑那大学出版社,1975年,第199—213页。

圣贤激励自己[①]。蒙古征服华南时期，在少数为宋殉难的烈士中，文天祥(1236—1282)可称是具有理学背景的。身为大臣与军事指挥官，他力抗蒙古，并在兵败被俘后的长期监禁时，拒绝侍奉新朝而被处决[②]。在他那首著名的《正气歌》里，文天祥言及他的“浩然正气”(引自孟子，理雅各译为“vast, flowing passion-nature”)，是一种充盈于天地之间的质素，亦是山河、日星的内在精神。这首诗非但呈现了文天祥的个人勇气，也融合了一种综合汉代儒学与宋代理学的宗教宇宙观。文天祥写正气的精神：

> 地维赖以立，
> 天柱赖以尊。
> 三纲实系命，
> 道义为之根。[③]

如果说，正是因为文天祥这样的崇高人格说服了元代与明代的统治者去尊崇理学作为礼教正统，那倒是一种颇具有吸引力的想法。然而，对于元仁宗爱育黎拔力八达(1311—1320年在位)与明太祖朱元璋(1368—1398年在位)这样的君主来说，存在于社会与文化当中的日常行为典范以及庞杂但又实际的概念，才是不能被忽略的。在蒙古统治下的动荡社会，亲族关系仍旧是安定的力量，而起源于农民战争的新政权，则仍以帝制为其终极目标。

在宋代时得以进一步巩固的家庭经济，尽管在元代受到外族统治以及苛捐杂税的干扰，但它仍旧是保持原来的基本模式。在公元13世纪后半期忽必烈汗入侵南中国时，大型的家族共居一度在浙江以及

① 《宋史》第38卷，第13378—13381页。

② 最近的一本关于文天祥的实用传记是李安著《文天祥事迹考》，台北：正中书局，1972年。

③ 同上，第149页。这首诗提到了由汉代到唐代八位历史名人的忠烈事迹。在囚禁期间所写的另一首诗中，文天祥写道：“达人识义命，此事关纲常。”同上，第147页。

其他地方重新兴起,但是为时不长,并未成为普遍型态①。元代的新发展是亲族团体共同处分财产的增加,它与明清时期的世系大家族(lineage)很相像。范仲淹(989—1052)所创广为人知的宗族善田,在宋代时却少有成功的仿效后继者。于此同时,宋代仕宦菁英开始发展编纂族谱的兴趣;而每逢清明、寒食节,或者包含佛教的中元普渡、祭灶节等节日时,地方上同姓的亲族团体皆会在祖坟崇祀共同的先祖,也成为民间的习俗。为了协助清寒的同宗族人支付到祖坟的旅费,菁英家庭创办"祭田"以作为捐助。剩余的资金有时则用来建立学堂,供族人学习之用②。公元14世纪,在元代的统治下,对蒙古人不正常的家庭习俗的担心——诸如子娶父妾,或是寡妇改嫁丈夫的兄弟等,或许促使了宗亲团体的进一步兴起。也正是此时,华中与华南的汉人宗亲团体开始建立祖堂③。这些祠堂内的崇祀活动,想必有助于维持婚姻与领养的适当习俗。而无论这一宗族体制在何处存在,其目的显然是在支持家庭作为礼仪与经济的基本单位——坟茔祭祀与祖堂都是家庭祀奉的延伸,而宗族团结则以孝道作为基础。

尽管遭受蒙古征服,宋代起展开的儒家教义普及化并没有终止。编纂于六世纪,迄今仍广泛被使用的童蒙读物《千字文》,包含了首尾、韵律相关连的宇宙公理以及帝制家族社会当中的伦理道德要求。十三世纪时,另一个较为简易的版本《三字经》问世。一个《三字经》的"修复"版本透露出该书受到理学形而上哲学影响之处甚微④。《三字经》以著名的"人之初,性本善"为开头,介绍《四书》、《小学》、《孝经》、六经之类的经典,老子、庄子等哲学家,以及历朝历代的正史。这

① 参见窦德士,《郑氏共居家族:元代与明初中国的社会组织与理学》(The Cheng Communal Family: Social Organization and Neo-Confucianism in Yuan and Early Ming China),《哈佛亚洲研究学报》,第34期(1974年),第7—52页。

② 有关这些重要的史实,本文作者得益于伊沛霞的论文《宗亲会的早期发展》,第41—44页。

③ 关于祖堂的起源,参见伊沛霞上文,第51—53页。

④ 《三字经》被认为是由南宋多位学者所写成,但是在元代初年才见诸于世。参见王凤喈,《中国教育史》,台北:正中书局,1976年,第163—164页。对历史的介绍止于宋代的"修复版"或可见于《中文大辞典》,台北:中国文化学院,1968年,第1—206页。

部启蒙读物建议：孝顺与敬从长上应该优先于学习知识（译注："首孝悌，次见闻"），并且对学龄儿童们反复灌输社会道德义务的伦理与职责如同十、百、千的数字那样真实，亦如同四季递嬗那样必然：

> 三才者，天地人。
> 三光者，日月星。
> 三纲者，君臣义，
> 父子亲，夫妇顺。

在罗列了父系由高祖父到玄孙的九代家谱后，《三字经》接着诠释这些关系之中的人际职分。强调学习的重要性，以及将来准备要侍奉君主并且嘉惠百姓，《三字经》最后以《孝经》的主题作结：

> 扬名声，显父母；
> 光于前，裕于后。①

至于对有机会接受启蒙读物之外的教育的学生来说，南宋淳熙十二年（1185）面世的朱熹《小学》，则是公元13、14世纪最具影响力的书籍。自13世纪40年代起，理学家们在华北传播与教导儒家教义，最常用的正是此书。元世祖忽必烈时的国子学祭酒许衡（1209—1281）相信此书为上天所赐，并且将学习此书列为国子学的主要课程②。至于在蒙古统治下的华南，识字之家则以《小学》作为儿童教育的基本读物。尽管此书的文字对于儿童来说颇为艰涩，私

---

① 《三字经》被认为是由南宋多位学者所写成，但是在元代初年才见诸于世。参见王凤喈，《中国教育史》，台北：正中书局，1976年，第163—164页。对历史的介绍止于宋代的"修复版"或可见于《中文大辞典》，台北：中国文化学院，1968年，第1—206页。

② 陈荣捷，《朱熹与元代新儒学》（Chu Hsi and Yuan Neo-Confucianism），收于陈学霖与狄百瑞编，《元代思潮：蒙古统治下的中国思想与宗教》，第198—199、211—216页；狄百瑞，《新儒学正统》，第48—49、137—141页；《中国的自由传统》（*The Liberal Tradition in China*），香港：中文大学出版社，1983年，第28页。

塾的理学先生们仍要求儿童在虚龄八岁时就要能诵读《小学》百次，然后背诵百遍以上[①]。

《小学》是一部主要以儒家经典为主，以正史中孝行、忠君、妇德故事以及宋代与之前作家名言警句为辅编集而成的分类性的作品。这本书的目的在于向青年人灌输一定的典范和态度，使之能担当起家庭或政府中的角色。许衡和其他元代的理学家们将《小学》中的礼仪与社会伦理和古代圣王的"天"相连结。"天有其理，先王遵之。天有其道，先王行之。遵天道自然之理，使成人伦，乃是谓教。"[②]实际上，朱熹只在《小学》的序言《题辞》中，提及天道，并以《易经》之首句"元、亨、利、贞"作为天道的定义。在这篇序言中，朱熹强调青年人必须接受适当的训练，以明"洒扫应对进退之道"。最关键的名为"敬身"第三章提倡以自省矫正粗野侮慢，以责任对付贪婪，以知礼克服蔑视无礼[③]。许衡总结本章的内容道："敬身之目有四：心术、威仪、衣服、饮食。假如内在的心术正确，外在行为正确，人将达成其敬身的主要目的。"[④]无论《小学》对于内在修持是否有其用处，该书所真正强调的是礼仪行为与社会伦理的关联。它的主要规诫是孟子的五教："父子有亲，君臣有义，夫妇有别，长幼有序，朋友有信。"不过，总体来说，《小学》的内容所强调的是三纲之中的单向义务。在此引用前两章里面主要引自《礼记》的若干片段，依照本书组成与教导的方式，略过引文的上下文详细诠释。

下列在《小学》中对于孝道的摘录段落，可代表这本书当中许多相似的片段：

---

① 程端礼，《程氏家塾图书分年日程》（《四部丛刊》），第1卷，1b—2。

② 狄百瑞的翻译，见《新儒学正统》，第139页。

③ 《小学》，前言以及第三章。

④ 见狄百瑞，《新儒学正统》，第139—140页。在翻译"敬身"时，在此从郑玄的评注，即"修己以敬"；《小学》，卷3，第1页。

父母在,不敢有其身,不敢私其财。(《礼记·坊记》)①

父命呼,唯而不诺,手执业则投之,食在口则吐之,走而不趋。(《礼记·玉藻》)②

孝子之养老也,乐其心不违其志,乐其耳目,安其寝处,以其饮食忠养之孝子之身终,终身也者,非终父母之身,终其身也;是故父母之所爱亦爱之,父母之所敬亦敬之。(《礼记·内则》)③

子曰:孝子之事亲也,居则致其敬,养则致其乐,病则致其忧,丧则致其哀,祭则致其严,五者备矣,然后能事亲。(《孝经》)④

《小学》关于君臣关系方面的选择十分着重于人臣对于君主的敬从,以致于孔子"臣事君以道"的教诲,虽也被引用,但似乎被忠君的信息掩盖了:

(官员)将适公所,宿斋戒,居外寝,沐浴,史进象笏,书思对命;既服,习容观玉声,乃出,揖私朝。(《礼记·玉藻》)⑤

君子之事上也,进思尽忠,退思补过,将顺其美,匡救其恶,故上下能相亲也。(《孝经·事君》)⑥

(子曰:)君使臣以礼;臣事君以忠。(《论语》)⑦

王蠋(东周时人)言:忠臣不事二主,烈女不嫁二夫。(《战国策》)⑧

---

① 《小学》,卷2,3;参见理雅各的翻译,收于翟楚(Chu Chai)和翟文伯(Winberg Chai)编,《礼记:礼仪之书》(*Li Chi, Book of Rites*),新海德公园(New Hyde Park):大学书店(University Books),1967年,第2册,第295页;按照郑玄的注释,"身"在这里应该解作"人"(person)。

② 《小学》,卷2,第4页;翟楚和翟文伯,《礼记》,第2册,第24页。

③ 《小学》,卷2,4b;翟楚和翟文伯,《礼记》,第1册,第467页。

④ 《小学》,卷2,7b;马卡拉,《孝经》,第23页。

⑤ 《小学》,卷2,第8页;翟楚和翟文伯,《礼记》,第2册,第5—6页。

⑥ 《小学》,卷2,9b;马卡拉,《孝经》,第37页。

⑦ 《小学》,卷2,9b;理雅各,《中国经典》,第1册,第161页。

⑧ 《小学》,卷2,第10页。

此外,它还刻意强调女子作为媳妇与妻子的义务:

子妇孝者、敬者,父母舅姑之命,勿逆勿怠。(《礼记·内则》)①

信,妇德也,一与之齐,终身不改。故夫死不嫁。(《礼记·郊特牲》)②

(婚礼时)男子亲迎,男先于女,刚柔之义也。天先乎地,君先乎臣,其义一也。(同上)③

子曰:妇人,伏于人也。是故无专制之义,有三从之道:在家从父,适人从夫,夫死从子,无所敢自遂也。(《大戴礼记·本命》)④

这种对于单向人际之间关系的强调,并未减损《小学》作为伦理与行为指南的地位。这是因为《易经》"天尊地卑,乾坤定矣"的思想⑤在元代时仍持续对中国人的世界观起主导作用。而以白莲教信仰为中坚代表的异端思想,则不断地挑战这一世界观,并且在其后构成严重的异议问题⑥。不过,必须承认的是,除了由白莲教所引发的诸多骚乱以外,理学所提倡的社会伦理观念在此时受到较之前更广泛的文化基础支持,包括佛、道教的主流教派,以及深受上述二者影响而在民间流行的大众信仰。于至大元年(1308)问世的元代净土宗作品《莲宗宝鉴》,在开篇即宣称"孝心即是佛心,孝行即是佛行。欲得道同诸佛,先须孝养二亲。"⑦禅宗高僧中峰明本(1263—1323)指出,不但在家的佛

① 《小学》,卷2,第3—3b页;翟楚和翟文伯,《礼记》,第1册,第455页。

② 《小学》,卷2,10b;翟楚和翟文伯,《礼记》,第1册,第439页。

③ 同上,第440页。

④ 《小学》,卷2,11b,作者自译。在《礼记·郊特牲》篇中另有一相似的段落:"妇人,从人者也;幼从父兄,嫁从夫,夫死从子。"翟楚和翟文伯,《礼记》,第1册,第441页。

⑤ 《易经》系辞的开篇之句。参见卫礼贤和伯恩斯译,《易经》,第280页。

⑥ 作者希望能在另篇论文中探讨此一课题。

⑦ 转引自慧天,《中国社会的佛教伦理形态》,第220页。

教信众需要供养父母，即连出家僧众，亦需藉为其双亲祈求功德以及解救父母免受轮回之苦等行为来展现其孝道：

> 道即孝也，孝即道也。不知所以孝而欲学道者，是犹背湿而求水也。

明本教导道，即使是已受佛教戒律者也仍然不可抛弃世俗伦理义务。[①]

道教在宋元时期民间宗教与思想中的影响力，似乎与佛教不分轩轾。在南宋时问世的若干道教作品，很明确地认定"天"（单纯的"天"，而非佛教与若干道教文学中所指的"三十三重天"）有道德目的。据信最早于南宋隆兴二年（1164）就已出版的《太上感应篇》即许诺给忠孝之人以及"柔顺"女子以回报[②]。另一本可能是宋代著作——《玉历钞传》（或称《玉历宝钞》）则警告，不孝之子、不忠之臣，以及"侮慢其夫主"的妻妾，将会在地狱中受到最严酷的折磨[③]。

在佛、道二教与儒家伦理道德并无太大的冲突的基础上，为数众多的佛、道之徒经常参与理学家们关于心性修持的讨论。的确，若是儒家的社会伦理信仰遭受挑战，很难想象宋、元时期的理学家们会参与这样的思想交流。[④] 道教似乎特别承继了汉儒对于宇宙观的特定前

---

① 于君方，《中峰明本》，收于陈学霖与狄百瑞编，《元代思潮》，第448、459页。

② 理雅各译，《太上感应篇》（Tai Shang Tractate of Actions and Their Retributions），收于《东方圣书》（*The Sacred Books of the East*），第40卷，第2期，牛津大学出版社，1891年，第237—239、241—243、246页。为此道教作品作序言者是南宋后期的理学学者真德秀（1178—1235年），参见《西山真文忠公文集》（《四部丛刊》），第37卷，第11—12页。

③ 《玉历钞传》（Divine Panorama），收于翟理斯（Herbert A. Giles）译，《聊斋志异》（*Strange Stories from a Chinese Studio*），上海：凯瑞-华许（Kerry and Walsh）出版社，1916年；多佛出版社，1969年重刊，附录1，特别是页468、470、472。《玉历宝钞》目前只存明代版本。这部作品据信是北宋时道士淡痴道人所著。参见宋光宇，《地狱之说与道德思想之研究》，《汉学研究通讯》，第3卷第5期（1984年1月），第4页。

④ 参见贝琳（Judith A. Berling），《林兆恩的融合宗教》（*The Syncretic Religion of Lin Chao-en*），哥伦比亚大学出版社，1980年，第40—46页，以及孙克宽（Ko-kuan Sun），《虞集与元代的南方道教》（Yu Chi and Southern Taoism during the Yuan Period），收于蓝德彰（John D. Langlois, Jr.）编，《蒙古统治下的中国》（*China Under Mongol Rule*），普林斯顿大学出版社，1981年，第212—253页。

提：超越世俗的天、乾坤与阴阳的概念。而道教将驱魔术、识字教育与乡里关怀相结合，使其更能在大众文化当中发挥影响力。成立于十二世纪中叶的全真教，是道教在华北的最重要的团体。虽然全真教奉行禁欲素朴的生活形态，却也对其门下教众传授《孝经》与《老子》，并鼓励道士与俗家信众供养父母，对统治的政权尽忠[①]。元代初年，蒙古统治者也颇为喜好江西龙虎山天师道的分支"玄教"。在元代时，天师道亦以"正一教"之名著称，其教旨则多和儒家的社会伦理相符。在华南，几个道教的中心，名义上尊奉天师道的权威，实际上继续以阴阳五行概念来施展炼丹术和祈雨术。持戒宽松的道士在家与父母妻子同住，使用咒语与符咒为人驱邪，替有病重父母的人家祈福，并且主持社区的祭祖、丰年庆典仪式。他们的祭祀仪式中祷告包括了"风调雨顺，家国兴旺"这类语词[②]。

至公元14世纪，道教诸神祇已经被想象为天庭上的官僚。在兴盛的泰山崇拜信仰里，泰山（是山亦是神祇）是玉皇大帝在人间的重臣，并且负责监督阴间。道教的道士们不但在泰山之巅主持仪式，也和普遍设在各城内的城隍庙关系密切[③]。这些城隍庙于此前已经遍及长江中下游以及东南沿海的县城中。大多数城隍庙皆由城市商贾所捐资兴建，并交由道士住持管理。这些城隍庙负责带来好天气，并且送命终之人的灵魂到阴间。姜士斌（David Johnson）在以宋代资料为基础的研究上，宣称城隍庙代表了"对现有政治权威的效忠，对社会上层士绅的尊敬，对传统社会结构的维护，以及对学识的崇拜"[④]。城隍

---

① 孙克宽，《元代道教之发展》，台中：东海大学出版社，1968年，第240—241、355—358、379—380页。

② 同上，第41—43、59—67页、156页注释、173—178、225、229页；孙克宽，《寒原道论》，台北：联经出版社，1977年，第221—234、239—253、270—278页；并参见施舟人，《唐代道教礼仪与地方崇拜》，第112—114页。

③ 泰勒（Romeyn Taylor），《官方与民间宗教以及明代中国社会的政治组织》（Official and Popular Religion and the Political Organization of Chinese Society in the Ming），本书第4章。

④ 同上，姜士斌（David Johnson），《唐宋中国的城隍崇拜》（The City God Cult in Tang and Sung China），《哈佛亚洲研究学报》，第45期（1985年），第363—457页，特别是第446页的记载。

庙在大众信仰中的地位,也反映在明太祖认可城隍神并让朝廷参与制定相关仪式的决定上。不过,上述措施要等到这位明代开国皇帝依儒家礼仪在京师之郊祭告天地之后,才付诸实现①。

由宋到明:礼教正统的再确定

我已经指出,以天的信仰以及影响人的命运的阴阳力量为基础的汉代礼教与社会道德,历经元代的掠夺动乱而能屹立生存,并且撷取理学以及佛、道乃至大众文化的一个共同思潮的支持。现在要接着讨论的是:国家政权是如何利用这一文化典范的。换句话说,帝国朝廷是如何既在忠君的前提下鼓励宗教多元性,同时又褒奖理学为忠孝之德之最完整论述,从而再次确定理学为正统之教的。

理学之所以作为国家支持的礼教正统教义而兴起,或许可以归功于其内在哲学之长处,即呼求严格的智识上的自我修持。然而更准确地说,正是因为理学对于知识分子内在思想与外在行为的规范与诉求,使得理学思想可以成为政府极佳的统治工具②。的确,从理学家一方而说,他们积极地寻求朝廷的认可。即如狄百瑞所指出的,强调内在心性修持的理学家们,还必须考虑到"帝王之学"。换句话说,他们必须由学术上自我修持的位置上取径前行,而能以道德之学影响君主,并且使君主对这样的道德路径给予明确的认可③。

作为知识分子的宗教(the literati's religion),理学思想在朱熹身后的数十年间快速发展。在许多以朱熹白鹿洞书院为模范而设立的私人学院中,培育出许多毕生孜孜矻矻追求诚意正心之教的学者。而宋代当然自其开国之初就尊崇儒家,但是理学家们除了其声望日渐崇隆

---

① 泰勒,《明太祖与城墙和护城河之神》(Ming Tai-tsu and the Gods of Walls and Moats),《明史研究》(*Ming Studies*),第4期(1977年),第31—49页。

② 学者每每哀叹理学家们对政治思想上"贡献极微";参见萧公权,《中国政治思想史》,第480、533页。然而理学家对于政治思想的贡献,或许需要从其为社会伦理道德理念的固有成分的角度去看。

③ 狄百瑞,《新儒学正统》,特别是第27—38、91—126页。

外,并未受到朝廷的友善对待。庆元元年(1195),在政治派系的争议当中,朱熹之教即因若干几乎与理念丝毫无关的理由,而被诋为"伪学"。南宋朝廷于公元13世纪初给予理学家迟来的承认,也与政治因素攸关,只是其偶然性稍小而已。[①] 南宋嘉定十七年(1224),新皇登基(译注:指史弥远在宁宗死后所拥立之宋理宗赵昀)的合法性颇为可疑,这使当时掌握实权的宰相史弥远感到亟需道德上的支持,于是他安排多位知名理学家如真德秀(1178—1235)等进入朝廷任职[②]。

致力于实践朱熹的心性之教[③],真德秀毕生关怀社会伦理以及敬身的修持。在一封他早期上奏宋理宗(1225—1265年间在位)的奏札当中,真德秀提醒皇帝,三纲与五常构筑了"扶持宇宙之栋干,奠安民生之柱石"。他更进一步说:"未有三纲正而五常或亏,亦未有三纲废而五常独存者。"[④]两年后,真德秀藉一篇祝贺奉祀周敦颐、程颢、程颐、朱熹的纪念祠堂落成文章的机会,进一步解释何以古代圣王之教与佛、道异端完全不同:

> 道不离乎日用事物,而虚无非道也;教必本于君臣、父子、夫妇、昆弟,而刈灭彝伦非教也。阐圣学之户庭,袪世人之蒙聩,千载相传之正统,其不在兹乎?[⑤]

作为朝廷的经筵讲官,真德秀仿效之前曾经短暂担任此职的朱熹,致力于提倡《大学》中修身、齐家是顺政的前提的观点。真德秀编

---

① 刘子健,《理学家学派怎样成为国家正统的?》(How did a Neo-Confucian School Become the State Orthodoxy?),《东西方哲学》(*Philosophy East and West*),第23期(1975年),第483—505页;同时参见:西柔考尔(Conrad Schirokauer),《遭受攻击的理学家:伪学的谴责》(Neo-Confucians Under Attack: The Condemnation of *Wei-hsueh*),收于柯睿格编,《宋代中国的危机与兴盛》,第163—198页。

② 参见刘子健,《理学家学派怎样成为国家正统的?》,第494、502页。

③ 参见狄百瑞,《新儒学正统》,第73—131页。

④ 真德秀,《西山先生真文忠公全集》(国学基本丛书汇编),第4卷,第63页。

⑤ 同上,第26卷,第449页;英译可参见狄百瑞,《新儒学正统》,第100页。译注:原文回译自《西山先生真文忠公全集》,台北:文友出版社,1968年,第6册。

有《大学衍义》一书,以在经史中所选取的片段与评注汇总而成,于端平元年(1234)进献御览。在这部书中,真德秀向皇帝提供了人君必须具备的各项道德知识的指南。他提及董仲舒所称“天”作为统治天地、监察人君所作所为的主宰的概念。回溯传说中的古代,真德秀宣称,著名的暴君夏桀之所以被商代的创始者汤所取代,乃因为前者使“三纲五常崩坏”。孝道则是一切事物中最神圣者:“天道即孝,孝即天道”①。真德秀认为君主的角色至关紧要,因此在他对《书经》段落的诠释中写道,平民百姓唯有透过作之君、作之师的君王的协助,方能发展其自身之道德本性:“帝降之衷,而善性均有,然维持而主张之,系君师是赖。”②

真德秀的理学观虽然对君主本人有非常明确的要求,但它仍崇尚人主,并视君主为主宰礼教秩序的天道的代表③,毫不意外,君主与其朝廷对于这种君王所行者为天道的概念非常欢迎。南宋宝庆三年(1227),在理宗的旨意下,国子监首次认可朱熹提倡的儒家四书,并将他的《四书集注》列为推荐读本。在蒙古人所新建的孔庙落成后一年(南宋端平元年),宋廷以朱熹及五位北宋理学大师配享孔庙。七年以后,当北方蒙古人渐成威胁,华南又遭逢饥荒与叛乱时,理宗终于下诏,公开支持理学的“道统”,并且相信这一道统是由孔子、孟子以下到北宋诸子以至朱熹所一脉相传④,然而这一诏令于宋代对佛、道的政策并无影响,也未攻击儒家的其他学派。

同时,理学也在蒙古人统治下的华北逐渐地取得发展。作为一个创立跨有欧、亚辽阔帝国的游牧民族,蒙古人带着其本有的萨满信仰(Shamanistic belief)以及草原上的长生天崇拜(worship of Eternal Heaven)进入中国。忽必烈汗在南宋宝佑元年(1253)受喇嘛祝圣为“转轮

---

① 真德秀,《大学衍义》(中国子学名著集成),第1卷,第56—57、180—182、196、432页;第2卷,第850、860、932页。

② 同上,第1卷,第133—135页;亦参见第173、320—326页。

③ 同上,第1卷,第56—57、278—280、320—326页;第2卷,第856—857、1053页。

④ 刘子健,《理学家学派怎样成为国家正统的?》,第501—504页。

法王”,标志着蒙古统治者“从部族的首领成为世界的皇帝与神”[①]。然而在1260年以后,当忽必烈汗定都北京,并以中国作为其广阔领域的中心以后,他也必须迁就中国的文化典范。对蒙古人来说,唐代与北宋的儒家传统可资采用,这是因为蒙古人留用了女真人所建立的金王朝(1115—1234)治下大批行政官员,而金代提倡五经研究,并且仿照宋代制度,已建立起科举制度。元皇庆三年(1314),即忽必烈汗登基五十五年以后,在广泛包容佛、道、伊斯兰、基督教信仰的同时,蒙古皇帝决定采用理学纲要作为科举考试的课程。

忽必烈汗(1260—1294在朝)与他的继承人们采用了一套严格的种族阶级官僚制度来统治中国,其种族的贵贱等级是(一)蒙古人;(二)“色目”(字面意义是“各种不同的名目”,主要指中亚各民族);(三)汉人,即北方中国人,包括了女真、契丹与朝鲜人;(四)南人。这个阶级体系并未遭受儒家教义所干扰。正如窦德士(John W. Dardess)所精辟地指出的,儒家“透过其对祖先的忠诚与孝顺之道的坚持,倾向于自保身家,而非在种族之间做夷夏之分”[②]。在忽必烈的朝廷中,儒士大多仅能以其文字能力受命于起草诏命之事;其他则投身于经典与社会伦理价值事业上。在这些人当中,不少人有佛、道方面的兴趣,并能演练占星、卜卦之术。蒙古定国号“大元”于公元1272年,取自《易经》,意谓“大哉乾元”与万物资始之义。“元”国号出自于一位通晓道教与占卜之术的佛教僧侣刘秉忠(1216—1274)的建议。刘秉忠的天命观同时受儒家与道教的影响,在他约于南宋淳佑九年(1249)向当时仍是王子的忽必烈的首次上奏中,宣称“治乱之道,系乎天而由乎人”。刘秉忠相信“典章、礼乐、法度、三纲五常之教,备于尧、舜,三王因之,五霸败之”。然而之后有若干汉与唐代的皇帝遵守正

---

① 傅海波(Herbert Franke),《从部族首领到世界的皇帝与神:元代的正当性》(*From Tribal Chieftain to Universal Emperor and God: The Legitimation of the Yuan Dynasty*),慕尼黑:巴伐利亚社会科学院(Bayerische Akademie der Wissenschaften),1978年。

② 窦德士,《征服者与儒士:元末中国政治的方方面面》(*Conquerors and Confucians: Aspects of Political Change in Late Yuan China*),哥伦比亚大学出版社,1973年,第3页。

道,现在则是蒙古人将要统治“全天下”来继续实行正确的政策的时候。刘秉忠反复重申成吉思汗曾接受的忠告:“以马上取天下,不可以马上治。”①

早在南宋嘉熙二年(1238)时,一座理学中心已在北京建立。在华北一位任职于蒙古军的汉人指挥官庇护下,太极书院在北京成立;同时,一座祭祀周敦颐和其他理学大师的祠堂也已落成。赵复(约1206—1299)是书院早期担任教导的学者,他还带来大量的理学书籍②。赵复使许多北方士子改而学习理学之教,在这些人当中,很多在日后活跃于朝廷。像朱熹与真德秀一样,他们向忽必烈介绍了理学中关于心性修持的核心思想,同时,他们还强调了伴随修身之道而来的社会伦理。窦默(1196—1280)在12世纪40年代初次晋见忽必烈时,“首以三纲五常为言”。他接着解释《大学》的正心诚意之教如何能在人君的修身当中发挥影响③。受金朝经典与文学教育的姚枢(1203—1280),在皈依理学之教不久后,于南宋淳祐元年(1241)辞官。在故乡河南,姚枢致力于重刊理学作品,包括朱熹的《四书集注》以及朱熹所编的家庭礼仪规范《家礼》。《小学》和《近思录》则以各种版本大规模流通。1251年,姚枢应忽必烈征召,再次入仕于蒙古。他和窦默一样,也强调人君须修身养性与敬畏天命。稍后,在姚枢担任忽必烈指定继承人教席的短暂时期里——皇子同时还接受一位西藏喇嘛的教导——姚枢“日以三纲五常,先哲格言熏陶德性”④。

姚枢和刘秉忠一样(刘很难被归类为理学人物)。也是一个务实、多才多艺的人物,并非常留心于治国之术。姚枢的多面政策方案在此

---

① 《元史》,北京:中华书局,1979年,第12册,第3688、3693—3694页;陈学霖,《刘秉忠:元世祖朝的佛、道政治家》(Liu Ping-chung (1216—1274): A Buddhist-Taoist Statesman at the Court of Khubilai Khan),《通报》(T'oung Pao),第53期(1967年),第98—146页,特别是第115—122页。

② 陈荣捷,《朱熹与元代新儒学》,第197—198页。

③ 苏天爵,《国朝名臣事略》,台北:学生书局重刊,1969年,卷8,1b;《元史》,第12册,第3730页。

④ 苏天爵,卷8,5—6b;《元史》,第12册,第3711—3713页。

不必赘述，不过他对元代法典的提倡却须在此一提。早在南宋景定三年(1262)，姚枢和一位同僚承忽必烈之命，预备一套法典，用以取代现仍与蒙古习惯法并行的金律。与早年姚枢在奏章中所争论的一样，他企求一个可以用来管制官僚系统，并且协助忽必烈抑制他的皇子与诸亲贵的政治野心的法律秩序。姚枢和刘秉忠都强调，建立纪纲乃迫切要务。不过姚枢和刘秉忠一样，也重视政府关于孝道、忠君、贞洁的教化在贵族与平民大众当中的影响①。姚枢也和他精通法律的年轻同僚王恽(1227—1304)一样，深受儒家经学传统影响，视礼仪道德为正义的展现。

姚枢的法典草案完成于世祖至元八年(1271)，但是却因为忽必烈考虑在他治下多元文化的广土众民中习俗与价值的差异，因而从未获颁施行。不过元代律法中仍然保留金律当中许多已儒家化(Confucianized)的规范，其中著名的如对亲族间相互犯罪的不同罚则等②。新的法律与判决持续在个别民族文化的基础上发布，不过当中有为数众多的条款寻求巩固儒家的信条。在至元七年(1270)，汉人与南人在为父母或是丈夫服丧期间结婚者，将被惩罚以二年仆役之刑。来年，又发布若干针对婚礼本身的规范："根据汉人旧俗，婚礼按照《朱子家礼》。"这些规范还包括了：在订婚时以及婚礼后，到祖宗祠堂"或祖先牌位前"向祖先禀告。同年，规范再度重申：即使无子嗣的寡妇，也可参与亡夫遗产的继承③。上述这些法律上的举措反映了像王恽这样的儒者的思想，即使他深受北宋史学家如欧阳修和司马光的影响，仍然

① 陈恒昭(Paul Heng-chao Chen)，《蒙古统治下的中国法律传统》(*Chinese Legal Tradition Under the Mongols*)，普林斯顿大学出版社，1979 年，特别是第 14—15 页。蓝德彰，《法律、治术与春秋》(Law, Statecraft, and the *Spring and Autumn Annals*)，收于陈学霖与狄百瑞编，《元代思潮》，第 89—152 页，特别是 103—104 页。陈学霖，《姚枢》(Yao Shu [1201—1278])，《远东历史研究》(*Papers on Far Eastern History*)第 22 期(1980 年 9 月)，第 17—50 页。

② 参见，《大元圣政国朝典章》，台北：文海出版社重刊，1964 年，特别是卷 41，第 1—11、22—29 页；卷 42，第 17—31 页的记载。

③ 参见，《大元圣政国朝典章》，台北：文海出版社重刊，1964 年，卷 19，第 12—15 页；卷 30，第 1—3、9—12 页；卷 41，第 22 页。

尊崇理学。在王恽于1268至1272年于北京(译注:即大都)担任监察御史期间,他谴责不孝的行为(诸如弃养高龄父母、服丧无哀情、火化父母遗体、捶打父亲的妻妾等)为最败德之犯罪,同时又赞扬有"忠孝"之誉的家庭[①]。

理学家最显著的贡献,在于为官僚体系培训人才。其中一位重要人物是许衡(1209—1281),他于至元八年就任官僚养成之所的国子学祭酒一职。许衡出自农家,早年已谙知五经,但直到四十一岁之龄,他才第一次读到到程颐与朱熹的著作。许衡深受这些理学著作的启发,甚至对友人说:"纲常不可一日而亡于天下。苟在上者无以任之,则在下之任也。"他在家乡河南农村尝试推行适宜的婚丧礼仪[②]。不过他也有仕进之心,在他于13世纪70年代写成关于《易经》的论文中(译注:即《读易私言》),声称人臣事君须以"忠、勤、正、直",无须忧虑其事业最终是否会成功[③]。

在两次短暂的在朝为官后,许衡于1260年后再度入仕忽必烈的朝廷。在他于至元三年(1266)上呈的知名奏章里,不但强调"纪纲"与"法度",也提及一个由帝国首都延伸至每个县的学校教育系统。他希望:

> 使皇子以下至庶人之子弟,皆入于学,以明父子君臣之大伦;自(《小学》所强调之)洒扫应对,至于(《大学》所强调之)平天下之要道。[④]

---

① 参见,《大元圣政国朝典章》,台北:文海出版社重刊,1964年,卷33,第15—18页;王恽,《秋涧先生大全集》(《四部丛刊》),卷85,11b—12;卷88,1;卷89,19b—20;傅海波,《王恽:一位中国价值的传递者》(Wang Yun [1227—1304]: A Transmitter of Chinese Values),收于陈学霖与狄百瑞编,《元代思潮》,第153—196页。

② 苏天爵,《国朝名臣事略》,卷8,11—13b;《元史》,第12册,第3716—3717页。

③ 许衡,《许鲁斋集》(丛书集成编),卷3,第25、27—28页。

④ 苏天爵编,《元文类》(江苏书局,1899年),卷13,1b、9页;英译参见狄百瑞,《新儒学正统》,第45页。

在同一篇奏章中,许衡也强调人君需要扬弃私欲,而代之以“敬畏天命”之心。在别处,许衡写道,《小学》与《大学》可结合成为一个理想的基础教本:“小学所教者为如何以下事上(如子孝其父,臣忠其君),大学则教如何上以待下(如敬天、修德、俭朴与爱民)。”[①]许衡在至元四年(1267)负责国子学,他以《小学》为起始,渐次进阶到他“敬信如神明”的《四书》作为课程教材。国子学的学生大多为蒙古人,学习中文书法、投射弓法以及进退跪拜的礼仪。许衡的目标是“掇忠孝之大纲,以立其本,发礼法之微权,以通其用。”[②]

循宋代先例,忽必烈批准由县以上都建立学校。许多学校因而开始运作,不过一般而言,这些学校的水平均颇为贫乏[③]。以此来看,许衡在国子监任教的三年就很重要。虽然国子监主要是为了蒙古与色目学生而设置,但是许衡所设立的课程使之可与华南许多私塾相提并论。这些私塾多由认真的理学家们任教,当中许多人都是宋进士出身,宋亡后过着隐居生活[④]。许衡所构想的课程,以“孝悌忠信”和从《小学》到《四书》、《五经》的循序进阶做为基础[⑤],它成为四十余年之后元代科举取士的基础。

现存史料显示,元代科举的建立,主要是因为新皇帝对于理学致力于强调符合朝廷利益的社会伦理有深刻印象。当爱育黎拔力八达(1311—1320 年在位)尚未登基前,他似乎已经受到他的教师——同情理学的李孟(1255—1321)的影响[⑥]。《孝经》在大德十一年(1307)译为蒙古文,同年皇太子爱育黎拔力八达亦下令摘译真德秀《大学衍

---

① 许衡,《许鲁斋集》。卷 3,第 38 页。括号内文字为书中小字批注。

② 苏天爵,《国朝名臣事略》,卷 8,18b—19 页;《元史》,第 12 册,3727—3728 页。

③ 劳延瑄(Yan-shuan Lao),《元代初年的南方学者与教育机构:一些初步的评述》(Southern Chinese Scholars and Educational Institutions in Early Yuan: Some Preliminary Remarks),收于蓝德彰编,《蒙古统治下的中国》,1981 年,特别是 112—114 页。

④ 关于南方学校的高水平一直维持到 1315 年的研究,见同上,第 115—119 页。

⑤ 引自孙克宽,《元代汉文化之活动》,台北:中华书局,1969 年,第 215 页。

⑥ 同上,第 356—357 页。《元史》,第 13 册,第 4084—4089 页。

义》、《孝经》图解，以及刘向的《列女传》（见本文前面的叙述）[①]。李孟必定与至大四年（1311）爱育黎拔力八达在海山皇帝（译注：即元武宗奇渥温海山）死后所颁布的“所重乎儒者，为其握持纲常，如此之固也”的诏言有密切相关。李孟于同年被任命为国子学祭酒以及平章政事[②]。在皇庆二年（1313），许衡与十位宋代理学学者获配享于设在国子监内的孔庙。

爱育黎拔力八达朝的有权势的宰相铁木迭似乎对举行科举一事有异议，不过他最后仍决定向主张恢复科举的御史台的儒家们作出退让[③]。程钜夫（1249—1318）就是这群御史当中的一位。程出身南人，在忽必烈时即入朝为官，并受命往江南遍访学者，为元朝招罗官员[④]。爱育黎拔力八达皇庆二年的诏命，即是由程钜夫所起草。这篇诏命强调政府开科取士的目标，声言“首重德行，並及五经与诗文”，这显然是受了宋代科举的影响[⑤]。细部方面则要求考测蒙古人和色目人对朱熹所注的《四书》理解，并撰写一篇五百字的时事策论。中国人（汉人与南人）的考试内容则较为困难，包括了（一）关于《四书》的三百字以上、与以《五经》内容命题的五百字以上的文章各一篇；（二）以规定的韵文格律起草君主的诏命；（三）一篇一千字以上的作文，回答“取自经史、时事”的问题。三千名应考的考生，来自各行省官员与都市政府机构的推荐，稍后则改由以在通过省试的举子当中选择。四个种族阶级（见本文稍前的介绍）的考生数均等，而每一个阶级中的举子，又只有三分之一能够获得进士资格[⑥]，据称，元仁宗在首次科举考试举行之

---

① 《元史》，第 2 册，第 486、536 页。爱育黎拔力八达阅读中文的能力反映在他 1311 年下令翻译《贞观政要》为蒙古文的诏令，当时他已“详读”该书。1315 年后不久，蒙古和汉人翰林学士向他呈上《大学衍义》的完整版本。《元史》，第 3 册，第 544、578 页。

② 《元史》，第 2 册，第 538 页；第 13 册，第 4085 页。

③ 同上，第 15 册，第 4578—4579 页；窦德士，《征服者与儒士：元末中国的政治层面变迁》，第 37 页。

④ 孙克宽，《元代汉文化之活动》，第 347—360、364—381 页。

⑤ 全文的英译参见狄百瑞，《新儒学正统》，第 54 页。

⑥ 《元史》，第 7 册，第 2018—2021 页。

后议道："朕所愿者，安百姓以图至治，然匪用儒士，何以致此？"①

虽然科举考试每三年才举行一次，而获颁进士资格者也很少被任命以要职，但是无论如何，元代皇帝已经在认可理学要旨的方面迈出了一大步。甚至蒙古人与色目人都被要求学习朱熹的《四书集注》。不过，《元史》中的证据显示，元仁宗爱育黎拔力八达所支持的主要还是理学中社会道德的实用价值。蒙古皇帝从未放弃他们原有的长生天信仰，他们相信正是长生天授予成吉思汗与他的子孙统治这个广土众民世界的权威。而这个权威就像傅海波(Herbert Franke)所述，是天神"无条件地"赋予他们的，它与儒家的有德之主方能领受天命的概念不同②。再者，忽必烈之后的蒙古统治者均相信他们为佛教转轮法王之化身，这一信仰与蒙古教义当中成吉思汗仍然在天上继续统治世界相符合。藉着佛教的转世法王概念以及长生天将永远庇佑成吉思汗子孙的信仰，元朝以神权政治来统治"不同语言的所有民族"(people of all languages)。大汗仰赖他所特别尊崇的喇嘛以确保辖下子民的精神获得救赎，而大汗自己则主宰子民的肉体生命③。

自从忽必烈以"大元"作为这个朝代的国号起，蒙古统治者诚然已经援用中国古代的"天命"之说。他们的诏命时常颂扬孝顺之道，甚至在爱育黎拔力八达所颁布的诏命中，还提到了要调和阴阳④。虽然如此，实际上对中国礼仪多有保留的蒙古皇帝，并未对"天"以及社会道德之间的关系有所界定。祭台与祭坛分别于至元十二年(1275)与至元三十一年(1294)在皇宫之南设立，以供祭祀天地之用。但是忽必烈和他的继承者们仅止于派遣官员代表皇帝致祭。(唯一的例外是元文宗图帖睦尔，据说在他发动政变、夺得帝位的1328—1329年的四个月

---

① 《元史》，第2册，第558页。

② 傅海波，《从部族首领到世界的皇帝与神：元代的正当性》，第17—25页。

③ 同上，第52—55、61—62页。

④ 《大元圣政国朝典章》，卷1，第1—14页。关于元代统治正当性与礼教正统的关联，可参见陈学霖，《帝制中国的正当性：女真金朝时期的讨论》(*Legitimation in Imperial China: Discussions under the Jurchen-Chin Dynasty*)，华盛顿大学出版社，1984年。

间,图帖睦尔曾亲自依儒家礼仪致祭。)①

除了在法令诏书上尊崇儒家礼仪规范,蒙古人与色目人的风俗习惯本质上并未受到影响。三年服丧之期虽然在爱育黎拔力八达即位后再度获得确认,服丧的人子禁止于服丧期内出席宴会与剧场,但是律法也明确包含下列这一条款:"蒙古与色目人除外,彼各依其俗。"② 藏传佛教则在元帝国享有崇高地位。每一位皇帝即位时,都由封为"帝师"、朝会时坐在大汗之侧的大喇嘛祝圣。虽然大喇嘛的功能应该在宗教方面,而非世俗层面,"国师"仍时常藉"救生"以作为对神的献祭为由,赦免罪犯,干预司法。这种行为不但被持儒家立场者视为过分,也激怒了汉传佛教的信徒③。而虽然爱育黎拔力八达以儒家经典为文官训练的基本读物,他给予佛教的荣典超过其他各教。尽管爱育黎拔力八达确曾试图减低喇嘛的政治影响力以及法律上的特权,但是他不但给予喇嘛大量捐输(如同身为大汗所被期许的),而且在很多场合中,容许喇嘛在节庆中给予赦免④。还有证据显示,元仁宗是位虔诚的佛教徒,甚至还拥有一座自己的雕像,由一位善于雕刻藏传佛教人物的工匠雕成。他也以延佑二年(1315)在干旱期间向上天焚香祝祷而知名,并曾评论儒释之分:"明心见性,佛教为深;修身治国,儒道为切。"⑤

除了元仁宗批准以理学课程作为科举考试的出题范围以外,很难说元代皇帝已经认可理学作为正统礼教。理学随着明朝于1368年建立而占有更为中心的位置,有关这一点以及明代对于教义与信仰更为本土的取径,详见于本书中范德(Edward L. Farmer)以及泰勒(Romeyn Taylor)所撰的章节。

---

① 《元史》,第6册,第1179—1182页。王恽,《秋涧先生大全集》,第92卷,第1—3页;傅海波,《从部族首领到世界的皇帝与神:元代的正当性》,第32—35页。

② 《大元圣政国朝典章》,第30卷,11—12b页。

③ 傅海波,《元代中国的西藏人》(Tibetans in Yuan China),收于蓝德彰编,《蒙古统治下的中国》,第308—309、315—320页。

④ 《元史》,第2册,第539、547、551、553、555—557、564、586—588页。

⑤ 同上,第2册,第556、594页。爱育黎拔力八达的雕像据说被安置于东岳庙中,但这可能是《元史》混淆佛、道神祇之故。同上,第15册,第4546页;参见傅海波,《从部族首领到世界的皇帝与神:元代的正当性》,第61页。

近代中国的公共领域

罗威廉(William T. Rowe)* 著
伍 国 译

清末民初精英和民众的政治化问题,以及在这一时期中更广义的国家-社会关系转型系列问题,已经颇令中国近代史专家们关注了一段时间。不过,在过去的十来年中,随着这些问题的研究者日益被“公”这一概念吸引,并将之作为一个有用的工具,该项研究已经开始呈现了某个特定的路向。大体而言,这一趋向之所以产生,是因为人们越发意识到公这一理念在这个时期话语中的重要性。然而它同时也回应了学界的一个更大规模的运动,这一运动专注于传播“公共领域”这一概念,把它当作鉴别当代世界的独特性的一个不可或缺的关键因素。

总而言之,这场大规模运动的起源应当上溯到德国社会学家哈贝马斯(Jürgen Habermas)的著作,而不论以什么标准来看,哈贝马斯本人都堪称战后时代最有影响的社会思想家之一。哈贝马斯提出的“Öffentlichkeit”这个意蕴丰富的概念在不同场合被译作“公共性”(publicity)、“公众”(the public)、“公共舆论”(public opinion)以及“公共领域”(the public sphere),为那些对国家-社会问题的多个侧面感兴趣的欧美历史学家们提供了一套语汇。随着阿利叶(Philippe Ariès)有关著作的问世,它也替那些研究种种变动中的概念如社会空间、性

---

* 感谢弗莱思曼(Richard Flathman)、立克(Vernon Lidtke) 和兰金(Mary B. Rankin) 对本文初稿提出的意见。

别角色的社会建构，友谊和家庭生活，读写能力和大众文化等的学者提供了一个概念框架(conceptual scheme)。在更近的一段时间内，越来越多研究非西方社会的历史学家也开始在分析他们自己的文化领域中的相关问题时，检验哈贝马斯提出的概念是否有效[①]。研究中国历史的学者也不例外。

然而到目前为止，没有掌握德文的学者——当然，西方和中国学者一并算在内——都还不能直接面对面地领会哈贝马斯就这一论题进行的主要阐述——*Strukturwandel der Öffentlichkeit*(1962 年)。有些学者依据他的引人注目但颇为支离破碎的 1974 年的英文文章——《公共领域：一个百科全书条目》(The Public Sphere: An Encyclopedia Article)来做研究。也有一些学者则引用西奈特(Richard Sennett)；但是西奈特的名著《公共人的没落》(*The Fall of Public Man*)是哈贝马斯理论在美国政治研究中的一个多多少少有点怪异的应用。多数人则通过对哈贝马斯著作的学术讨论和其他历史学者的影响，间接地吸收哈贝马斯的贡献。可以肯定地说，很多人并不确切地知道哈贝马斯的真意，事实上他们甚至可能没有意识到哈贝马斯对他们讨论的这些理念发展所起到的作用。

这是一个不幸但又难免的局面，即哈贝马斯的关键著作由于无法解释的原因竟找不到一个译者。不过现在好了，伯格(Thomas Burger)用流畅的英语翻译成的《公共领域的结构转换》(*The Structural Transformation of the Public Sphere*)(1989 年)一书的出现填补了这一空白。该书的出版成为一个好的契机，让我们这些中国研究者们迎头赶上，反思我们对哈贝马斯思想的借鉴是否偏离了本意，或者也许已在不经意间开辟了新的研究领域。我们或许要考虑，如何让新面世的哈贝马斯的里程碑式的研究，激发我们探索一些中国近代史上相对而言被忽略的领域。这些正是本文的宗旨。

---

① 实例见弗雷塔格(Sandria Freitag)，《集体行动与社群——北印度公共竞技场与社群主义的兴起》(*Collective Action and Community: Public Arenas and the Emergence of Communalism in North India*)，加利福尼亚大学出版社，1989 年。

哈贝马斯说了什么?

现任法兰克福大学哲学教授的哈贝马斯经常被描绘为“法兰克福学派”(Frankfurt School)的第二代掌门人,而第一代的成员则包括霍克海默(Max Horkheimer)、阿多诺(Theodor Adorno)和马尔库塞(Herbert Marcuse)。这些人经常被看做“文化马克思主义”(Cultural Marxism)的先驱,尽管是否应把哈贝马斯本人也看作马克思主义者仍然还是一个问题。哈贝马斯明确地接受马克思主义阶级分析的效用,但是随之又折衷地引入了韦伯(Max Weber)(“合理化”rationalization 过程)和涂尔干(Emile Durkheim)(对“表象”representation 的分析)的成分。像第一代前辈们一样,哈贝马斯更经常地接受一种公开对抗正统马克思主义理论的立场,而不是去支持它。法兰克福学派思想的要点是“批判”(criticism),它意味着找寻一种客观性,以便准许一个人的思考尽可能地逃离各种由社会和意识形态强加的控制和局限。这就意味着一个人情愿满足于尝试性的或局部的真理,拒斥实证主义和理论上的绝对,包括马克思主义的经济决定论,而偏向于一种辩证的历史相对性。总而言之,哈贝马斯和法兰克福学派非常注重意识,而不将其简单看作社会经济形态的投影;也正因为这种重视,他们寻求把意识和经济关系同等地置于批判性研究之下①。哈贝马斯的公共领域研究比起同一流派的其他著作来,本质上是历史的成分多于理论推演的成分,因而也可以当作一个便利的例证来说明这种“批评理论”(critical theory)是怎样在实际中操作的。

的确,哈贝马斯的一个主要的论点即是:“公共领域”是一个历史

---

① 参看马尔库塞(Herbert Marcuse),《否定:批评论理论集》(*Negations: Essays in Critical Theory*),伦敦:自由结社出版社(Free Association Books),1988 年; 韦纳(Richard R. Wiener),《文化马克思主义与政治社会学》(*Cultural Marxism and Political Sociology*) 比佛利山庄(Beverly Hill):赛吉(Sage)出版社,1981 年;凯勒(Douglas Keller),《赫伯特·马尔库塞与马克思主义的危机》(*Herbert Marcuse and the Crisis of Marxism*),加利福尼亚大学出版社,1984 年。

的现象,而非一种亘古不变的存在。它是一个产生于特定时刻,即 17、18 世纪西欧的一种观念类别。更进一步,它具有特定的阶级性,是正在将其"公民社会"(civil society)的自由意识形态强加到整个文化的那个资产阶级(bürgerlich)[①]的创造。哈贝马斯认为,在"资产阶级"或"自由的公共领域"之外,或许还存在另外一种可能性,即,一个"大众的公共领域"(plebeian public sphere),但后者的成型并没有在全社会范围内发生,相反地,它"在历史过程中被抑制了"。公共领域中的"公共"一开始明确地仅仅指涉资产阶级,一个拥有财产、识文断字、能言善辩、基本上居住在城市中并日渐政治化的社会阶层。但是,尽管资产阶级的公共领域具有特定的阶级内涵,资产阶级的上升过程使这一理念成为其特定时空的有效表象。在这一新兴时期,"自由模式(liberal model)充分地接近现实,以便让资产阶级的利益能够与总体利益一致,让第三等级以民族代言人的形象出现——在资本主义阶段,公共领域作为资产阶级宪政国家的组织原则有其可信度"[②]。

在哈贝马斯看来,促进公共领域兴起的意识转换本身,是因为有了十六世纪在经济、社会、政治等多方面的广泛发展才成为可能。经济上,贸易量有根本的增长,这使得西欧经济加速商品化。随之而来的是新的、更大规模的"资本主义金融和贸易"经济机构,例如现代银行、股份制企业,以及股票市场。旧式家族企业的衰败从根本上把新近被视为"亲密领域"(intimspäre)的资产阶级家庭和更为"公共"的、家庭以外的经济生活区分开来。从社会和文化上看,各式各样的新兴机构应运而生,满足新的商业公众的各种需要。它们共同构成了一个新的"传播部门"(communications sector),带来了新闻和信息的商品化。这些机构包括咖啡馆、沙龙、剧院、文学社、公共图书馆、小说及其

① 哈贝马斯的英译者指出,在他的使用中,bürgerlich 同时含有经济意义上的"资产阶级"的含义和作为政治类别的"公民"的含义,这正是哈贝马斯在马克思主义和非马克思主义传统之间折衷调和的应用。

② 哈贝马斯(Jügen Habermas),《公共领域的结构转换》(*The Structural Transformation of the Public Sphere*),麻省理工学院出版社,1989 年,第 87 页。

他各种新派的通俗文学作品、符合大众口味而又刊登文艺批评和社会评论的杂志，以及最为重要的传媒——日报。

在政府方面，与这些变化相配合的是国家政权组织的快速扩张，以及随之而来的政权组织与专制主义旗帜下的统治者个人及其家属的分离。在宫廷之外建立起了长期稳定的官僚体系和常备军。司法和使用强制力的权威被赋予刚被设想出来的"公共权威"(public authority)。"公共预算"(public budget)逐步和统治者的私人财产分离，委托给新建立起来的科层化的国库管理，由此创造出独具一格的、现代的"建立在税收基础上的"国家。这一扩张的、非个人化的国家政权的运营成本由一系列政策加以维持，这些政策对经济的渗透和规范达到了前所未有的程度，但在重商主义意识形态和国家日趋强烈的保护"公共利益"的诉求下，这些渗透和规范都变得合理合法。

为了代表新形成的"公民社会"的利益，抗衡国家政权的扩张，资产阶级逐渐开始利用新兴媒体来表达意见，讨论问题，假定一个"公众"和"公众舆论"作为"公共权威的抽象对应物"而存在。随着时间推移，为"公众"创立的诉求从简单地参与和公共权威的自由辩论，扩大到由上而下约束这一权威的权利。在实践中，这导致了反新闻检查法令和其他为"公民自由"提供宪法保障的法律的不断通过。在意识形态层面，正如在启蒙哲学家们的著作中看到的，这些诉求都被"自然法"(natural law)理论合理化。人们认为，通过公开讨论，人的内在理性得到运用，而通过这一运用可以使一个充分知情的公民社会共同认可一些普世原则(universal principles)，这些原则则落实为宪政立法。然后随之而来的是一系列复杂的假说，包括"法律是理性的延伸"这一概念，公众在制定法律过程中运用理性，以及广大的资产阶级读者"迫使公共权威在公共舆论面前自我合法化"的权利①。

至少，在这本英译本中仍留有一些含混之处。比如，在多大程度上哈贝马斯认为他所说的新兴的"公共领域"能涵盖，或更确切地说不

---

① 哈贝马斯，《公共领域的结构转换》，第25、81页。

涵盖正式的政府机构。事实上,他似乎两者都认可。例如,他指出"以等级为基础的权威被领地统治者消灭,为另一个领域创造了空间。这就是现代意义上的公共领域——公共权威的领域"①。然后他反复地把这个"公共权威"和"国家"(state)一一对应。然而,在别的地方,他又把公共领域描述成一个排斥其他成分的"公民"(civic)领域,刻意地把它和国家政权对立起来。在书中某处,他观察到:"有时候,公看来仅仅象是碰巧与政府对立的公共舆论部分。"②此外,他用"私"(private)这个词——公共领域的反义概念——来代表个体家庭,以区别于更广大的公民社会;而另一方面,又用它来指涉君主的家族,区别于"公共"的国家机构。这样一来,哈贝马斯想象中的"公共领域"似乎意味着几种不同的东西:一、非个人化的国家;二、公民社会;三、二者的结合。我们将会看到,这事实上符合历史上对"公"这个词一以贯之的使用,而这种使用时的内在含混性已经传给了我们。这也给盼望从哈贝马斯著作中吸收理论养分的中国历史研究者制造了麻烦。

如书名所示,哈贝马斯著作的第二部分致力于讨论"结构转换"(structural transformation)。在著者看来,结构转换是指自公共领域自十八世纪以后内涵逐渐空洞的过程,以至于到今天仅在诸如竞选之类的公共仪式中得到大力称颂,但缺少关键的实质内容。问题部分地源于这一概念自身的内在矛盾:"公民社会的公共领域跟随普遍的平等参与权而起落。如果某些特定人群被理所当然地排斥在公共领域之外的话,那它不仅仅是不够完全,它根本就不是一个公共领域。"③然而,当这一普遍参与权通过识字、教育和公民权的持续扩展开始在实践中被获得的时候,结果却是"公共舆论"蜕化为"大众看法",结果就连自由主义意识形态最有力的鼓吹者穆勒(John Stuart Mill)都开始怀疑大多数人的意志能否可靠地符合抽象的理性。这一认知凸显出资产阶级宪政思想的一大危机。

---

① 哈贝马斯,《公共领域的结构转换》,第 18 页。
② 同上,第 2 页。
③ 同上,第 85 页。

相应地,19 世纪晚期和 20 世纪已经目睹了一个复杂的过程:它试图把日渐不合时宜的公共领域概念和一套新的社会现实融合起来。这些现实包括:一、资本持续集中到非常庞大而有力的公司手中,并有效地独立于持股人的操控;二、媒体演变为由大公司拥有的、伪"公共舆论"的炮制者;三、广告作为消费文化的操纵者和伪"大众趣味"的形成者;四、国家日益干预人民的日常生活,公与私、国家与社会之间的分界越来越失去意义;五、关于"社会权利"(social rights)和公共福利的意识形态进一步发展,而国家被授权保障这些权利;六、由此导致的庞大的政府官僚机构的扩张及其对公众批评的有效抵御;七、大众政党的发展本身就不受公众监督,其基本功能是驱使公众接受既定政策;八、高度组织化的利益集团政治的发展。这种政治一方面分裂了公众,从而否定其追求超验真理的理性诉求,偏向追求狭隘的集团利益;另一方面,它使公众屈从于强有力的集团领导人的操纵。简而言之,由启蒙公民组成的公共领域所传承的、活跃的"批评"的黄金时代已经过去。在这一语境中,哈贝马斯及其所属的法兰克福学派同仁已经掀起了一场旨在继承和发扬批评精神的改革运动。

语言学上的平行对应:"Public"与"公"

中国历史研究者对哈贝马斯概念的使用可能不会得到作者本人的认可。他强调指出,公共领域的概念不仅具有时间的特定性,而且具有文化独特性:"它不能从……起源于欧洲中世纪全盛时期的"公民社会"独有的发展历史中抽离出来。它也不能作为一种理想状态来概括任一外表相似的历史情境。"①然而,中国历史研究者们大胆地应用这一理论范畴来分析晚清和民国史从几个方面来看都是有理由的。当然,最基本的是帝国晚期的中国和现代早期的欧洲之间社会和体制发展方面的相似性——虽然有限,但也真实存在,而历史学家也越来

① 哈贝马斯,《公共领域的结构转换》,第 17 页。

越多地注意到了这一点。和西欧一样,中国在16世纪以后出现了长途贸易量的剧增,大型商号、金融机构及有组织的商人网络的兴起;出现了持续的区域城市化进程和一种更独特的城市文化的发展(很大程度上基于茶馆这一形式——酒馆和咖啡馆在中国的对应物);还有印刷出版业、大众识字、大众文学的扩张,而这其中相当一部分带有很重的社会批判意味。这一进程在19世纪后半叶进一步加快。这一时期城市化和商品化的进一步发展(包括海外贸易的大增)又遇上了国家方面的更为重商的财政战略(将公共财政的负担转移至正在扩张的商业部门),然后是以都市的对象的新闻出版业的陡然兴起①。

除此而外,两者似乎还存在着一个语言应用上的显著共鸣,尤其在英文词语“public”(及其在其他欧洲语言中的同源词)和与它最接近的中国对应词“公”②之间有平行对应的历史(当然,这似乎也证明了哈贝马斯关于外表相似的历史情境的顾虑)。不断演变的语言应用和它们所定义的概念范畴提供了重要的洞察,使我们得以了解同一个语言群体的成员之间的斗争。从这一角度来看,不论是“public”还是“公”各自都有漫长而复杂的语言史过程,都成为活跃的政治概念,在旧政权(ancient régime)后期都极大地拓展了它的用法,这种平行发展意义重大。

英文“公”一词经过很多世纪的演变已经有了令人眼花缭乱的各种意义,可能只有在和“私”对立的时候,这些意义才能统一起来。以

---

① 关于媒体在这一过程中的作用,参见罗友枝(Evelyn Rawski),《晚期帝国文化的经济和社会基础》(Economic and Social Foundations of Late Imperial Culture),见姜士彬(David Johnson)、黎安友(Andrew Nathan)和罗友枝编,《中华帝国晚期的大众文化》(*Popular Culture in Late Imperial China*),加利福尼亚大学出版社,1985年;洛普(Paul Ropp),《早期现代中国的异见分子:儒林外史与清代的社会批评》(*Dissent in Early Modern China: Ju-lin Wai-shih and Ch'ing Social Criticism*),密歇根大学出版社,1981年;和林培瑞(Perry E. Link),《鸳鸯蝴蝶:二十世纪早期中国城市中的流行小说》(*Mandarin Ducks and Butterflies: Popular Fiction in Early Twentieth-Century Chinese Cities*),加利福尼亚大学出版社,1981年。

② 正如“公共的”在英文使用中会和其他词语诸如“公民的”重合,中文的“公”在使用中也常常被其他词语掩盖。这中间值得注意的“仪”这个字,它在帝国晚期的使用类似英文的“public”。

短语“公之于众”(in public)为例,这套意义系统可以包含人们熟悉的定义如“由大家评判”、“由大家观察”和“对所有人开放”。当哈贝马斯从“公共性”这一概念出发,以及从精制华美的中世纪和早期现代宫廷中替公共领域追本溯源的时候,他正是依赖了这一套意义系统的。看来,完全可能的是,哈贝马斯在这一问题上聪明过度,反而把截然不同的两组关于“公”的意义系统混淆起来。他非常依赖这种视觉和空间的暗喻来分析他真正关注的对象——基本上是非空间性的“公共舆论”①。尽管如此,这一论述路径已经对西方史学产生了重要影响。在西方,学者就已经借用哈贝马斯的论述来研究他们感兴趣的话题,包括具有性别特定性的角色在“公”领域相对于其在“家庭”(domestic)领域的发展,以及开放空间的集体使用②。

更严格地符合定义的是关于所有权的系列概念,这在“公共所有权”(public ownership)和“公共范围”(public domain)等例中可以看到——这些意义也非常复杂和含混。正如“私”可以在不同情况下指涉个人拥有、家庭拥有或一个法人团体的所有权;同样地,“公”也可以

---

① 这一观点是达恩顿(Robert Darnton)在“法国革命的意识形态起源”讲座上提出的。该讲座1989年5月4日举办于乔治敦大学。

② 研究中国性别问题的历史学家,已经开始随着研究欧洲和美国历史的同事一起接受了这一概念组合,即区别在“公”领域由社会构建的女性性别角色和“家庭”或“亲密”领域,例证见费侠莉(Charllote Furth)《雌雄同体的男性与先天不足的女性:十六和十七世纪中国的生物学与性别界线》(Androgynous males and deficient females: biology and gender boundaries in sixteenth and seventeenth-century China),《明清研究》(*Late Imperial China*),第9卷第2期(1988年)。相对来说,关于中国历史上家庭生活、友谊和亲密关系的研究还不发达。哈贝马斯和受他影响的西方社会史学者可能对中国历史学者在上述领域的研究颇有发言权,但这已在本文的关注范围以外了。有关例子可参见莱恩(Mary Ryan),《中产阶级的发源地——纽约奥内达郡的家庭,1790—1865》(*The Cradle of the Middle Class: The Family in Oneida County, New York, 1790—1865*),剑桥大学出版社,1981年;兰德斯(Joan B. Landes),《女性与法国大革命时代的公共领域》(*Women and the Public Sphere in the Age of the French Revolution*),剑桥大学出版社,1988年;莱恩(M. Ryan)《美国式游行:十九世纪社会秩序的代表》(The American Parade: Representations of the Nineteenth-Century Social Order),见亨特(Lynn Hunt)编,《文化史新论》(*New Cultural History*),加利福尼亚大学出版社,1989年;格拉齐亚(de Grazia),《购物的艺术:美国广告如何颠覆欧洲海报》(The Arts of Purchase: How U. S. Advertising Subverted the European Poster),见DIA艺术基金会(DIA Art Foundation)编,《再造历史》(*Remaking History*),西雅图海湾出版社(Bay Press),1989年。

指所有权的任何一种形式。从更大的范围来看,人们想表达的具体意义其实是特定时空的一种功能。例如,英国的"公学"(public school)一词表示私人创立,而非政府兴办的教育机构,但美国人对这个词语的使用和理解却是令人迷惑的。在眼下美国人的使用中,看起来"公"一词比在英国的用法中更给人以政府行为的感觉。《牛津英语辞典》①一直想回避把"公"定义为"国家",直到第十条定义中才出现,而《韦氏新国际辞典第三版》②则作为第一条定义的一部分就列出"由人民授权和管理,并作为一个政治实体为人民而活动:政府"。读者能看出这二者间区别是毫不奇怪的。然而,韦氏辞典在这一定义之前也加上"作为一个有组织的社群影响人们:公民的",以及"属于国际社会或全人类或与之相关:共同的、普世的"。由此看来,哈贝马斯的公共领域意义含混也是情有可原了。

当然,公共范畴(res publica)这一概念可以上溯到古典时代,而且一直在罗马法传统中存在和延续,但在公共部门和政治权威的关系方面存在的潜在的含混趋势在欧洲中世纪时期显然加剧了。在此期间,"publicus"同时既用来指涉封建领主的宫廷又用来指公共财产,也就是那些不是由个体家庭拥有而是由社群占有的财产。一方面,特别富有现代特征的含混使用随着"公共"的国家机构与领主个人的日渐分离而出现。同时,英文中"公共"在17世纪中叶被赋予新意,代替了较早的"人类"或"世界"等词语,而带有更明晰的、关于都会风格、读写能力和普世主义的内涵③。到此,作为哈贝马斯论述主旨的该词语的政治能量已经呼之欲出了。

中文的"公"一词就像西方的"public"一样,总是被简单地看作"私"的对立面。事实上,公元前3世纪的辞典《尔雅》只是把它定义为"无私",公元1世纪的《说文》从语源学角度把此词分析为两个更

---

① 牛津大学出版社,1933年。

② 多尔塞和巴勃(Dorset and Baber)出版社,1971年。

③ 哈贝马斯,《公共领域的结构转换》,第4—7页、第26页,西奈特(Richard Sennett),《公共人的没落》(*The Fall of Public Man*),芬提吉(Vintage)出版社,1977年,16—17页。

简单的字的组合——“背私”[①]。和“public”一样，“公”的最早用法似乎也表达出“集体”或“社群”的意义。《说文》提供了“公”的基本定义:“平分”。或许这个词最著名的经典用法是出自《礼记》的“天下为公”,但西汉的编撰者把它作为同音的“共”字的同义词而掩盖了[②]。

只是到了后来,这个词才发展出与政府的概念一致的一面,而这一过程与西方中世纪的“public”一词惊人地相似。按沟口雄三的看法,含混性的产生,就在于用古老的“公”同时描述两种不同的财产范畴:那些尚未被圈占,因而谁也不占有的,和那些被一个群体集体占有但把控制权移交给族长,并最终交给政治权威的[③]。到了唐和北宋时期,帝国制度在思想和体制方面都趋于精细和发达,“公”在产权意义上看来已基本完全被政治权威占用来指涉帝制-官僚国家的商业、财产和人员[④]。

但是一股反向的潮流也早已存在,具体体现在11世纪晚期的推翻王安石国家主义新政措施的反抗浪潮。伴随着16世纪末到18世纪初的这段时间内的重大社会经济转型,这股反潮流也获得了新的合法性。各类思想家如李贽、吕坤、顾炎武、黄宗羲和戴震等都各自重建关于“利”和“私”的概念,并以之为他们消解新儒家“天理”和“人欲”二分法的部分努力。正如沟口所指出的,这种关于私利的更温和的看法也促进了公私之间紧张关系的缓和。在这一价值重估过程中出现

---

① 由于在中文词语“私”中,“私人的”和“自私的”两个涵义常交织在一起,其反义词“公”则总是带有正面的道德含义,如“不自私”和“公正”。

② 参看《康熙字典》,及诸桥辙次编,《大汉和辞典》,大修订馆书店,1961年。

③ 沟口雄三,《“公”、“私”观念在中国的演进》(《中国における公、私观念の展开》),《思想》杂志总第669期(1980年),第19页。

④ 参看麦大维(David McMullen),《杜佑和柳宗元的国家观念》(Views of the State in Du You and Liu Zongyuan),见施拉姆(Stuart Schram)编,《中国国家权力的基础与局限》(*Foundations and Limits of State Power in China*),香港中文大学出版社1987年,第74—76页;史乐民(Paul Smith)《1068年至1085年变法时期的国家权力和经济行为:茶马贸易与青苗法》(State Power and Economic Activism During the New Polices, 1068—1085: The Tea and Horse Trade and the Green Sprouts Loan Policy),见韩明士(Robert Hymes)和希洛克(Conrad Schirokauer)编,《经世:宋代国家和社会研究路径》(*Ordering the World: Approaches to State and Society in Sung China*),加利福尼亚大学出版社,1993年。

的“公(public)”比任何关于“国”和“官”的概念更接近于《礼记》中所认可的那个“公(collective)”,它是一个团体(community)的所有成员的和谐一致的个人利益的总和①。

由此,到了清代中叶,已经有了几个相互竞争、甚至相互冲突的关于“公”的政治概念在同时起作用。在18世纪的官方文件中②,“公”的使用常常毫不含糊地带有“政府”的意思,就象“公文”这一合成词体现的一样,指的是政府文件本身。还有“公所”,意谓政府办公室(除了极少的例外,“公所”此时尚未发展出十九世纪后的非政府的“公共”建筑的用法,例如会馆)。但是,“公”也用来描述地方行政支出中一个特定的项目,即人们所称的“公件”和“公享”,它和直接由中央政府控制的基于土地税的政府(官)常规帐目不同。公件的来源很多样,可以是前些年积累下来的超收的地税、不合规范的地方敲诈勒索、私人或官方的捐赠等。这些经费被规定用于当地社区项目,比如道路、灌溉工程维修和城墙修筑③。也许因为这种专门的用途,很多带“公”字的合成词一开始就带有含混性。例如,“公事”、“公务”和“公用”既可以严格地指与政府有关的事务,又可以指那些政府以外的社区利益。在后一种情况下,这些合成词有时会被加上“地方”这一前缀,但也并不总是这样。不仅如此,对那些多多少少由地方官略加管理的财产和账目,还有大量的其他说法来专门称呼。这些用语包括“公产”、“公田”、“公租”、“公费”、“公捐”、“公买”或“公置”,以及

---

① 沟口雄三,《“公”、“私”观念在中国的演进》,第25—30页。在“公司”这一合成词中,使用“公”这个字来指涉贸易公司这种新式的经济组织可能是非常巧合的,在这一时期也是一件新事物。参看王太平(音译)(Wang Tai Ping),《中国公司的起源》(The Origins of Chinese Kongsi),澳大利亚国立大学硕士论文,1977年。

② 接下来的段落以一个省级官员在1735年到1771年这段时间中的往来文书中“公”的使用情况为基础,并以1742年的清代行政用语手册为补充,参看陈宏谋,《培远堂偶存稿》,桂林,1896年,及孙任以都(E-Tu Zen Sun)英译《清代行政术语》(*Ch'ing Administrative Terms*),哈佛大学出版社,1961年。

③ 参看曾小萍(Madeleine Zelin)《州县官的银两:十八世纪中国的合理化财政改革》(*The Magistrate's Tael: Rationalizing Fiscal Reform in Eighteenth-Century China*),加利福尼亚大学出版社,1984年。

"公建"。这些用语常常专门用来和正式的政府领域中类似的概念对照,比如"公田"区别于"官田"①。用于把支出项目分类的词语也造成这种区分:"归公"与"归官"②相对照,"存公"和"存官"相对照,诸如此类。

非政府意义上的"公"也用来描述财产和预算范畴以外的现象。例如,管理集体福利或承担其他社区功能的地方领导是"公举"的。在一种带有哈贝马斯"公共性"(publicity)观念意味的用法中,官方的告示要"布公"。而且,最带有预示意味的是,至少在18世纪早期,地方行政管理者就已经熟稔指挥"公评"和"公论"。到了这个时候,一系列更大的变化即将发生,而这些变化已经越来越成为学术关注的焦点。

近年来中国史学中的公共领域研究

近年来,研究中国近代史的学者已经注意到,清末和民国初年这段时间里,人们也日益频繁地在政治意义上使用它,伴之而来的是"公"这个词用法的创新和拓展。在我看来,学者们沿着两条不同的路径进行探索。其中一条路径主要关注的是在帝国晚期政治参与急剧扩展的情况下,"公"这一概念所起到的作用。这一流派中具有先驱性质的是张灏对梁启超的精湛研究。梁启超比任何人都更加注重影响这一政治大众化过程,并为近代中国提供一套新的政治语汇。张灏的著作清晰地揭示出,梁启超为实现这一目的而努力重新定义传统中文词汇中可供借用的概念。张灏主要集中分析"群"这一概念,但他也在一处论及梁启超在"公共心"(public mindedness)这一意义上对"公"一词的使用:

---

① 在同样的材料中,"公田"和"公租"也用来指社区群体,例如宗族的集体财产,而宗族和官僚行政机构并无直接联系。这就更加使人困惑。

② 事实上,城市和省的官员之间在1742年围绕"耗羡"附加税的处置就爆发了一场争论,集中在这笔经费是应当"归官"还是"归公"。参看曾小萍,《州县官的银两》,第272—276页。

> 正是在他对“公”理想的讨论中,梁超越了传统的利他主义观念,委婉地暗示出主权在民的意思。公共心意味着群体中的每一个人都有权管理自己。人人皆有权自治,做自己当做之事,获当获之利。①

在初兴起的公民概念中对“公”进行重新定义,这在程一帆的一篇稍嫌太短但富于启发性的论文《作为十九世纪末中国思潮的“公”》中也有讨论。在这篇文章中,程一帆和张灏一样,强调传统词汇在近代民族主义追求中的适应能力②。傅士卓(Joseph Fewsmith)的《从行会到利益集团:清末中国的公私转换》一文的探讨则似更为深入。傅士卓按照哈贝马斯的方式,精辟地描述了下列情形:“公”从官僚行政机构的同义词解放出来的过程;“社会”这一概念作为一个与国家相对的、独特的政治角色的出现,以及类似行会这样的私人自发结社作为利益集团被赋予合法性,在一个多元的政治舞台上的运作③。然而不幸的是,傅士卓基本上用的是20世纪的视角,这使他太过狭隘地关注清朝的最后几十年中观念转换和群体形成的过程,而这一个过程其实早已持续了几个世纪。最后,在这一讨论中,还必须提到巴斯蒂(Marianne Bastid)最近的一篇引人思考的论文——《清末官方的皇权观念》。巴斯蒂并没有直接讨论政治语汇的转换,但她提供的几个官方话语的例子有助于我们理解这一复杂的进程。例如她注意到,皇权的绝对主义也是有所妥协的,这反映在一份证明1861年的宫廷政变为合法的圣旨中,它把政变的发动说成是“尊公论”。巴斯蒂还讨论道,

---

① 张灏,《梁启超与中国思想的过渡》(*Liang Ch'i-ch'ao and Intellectual Transition in China*),哈佛大学出版社,1971年,第104页。

② 程一帆,《作为十九世纪末中国思潮的“公”——以王先谦为例》(Kung as An Ethos in Late Nineteenth-Century China: The Case of Wang Hsien-Ch'ien [1842—1918]),见柯文(Paul Cohen)和石约翰(John Schrecker)编,《十九世纪中国的改革》(*Reform in Nineteenth Century China*),哈佛东亚研究中心,1976年。

③ 傅士卓(Joseph Fewsmith),《从行会到利益集团:清末中国的公私转换》(From Guild to Interest Group: The Transformation of Public and Private in Late Qing China)见《社会和历史比较研究学刊》(Comparative Studies in Society and History),第25卷第4期(1983年)。

刘坤一在一份 1889 年的奏折中明确地区分了他对“朝廷”(国)和对“公共利益”(公)的不同责任①。显而易见,历史学家们已经起步开辟这一分析路径。

对一个政治参与的新世界里“公”的作用的探索已经有些停滞和不连贯,但另一批历史学家已经系统地追求另一条研究路径了。这条路径把“公”作为一个拥有集体物资和社会服务管理的领域来进行集中研究。这一讨论的共同主线是,认为虽然官僚体系以外的公共领域在中国长期以来被看作拥有和保管物资的储备力量,这些活动在基层地方所涉及的范围在 1850 年至 1927 年间有了巨大的扩张。它们是集体的事业,但不受政府的直接监督。尽管孔飞力(Philip Kuhn)本人并不太多地依赖官僚体系以外的公共领域这一概念,但是不妨说,许多这类著作都直接得益于他对太平天国运动之后的地方精英行动主义扩张,以及对中国政治思想中地方自治意愿的演变传统的研究②。在反思他 1979 年的著作时,孔飞力提出了一个“大问题”,即是否应该把这些过程看成中国国家政权的萎缩,以致有效权力逐渐转移到地方社区领导人手中,抑或把它们看成一个被掩饰了的国家政权增长和向地方社区渗透的过程,因为以公共权威的名义行使的服务在范围上有了极大扩展,财政税收也随之增长③。替这个问题寻找出一个可能的答案已经成为这一集体的学术努力的一个关键任务。

这一主题在兰金(Mary Backus Rankin)出版于 1986 年的重要著作《精英行动主义与中国的政治转型》中占中心地位。兰金把“公”在

---

① M. 巴斯蒂(M. Bastid),《清末官方的皇权观念》(Official Conceptions of Imperial Authority at the End of the Qing Dynasty),见《中国国家权力的基础和局限》第 158 页,第 178 页。

② 孔飞力(Philip Kuhn)《中华帝国晚期的反叛及其敌人——军事化与社会结构》(*Rebellion and its Enemies in Late Imperial China*:*Militarization and Social Structure*),哈佛大学出版社,1970 年,及氏著,《民国的地方自治:控制、自治和动员诸问题》(Local Self-Government Under the Republic: Problems of Control, Autonomy, and Mobilization),收入魏斐德(Frederic Wakeman Jr.)和格兰特(Carolyn Grant)编,《中华帝国晚期的冲突与控制》(*Conflict and Control in Late Imperial China*),加利福尼亚大学出版社,1976 年。

③ 孔飞力和琼斯(S. M. Jones),《导论》(Introduction),《远东研究中心论文集》(Select Papers from the Center for Far Eastern Studies),第 3 卷(1979 年)。

清代的使用看作“一个公认的社群利益区域,其中,社群领导人表达大家共同接受的决定,各项服务由本地人经管”。她写道:

> 我在此使用的“公”这个词含有极大的社群因素,但是更确切地是指体制化的、官僚体系以外的事务管理,这些事务不论从国家政权来看还是从本地社群来看都是重要的。从而,精英的公共管理有别于官方行政(官),也有别于私人(私)的那些与整个社群不相干的个体、家庭、宗教、商业、组织等行为。公是一个不需解释的有效的词语,它暗示着其他两个类别与政府的不同关系。①

兰金注意到,这一以社群为中心的、官僚体系外的精英行动主义在政治动荡不安的明朝末年就已经十分重要。到清代中期,精英行动主义已经艰难地与复兴的官方领域和日益扩张的胥吏阶层分担地方事务。此后,在经太平天国起义后的长江下游地区,这个精英领导的地方公共领域成为近代中国政治转型的主要推动力。在认真细致、资料翔实的论证中,兰金追溯了地方精英建立的、最初以水利修缮和其他地方工程为宗旨,且成员间相互平等的团体如何逐渐拓宽其活动范围(最后与全民族利益融为一体)。与此同时,这些团体日益政治化,要求在国家政策的制定过程中有更大的发言权。他们越来越不满意“官”领域对各类事务的处理,尤其在对外关系方面,而这正是推翻帝制的革命爆发的直接动因。

兰金提出了一个由“官”、“公”、“私”三方共同组成的概念。其中,“公”在“国家”和“私人”之间占据一个显著的位置。我本人关于汉口的近著②也探讨了这一点。我集中关注的也是同时期的晚清,不

---

① 兰金,《精英行动主义与中国的政治转型——浙江省,1856—1911》(*Elite Activism and Political Transformation in China: Zhejiang Province*, 1856—1911),斯坦福大学出版社,1986年,第15页。

② 参看罗威廉,《汉口——一个中国城市中的冲突与社群,1796—1895》(*Hankou: Conflict and Community in a Chinese City*, 1796—1895),斯坦福大学出版社,1989年。

过这是一个和兰金笔下的浙江相比更城市化却不临海的地区。我试图追溯这一三角关系如何导致在法律上正式地把治理水的责任分到官、民和私的头上，中间的那个类别表达的就是“大众的”和“社群的”这样的意思，而最后一个类别则经常（虽然不是一贯）意味着非法的私人项目。在城市街道的维修中，我指出，这套术语已经被借鉴过来，“公”则取代“民”成为中心类别。在福利事业和慈善活动方面，我发现，在太平天国运动之后的那几十年中，福利性的工程和服务的范围有急剧的扩张，而其组织和发动则由国家政权机构转到了邻里和市政精英建立的分享权力的社团手上。这些精英以官僚体系以外的公共利益的名义活动，而把这些公共利益通称为“公”。和兰金发现浙江日渐被商业媒体的冲击刺激一样，我发现，在汉口的这一过程也伴随着这个日益扩张的公共领域的护卫者们的逐渐政治化。

另外三个相对近期的著作已经看到了这个新近被合法化的公共领域在20世纪初年的持续发展。三部中最早的一部，萧邦齐（Keith Schoppa）的《中国精英与政治变革》[①]在这一学术流派中第一次把“公共领域”这一术语作为分析工具。在这一意义上来说，他为其他的有关学者奠定了基础。萧邦齐开篇即承认，帝国晚期存在一个长期的潮流，并在太平天国起义后几十年间加速发展。这就是官僚系统越来越多地把一些“公共职能”移交给地方精英管理。接下来，他集中讨论这一从清末新政改革开始积聚能量、一直稳定地进入到国民党时期的过程。在此期间，多方面的职能和责任被重新分配到快速兴起的“公共制度领域”（public institutional sphere）。在萧邦齐看来，公共领域平等地包容了正式的政府机构和更广泛建立的商会和法团——这两者并非真正的政府机构的一部分，但在法律上由其批准——以及遍布各地的地方社群组织。举办地方社群组织的精英宣布其性质是“公”的，但它们之能存在，是由于官僚政权采取视而不见的态度。萧邦齐在这部

---

① 萧邦齐，《中国精英与政治变革——二十世纪早期的浙江省》（*Chinese Elites and Political Change: Zhejiang Province in the Early Twentieth Century*），哈佛大学出版社，1982年。

著作中的兴趣,主要在于解剖县级精英们之间因在新兴的公共领域中分赃而产生的冲突。

杜赞奇(Prasenjit Duara)则更为精细地集中关注乡村一级。在他看来,在同一时期既有这个"公共领域"(public realm)或曰"公共领地"(public domain)的转型,又有其扩张。通过半官方的村"公会",诸如社群的土地和企业管理这类曾经由村庙会行使的职能被世俗化了,而且还加进了更加严格意义上的"现代化"的事务,如当地西式小学校的管理。在这个过程中,这些非政府的公共权威机构被合法地赋予向当地人民征税的权力,以及向更高级权威例如县纳税(摊款)的义务。和萧邦齐一样,杜赞奇指出,这一过程极大地改变了地方一级组织中的支配和从属关系①。意味深长的是,在哈贝马斯关于欧洲的原著中,这种现象几乎没有引起任何注意。

最近一段时间以来,史特兰(David Strand)讨论了在主要中心城市(如20世纪20年代的北京)的公共领域的扩展。史特兰同样接受了官-公-私三方划分的有效性,但他更注重"公"部门通过作为其"集体代表"(Corporate representatives)的法团行使占有和管理的功能。史特兰主要集中探讨意识转换过程中的直接的政治意义:

> 这个新的政治舞台或公共领域是新旧行为和态度的混合。传统赋予了绅士的公共范畴(公)很高的价值,这加强了公共舆论这个现代概念的传播,它成为一个极大扩展的讨论和辩论空间。在中国,绅士和商人的观点对政治权力(官)的依赖到清末已经减弱,在民国则断裂了。城市精英此前从来没有聚集力量和意志来支持一个完全自治的公共领域。但在20世纪20年代,国家的无能,私人利益(私)合法性的脆弱,和"公"作为一个讨论和关注的区域所经历的积极的道德和政治演进,共同激励起报纸编者以及新老民间领

---

① 参看杜赞奇,《文化、权力、国家——华北乡村,1900—1942》(*Culture, Power, and the State: North China Villages, 1900—1942*),斯坦福大学出版社,1988年。

袖会同普通公民一起制定战略战术，以公开表达政治观点。也就是说，随着参与政治讨论和政治行动的机会的扩大，如此建构起来的城市政治也因之而强化了自己的生命力和逻辑。①

史特兰著作的一大部分，是用来具体描述这一新的公共领域的制度框架（传媒、商会、公民组织、公共集会地），表达对“公务”的关注的语词演变，以及各类促发、认可选举过程以外的公民行为的地方性和全国性政治事件。

通过上述讨论可以清楚地看出，尽管在近代中国公共领域的重要性及其日益丰富的角色方面，历史学家们已经大致达成了一些共识，在如何最好地定义这个领域、如何对它的兴起和（可能的）衰亡进行分期方面仍然没有完全的一致。举例来说，关于这个领域究竟应不应该涵盖正式的政府活动的问题仍然没有解决。当然，这里的模糊部分地反映出中文“公”的使用中本身就存在的含混不清，正如在欧洲语言中“public”的多种用法在哈贝马斯首倡的理论中也导致类似的含混。然而，这里还涉及极重要的实质问题。

比如说，大多数的中国历史研究者似乎假定帝国晚期的公共领域扩张发生在正式的国家机构退出后留下的空间里。但果真是这样吗？值得注意的是，在哈贝马斯提出的欧洲发展模式中，当自治的公共领域扩张时，国家也同时经历着第一阶段的快速现代增长。菲利普·阿利叶（P. Ariès）提出了一个大体介于中间的位置，他认为，公共领域在欧洲的扩张刚好就发生在早期现代这个间歇阶段，此时国家的管辖权要求（jurisdictional claims）扩张的速度超过了其实现这些诉求的制度能力（institutional abilities）②。在我看来，最近的研究成果中举出的例

① 史特兰，《人力车北京——二十世纪二十年代中国的市民与政治》（*Rickshaw Beijing: City People and Politics in 1920s China*），加利福尼亚大学出版社，1989 年，第 168 页。

② 阿利叶（P. Ariès），《导论》，见阿利叶和杜拜（G. Duby）编，《私生活史》第三卷《文艺复兴时代的激情》（*A History of Private Life. Vol. III: Passions of the Renaissance.*），哈佛大学出版社，1989 年，第 9—11 页。

子，证明把阿利叶模式应用于清末民初的中国是越来越可行的。这也朝回答孔飞力提出的"大问题"迈出了一大步。

一个相关的不确定的地方恰恰可能是有关公共领域的史学研究应该将其注意力集中在哪里。我们首要关心的领域，是对集体财物和服务的拥有和管理，还是政治论辩和政治行动？通过阅读哈贝马斯著作的近期译本，似乎可以清楚地看到，他本人头脑中设想来作为分析工具的几乎只能是后者，至少对西欧来说是如此。的确，我们想象，哈贝马斯会觉得把"public"/"公"扩展应用于对管理和产权的关注上（就"公用设施"[public utilities]这一意义来说）不单是毫不相干的，甚至对于公共领域的健康发展是**有害**的，因为它削弱、乃至剥夺了其规范-批评力度。

但在另一方面，历史材料似乎又为中国史学者不仅沿着上述两条迥异的路径探索，而且还把二者看成密切相关的研究方法提供了充足的理由。在中国的清末民初这样一个思维变迁的时代，象"公"这样含义丰富灵活的术语有可能同时朝着好几个不同的方向发展。研究西方政治思想的史家波科克（John Pocock）如此描述这一过程：

> 一个复杂的多元化社会必将以复杂和多元的语言发言。或者更可能的是，一系列多元化的专门语言，各自在定义和权威分配方面保持自己的偏向。它们将逐渐汇合形成一种高度复杂的语言，其中多种范式结构同时并存。它们之间相互辩论，单个的术语和概念从一个结构迁移到另一个结构，其间一些含义改变了，另一些则留下来。①

看来，19世纪晚期"公"在社会管理领域中的意义上的扩展很可

---

① 波科克（J. G. A. Pocock），《语言和它们的含意——政治思想研究的转向》（Languages and Their Implications: The Transformation of the Study of Political Thought），见氏著《政治、语言以及时间——政治思想与历史论文集》（*Politics, Language, and Time: Essays on Political Thought and History*），纽约：雅典庙宇（Atheneum）出版社，1971年，第22页。

能是造成一个更富于煽动性的表达公共舆论和呼吁主权在民观念的氛围的原因之一。尽管这两套意义系统或许不一定有作为概念范畴的相互关系,事实上它们共用的一个措辞使他们可以在获取政治能量的并行过程中相互汲取力量。格拉克(Carol Gluck)描述了一种类似的状态。在一些大相径庭的语境中,像"国体"这样的词和明治天皇这样的象征在19世纪末的日本拥有越来越大的力量:"就像一些不同色彩的圆圈的交集在重叠处产生一条共同的暗色调,原本内容和目的并不同的意识形态表达也有一些共同的因素,它们的存在随着层层累积而不断加强。"[①]换句话说,日益频繁地以不同的表述方法使用"公共领域"一词给了这个本不定形的概念一个逐渐积累的分量,直到它本身成为一个自洽的原则。

我们从这里走向何处?

经过重新思考我们在公共领域研究中的位置,尤其是以新近出版的哈贝马斯著作为参照,笔者感到有几条研究路径或可被近代中国研究者们有效地利用。其中之一是系统地调查分析法律规范及其争议,以便考定"公共"财产这一概念是如何从清末到民国的这段时间里被阐释和改变的。例如,萧邦齐最近的有关20世纪初年浙江省湖滨土地开发计划的研究展示出,类似"国有"、"公有"和"民"(这里实谓私有)这样的范畴的意义在司法中可以,而且事实上已经成为激辩焦点。萧邦齐注意到,"在这个政局变幻的时代,官方和非官方的精英都在为发表自己的意见寻找坚实的政治合法性。类似'官'、'公'、'私'这样的词过去虽然也曾使用,但现在在建立其法律定义的过程中获得了新生,并成为回答社会政治问题的新坐标。"[②]如果我们把《大清律例》、

① 格拉克(Carol Gluck),《日本的近代神话——明治时代晚期的意识形态》(*Japan's Modern Myth: Ideology in the Late Meiji Period*),普林斯顿大学出版社,1985年,第249页。

② 萧邦齐,《湘湖——九个世纪的中国生活》(*Xiang Lake: Nine Centuries of Chinese Life*)耶鲁大学出版社,1989年,第197页。

《大清会典》、《户部则例》、《工部则例》这样的文件中"公"作为一个法律范畴的用法，和民国初年全国和各省的大量法令相对比，那么对理解萧邦齐指出的问题将有极大助益。

另一条研究路径将集中在 20 世纪中国公共领域的关闭或转型上。人们会回忆起哈贝马斯曾经提供了一个漂亮的模式，说明这一过程在工业化的西方的发生。我们评述的大多数关于中国的著作都忽视了这一方面，而更偏向于研究更有吸引力的、公共领域早期革命性扩张的过程。然而，萧邦齐在他关于这一话题的早期著作中，至少已经提供了一种看法，说明"公"的自治领域如何被一个虽多少有点迟滞，但同样极大扩展的"官"领域排斥。这首先出现在清末新政期间，继而发生在袁世凯统治时期，最后发生在国民党治下。史特兰也讨论过，国民党在 1927 年到 1928 年期间经常使用暴力来关闭这个刚刚打开的批评性公共讨论领域，以符合"一个集中统一的国家权力"的利益①。

自治的公共领域在 20 世纪中国消失了吗？果真如此的话，是在什么时候呢？看起来，我们至少可以认为，一个能容许有地方产权的公共领域在帝国晚期开始存在，而在晚清得以蓬勃发展的条件，正是正式的代议政府机构在地方一级的相对欠发达（即使这些机构在实践中的存在经常是极少有，甚或没有宪政合法性的）。从这个角度看来，发生在 20 世纪地方自治运动的几个不同阶段的、具备法人资格的自治体的正式体制化过程，可能非常讽刺地预示了自治的公共领域的最终分崩离析，而非它的大获全胜。

另一方面，大众意识这一范畴却很难抹去。中文中关于外在于官僚体制的"公"的说法至少在历史上已经得到了长足发展，可能比它在西方的同类发展得更完整。尽管中央国家权力在人民共和国的体制下获得了无可辩驳的增长，但明确坚持把经济分成"国家"、"集体"、"私人"这三种法律范畴的现象，似乎说明在国家和社会之间仍然存有

① 史特兰，《人力车北京》，第 222—224 页。

一个清晰的中间地带,它甚至比当代西方更为显著①。在现时代中,不论西方还是东方,一个更加适度的政府规模(但社会服务并不随之减少)以及政治讨论的舞台的扩张是一个普遍的追求。在这种情况下,官僚体系以外的公共领域的历史,看来很可能具有供学者持久研究和反思的价值。

① 这个地带在西方当然也没有完全死亡。例证见撒拉门(L. Salamon)对美国"第三党政府"的讨论。参看氏著《重思公共管理——第三党政府及转变中的政府行为模式》(Rethinking public management: third-party government and the changing forms of government action),《公共政策》(*Public policy*)杂志,第29卷第3期(1981年)。

汉学与博物学*

范发迪(Fa-ti Fan) 著
宋 刚 译

有学者认为19世纪后半期英国的科学经历了渐趋专业化的过程。当时较前进的科学界人士觉得既存科学建制在学术上停滞不前,在政治上趋于保守,因而对其日益不满,进而引发了对体制改造、专业自治和学术革命的吁求。这一专业化进程为科学开创了新的研究方法和领域。虽然前进派大将植物学家胡克(Joseph Hooker)的主要研究兴趣还是集中在收藏、植物分类学和植物地理学上面,但他在皇家邱园(Kew Gardens)的继承者斯赛顿-代尔(William Thiselton-Dyer)从19世纪70年代即开始提倡依赖于实验室研究、生态学概念以及农业应用的新植物学①。

但是,如果我们不加思索,强将这个专业化过程的描述套用在英国人在19世纪中国的科学研究,就会造成误导。新植物学从来没有成为该世纪英人在华科学研究的主要领域。英国人在中国与其在种植场殖民地(plantation colonies)的情形不同,这点有助于解释为什么

---

* 编者按:本文为范发迪所著《清代中国的英国博物学家:科学、帝国与文化相遇》(*British Naturalists in Qing China: Science, Empire, and Cultural Encounter*,哈佛大学出版社,2004年版)一书的第四章,后文及注释中有"第三章",均指本书第三章《科学与非正式帝国》(Science and Imformal)。感谢范发迪教授对此译文的通篇审订。

① 19世纪英国科学的职业化是一个持久的史学议题。近期有两部重要相关著作:瑞顿(Richard Drayton),《自然的治理:科学、大英帝国和世界的"改进"》(*Nature's Government: Science, Imperial Britain, and the "Improvement" of the World*),耶鲁大学出版社,2000年。另一个是提供了比前者较多元化观点的《生物学史杂志》(*Journal of the History of Biology*)特刊第34期(2001年)。

他们很少在中国进行新植物学方面的研究。因为在华的英国人缺乏为扩充这些领域研究所需要的知识和机构方面的支持,所以英帝国植物学的雄心来到了一个不受英国政府直接管辖的区域,也不得不将就于政治现实和制度上的束缚。值得注意的是,在19世纪后半期,英人在华的博物学研究却从日益专业化的汉学中汲取力量,从而开发了新的研究领域。

汉学的制度化始于19世纪上半期的欧洲大陆,稍后在英国出现①,它可说是东方学论述型构中的一个晚进者②。西方汉学家在华的学术机构中最重要的一个,就是英国的东方学术重镇"皇家亚洲学会"(Royal Asiatic Society)的分会。与博物学一样,汉学也必须从历史脉络中来理解。很多19世纪在华的西方人热衷于同时研究汉学和博物学。但他们并没有将二者整齐地区隔成两个学术畛域,反而认为二者是相关的研究项目。下文将论及,汉学兼博物学的学者与其他东方学学者共享某些研究兴趣、观念和技巧。他们的东方学背景增进了他们对中国的博物学研究。

然而,本章主旨不是在强调19世纪欧洲帝国主义意识形态对科学表述中国自然界的作用③,而是要考察西方对中文关于自然界的著

---

① 威尔森(Ming Wilson)、凯利(John Cayley)编,《欧洲研究中国》(*Europe Studies China*),伦敦:寒山堂书店,1995年。该书提供了欧洲汉学史一个较广面的概括论述。又见傅海波(Herbert Franke),《德国大学的汉学研究》(*Sinology in German Universities*),威斯巴登:弗朗兹斯泰纳出版社,1968年,第1—11页。巴瑞特(T. H. Barrett),《毫无活力:中文书和英国学者简史》(*Singular Listlessness: A short History of Chinese Books and British Scholars*),伦敦:威尔斯维普出版社,1989年,第19—75页。杜文达克(J. J. L. Duyvendak),《荷兰对中国研究的贡献》(*Holland's Contribution to Chinese Studies*),伦敦:中国学会,1950年,第3—23页。陈耀生(Ch'en Yao-sheng)、萧师毅(Paul S. Y. Hsiao),《英国和德国的汉学》(*Sinology in the United Kingdom and Germany*),夏威夷大学东西中心,1967年。吉瑞德(Norman J. Girardot),《维多利亚时代对中国的传译:理雅各的东方朝圣之旅》(*The Victorian Translation of China: James Legge's Oriental Pilgrimage*),加利福尼亚大学出版社,2002年,第1—16页。

② 赛义德(Edward Said),《东方主义》(*Orientalism*),纽约:万神殿出版社,1978年。施瓦布(Raymond Schwab),《东方文艺复兴:欧洲对印度和东方的再发现,1680—1880》(*The Oriental Renaissance: Europe's Rediscovery of India and the East, 1680—1880*),哥伦比亚大学出版社,1984年。

③ 这一议题已在本书第三章讨论过。

述的研究，如何导致了汉学与博物学之间跨学科对话的过程。在此我们的首要关注点是描述并解释该历史情境，以及西方博物学家如何获取、解释和翻译中文文本中所包含的中国人对大自然的知识。本文着重分析这一过程而非评估最后结果。为理解在特殊历史条件下知识传译的复杂微妙之处，我们必须尝试解答博物学家为什么要参考中文著作，他们最常用的中文著作有哪些，为什么要用这些著作，以及他们如何为了研究博物学来解释和阐明这些中文的文本。

因其汉学内容的关系，汉学兼博物学学者的工作可能显得很特殊，只像是在西方博物学大河里的一个偏门学问的小岛——孤立、地方化、远离主流。但从更深一个层面来看，他们的工作事实上是博物学学术传统的合理衍生，因为，文本证据、语文学和历史数据的运用始终是博物学学问和实作的一部分。比起田野调查及博物馆实作等其他形式的科学实作，文本实作(textual practice)的博物学传统已经被研究19世纪博物学的历史学者所遗忘[①]。针对这点，本文质疑当今科学史界习见的说法：即文本的角色在现代初期的某一时间点淡出博物学；博物学进而转型为建立在直接观察和解剖学研究基础之上的一种

---

① 雅丁(N. Jardine)、席克德(J. A. Secord)和斯伯瑞(E. C. Spray)编，《博物学的文化》(*Cultures of Natural History*)，剑桥大学出版社，1996年；莱特曼(Bernard Lightman)编，《历史脉络中的维多利亚科学》(*Victorian Science in Context*)，芝加哥大学出版社。两书中收录了很多关于博物学实作的论文。关于田野调查的研究，参见本书第五章。关于自然博物馆，参见温瑟(Mary Winsor)，《解读自然的形式：阿格西博物馆的比较动物学》(*Reading the Shape of Nature: Comparative Zoology at the Agassiz Museum*)，芝加哥大学出版社，1991年；考斯代特(Sally G. Kohlstedt)，《博物馆：重访博物学史中的场所》(Museum: Revisiting Sites in the History of the Natural Sciences)，《生物学史杂志》(*Journal of the History of Biology*)，第28期(1995年)，第151—166页；福根(Sophie Forgan)，《展示的建筑：十九世纪英国的博物馆、大学及物件》(The Architecture of Display: Museums, Universities and Objects in Nineteenth-Century Britain)，《科学史》(*History of Science*)，第23期(1994年)，第139—162页。雷努阿(Timothy Lenoir)罗斯(Cheryl Lynn Ross)，《自然化的博物馆》(The Naturalized History Museum)，收于加里森(Peter Galison)、斯坦普(David Stump)编，《科学的分解：界限、语境和权力》(*The Disunity of Science: Boundaries, Contexts, and Power*)，斯坦福大学出版社，1996年，第370—397页。

科学[①]。我认为,事实上,迟至19世纪,文本实作以及其他人文学科的学术传统都还在博物学中占据着根本性的重要地位[②]。

本章论述多牵涉到不同知识传统和不同语言之间的跨文化翻译。

---

① 艾什沃斯(William Ashworth)在其《文艺复兴时期的图像式的博物学》(Emblematic Natural History of the Renaissance)中认为17世纪中期是转折点。该文收于雅丁、赛克德和斯伯瑞编,《博物学的文化》,第17—37页。另一方面则有人认为布丰(Buffon)和林奈是关键人物。参见拉帕波特(Rhonda Rappaport),《在地理学家也是历史学家的年代,1665—1750》(*When Geologists Were Historians*),康奈尔大学出版社,1997年,第3章;莱恩(John Lyon)、斯洛恩(Phillip R. Sloan),《从博物学到自然的历史:布丰和他的批评者作品选读》(*From Natural History to the History of Nature: Readings from Buffon and His Critics*),圣母院城:圣母大学出版社,1981年,第1章;林多思(Sten Lindroth)《林奈的两面》(Two Faces of Linnaeus),收于弗朗斯麦(Tore Frängsmyr)编,《林奈:生平和著作》(*Linnaeus: The Man and His Work*),麻州坎顿:科学史出版社,1994年,第1—62页。

② 已有几位学者指出更早时期人文学和博物学的联系。例如,沙皮罗(Barbara Shapiro),《十六、十七世纪英国的历史学与博物学:一篇关于人文学和科学关系的论文》(History and Natural History in Sixteenth-and Seventeenth-Century England: An Essay on the Relationship between Humanism and Science),收于沙皮罗、弗兰克(Robert Frank)编,《十六、十七世纪英国的科学界行家》(*English Scientific Virtuosi in the 16th and 17th Centuries*),洛杉矶:克拉克图书馆,1979年,第3—55页;芬德兰(Paula Findlen),《拥有自然:博物馆、收藏和现代早期意大利科学文化》(*Possessing Nature: Museums, Collecting and Scientific Culture in Early Modern Italy*),加利福尼亚大学出版社,1994年。艾什沃斯指出古物学对博物学的重要性,参见其《博物学和图像式世界观》(Natural History and the Emblematic World View),收于林德伯格(David Lindberg)、维斯特曼(Robert Westman)编,《科学革命再评价》(*Reappraisals of the Scientific Revolution*),芝加哥大学出版社,1990年,第302—332页。列文(Joseph Levine),《伍德沃德博士的盾牌:英国奥古斯都时期的历史、科学和讽喻》(*Dr. Woodward's Shield: History Science, and Satire*),康奈尔大学出版社,1977年;同作者,《博物学和新哲学:培根、哈维和两种文化》(Natural History and the New Philosophy: Bacon, Harvey, and the Two Cultures),收于《人文学与历史学》(*Humanism and History*),康奈尔大学出版社,1987年,第123—154页;罗西(Paolo Rossi),《时间的黑暗深渊:地球的历史以及从胡克到维科的民族史》(*The Dark Abyss of Time: The History of the Earth and the History of Nations from Hooke to Vico*),芝加哥大学出版社,1984年,第2、3部分;布莱尔(Ann Blair),《自然哲学中的人文学方法:摘记簿》(Humanist Methods in Natural Philosophy: The Common Place Book),《观念史杂志》(*Journal of the History of Ideas*),第53期(1992年),第541—551页;拜尔贝尔(Jerome Bylebyl),《帕多瓦学派:16世纪的人文医学》(The School of Padua: Humanistic Medicine in the Sixteenth Century),收于韦伯斯特(Charles Webster)编,《16世纪的健康、医学和道德》(*Health, Medicine and Morality in the Sixteenth Century*),剑桥大学出版社,1979年,第335—370页。格拉夫顿(Anthony Grafton)强调在另一个背景下人文学术广泛而持久的影响,例如参见其《文本的辩护者:处于科学时代的学术传统,1450—1800》(*Defenders of the Text: The Traditions of Scholarship in an Age of Science*),哈佛大学出版社,1991年。

有学者认为,中、西之间存在着原则上的文化不可共量性,根植于两者思维范畴、语言或世界观的基本不同①。这些学者的部分目的是要批评从欧洲中心立场来审视中国文化的不当。然而有点反讽的是,到最后他们的说法却重复了东方主义论述,又再次对中国和"西方"做二元对立的界分②。每个文化都变成了一个固定僵化的结构,而不同的文化则被视为互不相容③这个观点终究不过是预设并本质化了文化,并未对其进行解释。此外,它还忽视了历史人物的实际作为,反而将其当成囚困于文化囹圄的人偶④。此观点所承继的僵化二分法使得对文化相遇的任何精微诠释都成为不可能。不管从现代学术的观点而言,中、欧在对自然界事物的认知的相互传译和比较是如何地复杂,那些历史人物都已经付诸实际行动,进行传译比较了。对研究历史的学者而言,这一现象正是我们想要在历史脉络中加以解释的。以文本实作和博物学者的阅读策略为重点,本文将调查历史人物的动机、目的、标准和翻译实作。我的兴趣在于了解他们所想和所经历的,以及他们如

① 例如谢和耐(Jacques Gernet),《中国与基督教》(*China and the Christian Impact*),剑桥大学出版社,1987 年,第 238—247 页;佩雷菲特(Alain Peyrefitte),《停滞的帝国》(*The Immobile Empire*),纽约:诺夫特出版社,1992 年。

② 本书第三章已讨论东方主义和现代观念中的"事实"是如何在西方人对"他者"的定义中汇聚在一起的。

③ 史华慈(Benjamin Schwartz)批评并修正了这一看法。史华慈,《文化、现代性与国家主义—深入的思考》(Culture, Modernity, and Nationalism—Further Reflections),《代达洛斯》(*Daedalus*),第 122 期(1993 年夏),第 207—226 页,尤其是第 207—208 页。

④ 作者于此处受益于其他多部著作的论点。刘禾(Lydia Liu),《跨语言的实践:文学民族文化和被译介的现代性——中国,1900—1937》(*Translingual Practice: Literature, National Culture, and Translated Modernity—China*, 1900—1937),斯坦福大学出版社,1995 年,第 1—44 页。何伟亚(James Hevia),《怀柔远人:清代的宾礼与 1793 年马嘎尔尼使团》(*Cherishing Men from Afar: Qing Guest Ritual and the McCartney Embassy of* 1793),杜克大学出版社,1995 年;罗伊德(G. E. R. Lloyd),《心态的去神秘化》(*Demystifying Mentalities*),剑桥大学出版社,1990 年。何伟亚著作的争议在某种程度上与这个方法论的议题相关。我认为不必因为认识其方法论的价值而接受何对马嘎尔尼使团的解释。周锡瑞(Joseph Esherick),《从远方钟爱史料》(Cherishing Sources from Afar),收于《现代中国》(*Modern China*),第 24 期(1998 年),第 135—161 页;何伟亚,《后辩论式的历史学》(Postpolemical Historiography),《现代中国》,第 24 期(1998 年),第 319—327 页;周锡瑞,《译者即背叛者》(Tradutore, Traditore),同上,第 328—332 页。

何定义、磋商并跨越了不同知识传统的边界。

现存史料使我们无法完全重构曾加入这一科学事业的中国人的角色和意图。在运用中文书籍从事博物学研究的过程中,他们无疑参与了知识的收集、解释和翻译工作。然而可惜的是,我们可能永远无法确定他们参与此事业的细节,或者考察在翻译中文著作过程中他们如何与西方的同事商讨语言和知识的范畴[①]。我们可以确定的是,如果没有本地的助手,即使是最好的西方汉学家也会觉得捉襟见肘,左支右绌[②]。传教士理雅各(James Legge)是维多利亚时代最重要的汉学家之一,他在撰写其闻名于世的《中国经典》(*The Chinese Classics*,1861—1872)期间,就非常倚重助手王韬的专长和学识[③]。

另外一个历史偶然性也决定了中、英在博物学接触方面的情形。纵贯19世纪,英国博物学者们从未与精通博物学的中国学者相遇:例如,在1765年为《本草纲目》写了补遗之作的赵学敏;在1816年出版了一部有关动物的百科全书《蠕范》的李元;而吴其濬出版于1848年

---

① 比较而言,在对西方科学传译到晚清中国方面已有大量研究。如熊月之的名著《西学东渐与晚清社会》,上海:上海人民出版社,1994年。另参见赖大卫(David Wright),《翻译科学:西方化学在晚期中华帝国的传播,1840—1949》(*Translating Science: The Transmission of Western Chemistry into Late Imperial China*, 1840—1949),莱顿:布瑞尔出版社,2000年;瑞尔登—安德森(James Reardon-Anderson),《变的研究:化学在中国,1840—1949》(*The Study of Change: Chemistry in China*, 1840—1949),剑桥大学出版社,1991年,第1、2章;柯文(Paul Cohen),《在传统与现代之间—王韬与晚清改革》(*Between Tradition and Modernity: Wang Tao and Reform in Late Imperial China*),哈佛大学出版社,1974年;浦嘉珉(James Pusey),《中国与达尔文》(*China and Charles Darwin*),麻州剑桥:哈佛大学出版社,1983年;王扬宗、樊洪业,《西学东渐:科学在中国的传播》,长沙:湖南科学技术出版社,2000年;坂出祥伸,《中国近代の思想と科学》,京都:同朋舍,1983年,第4章;安德如思(Bridie Andrews),《肺结核与细菌理论在中国的吸收》(Tuberculosis and the Assimilation of Germ Theory in China),《医学史及相关科学杂志》(*Journal of the History of Medicine and Allied Sciences*),第52期(1997年1月),第114—157页。

② 贝勒(Bretschneider),《中国植物学:有关中、西文资料中的中国植物学》(Botanicon Sinicum: Notes on Chinese Botany from Native and Western Sources),《北华杂志》(*Journal of the North China Branch of the Royal Asiatic Society*)第16期(1882年),第19页。

③ 张海林,《王韬评传》,南京:南京大学出版社,1993年,第100—105页。最近一部理雅各的传记大力推崇理氏在欧洲汉学史上的地位,但该书仍然承认中国合作者的贡献。吉瑞德,《维多利亚时代对中国的传译》,第356—357页。

的不朽之作《植物名实图考》,则成为19世纪后半期在华西方植物学家们的标准参考书。我们只能想象这个学术相遇可能产生的结果,不过我们可以确知的是,欧洲博物学家们曾广泛发掘关于自然界的中文著作。

初 探

汉学与博物学的联系在19世纪以前就已开始。耶稣会传教士自16世纪起在中国创立基业,他们在近代早期向欧洲传播有关中国的信息方面扮演了关键角色,其中就包括博物学方面的研究①。但当时极少欧洲人能解读中文。赴华的利玛窦(Matteo Ricci)曾说:"对一个外国人而言,没有哪种语言像中文那样难学。"②偶尔,17和18世纪欧洲的学者也许能找到来访的中国人帮助他们破译中国文字③,但几乎所有欧洲学者都不得不在耶稣会士所记录的芜杂的表意文字中孜孜钻研④。因为在欧洲学者的眼里,中文具有如此强烈的异国情调和神秘性,他们富有想象力地提出了很多解释它的起源和特性的理论。比

① 关于在华耶稣会士的资料很多。例如参见裴德生(Willard Peterson),《天学:基督教和其他西方思想在晚明中国的传介》(Learning from the Heaven: The Introduction of Christianity and Other Western Ideas into Late Ming China),收于《剑桥中国史》(*The Cambridge History of China*)卷八,第二册,英国剑桥:剑桥大学出版社,1998年,第789—839页;谢和耐,《中国与基督教》;罗南(Charles Ronan)、奥(Bonnie Oh)编,《东方遇到西方:耶稣会士在中国》(*East Meets West: The Jesuits in China*),芝加哥:罗耀拉大学出版社,1988年;史景迁(Jonathan Spence),《利玛窦的记忆之宫》(*The Memory Palace of Matteo Ricci*),伦敦:菲伯—菲伯出版社,1985年;杨格(John Young),《儒家和基督教:第一次相遇》(*Confucianism and Christianity: The First Encounter*),香港:香港大学出版社,1983年;韩琦,《中国科学技术西传及其影响》,石家庄:河北人民出版社,1999年。

② 利玛窦,《利玛窦中国札记》(*China in the 16th Century: The Journals of Matthew Ricci*),纽约:蓝登书屋出版公司,1953年,第28页。

③ 这些中国翻译是被传教士带到欧洲的天主教信徒。见巴瑞特,《毫无活力》,第37—38页,第49页;史景迁,《黄嘉略在巴黎的日子》(The Paris Years of Arcadio Huang),收于史氏《中国纵横》(*China Roundabout*),纽约:诺顿出版社,1992年,第11—24页;同作者,《胡若望的疑问》(*The Question of Hu*),纽约:文泰齐图书,1989年。

④ 例如,伦德贝克(Knud Lundbaek),《贝尔:汉学先锋》(*T. S. Bayer, Pioneer Sinologist*),伦敦:科纵出版社,1986年,第31—140页。

如,韦伯(John Webb)和其他有些学者相信中文是人类最早的口说语言[①]。其他人包括基歇尔(Athanasius Kircher),及较晚的德经(Joseph de Guignes)和蒙伯度勋爵(Lord Monboddo)在内,都确信中文源于埃及象形文字[②]。17 和 18 世纪之间,在欧洲各国学者企图发展出世界共同语言时,威尔金斯(John Wilkins)、莱布尼兹(Gottfried Leibniz)以及其他学者都尝试从中文中汲取灵感[③]。此外,在启蒙运动中关于语言起源的论战中,有关中文的问题频频出现。尽管欧洲学者长期来对中文很好奇,然而面临其难度,又缺乏相关信息,他们最终不是大惑不解,就是穿凿附会[④]。

西方学者对中国博物界的兴趣和对中文著作的兴趣常相辅相成,融汇在一起。中国人创作了大量研究植物、动物和矿产的著述,而耶稣会士对此善加利用。早在 17 世纪中叶,赴华的波兰籍耶稣会士卜弥格(Michael Boym)就写了一些有关中国医药的著作,其中部分借助

---

① 博德(John Bold),《约翰韦伯:混合式的柱头与中国语言》(John Webb: Composite Capitals and the Chinese Language),《牛津艺术杂志》(*Oxford Art Journal*),第 4 期(1981 年),第 9—17 页。罗西,《时间的黑暗深渊》,第 137—144 页。孟德卫(David Mungello),《奇异之地:耶稣会士调适策略及汉学发源》(*Curious Land: Jesuit Accommodation and the Origins of Sinology*),弗朗兹斯泰纳出版社,1985 年,第 4—6 章。

② 戈比(Antonello Gerbi),《关于新世界的争论:一场辩论的历史,1750—1900》(*The Dispute of the New World: The History of a Polemic*, 1750—1900),匹兹堡大学出版社,1973 年,第 150—154 页。

③ 斯劳特(Mary Slaughter),《17 世纪的通用语和科学分类学》(*Universal Languages and Scientific Taxonomy in the Seventeenth Century*),剑桥大学出版社,1982 年,第 112—113 页;诺森(James Knowlson),《在英国和法国的通用语计划,1600—1800》(*Universal Language Schemes in England and France*, 1600—1800),多伦多大学出版社,1975 年,第 25—27 页;孟德卫,《莱布尼兹和儒家:对一致的寻求》(*Leibniz and Confucianism: The Search for Accord*),夏威夷大学出版社,1977 年,第 43—65 页;同作者,《奇异之地》,第 6 章。

④ 威尔斯(C. A. Wells),《语言的起源:从孔蒂拉克到冯特论述中的问题》(*The Origin of Language: Aspects of the Discussion from Condillac to Wundt*),拉萨尔:空庭出版社,1987 年,第 61—62 页。

了中国本草书籍[①]。他的著作后来被收入基歇尔的《中国图像》(*China Illustrata*),并引发了欧洲学者关于麝香鹿和蛇石的争议[②]。人参、大黄、樟脑和其他某些产自中国的动植物,因为相关的报告总是零散或相互矛盾,困惑了好几代欧洲学者[③]。即便是大植物学家林奈(Linnaeus),也不得不茫然在黑暗中摸索。他对茶叶知之甚少,但热衷于将这一农作物引进瑞典,以便大量栽种。当然,他的宏图大计只能以惨败收场[④]。杜赫德(J. B. du Halde)的著作,成为有关中国动植物信息的主要宝库,为几代欧洲博物学家所倚赖[⑤]。该书被翻译成欧洲所有主要语言,其中包括《本草纲目》中的章节,更将该中文著作介绍给许多西方学者。

19 世纪,汉学和西方对中国博物界的研究两者都发展成了新的形式。汉学开始制度化:1814 年法兰西学院(Collège de France)设立了

---

① 傅路德(L. C. Goodrich),《卜弥格和卜弥格学》(Boym and Boymiae),《通报》(*T'oung Pao*),第 57 期(1971 年),第 135 页;罗伊(Roi),《在华传教士和植物学》(Les missionnaires de Chine et la botanique),《教育丛刊》(*Collectanea Commissionis Synodalis in Sinis*),第 11 期(1938 年),第 695—706 页;凯金斯基(Edward Kajdnski),《卜弥格的中文书录》(Receptarum Sinensium Liber of Michael Boym),《两面神》(*Janus*),第 73 期(1990 年),第 105—124 页;伯希和(Paul Pelliot),《卜弥格》(Michael Boym),《通报》,第 30 期(1933 年),第 91—151 页。查布里(Robert Charbrie),《卜弥格:波兰耶稣会士和晚明中国》(*Michael Boym. Jésuite polonaise et la fin des Ming en Chine*),巴黎:波赛特出版社,1933 年。该书一直是卜弥格生平最全面的著作。潘吉星,《中外科学之交流》,香港:中文大学出版社,1993 年,第 479 页。

② 关于麝香鹿,参见贝灵思(Timothy James Billings),《图说中国:图像式的剖检和对古中国的附会说法》(Illustrating China: Emblematic Autopsy and the Catachresis of Cathay),康奈尔大学博士论文,1997 年,第 243—265 页;鲍德温(Martha Baldwin),《蛇石实验:现代早期的一场医学论争》(The Snakestone Experiments: An Early Modern Medical Debate),《艾西斯杂志》(*Isis*),第 86 期(1995 年),第 394—418 页。

③ 福斯特(Clifford Foust),《大黄:奇异的药物》(*Rhubarb: The Wondrous Drug*),普林斯顿大学出版社,1992 年;凯瑞(Daniel Carey),《编写自然的历史:早期皇家学会的旅行家和旅行叙述》(Compiling Nature's History: Travellers and Travel Narratives in the Early Royal Society),《科学年报》(*Annals of Science*),第 54 期(1997 年),第 269—292 页,尤其是第 281 页。利(Denis Leigh),《医药、城市和中国》(Medicine, the City and China),《医药史》(*Medical History*),第 18 期(1974 年),第 51—67 页。

④ 考纳(Lisbet Koerner),《林奈:自然与国家》(*Linnaeus: Nature and Nation*),哈佛大学出版社,1999 年,第 116—117 页,136—139 页,150—151 页。

⑤ 杜赫德,《中华帝国全志》(*Description géographique, historique, chronologique, politique et physique de l'empire de la Chine et de la Tartarie Chinoise.*),4 卷本,巴黎:梅西尔出版社,1735 年。

一个中文研究的讲席①;其他欧洲国家在接下来的几十年中相继效法。欧洲第一代的学院派汉学家中,大部分都从未到过中国。随着时间推移,越来越多的西方人来到中国,很多人返欧以前在中国居住了数年甚至数十年之久。在19世纪后半期,欧洲学院里的汉学家许多都是从这些才学经历兼备的人中选拔。与此同时,鸦片战争后不断扩增的中西接触,也为西方人研究中国动植物学和地质学带来了新的契机。

1800年以前,只有极少的英国人懂一点中文。19世纪上半期情况有少许改观,当时有斯当东(George T. Staunton)和马礼逊(Robert Morrison)等人潜心钻研汉学,终能赢得了欧陆汉学家的认可。这些前辈英国汉学家及其同行多对博物学感兴趣。但受阻于清朝律令,他们求入无门,只能翘首向往传闻中地大物博的内地,心中备感挫折。一位旅居广州的西方人慨叹:“中国的大自然杰作被硬生生在我们眼前关上。”②因为没有登堂入室的路径,博物学者只能善用任何他们可以得到的机会及工具。也就是说,他们试图打开一扇窗户,从中窥视:“我们能够查阅中国人的书籍”;“他们关于医药和植物的论著确乎数多量大,我们有理由相信,积极阅读这些著作会很有收获。”③

但事实上,只有到了19世纪后半期,才有较多西方人能从这个窗口看进去。1850年到1900年间懂中文的西方人的数量随着外交和传教机构的扩张而有引人瞩目的增加。很少商人费力学中文,通常他们都依赖中国买办和职员在语言上提供帮助④。相对而言,外交人员和

---

① 威尔森、凯利,《欧洲研究中国》,第13—14页。

② 《中国丛报》(*Chinese Repository*),第5期(1836—1837年),第119页。后殖民主义学者常强调欧洲人客体化视像与(被性别化的)东方之间,以及充满欲望的凝视与(被投射成)暧昧诱人的身体之间的论述关系。我们可以在博物学家的著述中找到不少支持这一看法的证据。同样的,很少人会否认帝国主义式的想象和侵略性的认知铭刻在19世纪博物学的论述中。本文的主要目的不是重访这些已经被讨论过的议题,而是要了解博物学家用什么阅读策略去克服他们研究中的“障碍”。

③ 《中国丛报》,第5期(1836—1837),第119页。

④ 郝延平(Yen-p'ing Hao),《十九世纪的中国买办:东方和西方之间的桥梁》(*The Comprador in Nineteenth-Century China: Bridge between East and West*),哈佛大学出版社,1970年。

传教士必须对语言有一定程度的熟悉,以履行他们的职责。英国驻华领事系统和中国海关要求雇员学习读和说汉语[①]。这些雇员升迁的机会在很大程度上取决于他们的语言能力[②]。与这些外交官员相仿,在华传教士为传教的缘故也需要懂中文;他们不仅在圣职上要经常性地用中文,而且他们渴望洞悉异教徒的心理和中国人的思想。由于有这些需求,就不难理解为什么很多传教士都成为用功的汉学家[③]。无独有偶,外交、教会这些非科学性机构,也提供了博物学方面的研究者,并为搜集和传播科学信息提供了交流网络。

汉学兼博物学家

1850 年以后,上海取代广州成为中国的首要国际港口,市内产生一个繁荣的洋人社区[④]。随着在华西方居民人口的增长,他们的文化和学术生活也日益丰富。成立于 1857 年的上海文理学会(Shanghai Literary and Scientific Society),在第二年改为皇家亚洲学会北华支会(North China Branch of the Royal Asiatic Society)[⑤]。该会是在华汉学研究的中心,举行例行会议,并拥有一个颇大的附属图书馆。博物学在该会倡导的学术活动中排名很高。在学会首任主席裨治文(E. C. Bridgman)的就职演讲中,他敦促会员要研究博物学,还要把中国自然界介绍到西方[⑥]。

---

① 考提斯(P. D. Coates),《驻华领事》(*The China Consuls*),牛津大学出版社,1988 年,第 81—86 页。

② 同上。另参见莱特(Stanley Wright),《赫德与中国海关》(*Robert Hart and the Chinese Customs*),贝尔法斯特:慕兰出版社,1950 年,第 277 页。

③ 英国传教士或外交官兼汉学家的人不少,举其较知名者就包括马礼逊、理雅各、威妥玛(Thomas Wade)、艾约瑟(Joseph Edkins)、翟理斯(Herbert Giles)。

④ 约翰逊(Linda Cooke Johnson),《从市集到通商口岸的上海,1074—1858》(*Shanghai from Market Town to Treaty Ports*, 1074—1858),斯坦福大学出版社,1995 年,第 7—12 章。

⑤ 关于该会的早期记录,参见《北华支会杂志》,第 35 期(1903—1904 年),第 1—20 页。

⑥ 裨治文,《就职演讲》(Inaugural Address),《上海文理学会杂志》,第 1 期(1858 年 6 月),第 1—16 页。

皇家亚洲学会北华支会会刊,是在华出版最具名望和影响力的西方学术刊物。其他还有几种学术味较重的杂志,也可从众多的在华西方刊物区分出来。新教传教士的主要期刊《中国丛报》(*Chinese Repository*)在1832年创刊。该刊出版的文章主题范围很广,举凡宗教、历史、语文学、民族志、科学,都兼容并包。可惜的是,这个重要刊物于1851年停办。1867年的《教务杂志》(*Chinese Recorder*)填补了它留下的空缺。《中日释疑》(*Notes and Queries on China & Japan*)于同一年创刊,后来演变成为《中国评论》(*China Review*),也是汉学研究的主要期刊之一。上述刊物是在华西方学者可定期表达观点、讨论研究及宣布新发现的纸上聚会地。例如,北华支会会刊既刊登超过一百页的研究论文,也提供短评。《中日释疑》,正如其标题所示,主要功能像是一个公告栏或讨论区,发表关于中国和日本主题的疑难问答。不过该刊也发表学术文章①。

这些严肃刊物和机构的影响远达上海以外的地方。北华支会的会员从19世纪60年代后期的150人增加到80年代的250人左右,遍及其他通商口岸和口岸以外的地方。例如,《中日释疑》来自广州和香港,而《教务杂志》则来自福州和上海;但这些刊物甚至在欧洲、北美都有读者。于是,在华西人社区的扩大,以及19世纪60、70年代学术讨论渠道的繁增,帮助了由汉学研究所主导的一个学术论坛的形成。

这一学术机构上的发展,与同汉学专长及地理位置结合的身份认同携手共进。在华汉学家把自己视为独具通往他们研究主题门路的专家。有些在中国境内西文期刊发表论著的作者,不但在旅华西人中

---

① 目前尚未有这些杂志的全体记录。不过可以参见金(Frank King),《研究型图书馆中心及东亚研究中心关于中国沿海报纸的研究计划》(*The China Coast Newspaper Project of the Center for Research Libraries and the Center for East Asian Studies*),堪萨斯大学出版社,日期不详。虽然该书侧重于报纸,但是已足以呈现在华西方团体繁忙的出版事业的情形。《中国丛报》和《教务杂志》都是由美国传教士所创立。关于《中国丛报》,参见鲁宾斯坦(Murray A. Rubinstein),《他们所要的战争:美国传教士在鸦片战争前如何利用〈中国丛报〉》(The Wars They Wanted: American Missionaries' Use of *The Chinese Repository* before the Opium War),《美国航海杂志》(*The American Neptune*),第48期(1988年)第271—282页。

大名鼎鼎,甚至在国际汉学圈里也享有学术声誉。理雅各便是19世纪最重要的西方汉学家之一[①]。与在欧洲的同行相比,在华汉学家享有与中国人直接接触的有利条件。他们能"追本溯源地调查这个人口众多的民族在物质、知性乃至道德状况方面的所有特征"[②]。此外,相较而言,他们能很容易地从本地学者那里得到帮助。他们不但有中文教师讲授语言和中国文书帮助翻译,而且还能通过朋友关系或者半官方关系求助于中国学者。杰出的汉学家和广州副领事梅辉立(W. F. Mayers)在研究中国玉米的历史时,曾向当地中国官员求教信息和文献。而广东督粮道向他提供了一篇以中文材料为基础的文章[③]。

许多在华汉学家或以博物学为一种嗜好,或视其为一项严肃的研究。尽管他们中很少在欧洲取得杰出博物学家的声誉,他们却是自己专长领域的权威。在这方面,除了在西方博物学上的必要训练,研究者还需要对中国文学传统及中国历史地理有一定程度的熟悉,此外还得具备解读中文博物学著作里术语和描述的能力。作为汉学家以及作为拥有对这个神秘国度一手知识的人,这些博物学者以自己的专长为傲。他们不但希望在自己的著作,也希望在学术命名方式留下印记[④]。

例如,郇和 (Swinhoe) 取笑那些"留在国内的大博物学家们",说他们总是不加分辨地滥用 *Sinensis* 这个词来指称"从中国来的一切东

① 英国汉学并没能达到欧陆的水平,但是靠着英国大量在华人口及相关设施,从而发展了包括博物学在内的许多重要研究领域。

② 《上海文理学会杂志》,第1期(1858年6月),"序言"。贝勒在为自己的《关于中国植物学著作的研究和价值以及中国资料中的植物史和地理植物学的一些注解》(*On the Study and Value of Chinese Botanical Works, with Notes on the History of Plants and Geographical Botany from Chinese Sources*)(福州:罗萨里奥、马可公司,1871年)一书序言中表达了相同的看法。该书最早出现在《教务杂志》第三期(1870年)的几个部分之中。

③ 梅辉立,《关于玉米传入中国》(On the Introduction of Maize into China),《药剂学杂志及纪要》(*The Pharmaceutical Journal and Transactions*),第3系列第1期(1870—1871年),第522—525页。

④ 关于19世纪博物学术语学的重要性,参见瑞特沃(Harriet Ritvo),《鸭嘴兽、美人鱼及其他分类想象中的虚构生物》(*Platypus and the Mermaid, and Other Figments of the Classifying Imagination*),哈佛大学出版社,1997年,第1—2章。

西”。他解释道，事实上标本有可能“来自这个庞大帝国的一个孤立的角落，或者来自西藏或满洲某个遥远的部分”①。郇和本人能采用非常明确具体的称谓。他以驱逐荷兰人并殖民台湾的海盗王国姓爷来命名一种鼠类，因为他以为这种老鼠从大陆移居台湾，而且支配了当地鼠类②。他还提议以11世纪的文人苏东坡来命名在海南岛发现的一种鸟类，因为苏东坡在这个偏僻的岛上住了很多年。可惜剑桥鸟类学家牛顿（Alfred Newton）并不欣赏这样的汉学色彩，他最终劝服郇和放弃这个念头③。在北京的俄国汉学家兼植物学爱好者贝勒（Emil Bretschneider），虽然没有郇和那么异想天开，但他也支持采用本土的名字来称呼新发现的植物，以存留其渊源。他举出荔枝、牡丹和玉兰为可效法的佳例，并反对那种“常常以无关的学者或其他人来命名某植物”的陋习④。

学术身份认同和科学论述

一种学术身份的形成以及一个交换信息、表达观点的论坛的建立，促成了一个独特地结合了汉学及博物学用语、概念和目的的论述。虽然在中国的西方杂志并不算是科学专业刊物，但却提供在华西方博物学者一个方便出版他们的发现的地方。他们之中最有造诣的，当然更愿意将他们的专业论文发表在欧洲的学术刊物上。举例来说，植物学家汉斯（Henry Hance）和动物学家郇和都在欧洲顶尖的科学期刊上发表了很多文章，其中包括系统植物学和动物学的《植物学杂志》（*Journal of*

---

① 郇和，《中国小云雀》（The Small Chinese Lark），《北华支会会刊》，第3期（1859年），第288页。

② 郇和，《关于在福尔摩萨新发现的一种老鼠》（On a New Rat from Formosa），《伦敦动物学会杂志》（*Procceedings of the Zoological Society of London*），1864年，第185—187页。

③ 郇和致牛顿的信，1869年11月23日，收于剑桥大学图书馆手稿部（Cambridge University Library MSS），“牛顿论文”。郇和跟牛顿解释道：“苏东坡是一个出色的古典文学作家，科学领域大可容纳此类值得尊敬的名字。但既然你不喜欢这名字……”

④ 贝勒，《中国植物学：有关中西文资料中的中国植物学》，《北华支会会刊》第16期（1881年），第18—230页。出现在第110页。

Botany)以及《林奈学会杂志》(*Journal of the Linnean Society*)。

类似的技术性文章也偶尔会出现在中国的杂志上,但除了个别学者如汉斯和耶稣会士动物学家韩伯禄(Pierre Heude)之外,大部分在华西方博物学家并不特别擅长分类学①。有些,如郇和及遣使会传教士谭微道(Armand David)是令欧洲同行尊敬的田野型博物学家②。但是多数基本上只是热切能干的标本搜集者,顺便将他们汉学的兴趣带进了博物学研究。他们研究兴趣的范围,包括经济植物学、药物学,或是现在所说的民族科学(ethnoscience)——亦即研究中国人对自然界的知识。他们也发表关于某地动植物的名单、旅行日志和书评。因为他们的著作常包含汉学研究——比如,语文学问题、关于中国历史和文化的讨论、文本分析等——绝大多数欧洲博物学家会觉得这一部分晦涩难懂,但又不能忽视那些常常是有价值的结论。如此,汉学博物学家可说是开辟出一块融合汉学与博物学论述的学术天地。或者说,他们成功地发展了一种大多数欧洲博物学家难窥其奥的跨学际混合语③。

然而,我们不应过于强调学术界限的分垒。很多汉学博物学家与欧洲科学团体保持密切联系。19 世纪科学团体的工作大量依赖书信网络,博物学方面的事业也不例外。郇和、汉斯、贝勒、韩尔礼(Augustine Henry)及其他许多在中国的博物学同好,都与欧洲科学机构保持经常性的通讯。这种联系对双方都有利。欧洲的博物学家需要他们

---

① 不过,韩伯禄的分类学著作因其反达尔文主义的立场而具有争议性。他也是一个重要的在华科学旅行家和田野调查博物学家。参见《中华帝国博物志纪要》(*Mémoires concernant l'histoire naturelle de l'empire chinois*),第 5 册第 2 本,上海:天主教传道区刻印,1906 年,第 1—29 页;法聂尔(P. Fournier),《法国博物学传教士的旅行与科学发现》(*Voyages et découvertes scientifiques de missionnaires naturalistes français*),巴黎:保罗 · 赖什瓦利尔出版社,1932 年,第 36—42 页。

② 法聂尔,《法国博物学传教士的旅行与科学发现》,第 67—91 页;保丹(Emmanuel Boutan),《云彩与橱窗:谭微道先生的一生》(*Le nuage et la vitrine: Une vie de Monsieur David*),巴让:雷蒙德 · 查保德出版社,1993 年。该书是在谭微道通信基础上所写的传记。

③ 加里森(Peter Galison),《图像与逻辑:粒子物理学的物质文化》(*Image and Logic: A Material Culture of Microphysics*),芝加哥大学出版社,1997 年,第 1 章。

远方同行的帮助。因为后者不但有地利及特殊门路，又能运用他们的汉学专长来调查中国的动植物。而对在华西方博物学爱好者而言，这种合作关系为他们赢得同侪的认可、声望，和间接进入有丰富收藏的欧洲博物馆及标本室的渠道①。

汉学探索与博物学的范畴

与欧洲同行一样，在华西方博物学者通常专攻博物学的一两个分支，而同时又涉足其他分支。汉学兼博物学家常常喜欢带有人文色彩的科学研究，漫游在自然史与人文史以及自然科学（如动物学、植物学等）与人文科学（如语文学、民族志）的交界地带。我认为，仔细考察汉学博物学家参考中文著作的目的，将有助于重绘19世纪博物学的学术地图，填补旧图像的空白及残缺。基本上，我们可以将他们的目的归为两类：一类与中国文化的研究较为相关；另一类与对中国大自然的考察较为相关。

作为汉学家，博物学学者注意到中国人拥有大量关于植物、动物、矿物和其他自然物产的文献。他们的本草、农学、花谱，以及博物志、游记、地方志等，都富藏关于自然环境的信息②。这类著述占了传统中国文献里不小的一部分。

汉学博物学家们认识此类文献对了解中国文化的功用，而他们有

---

① 类似议题曾在殖民语境中被讨论过。例如参见桑万（Satpal Sangwan），《从绅士玩家到专业人员：重评殖民时代印度的自然科学传统，1780—1840》（From Gentlemen Amateurs to Professionals: Reassessing the Natural Science Tradition in Colonial India, 1780—1840），收于古若夫（Richard Grove）、达默达兰（Vinita Damodaran）、桑万编，《自然与东方：南亚及东南亚的环境史》（*Nature and the Orient: The Environmental History of South and Southeast Asia*），牛津大学出版社，1998年，第210—229页；莱恩戈德（Nathan Reingold）、罗森博格（Marc Rothenberg）编，《科学殖民主义：跨文化比较》（*Scientific Colonialism: A Cross-Cultural Comparison*），史密森学会出版社，1987年。

② 我们对中国博物学传统及中国人对自然环境的态度的研究尚嫌不足。李约瑟的《中国科技史》（*Science and Civilization in China*）（剑桥大学出版社，1954年，第6卷，“生物学”）是一个起步，但就如标题所示，该书受限于李约瑟将现代科技范畴强加于中国知识传统的倾向。

时候就主要从汉学家的角度来切入分析。例如 19 世纪 60 年代后期常为《中日释疑》撰稿的谭训(Theophilus Sampson),在一篇文章中表明其主题是“中国人通俗观念中的……无花果,而不是植物学意义上的无花果”[①]。为了评价中国人在博物学上的成就,英国驻华领事倭妥玛(Thomas Watters)“花费了可观的时间”研究有关鸽子的中国文献,也探索了中国神话里的狐狸[②]。在这些例子里,汉学博物学家考察中国人对自然环境的知识,并且试图了解特定动植物在中国社会文化扮演的角色。我们可以说,这类研究的主要目的是要透过关于自然界的中文著述来理解中华文化。

然而,通过博物学文献来探索中国的社会文化只占博物学家研究工作的一小部分,更主要的是他们想要挖掘出有助于研究中国动植物和其他自然物的材料。由于清朝对在内地的外国人活动进行严格控制,英国人在系统考察中国土地的进程中面临巨大拦阻。到 19 世纪末,旅行限制有所放松,但即使有偶尔从远离通商口岸地区带回来的零星信息,仍无法拼凑一幅令人满意的关于这庞大帝国的自然世界的图像。在这种情况下,在华英国博物学爱好者自然希望借重中文文献,充分利用其独有的资料。

比如,他们很期望从中国文献中发掘关于中药材的资料[③]。因为许多在华西方人对中药材和草药治疗感到好奇,所以他们开始研究中国关于博物学的著作。他们相信在林林总总的中药材中必定有一些

① 谭训,《植物学和其他方面关于中国的著述,1867—1870》(*Botanical and Other Writings on China, 1867—1870*),沃瑞文斯(H. Walravens)编,汉堡:贝尔·瓦拉格出版社,1984 年,第 19 页。

② 倭妥玛,《中国人关于鸽子的观念》(Chinese Notions about Pigeons and Doves),《北华支会会刊》,第 4 期(1867 年),第 225—241 页;同作者,《中国人的狐狸神话》(Chinese Fox-Myths),《北华支会会刊》,第 8 期(1873 年),第 47—49 页。

③ 英国人对中国的医药很感兴趣。参见雷,《医药、城市和中国》;比文斯(Roberta E. Bivins),《针灸,特长与跨文化的医学》(*Acupuncture, Expertise and Cross-Cultural Medicine*),英国洪都米尔斯:帕尔格雷夫出版社,2000 年。可以参阅范发迪,《科学与医学:亚洲与欧洲》(Science and Medicine: Asia and Europe),《后设科学杂志》(*Metascience*),第 11 期(2002 年 7 月),第 177—184 页。

有效的东西。但是,准确鉴定那些晒干或加工过的根、茎、叶并非易事,因为即便是经验丰富的分类学家也需要保存良好的花、果实和叶子才能确定一株植物的身份。在中国,药材来自全国各地,特别是鲜少有西方人到过的遥远山区。既然他们对那些地方的植物知之甚少,要从残缺不全的药材回溯本来的植物,多少得依赖臆测。汉学博物学爬梳中国文献著作,部分原因就是为了在其中寻找相关线索。

在其药理学研究中,汉博瑞(Daniel Hanbury)不但向在华的医生和博物学家求助,而且还努力学中文,以便能钻研中文药书《本草纲目》中的片段章节①。几乎与此同时,在汉口的一位传教士医生施维善(Frederick Porter Smith),参照中文本草和西方著作,编了一本关于中国药材的书②。他之所以从事这一项研究,主要是因为他觉得多知道一点中药材将有助于西方或本地传教士医生的工作。以植物采集享著称的韩尔礼,是中国海关的一名医生。他在 19 世纪 80、90 年代时开始投身于植物学研究,一半是为了消遣,但另一半是希望鉴别中国药用植物和药材。③ 他尝试解读中国本草,并发表了几篇文章,罗列所鉴别的植物。至于那些不懂中文的人,则利用其他方式来获取中国

① 汉博瑞,《关于中国本草书的笔记》(Notes on Chinese Materia Medica),收于汉氏著《科学论文》(*Science Papers*),伦敦:1876 年。他与汉斯、雒魏林(William Lockhart)及施维善都有书信往来。后面两位是传教士医生。参见伦敦皇家药物学会(Royal Pharmaceutical Society of London),汉博瑞论文(Hanbury Papers),P273 号第 8、62;汉博瑞各类书信(Hanbury Miscellaneous Letters),P300 号第 39;P301 号第 34;P313 号第 1;等。大部分此类信件是对汉博瑞有关中国药物问题的回复。

② 施维善,《对中国本草学和博物学的贡献,供医学传教士和自然医学学者使用》(*Contributions towards the Materia Medica and Natural History of China, for the Use of Medical Missionaries and Native Medical Students*),上海:美国长老会传道区出版社,1871 年。该书在欧洲也有潜在读者,因为汉博瑞帮助施维善找到了伦敦的一家出版社。参见伦敦皇家药物学会,汉博瑞各类书信,1871 年,P302 号第 72、73。

③ 爱尔兰国家植物园(National Botanic Gardens, Glasnevin, Ireland),韩尔礼之书信,581.634,《药学笔记》(Pharmac. Notes)。韩尔礼,《农蔬产品,华中地区》(Vegetable Productions, Central China),《皇家邱园各类信息通报》(*Bulletin of Miscellaneous Information Kew Gardens*),第 33 期(1889 年),第 225—227 页;同作者,《关于中国经济植物学的笔记》(*Notes on Economic Botany of China*),爱尔兰克尔柯尼:波修斯出版社,1986 年[1893 年];以及《中国药物和药用植物》(Chinese Drugs and Medicinal Plants),《药学杂志》(*Pharmaceutical Journal*),第 68 期(1902 年),第 316—319 页,322—324 页。

药物方面的知识。例如,1880 年代末期,香港植物园长及林务监督福特(Charles Ford)对中药材发生兴趣。他便与曾在阿伯丁大学学医的律师何启合作,从事一项鉴定分析中国药物的研究[①]。

最后,博物学者搜寻中文著作的另一个重要原因,源于他们对植物地理学以及植物栽种史的兴趣。动植物的地理分布在博物学上长期以来都是一个主要议题,历代学者发展了各式观点、理论来试图解释动植物分布的形式、过程及原因[②]。在 19 世纪后,尤其是因为洪堡(Alexander von Humboldt)植物地理学的影响,这个问题变得更加重要。为了挑战这个难题,学者援引一些较新但富争议性的理论;比如说,关于动植物迁移或地球历史的新观点以及达尔文进化论等等。很少汉学博物学家有能力直接进入这方面的争论,但是他们当中有不少人注意相关讨论[③]。他们认同杰出的瑞士植物学家坎道尔(Alphonse de Candolle)的企图,亦即把人类历史带入植物地理学的研究[④]。坎道尔将人类行动列为植物传播的媒介之一;如果有人想知道现代植物分

---

① 福特、何启、克劳(William Edward Crow),《关于中国本草书的笔记》(Notes on Chinese Materia Medica),《中国评论》(*China Review*),第 15 期(1886—1887 年),第 214—220 页,274—276 页,345—347 页;第 16 期(1887—1888 年),第 1—19 页,65—73 页,137—161 页。福特很明显对此项研究感到自豪。参见福特给斯塞顿-代尔的信,皇家邱园档案馆:中文和日文信件,150 号第 310,322,323,356。

② 布朗(Janet Browne),《世俗方舟:生物地理学史研究》(*The Secular Ark: Studies in the History of Biogeography*),耶鲁大学出版社,1983 年;同作者,《生物地理学和帝国》(Biogeography and Empire),收于雅丁、赛克德和斯伯瑞编,《博物学的文化》,第 305—321 页;代特巴赫(Michael Dettelbach),《洪堡派学的科学》(Humbodtian Science),收于《博物学的文化》,第 287—304 页;热博克(F. Rehbock),《哲学式的博物学家:十九世纪早期英国生物学的主题》(*The Philosophical Naturalists: Themes in Early Nineteenth-Century British Biology*),威斯康星大学出版社,1983 年,第 2 部分;尼克尔松(Malcom Nicolson),《洪堡和植物地理学》(Alexander von Humboldt and the Geography of Vegetation),收于卡宁汉姆、雅丁编,《浪漫主义和科学》(*Romanticism and Sciences*),英国剑桥:剑桥大学出版社,1990 年,第 169—185 页。

③ 例如,金斯密的主席就职演说,《地质学和历史学的边界地带》(Border Lands of Geology and History),《北华支会杂志》,第 11 期(1877 年),第 1—31 页。

④ 坎道尔,《植物地理学的分析,或关于当代植物地理分布的主要事实及原则的说明》(*Géographie botanique raisonnée ou exposition des faits principaux et des lois concernant la distribution géographique des plantes de l' époque actuelle*),第 2 卷,巴黎:梅森出版社,1855 年,第 9 章;同作者,《栽培植物的起源》(*Origin of Cultivated Plants*),纽约:哈夫纳出版公司,1967 年[1886 年],第 2 章。

布是如何形成的，就必须将人类历史考虑在内。坎道尔还认为，由于栽培植物在经济植物学、农业和文明史的重要性，值得特别的注意。他甚至提出，中文书籍可能为栽培植物史方面的某些问题提供有用的线索①。

著名汉学家贝勒写了有影响力的著作，来证明中国文献能为地理植物学和栽培植物史的很多疑问提供解答。他认为这些文献可以用来追溯众多栽培植物的源头，甚至能帮助确定传播路线②。例如，善用此类文献可判断是否特定中国植物是后来从美洲引进的，还是之前，甚至古代就有的。再举个例子。史料提及张骞（约公元前120年）在出使中亚的外交活动后带回了甜瓜、葡萄和其他异地水果。虽然汉学家未必同意这个故事的细节，但是他们对其认真看待，并采用其他语言史料里的证据进行对照考证③。汉学兼博物学者的学术背景，有助于解释为什么他们会被这类的研究所吸引。对中华文明的兴趣、对文学研究的喜好，以及在汉学和文学方面的知识，将他们引向了与上述问题相关的研究。贝勒声称植物分类学“枯燥”、“单调”的一个主要原因，就是因为它遗漏了“植物与人的关系”④。贝勒的说法道出了许多在华的同好的心声。

与博物学相同的，历史地理学和语文学是在华西方学者中间流行的学问。在中国的西方杂志常刊登关于这些主题的报告、问答和热烈讨论，当中许多是分析中国与世界其他地方，尤其是与印度和中亚的关系。中国、印度和中亚的文化交流久远频繁，在语言、宗教、物质文化、驯养动物和栽培植物方面都留下了印证。但是要从散乱难缠的史

---

① 坎道尔，《植物地理学的分析》，第2卷，第979—980页。

② 贝勒，《关于中国植物学著作的研究和价值》，第6—7页；同作者，《中国植物学》，第20—21页。

③ 这方面有很多的参考书，而且可以参见劳弗（Berthold Laufer），《中-伊学：中国对古伊朗文明史的贡献，尤其是涉及栽培植物及产品的历史》（*Sino-Iranica: Chinese Contributions to the History of Civilization in Ancient Iran, with Special Reference to the History of Cultivated Plants and Products*），芝加哥：菲尔德博物馆，1919年。当时大部分的争议集中在决定某种植物是否是由张骞引进中土的，较少人全面质疑张骞从中亚带回异域植物的故事。

④ 贝勒，《关于中国植物学著作的研究和价值》，第7页。

料中重构历史,并非易事。在华汉学家应用东方学的成果,例如从研究印欧语系所发展的比较语言学,来着手历史地理学、民族志和博物学的研究。

汉学博物学家对博物学和其他研究领域的兴趣并非截然二分。他们不仅将历史地理学应用在博物学的研究,更以博物学裨助历史地理学研究。例如,同样从事历史地理学研究的贝勒和谭训,曾为文驳斥某些欧洲汉学家提出中国和尚在6世纪发现美洲的主张。史料记录了远行的和尚在当地所看到的有趣动植物。谭训和贝勒从中国关于植物的著作中找出证据来反驳欧洲同行们的论断。他们认为游记中的扶桑树不是指墨西哥芦荟,而指涉的国家大概是日本[①]。

中国传统的"博物学"

与鸦片战争前相比,19世纪后半期在华英国人可以接触到大量的中文书籍。他们可以毫不困难地在主要城市购买图书。图书资源的增加,拓宽了他们对中国文献的接触,也让他们在博物学研究中可以参考更多的资料。本文至此比较宽松地使用诸如"关于博物学的中文著述"或者"中文的植物学著述"之类的用语,这是因为西方汉学博物学家自己就采用这些说法。这种把自己的知识分类强加于中文著述的习惯,源于文化遭遇时把不熟悉的事物按其特点翻译并归类于自己熟悉的事物的作法,也就是帕顿(Anthony Pagdon)所谓的"比附原则"(principle of attachment)[②]。它也显示出汉学博物学家以西方的科学为透镜来看待中文著述。然而,事实上中国人并没有一门学科,一个知识体系,甚或一个连续的学术传统,刚好与西方的"博物学"、"植物

---

① 贝勒,《扶桑,抑或谁发现了美洲?》(Fu-sang, or Who Discovered America?),《教务杂志》,第3期(1870—1871年),第114—120页;谭训,《美洲的佛教僧师》(Buddhist Priests in America),收于谭氏《植物学和其他方面关于中国的著述》,第30—31页。

② 帕顿,《欧洲与新世界的相遇》(*European Encounters with the New World*),耶鲁大学出版社,1993年,第1章。

学”、“动物学”相对应。现代中文中的“植物学”(即对植物的系统及科学的研究)诞生于1858年,用来指称西方有关植物方面的科学。它最早出现在林德利(John Lindley)《植物学提要》(*Elements of Botany*)的中文翻译本。与此类似,“博物学”也是19世纪翻译西方著作时出现的新词新义①。

但是中国人的确著述了大量关于动植矿物方面的文献,而且发展出各种文体、分类及学术传统来描述、组织动植矿物。举个例子,在晚明和清代士人中间盛行的园林文化和园艺,促成了大批园艺学文献的出现,其中包括花谱、园艺手册、花卉画入门之类的著作。文人莳花养草、咏梅颂竹。菊谱、梅谱、兰谱等对这些花按照其美学特质及象征意义,分门别类,品评高下。所以,只有从这个“花文化”来看,我们才能理解这大量文献著作的原来意义②。西方汉学博物学家当然知道,这些中文著作原定的读者和自己有很不同的品味与需要。但是他们将这些著作以自己的科学观念词语来重新组织,从而评价它们对博物学研究的价值。在浩瀚的中国文献中,博物学家认为最有用的资料是什么样的?

首先是那些专注于动植物或其他自然事物的著作。这些文献与西方博物学的书写模式似乎有足够类通之处,因而西方博物学家常直接将其比拟作自身的博物学传统。但是如果把边沁(Bentham)的《香

---

① 梅泰理(Georges Métailié),《第一部中文版西方植物学著作的词汇创造过程》(La création lexicale dans le premier traité de bontanique occidentale publié en chinois [1858]),《科学词汇史资料》(*Documents pour l'histoire du vocabulaire scientifique*),第2期(1981年),第65—73页;潘吉星,《谈“植物学”一词在中国和日本的由来》,《大自然探索》,第3期(1984年),第167—172页;中国植物学会编,《中国植物学史》,北京:科学出版社,1994年,第122—123页。“植物”这个术语意指*plants*,而“学”指有组织的整体学问。当时,翻译者常常用“学”指称西方的或西式的学习科目。“博物学”里的“博物”显然来自“博物志”这个文体,因其中多涵盖自然万物,译者觉得与普列尼的*Natural History*和其他著作类似,因此将*natural history*译为“博物学”。但是,直到“博物”与新的术语相联系以前,它并非仅仅指称自然界事物。

② 参见古蒂(Jack Goody),《花的文化》(*The Cultures of Flowers*),剑桥大学出版社,1993年;柯律格(Craig Clunas),《硕果之地:明代中国的园林文化》(*Fruitful Sites: Garden Culture in Ming Dynasty China*),伦敦:利克森图书,1996年;王毅,《园林与中国文化》,上海:上海人民出版社,1990年。

港植物志》(*Flora Hongkongensis*)、西伯德(Siebold)的《日本动物志》(*Fauna Japonica*)、弗兰谢(Franchet)的《谭微道植物志》(*Plantae Davidianae*)或者谭微道(David)的《中国鸟类》(*Les oiseaux de la Chine*)与一部传统中文著作摆在一起,在华的维多利亚时代博物学者大概会觉得后者是个大杂烩。除非是愿意去了解的博物学者,在刚接触到中国传统对自然事物的分类、排序和描述时,恐怕是失望居多。

一般说来,最常被西方博物学者引用的中文著作是李时珍的《本草纲目》(1596 年),一般译成"Great Materia Medica"。该书体例庞大且内容广博。17 世纪的一个版本有 36 卷,囊括了超过一千二百种植物、动物和矿物。至少从 17 世纪晚期开始,西方学者就已知道这部著作,即使在 19 世纪它也一直是"所有研究中国博物的学者必备的教科书"①。《本草纲目》循古习将动物归类成五"部"——虫、鳞、介、禽、兽。每一部再分若干类,例如禽部包括了水禽类、原禽类、林禽类、山禽类。每一类又分很多种;这些"种"有的与现代生物分类学的物种相对应。鳞部分成四类,但这些类别是基于外形,不似禽类是以栖息地来分:龙类(如龙、蜥蜴、穿山甲);蛇类;鱼类;无鳞鱼类(如乌贼)。跟动物类似,植物也分成五部——草部、谷部、菜部、果部和木部,下面再分 31 类和难以计数的种。其中一些分类按照习性定义,而其他分类则按照形貌和功能定义。所以一个"种"有可能对应一个或多个现代生物学分类的物种,甚至是从相隔甚远的不同类里的物种。

---

① 穆林德,《直隶省的脊椎动物,附中文动物学术语》(The Vertebrata of the Province of Chili with Notes on Chinese Zoological Nomenclature),《北华支会会刊》,第 11 期(1877 年),第 41—111 页,见第 44 页。关于《本草纲目》的精炼介绍,参见文树德(Paul Unschuld),《中国医学:药物的历史》(*Medicine in China*),加州大学出版社,1986 年,第 145—164 页;李约瑟,《植物学》(*Botany*),见《中国科技史》,第 6 卷第 1 部分,剑桥大学出版社,1986 年,第 308—321 页。关于李时珍,参见席文(Nathan Sivin)的论文,收于《科学传记辞典》(Dictionary of Scientific Biography),第 8 卷,第 390—398 页。另见中国植物学会编,《中国植物学史》,第 69—81 页;中国药学会,《李时珍研究论文集》,武汉:河北科学出版社,1985 年;梅特立,《李时珍〈本草纲目〉中的植物和名称》(Des plantes et des mots dans le Bencao gangmu de Li Shizhen),《远东-远西》(*Exême-Orient, Extrême-Occident*),第 10 期(1988 年)27—43 页。潘吉星在他的《中外科学之交流》中讨论了《本草纲目》在欧洲的传播,见第 206—214 页。

《本草纲目》中的分类法承先启后，影响后代同类著作甚巨。美国传教士卫三畏（S. Wells Williams），是植物学家格雷（Asa Gray）的朋友，他认为中国分类法"粗糙而且不科学"，并举出其中植物分类，宣称"各类群里的成员之间甚至比埃及奴隶贩带着的各色各样的一群更没有亲属关系"[①]。他认为《本草纲目》"远落后于普利尼（Pliny）和迪奥斯科里斯（Dioscorides）的著作"，并警告同侪说"该书的名气只会使书中的谬误延续下去"[②]。

但是，并不是所有的人都同意卫三畏的看法。动物学家和德国领事馆成员穆林德（Otto F. Von Möllendorff）认为，《本草纲目》中的动物分类体系"即便不优于，也是相当于林奈以前的欧洲动物学家所发展出的体系"[③]。他还称赞早期中国博物学著作所展现"相当敏锐的观察力"的种种迹象[④]。在华的西方动物学家主要注重研究哺乳动物、鸟类和鱼类，而这些都是较大型的动物，不一定需要很多细节就能知道书中叙述所指的是什么动物。因而，他们觉得一些中文著作中的描述还算精确。此外，一些西方博物学者在越来越熟悉中文著作之后，也变得更为欣赏这些著作。正如李约瑟（Joseph Needham）所说，贝勒在经过十一年的研究之后，抛弃了他早期大部分的对中文著作的批评[⑤]。基于他对中西植物学问的异同较敏锐和成熟的看法，他建议中文著作应该"被翻译成欧洲语言，并……附以评论"[⑥]。

《本草纲目》和其他主要的中文药书中，包括了对动物或植物的描

---

① 卫三畏，《中国》(*The Middle Kingdom*)，第1卷，纽约：斯克里布纳之子出版公司，1913年[1882年]，第372页。

② 同上，第370页。

③ 穆林德，《直隶省的脊椎动物》，第44—45页。关于一个饶有趣味的比较《本草纲目》和文艺复兴时期药书的研究，参见梅泰理，《16世纪在中国和欧洲的博物学与人文学》(Histoire naturelle et humanisme en Chine et en Europe au XVIe siècle)，《科学史评论》(*Revue d'histoire de sciences*)，第62期第4号(1989年)，第353—374页。他认为两书中的植物学知识有非常重要的近似之处。当然，对做这一比较的根据仍有讨论的余地。

④ 穆林德，《直隶省的脊椎动物》，第42页。

⑤ 李约瑟，《植物学》，第22—23页。

⑥ 贝勒，《中国植物学》，第66页。

述、开列异名、解释药性，还要提及产地。我们可用木兰作为一个例子。《本草纲目》列出了它的四种异名，每种都援引资料出处。作者接着还解释了为什么有这些名称。接下来是外形描述，包括了四处前代著作的引文和一处作者本人著作的引文。这些引文描述木兰树叶和花的形状及颜色、成株大小、出产省份、功用、俗名等等。作者继续解释说，该树在（农历）四月开花，而过20天后花就会凋谢，也不产果实。作者接着就与木兰相关的几个传说做出评价。最后，他解释了木兰的药性和用法，并且为某些疾病开出药方。例如，木兰花可以治鱼哽骨哽。

贝勒，也许还有其他多位学者，并不觉得中文植物学著作特别困难[①]。因为书中叙述常常是明确而且直接了当。《本草纲目》全书使用颇为一致的结构原则和描述语词。花的颜色和花期通常都会被提及。但是贝勒还是觉得在此类著作中，"对植物描述的细节""贫乏而不能令人满意"[②]。传统中国并没有一套可以共享、像现代植物学拉丁文那样的术语，无法用多少已经标准化的术语来再现某种植物的特征。所以，在描述一种植物时，常常得靠比照另一种植物的各部分。问题是，欧洲读者通常都未曾见过这两种植物的任一种，所以很难从比较描述中得到什么清楚的内容。贝勒对此很头疼，不过也承认在林奈的时代以前，欧洲植物学著作也广泛采用同样的做法[③]。

传统中文著作中的文字描述有时会附图例[④]。例如《本草纲目》就收录了一千多个图例，各有不同的风格、品质和来源。同文艺复兴及现代早期欧洲博物学著作一样，中文著作常常不加分辨地复制前代作品中的图样。传教士兼汉学家花之安（Ernst Faber）抱怨这种作法

---

① 贝勒，《中国植物学》，第66—67页。

② 同上，第65页。

③ 同上，第65—66页。

④ 鲁道夫（Richard Rudolph），《中国和日本的图绘植物学著作》（Illustrated Botanical Works in China and Japan），收于巴克曼（Thomas Buckman）编，《书目与博物学》（*Bibliography and Natural History*），堪萨斯大学出版社，1966年；豪垂考特（André Georges Haudricourt）、梅泰理，《中国的植物学图绘》（De l'illustration botanique en Chine），《中国研究》（*Études chinoises*），第13期（1994年），第381—416页。

说："这些书的作者常常是对书籍比对自然界更熟悉，而刻印工则是对两者都不懂。"[①]即便到现在，学者也不清楚当时中国人怎么使用《本草纲目》中的图例。因为他们很多都过于粗疏，不太可能用来进行实际鉴别，所以很难说此类视觉表象对当时中国读者的意义是甚么。《本草纲目》称这些图例可以帮助鉴定实物，但由于图本身素质的问题，在大多数情形下也许只会凸显图例与实物之间的差异。不过，当中文著作收录直接从自然界写生的图鉴时，其精准程度可能引起博物学家的注意。贝勒称赞一部15世纪初出版、为救荒而写的可食用野生植物图谱《救荒本草》，认为其中很多木刻图"的确要比17世纪欧洲的木刻还高超"[②]。

西方动、植物学家对中文博物学著作的木刻有不同的评价。尽管贝勒赞赏《救荒本草》，但他仍认为传统中国图例常常是"太粗糙，以至于很少能从其中得到什么答案"[③]。另一位植物学家在提到《本草纲目》的图例时，笑说："常常很难分别图里画的是一株植物还是一只鸟。"[④]但是，福威勒（Albert Fauvel）却从《本草纲目》中选了一幅图片，附在他关于中国鳄鱼的论文中[⑤]。郇和与穆林德这两位动物学家认为，一个中世纪的中国古辞书《尔雅》的插图很有用[⑥]。然而，贝勒却不这么认为[⑦]。这些不同看法源于这点事实，即与鉴别某种大型动物相比，鉴别某种植物需要更多的细节。鉴别植物常常需要花和叶的精

① 《北华支会会刊》，第25期（1889—1891），第403页。

② 贝勒，《中国植物学》，第50页。豪垂考特和梅泰理的《中国的植物学图绘》比较了中国和文艺复兴时期欧洲的植物及药书，认为像《本草纲目》一类中国本草中对植物的描绘，基本上是倚靠文字叙述。这个观点可以接受，但我们仍想进一步了解为什么这些著作还附了大量图例。

③ 贝勒，《中国植物学》，第55页。

④ 谭训，《植物学和其他方面关于中国的著述》，第41页。

⑤ 福威勒，《中国的鳄鱼》（Alligators in China），《北华支会会刊》，第13期（1878年），第1—36页。

⑥ 郇和致欧文的信，1870年2月18日，伦敦自然博物馆（Natural History Museum of London）：《欧文通讯录》（*Owen Correspondence*），第25卷，第69—70页。穆林德，《直隶省的脊椎动物》，第44页。指的大概是宋刊《尔雅音图》的清代翻印本。

⑦ 贝勒《中国植物学》，第35页。

确细节,但这些细节却在传统图例中被简化成一、两笔。唯一一部因图例精美而广受称赞的中文著作,是吴其濬的《植物名实图考》[①]。

作者吴其濬亲自根据实物标本制作了书中大部分的插图。这些图描绘比较细腻精确,常常足以缩小某种植物身分的可能范围,使得研究不至沦为乱枪打鸟。贝勒在他一部关于中国植物学著作中,复制了好几幅吴其濬的插图[②]。谭训也在他关于菩提树的论文中收录了一幅图例[③]。当韩尔礼试着向皇家邱园园长斯赛顿-代尔解释某一种植物时,他也附上了《植物名实图考》中关于该植物的插图[④]。

不论这些中文著作在维多利亚时代的博物学家眼中是如何不尽如意,《本草纲目》和《植物名实图考》算是中国植物学著作中经验主义色彩最强的。而他们在研究中,还常常得要与那些文学性较重的书籍缠斗。《广群芳谱》(1708 年)是他们研究中最广泛征引的参考书之一。该书通常被翻译成"Enlarged Botanical Thesaurus"。尽管译名如此,此书基本上是一部有特定主题的选集,包括了摘选自大量文学作品的引述。引文按照植物种类编排。尽管汉学博物学家们很少特别去将它与"本草"文类相区别,而统称其为植物学著作;该书实际上应属于园林文学传统。在《广群芳谱》中,经验式的观察同诗歌、食谱、寓言、药方和历史传说混杂在一起。本书体例庞大,有 100 卷之多,涵盖 1500 多种植物。这种无所不包的综合性使《广群芳谱》成为一个很有用的信息资料库。

---

① 梅泰理和当代中国学者令人信服地提出,吴其濬受到了 18 世纪晚期后流行于中国学者中的考证方法的影响。考证学派强调严肃的考据研究。总体上讲,吴的著作是一部更多偏重植物而非药物的图绘辞典。河南省科学技术协会编,《吴其濬研究》,郑州:中州古籍出版社,1991 年,第 55—57 页;豪垂考特、梅泰理,《中国的图绘植物学》。关于考证学派,参见艾尔曼(Benjamin Elman),《从哲学到语言学:帝制晚期中国学术与社会方面的转变》(*From Philosophy to Philology: Intellectual and Social Aspects of Change in Late Imperial China*),哈佛大学出版社,1984 年。

② 贝勒的《关于中国植物学著作的研究和价值》中包括了《植物名实图考》的八个图例。

③ 谭训,《植物学和其他方面关于中国的著述》,第 32 页。

④ 韩尔礼致斯赛顿-代尔的信,1887 年 5 月 13 日,皇家邱园档案馆,中文和日文信件,151 号第 604。

此外,众多中文地理著作也是为在华西方博物学者常常翻阅的参考书。将他们引向地理学著作的不单是他们对历史地理学和栽培植物史的兴趣,也因为田野调查以及相互对照博物学文献以助研究的需要。中文地理学著作有多种形式,不过方志是最主要的资源。地方志作为一种官方或半官方出版物,常由郡、省、州级别的政府机构发行,描述该辖区的地理、历史、人文、物产。在华洋人非常依赖这些方志,以获得关于特定地区的信息。通常方志都包括一个物产卷,其中列出并描绘本地植物、动物和矿物,此类目录的目的是罗列展现该地的特产,但方志与方志之间这类目录在质量上有相当的差异。

举两个例子。像《贵州通志》(出版于1742年)中所记载的那种简略目录,收录了几百种事物;其中大部分都没有注解,只有名称。而像《四川通志》(出版于1816年)中所记载的那种比较详细的目录,则长达数十页,而且所提及的事物常常附有简短的说明。方志最有价值的特色之一,是它们具体指出郡、县级别的产地。博物学研究者因而能将注意力放在某个确切的区域。

无可讳言,地方志里注解式的目录很难达到西方博物学家特定的标准。相对的,他们对经验观察上准确及彻底的要求,只会让一个普通的中国地方官感到困惑不解。不论如何,方志还是为西方博物学研究多提供了一个方便的出发点。除了自然事物方面的信息,方志还涵盖农、工、商产业;博物学家从这杂乱无章,却又独一无二的文献中搜集有助于经济植物学研究的资料。19世纪70、80年代当英国人开始在中国西南旅行探险时,他们总是把当地方志带在身边①。

---

① 例如贝德禄(E. C. Baber),《中国西部的旅行和研究》(Travels and Researches in Western China),《皇家地理学会增补论文》(*Supplementary Papers of the Royal Geographical Society*)第1期(1882年);同作者,《贝德禄先生关于地方官在大理府和腾冲之间巡视路线的报告》(Report by Mr. Baber on the Route Followed by Mr. Governor's Mission between Talifu and Momein),议会论文(Parliamentary Papers),中国第3号(1878年);《班德瑞先生在中国西南旅行的报告》(Report by Mr. F. S. A. Bourne of a Journey in South-Western China),议会论文,中国第1号(1888年);《谢立山先生关于在四川、云南、贵州省旅行的报告:1883年2月11日到6月14日》(Report by Mr. Hosie of a Journey through the Provinces of Suu-ch'uan, Yunnan, and Kuei Chou: February 11 to June 14, 1883),议会论文,中国第2号(1884年)。

事实上,方志甚至对较专业化的研究也很重要。尽管郇和抱怨方志品质粗糙,但在他1860年代对台湾和海南岛动物的先驱性研究中,也常常依赖当地的方志[1]。他从中学到很多东西,包括他原先不知道在这两个岛上生存的动物[2]。穆林德认为一本方志对研究中国北方脊椎动物"非常有用"[3]。贝勒则宣称,方志中关于自然物产的描述有时"极为具体入微,并附有来自本地观察的有趣评论",能裨助地理植物学的研究[4]。

汉学博物学家并没有将注意力局限于很显然的文献,如本草和地理书籍之类。他们还参考了许多其他文类,包括游记、辞书,甚至还有佛教文献,因其可能含有从印度传到中国的植物的记载[5]。到19世纪末,大量中文文献已被爬梳过。贝勒关于中国植物学文献的著作《中华植物》(*Botanicon sinicum*, 1881年),在同类研究中最为全面,其中罗列了超过一千本的中文参考书。

文本实作

在华的汉学兼博物学研究者并不是唯一在文本翻找资料的博物学家。我在文章开首提出"文本实作"的说法,强调文本的使用是19世纪博物学的基本功夫之一。在此先举一个明显的例子来说明这个概念,亦即近期绝种的动物。当维多利亚时期的鸟类学家们追踪新近

---

① 例如参见郇和,《对中国福尔摩萨岛上哺乳动物的研究》(On the Mammals of the Island of Formosa [China]),《伦敦动物学会杂志》,1862年,第347—365页;《福尔摩萨即台湾的鸟类学》(The Ornithology of Formosa, or Taiwan),《朱鹭》(*Ibis*),第5期(1863年),第198—219页,377—435页;《对海南岛哺乳动物的研究》(On the Mammals of Hainan),《伦敦动物学会杂志》,1870年,第224—236页。

② 郇和,《鸟兽》(Neau-Show),《北华支会会刊》,第2期(1865年),第39—52页。

③ 穆林德,《直隶省的脊椎动物》,第46页。另见其《中国的鳟鱼类》(Trouts in China),《中国评论》,第7期(1878年7月—1879年6月),第276—278页。

④ 贝勒,《中国植物学》,第87页。

⑤ 谭训,《植物学和其他方面关于中国的著述》,第31—36页;贝勒,《中国植物学》,第92—95页。

灭绝的鸟类大海雀时，他们翻遍了大量著作，包括航海志、旅行日记、地理志甚至库藏冰岛图书馆里的一些陈旧手稿[①]。这是因为博物学工作远不止于采集化石、剥制鸟兽标本、固定麻醉了的蝴蝶、压夹植物的根花叶等操作；也不限于按照林奈或其他分类学体系对标本进行归类。博物学家还想知道特定植物和动物的历史、它们的习性和行为、某区域动植物的特性和多样性，等等。这些课题对田野博物学家的研究至关重要，对诸如经济植物学和植物地理学等若干博物学分支也是如此。单靠检验标本和田野观察是无法回答这些问题的。

事实上，即使将一种植物或动物分类，博物学家也得查阅旧有的博物学书籍，以避免重复命名已分类物种，并力求保持标本描述的简单和连贯性。如果该植物和动物已经被恰当地描述，就不可以创建一个新种，更不用说一个新属。如果旧有的描述依然适用，最好尽可能地多采纳。不管是在欧洲或中国，博物学家并不常能看到某物种的任何一个标本，遑论是模式标本，即使是真有模式标本存在。因此，分类学专著里科学术语的描述是分类学实作不可或缺的材料[②]。植物学家汉斯曾指导一位向他请教的初学者购买十几部植物学书籍作为起步，其中不少还是一部多册的著作[③]。新近加入中国海关的包腊（E. C. Bowra）希望研究中国植物。他发现要做的第一件事就是“必须写信回国去买一些植物学方面的书籍”，因为他自己在处理新遇到植物时，

---

① 牛顿，《沃雷先生在冰岛关于大海雀或是大海燕的研究摘要》（Abstract of Mr. J. Wolley's Researches in Iceland respecting the Gare-fowl or the Great Auk [Alca impennis, Linn.]），《朱鹭》（Ibis），第3期（1861年），第375—399页；格里夫（Symington Grieve），《大海雀，或大海燕：历史、考古及遗存》（*The Great Auk, or Garefowl* [*Alca impennis, Linn.*]：*Its History, Archaeology, and Remains*），伦敦：杰克出版社，1885年。

② 法博（Paul Farber），《十九世纪上半期动物学中的类型概念》（The Type Concept in Zoology during the First Half of the Nineteenth Century），《生物学史杂志》，第11期（1976年），第93—119页。

③ 汉斯致韩尔礼的信，1885年4月1日，1885年6月7日，爱尔兰国家植物园：亨利之书信（未标序数）。

"频频碰到难题"①。

所以,从这点来看,参照中文文献进行博物学研究并不算是离经叛道。几乎所有的博物学研究都多少牵涉文本实践。然而,参阅运用中文著作还是给这些博物学者带来了独特的挑战和问题。从事这项工作需要学术上的专门训练、知识和技术,即便一个有准备的研究者也不见得能轻易地从中国文献的迷宫中走出来。那些中文著作涵盖不同的书写文体,跨越几个世纪的时间,而某一文体的作品又有不同的写作风格。单纯的语言上的障碍从19世纪中期开始不再那么令人望而生畏,虽然欧洲人还是觉得学中文不是件易事。当时最好的汉学家之一贝勒仍然同意近三百年前利玛窦的说法:"对西方人而言,中文是所有语言中最难的。"②但在中国已经形成一个西方汉学家的团体,而且他们可以直接向中国人请教语言方面的问题。所以说,基本的语言障碍已不再是无法克服的。然而一旦他们闯入博物学文献的领域,就不能依赖中文教师,因为后者的"学识很少超越儒家经典之外"③。

在这种情况下,对文献本身的熟悉变成最可靠的向导。要想在中文著作中追溯特定的植物和动物并非易事。中国文学传统中对前代作者及作品的引述和用典,使查找过程有迹可寻,不那么令人畏惧。但是,如果要寻索想要的信息就马上得靠语文学的侦探工作。为了发现并确定信息,为了理解内容,为了弄清纠缠在一起、名称杂乱的人物、植物和地点,都需要大量阅读中文文献。

西方博物学家在着手研究中文文本时,有意无意地采用了某些诠释策略。比如说,他们将中文著作比拟作早期西方草药书的习惯,反映了他们对林奈之后西方植物学的优越性的自信,以及把各文化产品都一律按照心目中文明进化的阶梯加以排列的倾向。这两者都是维

---

① 伦敦东方及非洲研究学院(School of Oriental and African Studies, London),包腊论文(Bowra Papers),英文手稿编号201813,第2盒第7项,包腊1863年的日记,7月18日。

② 贝勒,《中国植物学》,第19页。

③ 同上,第67页。

多利亚时代学者常用的比较方法的特点[①]。直接把中文著作与早期西方著作相类比，博物学家实际上没有注意到在两种独立的博物学传统之间存在着翻译的基本议题。这种态度与传教士对基督教和中国宗教的态度截然相反；后者是强调基督教与“异教”之间的绝对差异，由此引发了对诸如“God”等关键词与观念进行准确翻译的严肃争议[②]。更重要的是，这种颇为一致的态度，与西方学者在把西方科学著作翻译成中文和用中文讲授科学的可能性方面的分歧意见大不相同。当《北华支会会刊》调查这一问题的时候，很多在华西方学者认为，由于语言结构上的局限，用中文教授或表达科学观念几乎是不可能的。他们列出的原因包括：中文表意文字不能完全精确传达抽象的想法、逻辑和理性；中文即便对中国人自己而言，都是极为棘手难学的；为准确翻译科学著作，必须创无数个中文新词，这会让整个传播西学的大业变得不切实际[③]。不过，也有学者不同意这种看法，他们反而积极参与传教士和中国政府所主持的西书中译事业。

当翻译转为另一个方向，即从中文翻译成英文，话题就不再是译入语的内在局限了。汉学博物学家从不怀疑在认知和语言本身的特

---

① 艾达斯(Michael Adas)，《以机器为人之度量》(*Machines as the Measure of Men*)，康奈尔大学出版社，1989 年；伯劳(J. W. Burrow)，《进化与社会：维多利亚时期的社会理论研究》(*Evolution and Society*: *A Study in Victorian Social Theory*)，剑桥大学出版社，1966 年，第 11—14 页；小斯道金(George Stocking, Jr.)，《维多利亚时代的人类学》(*Victorian Anthropology*)，纽约：自由出版社，1987 年，第 174—175 页；尼斯伯特(Robert Nisbet)，《社会变迁与历史：西方发展理论中的问题》(*Social Change and History*: *Aspects of the Western Theory of Development*)，牛津大学出版社，1969 年，第 189—208 页。

② 麦都思(W. H. Medhurst)，《有关中国人神学的论文》(*A Dissertation on the Theology of the Chinese*)，上海：1847 年；芮沃寿(Arthur Wright)，《中文和西方思想》(The Chinese Language and Foreign Ideas)，收于芮氏编，《中国思想研究》(*Studies in Chinese Thought*)，芝加哥大学出版社，1953 年，第 286—303 页。谢和耐，《中国与基督教》，第 238—247 页。

③ 《尽力用中文向他们传达西方知识是否明智》(The Advisability, or the Reverse, of Endeavouring to Convey Western Knowledge to the Chinese through the Medium of Their Language)，《北华支会会刊》，第 21 期(1886 年)，第 1—21 页。在一定程度上，该文中的某些观点类似于 19 世纪早期在印度关于教育方面的争议。例如参见艾达斯，《以机器为人之度量》，第 271—292 页。中国语言的独特性，尤其是它的表意文字，对在华的西方教育家形成挑战。

质上,西方的科学与语言优于中国[①]。他们都不假思索地假设,有可能也有必要把中文著作中的经验性事实从胡乱的中国式知识体系抽离出来。多数的博物学家对探究中国人博物知识的整体框架没有兴趣。不少人随便评价中国人对自然事物的分类体系,但是似乎没有一个人重视这课题。没有证据显示当时博物学家曾认真企图解释中国人知识体系的观念基础和组织原则。西方博物学家鲜少讨论调和两大知识传统,或者全盘吸收中国人的知识体系。他们把注意力集中在鉴定个别植物和动物的实际问题上面。中文文献通常被视为一种落后、不成熟而且信息芜杂的资料来源,就像早期西方著作一样,而不是一个有自身历史和逻辑传统的产物。换言之,要进行他们的研究,博物学家首先得"误读"中文著作,亦即将其转译到一个新的语境中,来剥除"只有中国读者才能欣赏的大量其他东西"[②]。

这么说来,汉学博物学家给自己设定的中心任务是"取珠于泥":从成堆的文献典故、可疑逸闻和噪声中择取"有用的信息"。然而在这过滤博物学资料的过程,即使是最普通的操作,所牵涉的步骤都远比单纯地筛选有用的零星片段要复杂得多。这一过程必须包括对中文著作在文本和认知上的诠释。因为实际上书中并没现成的"事实",标明好了以供搜集。不管是文本中的任何一则信息、描述或者图像,只有在经过诠释之后才变成为所谓的"事实"。西方学者必须用他们作为博物学家和汉学家的经验及训练进行这项操作。这诠释过程多少受他们对中国文献传统乃至中国人的了解及观感所影响。他们不但要斟酌决定在多大程度上能信赖中文文本,还要决定如何看待某个中文文本中的某个特定陈述[③]。在评估证据的过程中,博物学者自身与中国人接触的经验,还有他们对中国文献的熟悉程度等种种因素,都

① 尼兰加纳(Tejaswini Niranjana),《为翻译定位:历史、后殖民和殖民语境》(*Siting Translation: History, Post-Colonialism, and the Colonial Context*),加州大学出版社,1992 年。作者在书中讨论了与权力和翻译相关的某些理论性议题。

② 贝勒,《中国植物学》,第 21 页。

③ 关于科学中的"信任",参见如谢平(Steven Shapin),《真理的社会史》(*A Social History of Truth*),芝加哥大学出版社,1994 年,尤其是第 243—266 页。

可能左右最后决定。

不论一位博物学家的决定是基于什么因素，他对中国人在博物学方面成就的评价，直接关系到他从文献中所得出的结论。例如，郇和在1870年提出貘在历史上曾经在中国土地存在的看法，因为他认为在一部古书里的图像似乎是根据实物描绘的①。但大英博物馆的博物学泰斗欧文(Richard Owen)却有所怀疑，并建议该图像描绘的有可能是一只来自马来亚的貘，或者是一位到该地区旅行的目击者所画②。双方都没有足够的证据来支持或反对上述任何一种可能。郇和的看法多少源于他使用中文著作的经验。相同的，在协助梅辉立研究中国玉米历史时，汉斯倾向于接受玉米是从中亚而不是从美洲引进的。他认为16、17世纪的中文博物学著作比起同时代的西方著作居于"远为先进的发展阶段"③，因此愿意重视一部基本可靠的中文书籍的证据。

以上数例说明诠释中文文献的一些一般性的因素，但是解释和应用中文著作也牵涉到技术层次上较个别性的挑战和判断。例如，谭训试着用《广群芳谱》搜集来的资料，合成一个他自认满意的有关枫树的描述。在研究过程中，他摒弃一条声称该树果实大如鸭卵的说法，认为这"毫无疑问是东方式的夸大"④。在这里，如果我们过度强调谭训的文化沙文主义和东方主义，就很难解释为什么他觉得同一著作中的其他描述值得信赖，也没办法知道博物学家在处理中文文献的主要操作项目。这并不是要否定博物学论述中可能含有搜集异国奇珍的一种东方主义欲望，以及从欧洲中心观来命名、排列事物的那种帝国主

---

① 郇和致欧文的信，1870年2月18日，伦敦自然博物馆：欧文通信录，第25卷，第69—70页。

② 欧文，《关于在中国发现的哺乳动物化石遗存》(On Fossil Remains of Mammals found in China)，《伦敦地质学会季刊》(*Quarterly Journal of the Geological Society of London*)，第26期(1870年)，第417—434页。

③ 汉斯为梅辉立写的介绍性评论，《关于玉米传入中国》，《药剂学杂志及纪要》，第3系列第1期(1870—1871年)，第522—525页。

④ 谭训，《植物学和其他方面关于中国的著述》，第17页。

义意志[①]。这些的确是很重要的话题(在第三章有比较详细的讨论)。但是为了更深入理解博物学家的研究实作,我们需要考察他们阅读中文著作的具体细节,来展现文本实作作为一种研究方法的运作机制。

对中国动植物的调查常常借助很多语文学、地理学和史学方面的研究,还需要汉学家的技术与学识以分析、比较和诠释文献。博物学家兼用博物学和汉学来解释中文文本,开创出一个特定的论述领域,在其中这两门学科的界限变得模糊,不同类型证据也平准化。中文文本里的陈述可能被引用作为证据,以支持或修正西方博物学的既存观点。相对的,博物学知识也一样可能会被引用,来帮助解决汉学研究中的问题。

从土龙到扬子鳄(*Alligator sinensis*)

为了进一步说明汉学博物学家如何在其研究中使用中文文本,让我们详细分析一个例子。福勒威关于中国鳄鱼的一篇论文展现了汉学博物学家学术方法和研究的多个面向,刚好符合我们的目的[②]。虽然福勒威是法国人,但作为海关雇员和博物学爱好者,他同英国人有密切的合作。19 世纪 70 年代时,他曾主管皇家亚洲学会北华支会附属的上海自然博物馆。他关于鳄鱼的文章赢得在华西方学者的重视,部分原因在于它是首篇证明中国有鳄鱼存在的科学论文,另一部分原因是文中促进了汉学研究的某些问题。事实上,该文是汉学和动物学二者兼备的研究,其多面、相互联系的关注点反映了汉学博物学家研究的范畴。福威勒对这个题目的兴趣最早是由报纸对中国鳄鱼的相关报道所引发的。他因而作了一系列的考察,进行田野调查、检验实体标本、钻研中文文献。他研究最后获得的成果,远远不止于对欧洲博物学家眼中的一个新种鳄鱼的技术性描述。

---

① 瑞特沃,《动物学术语与维多利亚科学帝国》(Zoological Nomenclature and the Empire of Victorian Science),收于莱特曼编,《历史脉络中的维多利亚科学》,第 334—353 页。

② 福威勒,《中国的鳄鱼》,《北华支会会刊》,第 13 期(1878 年),第 1—36 页。

福勒威的文章开头就是语文学研究,试图证明某些中国字所指的是鳄鱼,而不是欧洲学者先前所提议的其他动物。例如鼍字,曾被建议是鬣蜥或蜥蜴。基于他对鬣蜥地理分布的了解,布福勒先否定了前一种可能。对第二种可能,他则引用中国典籍进行驳斥。中国古人曾用鼍的皮来做大鼓,而在中国没有任何蜥蜴能够大到胜任这样的功用。所以鼍一定是别的什么动物。在文中这一段落中,他迅速地从博物学转到汉学,来回谈论,并同时在古代中国文献和当代科学著作中举证。

福勒威在文中用了很大篇幅对鼍的同义词进行语文学的讨论和解释,而这些字词是他从中文典籍、辞书和博物学著作中搜集来的。尽管乍看之下同义词的确定只不过是汉学家茶余饭后掉书袋,事实上却是博物学家研究的基石。在一个有如此悠久历史和广袤地域的帝国之内,一种植物或动物的名称很难不出现繁殖过剩的现象。历史变迁及区域差异造成了混淆。由于帝国内多种方言在历史上同时共存,某些地方性的俗名与其他地方的俗名乃至通用名称都有很大不同,从而使问题变得更加复杂。在这一点,中国鳄相对而言是一个比较简单的例子。福威勒只需要应付六个左右的古字词就行了。如果是引进的植物,变调的外语发音加入语言巴比伦塔。从印度、中亚和西亚引进的植物,在刚到中国时用的可能是音译名称,之后又经历了长时期的演化和多次变形①。不过它们也可能是依据该植物的地点、形状、味道、颜色或气味来命名。在研究中国文献里的无花果时,谭训找到十几个可能是同义词的植物名称,并分别追溯其源头到梵语、雷凡特语

① 关于异域动植物传入中国的介绍,参见劳弗,《中-伊学:中国对古伊朗文明史的贡献》;艾德席德(S. A. M. Adshead),《世界史中的中国》(*China in World History*),第2版,伦敦:麦克米兰公司,1995年;薛爱华(Edward Schafer),《唐代的外来文明》(*The Golden Peaches of Samarkand: A Study of T'ang Exotics*),加州大学出版社,1963年;胡秀英(Shiu Ying Hu),《传统中国医学中所引介的外来元素史话》(History of the Introduction of Exotic Elements into Traditional Chinese Medicine),《阿诺德植物园杂志》(*Journal of the Arnold Arboretum*),第71期(1990年),第487—526页。

(Levantine)、波斯语,以及无花果果实的形状和味道等等[①]。因此,毫不奇怪地,汉学博物学家们将考订同义词作为研究某种动物或植物的一个基本环节。要不然,怎么能知道文献提到的名称到底指的是哪个动植物?贝勒建议同行编写植物名称索引。德国传教士花之安响应了他的呼吁[②]。韩尔礼则置备了"最好的有关植物的中文著作",着手确认中文的植物名称[③]。不过他后来承认"这样的索引……只能日积月累,逐步渐进",而且"还得要专家来才行"[④]。

一旦博物学家掌握所要研究的植物或动物的同义词,他就可以系统地搜集中文文献中相关材料。在他的文章中,福威勒查阅了包括《本草纲目》在内的中文博物学著作,以便厘清这些著作中是如何描述鼍的。《本草纲目》将鼍归入龙的一类,并提供了同义词和说明。鼍又称为土龙,而且被描述成貌似守宫。它极为强壮,嗜睡,夜间嚎叫,而且"生卵甚多至百"。鼍的脊背和尾部由甲皮覆盖。福威勒长篇引用《本草纲目》,证明虽然有一两处例外,但其描述"非常好地"契合了奥特朋(Audubon)和其他学者关于密西西比及圭亚那地区鳄鱼研究中的描述[⑤]。福威勒还复制了《本草纲目》里的"有点古怪但却足以显示其特征的图例",以支持他自己的论点[⑥]。

在证明了鼍是鳄鱼并搜集了同义词之后,福威勒接下来探讨的题目包括该物种的历史、地域分布,以及其在中国社会文化中的地位。在上海,他就近就有两个藏书甚丰的图书馆,一个是北华支会的图书馆,另外一个更好的图书馆在耶稣会士的驻地——徐家汇,距上海仅有数英里。他在早期来华的西方旅行者和传教士的著作中几乎找不

---

① 谭训,《植物学和其他方面关于中国的著述》,第 23 页。

② 贝勒,《中国植物学》,第 66 页;花之安,《关于中国植物的术语》(Contribution to the Nomenclature of Chinese Plants),《北华支会会刊》,第 38 期(1907 年),第 97—164 页。

③ 韩尔礼,《中国植物的名称》(Chinese Names of Plants),《北华支会会刊》,第 22 期(1887 年),第 233—283 页。

④ 韩尔礼致马士(H. B. Morse)的信,1893 年 6 月 17 日,皇家邱园档案馆:韩尔礼致马士的信,第 3—5 页。

⑤ 福威勒,《中国的鳄鱼》,第 4 页。

⑥ 同上,第 4—5 页。

到任何关于鳄鱼的资料。上文提及，在前人的游记、地理志等旧纸堆里翻找资料，一直是19世纪博物学里的重要传统。福勒威的研究遵循了这个传统。虽然他搜寻早期西文材料并无所获，但是他还有大量的中文文献可供使用。他引用中文经典、本草、辞书、博物志、地方志等作为依据，指出文献史料显示鳄鱼曾叱咤华中和华南的湖泊河流，但是到了近代它们就几乎完全消失了。中文文献里的证据对福勒威重建扬子鳄的生态史至关紧要。在中国，西方人不可能像在欧洲一样，可以系统地做古生物学田野工作，到处挖掘。他们只能在历史文献找答案。在欧洲的博物学家们忙于重新整理掘出的史前动物的化石时，梅辉立则从中国古书堆中挖掘出关于一种巨大、多毛并且像鼠类一样穴居地下的生物的叙述和图像。他猜测这个事实上就是猛犸象[①]。

福威勒在汉学方面的兴趣使他进而考察中国神话传说中关于鳄鱼的记录，希望借此了解鳄鱼在中国历史上的文化意涵。这部分的研究集中在汉学家所关心的问题。福威勒文章的最后一部分，是根据他收到的标本来作动物分类描述。他据此认为这是一个新物种。只有借助标本他才能确定鼍是否是新物种，因为中文著作的描述太过粗疏，无法达到分类学上的精确程度。但即使这一部分的研究也得依赖书籍。因为看不到世界其他地方的鳄鱼标本，福威勒只能靠相关的动物分类著作。他的发现没有引发争议，并且很快的就被法国自然博物馆所确认。

在不到40页的篇幅中，福威勒不但提出了一个动物学的新发现，而且还讨论了一些相关的汉学议题。他确定了几个中文字的含义，并阐明了鳄鱼在中国人生活和文学中的某些记录。博物学和汉学在他对扬子鳄的历史研究中紧密结合。借助文本的证据，他重构了扬子鳄的栖息地、行为和变迁史。

---

① 梅辉立，《中文记录中的猛犸象》(The Mammoth in Chinese Records)，《中国评论》，第6期(1877年7月—1878年6月)，第273—276页。

博物学与知识传译

本文以西方在清代中国的形势为背景来阐述19世纪汉学与博物学之间的交汇。西方外交和传教机构在19世纪后半期迅速扩增。这一发展促进了汉学的成长,并为博物学研究提供了人才和组织。一群兴趣兼涉博物学和汉学的学者,利用《北华支会会刊》以及其他西方在华出版的杂志,形成了一个论坛。由于人文背景的影响,这些学者将注意力指向经济植物学、地理植物学和栽培植物史。他们在语文学方面的训练正好成了这类研究的有效工具。博物学文本实作的传统也使他们能够把自己汉学的学识合并到博物学研究中。

对欧洲博物学家而言,汉学博物学家的工作是有点与众不同,牵涉到精心阅读和诠释用一种令人生惧的语言写成的晦涩资料。尽管很少欧洲博物学期刊会发表如此深入探讨语文学及历史学问题的论文,欧洲科学界还是对汉学家的研究结论很有兴趣。他们对汉学当然是外行,但这并没有阻碍他们欣赏在华同行们的努力。例如,坎道尔那部有名的《栽培植物的起源》,就依赖于贝勒有关中国植物的论著[①]。贝勒、谭训和其他学者对多种中国植物进行鉴定,并用中文文献确定它们是否为外来的、已归化的还是本有的品种。这些信息对拼绘全球生物地理做出贡献。

本文揭示了以文本为基础的研究对19世纪博物学,远比学者以前想象的重要。事实上,达尔文本人就曾用过不少中文文献里的例证,来支持他在博物学方面的观点。达氏将自己物竞天择的假设与培育和人工选择相比较,所以为了证明物竞天择,他致力搜集历史上动植物驯化的证据。在1855年他断言,很多驯养动物的异样品种发源于中国和印度支那,因为"中国人喜欢所有奇形怪状的东西(看看他们

① 坎道尔,《栽培植物的起源》,相关证据随处可见。

的雕刻),在花卉栽培和盆栽等等他们也表现出同样变态的喜好"①。一旦开始研究这个题目,达尔文就马上联系世界各地尤其是在中国的通信者,向他们索取"在绝少外人到访的地区已经被驯养许多年代的家禽、鸽、兔、猫、狗等品种或物种"的标本②。

既然驯养和培殖动植物已经持续进行了几千几百年,那要如何来重建家养动物和栽培植物的历史?标本当然有价值,但要能搜集到代表各个不同历史时期的具体物证,或者从当代的标本追溯过去的变化,诚非易事。所以达尔文向大英博物馆的一位主管求教,要在古代的中文文献中寻求更多的证据。透过这个方法,他得到了源自《本草纲目》和《三才图会》有关家禽种类记录的译文。后来,达尔文在汉学方面还得到了在中国的博物学同好的帮助。由于受到达尔文在其《动物和植物在家养下的变异》(*Variation of Animals and Plants under Domestication*,1869)中关于金鱼论述的启发,梅辉立对这个题目展开研究,并于同年在《中日释疑》上发表了一篇关于中国历史上金鱼饲养的论文。梅辉立的朋友,植物学家汉斯立刻把这篇文章寄给达尔文,而达尔文其后就把该文内容加入他的《人类的由来》(*The Descent of Man*, 1871)和修订版《动物和植物在家养下的变异》两本书中③。

最后,本文显示跨文化的知识传播,因其不可避免地牵涉到翻译和诠释,直指有关知识、权力、政治和文化传统交叉领域的重要议题。汉学博物学家进行跨文化的知识传译。他们将中国关于动植物的知

---

① 博克哈特(Frederick Bur-hardt)等编,《达尔文通信录》(*The Correspondence of Charles Darwin*),剑桥大学出版社,1989 年,第 15 卷,第 448 页。

② 同上,第 15 卷,第 510—511 页。达尔文所求助问询的学者有三分之一旅居中国:当时在中国搜集茶类植物的福钧(Fortune),在香港的包令(J. C. Bowring),在领事馆服务的郇和与巴夏礼(Harry Smith Parkes),在宁波的美国传教士医生玛高温(Daniel Jerome McGowan),在香港的外科医生哈兰德(William Aurelius Harland),和在上海的传教士医生雒魏林。

③ 达尔文,《人类的由来,以及有关性别的选择》(*The Descent of Man, and Selection in Relation to Sex*),第 2 卷,纽约:艾伯顿公司,1871 年,第 16 页。梅辉立,《金鱼的喂养》(Gold Fish Cultivation),《中日释疑》,第 2 期(1868 年),第 123—124 页。潘吉星曾煞费苦心地考定达尔文主要著作中所提到的近一百处中文资料的原文。参见其《中外科学之交流》,第 1 章。

识译介到一个新的语境中。一只传统知识中皮肉具有药用价值的土龙变成了动物学定义下的中国短吻鳄(即扬子鳄),以其牙齿和其他解剖学细节上与别的鳄目物种相区别。传说和史料变成了构建这种动物在过去地理分布的证据。在翻译的过程中,博物学家预设了西方科学及语言在认知能力和语言结构上的内在优越性,并以为该优越性使他们能够肢解中国的知识传统,以便从中挑选他们认定为事实的数据。然而,仅仅指出这是帝国主义观念并不足以详细解释汉学博物学家钻研中文著作的实际研究。当面对自己科学调查所使用的中文文本时,他们时时得区分文本中所包含的相关信息,将其归为事实或谬误。这一区分过程事实上牵涉了很多因素,无法化约成简单的帝国主义意识形态、欧洲的凝视、世界观,或其他过宽过泛的认识论单元。所以,如果我们要细致入微地了解汉学博物学家结合文本证据、语文学资料、历史档案、当地知识和西方观念的博物学而成的科学论述,我们就必须紧跟着这些历史行动者,观察他们在解读中文文本的过程中,如何以及为什么做出这样或那样的判断。

作 者 简 介

田　浩(Hoyt Cleveland Tillman)

美国哈佛大学(Harvard University)历史/东亚研究博士,自 1976 年起执教于美国亚利桑那州立大学(Arizona State University)历史系。有中英文专著论文多种,其《功利主义儒家:陈亮对朱熹的挑战》(*Utilitarian Confucianism: Ch'en Liang's Challenge to Chu Hsi*)和《朱熹的思维世界》(*Confucian Discourse and Chu Hsi's Ascendancy*)尤为著称。主治宋元思想文化史,并致力中美间史学及高等教育的交流互进。

狄百瑞(William Theodore de Bary)

美国哥伦比亚大学(Columbia University)东亚研究博士,自 1953 年起执教于哥伦比亚大学东亚语言与文化系,1990 年退休后继续开课讲授东亚文明、中国思想文化史和日本思想文化史。西方新儒学研究先驱,撰有《新儒学的展开》(*The Unfolding of Neo-Confucianism*)、《中国的自由传统》(*The Liberal Tradition in China*)、《明代思想中的个人与社会》(*Self and Society in Ming Thought*)、《儒家的困境》(*The Trouble with Confucianism*)等多部专著。所编《中国传统的源流》(*Sources of Chinese Tradition*)、《日本传统的源流》(*Sources of Japanese Tradition*)为美国大学东亚课程广泛采用。

包弼德(Peter K. Bol)

美国普林斯顿大学(Princeton University)东亚研究博士,现任哈佛大学东亚语言与文明系教授、地理研究中心主任。主治唐宋思想文化史,有中英文专著、论文多种,代表作有《斯文:唐宋思想的转型》(*This Culture of Ours: Intellectual Transitions in T'ang and Sung China*)和近作《历史上的新儒学》(*Neo-Confucianism in History*)。近年来致力于创建、扩展中国历史人物传记资料库(CBDB)。

魏伟森(Thomas A. Wilson)

美国芝加哥大学(University of Chicago)历史博士,现任汉密尔顿学院(Hamilton College)历史系教授,美国宗教学会(the American Academy of Religion)儒学传统组织(Confucian Traditions Group)主席。撰专著、论文十余种,以《儒道之统系:中华帝国晚期儒家传统的建构与应用》(*Genealogy of the Way: The Construction and Uses of the Confucian Tradition in Late Imperial China*)最为重要。近作有《孔子:历史上最伟大的圣人》(*Lives of Confucius: Civilization's Greatest Sage Through the Ages*,与戴可梅、Michael Nylan 合著)等。

高万桑(Vincent Goossaert)

法国高等研究院(the École Pratique des Hautes Études)宗教研究博士,现为高等研究院社会-宗教-世俗主义研究中心副主任。主治中国宗教与社会,尤重清末民初道教。发表中、英、法文论著多种,以《走近中国的庙宇:崇拜与社区》(*Dans les Temples de la Chine: Histoire des Cultes, vie des Communautés*)和《1800—1949 年间的北京道士:神职人员的社会史》(*The Peking Taoists, 1800—1949: A Social History of Urban Clerics*)影响最大。近年来致力于主持题为近现代中国城市道士与庙宇(Temples, Urban Society, and Taoists)的国际合作研究项目。

艾尔曼(Benjamin Elman)

美国宾夕法尼亚大学(University of Pennsylvania)东方学博士,曾在加州大学洛杉矶分校(University of California, Los Angeles)历史系长期任教,现为普林斯顿大学历史系兼东亚研究系教授,复旦大学长江学者。主治明清思想文化史、教育史、科学史。撰有《经学、政治和家族关系——中华帝国晚期常州今文学派研究》(*Classicism, Politics, and Kinship: The Ch'ang-chou School of New Text Confucianism in Late Imperial China*)、《从理学到朴学:中华帝国晚期思想与社会变化面面观》(*From Philosophy To Philology: Intellectual and Social Aspects of Change in Late Imperial China*)、《中华帝国晚期科举文化史》(*A Cultural History of Civil Examinations in Late Imperial China*)、《中国现代科学文化史》(*A Cultural History of Modern Science in China*)等多种影响广泛的专著。

倪德卫(David S. Nivison)

哈佛大学汉学博士,退休前长期任教于斯坦福大学(Stanford University)哲学系、宗教研究系及亚洲研究系。主治中国思想文化史、上古史、考古研究。著有《儒家实践》(*Confucianism in Action*)、《儒家之道:中国哲学探索》(*The Ways of Confucianism: Investigations of Chinese Philosophy*)、《章学诚的生平与思想》(*The Life and Thought of Chang Hsueh-ch'eng*)等。其《今本〈竹书纪年〉:解谜三代史之钥匙》(*Key to the Chronology of the Three Dynasties: The "Modern Text" Bamboo Annals*)堪称西方夏商周断代研究代表作。

周启荣(Kai-wing Chow)

美国加州大学戴维斯分校(University of California, Davis)历史博士,现为伊利诺大学香槟-厄巴纳校区(University of Illinois, Urbana-Champaign)历史系兼东亚系教授。主治明清思想文化史,撰有《中华帝国晚期礼仪主义的兴起》(*The Rise of Confucian Ritualism in Late Im-*

perial China)和《近世早期中国的出版、文化与权力》(*Publishing, Culture, and Power in Early Modern China*)等专著、论文多种。

司马富(Richard J. Smith)

美国加州大学戴维斯分校历史博士,莱斯大学(Rice University)历史系教授。主治中国思想文化史,尤以《易经》研究著称。撰有《卜卦者与哲学家:传统中国社会中的占卜》(*Fortune-tellers and Philosophers: Divination in Traditional Chinese Society*)、《究天治世:〈易经〉及其演变》(*Fathoming the Cosmos and Ordering the World: The Yijing and Its Evolution in China*)、《中国文化遗产:清代》(*China's Cultural Heritage: the Qing Dynasty*)等专著、论文多种。

姜士彬(David Johnson)

美国加州大学伯克利分校(University of California, Berkeley)历史博士,加州大学伯克利分校历史系教授,西方中国中世纪世家大族研究先驱之一。发表学术专著、论文多种,其专著《中世纪中国的寡头政治》(*The Medieval Chinese Oligarchy*)尤为著称。近年研究兴趣及成果集中于明清时期的通俗文化。

刘广京(Kwang-Ching Liu, 1921—2006)

美国哈佛大学历史博士,生前长期任教加州大学戴维斯分校历史系,美国晚清研究创始人之一。撰有《英美航运势力在华的竞争:1862—1874》(*Anglo-American steamship rivalry in China*, 1862—1874)等多种专著,并与费正清合编《剑桥中国晚清史》。

罗威廉(William T. Rowe)

美国哥伦比亚大学东亚研究博士,自1982年起任约翰-霍布金斯大学(Johns Hopkins University)历史系教授。1992—2007年间任《明清研究》(*Late Imperial China*)主编。主治近世文化史、城市史。撰有

《汉口:一个中国城市的冲突和社区,1796—1895》(*Hankow: Conflict and Community in a Chinese City, 1796—1895*)、《汉口:一个中国城市的商业和社会,1796—1889》(*Hankow: Commerce and Society in a Chinese City, 1796—1889*)、《救世:陈宏谋与十八世纪中国的精英意识》(*Saving the World: Chen Hongmou and Elite Consciousness in Eighteenth-Century China*)、《中国最后一个帝国:大清》(*China's Last Empire: the Great Qing*)等多种专著、论文。

范发迪(Fa-ti Fan)

美国维斯康辛大学(University of Wisconsin)东亚研究博士,纽约州立大学宾汉顿(Binghamton)校区历史系副教授。主治中国科学史、近世东亚文化、东西文化交流。著有《清代中国的英国博物学家》(*British Naturalists in Qing China: Science, Empire and Cultural Encounter*)及中英论文十余篇。

原著版权声明

本书所收各文出处及原著版权持有者如下：

1．儒学研究的新方向：对“新儒学”与“道学”之区别的考察途径——田浩

《东西方哲学》（*Philosophy East and West*），第42卷第3期（1992年），第455—474页。© 1992 Philosophy East and West. Translated with permission of Philosophy East and West.

2．新儒学一词的使用：回应田浩教授——狄百瑞

《东西方哲学》，第43卷第3期（1993年），第541—555页。© 1993 Philosophy East and West. Translated with permission of Philosophy East and West.

3．宋明理学与地方社会：一个12至16世纪间的个案——包弼德

万志英（Richard von Glahn）、史乐民（Paul Smith）编，《宋元明变迁》（*The Song-Yuan-Ming Transition in Chinese History*），哈佛大学亚洲中心（Harvard University Asia Center），2003年，第241—283页。© 2003 Harvard University Asia Center. Translated with permission of The Harvard University Asia Center.

4. 孔子祭祀与儒家的仪式思想——魏伟森

魏伟森(Thomas Wilson)编,《神圣之地:孔子祭祀的形成》(*On Sacred Grounds: Culture, Society, Politics, and the Formation of the Cult of Confucius*),哈佛大学亚洲中心,2002年,第1—40页。© 2002 Harvard University Asia Center. Translated with permission of The Harvard University Asia Center.

5. 1898年:中国宗教终结的开始?——高万桑

《亚洲研究学刊》(*Journal of Asian Studies*)第65卷第2期(2006年),第307—336页。剑桥大学出版社。© 2006 Cambridge University Press. Translated with permission of The Cambridge University Press.

6. 科举考试与帝制中国晚期的政治、社会与文化——艾尔曼

《亚洲研究学刊》,第50卷第1期(1991年),第7—28页。剑桥大学出版社。© 1991 Cambridge University Press. Translated with permission of The Cambridge University Press.

7. 反抗传统与传统的反抗——倪德卫

芮沃寿(Arthur F. Wright)编,《儒教信念》(*Confucian Persuasion*),斯坦福大学出版社,1960年,第177—201页。© 1960 Standford University Press. Translated with permission of The Stanford University Press.

8. 为功名写作:晚明的科举考试、出版印刷与思想变迁——周启荣

《明清研究》(*Late Imperial China*),第16卷第1期(1996年),第120—157页。约翰霍布金斯大学出版社。© 1996 The Johns Hopkins University Press and The Society for Qing Studies. Translated with permission of The Johns Hopkins University Press.

9. 清代的占卜——司马富

司马富、郭颖颐(D. W. Y. Kwok)编,《宇宙论、本位论以及人类功效:中国思想论集》(Cosmology, Ontology and Human Efficacy: Essays in Chinese Thought),夏威夷大学出版社,1993 年,第 141—178 页。© 1993 University of Hawaii Press. Translated with permission of The University of Hawaii Press.

10. 明清社会的信息沟通方式、阶级与意识——姜士彬

姜士彬、黎安友(Andrew J. Nathan)、罗友枝 (Evelyn S. Rawski) 编,《明清时期的大众文化》(*Popular Culture in Late Imperial China*),加利福尼亚大学出版社, 1985 年, 第34—72 页 。© 1985 University of California Press. Translated with permission of The University of California Press.

11. 作为正统的社会伦理观:一种观点——刘广京

刘广京(Kwang-Ching Liu)编,《明清时期的正统》(*Orthodoxy in Late Imperial China*), 加利福尼亚大学出版社, 1990 年, 第 53—100 页。© 1990 University of California Press. Translated with permission of The University of California Press.

12. 近代中国的公共领域——罗威廉

《现代中国》(*Modern China*),第 16 卷第 1 期[1990 年],第 309—329 页。赛吉出版公司。© 2010 SAGE Publication, Inc. Translated by permission of SAGE Publication, Inc.

13. 汉学与博物学——范发迪

范发迪 (Fa-ti Fan),《清代的英国博物学家:科学、帝国与文化相遇》(*British Naturalists in Qing China: Science, Empire, and Cultural Encounter*), 哈佛大学出版社,2004 年,第 91—121 页 。© 2004 Harvard

University Press. Translated with permission of The Harvard University Press.

衷心感谢以下刊物及出版社无偿授予翻译权：

《东西方哲学》、哈佛大学亚洲中心、夏威夷大学出版社、加利福尼亚大学出版社、赛吉出版公司。